高等院校精品课程系列教材

智能营销与计算广告

INTELLIGENT MARKETING AND COMPUTATIONAL ADVERTISING

陈韵博 著

本教材共分为九章，内容涉及：智能营销的起源和发展、基本原理、应用与实践，计算广告的理论基础、市场分析及典型实践，程序化广告系统与投放实例，智能营销的伦理与法律规制，计算广告的影响。本教材有效找准市场营销学、广告学、计算机工程、软件工程、人工智能等学科的结合点，以“新文科＋新理工”的方式尝试构建跨学科的复合课程，以“问题”为中心，着力培养学生把握、提炼、论证和解决时代性问题的理论思维能力。

本教材适合作为新闻与传播学、市场营销学等相关专业的本科生教材，也适合作为营销从业人员的培训与学习用书，使读者从展望数据时代智能营销技术发展前景的前瞻性视角，理解时代的演进，在数据浪潮中更好地生存。

图书在版编目（CIP）数据

智能营销与计算广告 / 陈韵博著 . —北京：机械工业出版社，2023.9

高等院校精品课程系列教材

ISBN 978-7-111-74015-5

Ⅰ. ①智⋯　Ⅱ. ①陈⋯　Ⅲ. ①网络营销 – 高等学校 – 教材 ②计算 – 广告学 – 高等学校 – 教材　Ⅳ. ① F713.365.2 ② F713.80

中国国家版本馆 CIP 数据核字（2023）第 190897 号

机械工业出版社（北京市百万庄大街 22 号　邮政编码 100037）

策划编辑：张有利　　　　　　责任编辑：张有利

责任校对：张爱妮　许婉萍　　责任印制：郜　敏

三河市国英印务有限公司印刷

2024 年 1 月第 1 版第 1 次印刷

185mm × 260mm · 21.5 印张 · 528 千字

标准书号：ISBN 978-7-111-74015-5

定价：59.00 元

电话服务　　　　　　　　　　网络服务

客服电话：010-88361066　　机　工　官　网：www.cmpbook.com

　　　　　010-88379833　　机　工　官　博：weibo.com/cmp1952

　　　　　010-68326294　　金　书　网：www.golden-book.com

　机工教育服务网：www.cmpedu.com

前言

PREFACE

我国总体的经济格局正在从传统经济走向数字经济，并向智能经济时代迈进。数据已被正式确认为生产要素之一，它与算法、算力相结合，构成了这个时代最为澎湃的社会变革动力，对各个行业进行着重塑、再造。

在5G时代和数字技术背景下，智能营销与计算广告的人才需求日益迫切。企业在专注数据、算法开发与应用的同时，还要关注广告投放的效果、服务的体验与优化。当前的数字营销行业面临“懂技术的不懂广告，懂广告的不懂技术”的尴尬状况。技术的变革对数字营销传播人才的素质与能力提出了新的要求，广告优化师等职业相继出现，计算广告在当前营销背景下应运而生。目前，许多大型公司开始设立专门的数字营销岗位，负责程序化广告的运营和大数据的管理与分析。

为适应大数据营销传播时代的新趋势，提升就业竞争力，增强岗位适配度，除了掌握广告的基本运作原理外，更应该培养跟大数据、云计算和深度学习等热门技术融合的思维，因此我们需要深入了解智能营销与计算广告的原理和应用，否则很难找到智能营销和智能经济的突破口。如果找不到这个突破口，“00后”以及成千上万的企业将站在时代大潮前手足无措。

行业的日新月异推动着人才需求的变化，相应地也推动着人才培养和课程建设的优化改革。美国斯坦福大学率先于2011年开设了“计算广告学”课程。2018年，美国伊利诺伊大学创办了计算科学与广告专业，并开设计算广告系列课程，为未来学生进入广告业界从事数字营销方向的工作做了理论性与实践性的知识铺垫。

在国内高校中，北京大学率先做出探索，其新闻与传播学院广告学专业自2015年开始开设“数字营销实战教学”课程（2020年更名为“智慧营销实战教学”），紧紧围绕“大数据”“数字化”“智能化”等主题，利用当下时兴的广告行业营销工具，为品牌广告主进行真金白银、真刀真枪的广告投放。中国传媒大学则开设了计算广告的双学位，以新文科理念为指导，整合优质师资、算力和技术资源，积极探索文理交叉融合的新型人才培养模式。

暨南大学广告学系也走在了人才培养改革的前列。2017 年开始定期举办“程序化广告工作坊”，2019 年 9 月正式面向本科生开设“计算广告学”课程。暨南大学广告学专业在 2017 年已率先通过专业国际级最高认证（也是迄今为止国内唯一通过此项认证的专业），在国际认证体系的框架内，“计算广告学”课程在成为正式选修学分课程之前已严格按照国际认证标准进行了两年的试验培育，在教学理念、教学内容、教学方法、培养方式、学生参与热情、课程效果等方面取得了一定的经验和突破。2020 年 3 月，“计算广告学”课程获批 2020 年暨南大学第 22 批校级教改项目并进入“双万”课程建设体系，与校外单位合办的实习实践基地也于 2020 年 7 月获批成为校级实习实践基地。专硕数字营销传播方向针对 2019 级以及之后的学生开设了“计算广告学”课程，并配合以相应的数字营销传播工作坊，兼顾计算广告的理论与实操，课程教学效果良好，已培养出一批智能营销与计算广告的专业人才，这些专业人才也走上了相应的工作岗位。

由暨南大学广告学系教师万木春、陈韵博与舜飞科技有限公司副总裁梁丽丽联合主讲的“智能营销与计算广告”慕课于 2020 年 10 月在“爱课程”正式上线，是我国高校首门计算广告类的慕课。同名课程在 2020 年广东省在线开放课程的中期检查中获评“优秀”(当年广东全省 83 门课程中只有 8 门优秀)。

在面向本科生与研究生授课的过程中，我们深刻体会到急需一本能够针对新闻与传播学专业、市场营销学专业等学科特点的智能营销与计算广告的教材。国内目前相关的教材大概可分为两类：一类是业界的从业人员从技术架构的角度谈计算广告，往往涉及较多的技术原理探讨，与新闻与传播学和市场营销学相关专业的学生相距甚远；另一类是传播学者的学术专著，更多侧重于从学术的角度出发，探讨计算广告学的理论构建和创新，缺乏教学式的引入和讲解，特别是没有基于新闻与传播学、市场营销学等相关专业的学科特点，针对性地侧重于计算广告的实际操作和优化。

有鉴于此，本教材基于新闻与传播学、市场营销学等相关专业学生的培养需求，首先有效找准市场营销学、广告学、计算机工程、软件工程、人工智能等学科的结合点，以“新文科 + 新理工”的方式尝试构建跨学科的复合课程，以“问题”为中心，着力培养学生把握、提炼、论证和解决时代性问题的理论思维能力。

其次，本教材来源于教学实践，洞察需求痛点。本教材作者已连续 5 年开设程序化广告的工作坊并讲授“计算广告学”课程，在课程中尤其是在我国大学慕课的授课中了解了相当多的学生疑惑，更了解了学生在学习中遇到的问题和困难。在此基础上撰写的教材，更贴合学生实际，也更符合教学规律。

再次，本教材采用案例教学和系统实操图解的方式，能增强学生的实践能力和竞争能力。作者前期的授课经历和工作基础表明，本教材不仅能够切实推进科、产、教的深度融合，还能够有效拓展学生的知识面与动手实践能力，与业界人力资源要求基本同步，学生实践能力的增长带动了竞争力的提升。

最后，本教材高度重视课程的思想性，重视培育学生的人文与思想政治素养，力图帮助学生建立专业信念、正确的价值观与核心竞争力。本教材针对智能营销过程中出现的伦理失范问题，从技术伦理、商业伦理、内容伦理等角度深入剖析个人信息泄露、隐私侵犯、算法偏见与算法歧视、信息茧房等现象，揭示其动因，并提出相应的伦理治理对策，以期学生能学以致用地理解马哲思想内涵，有正确的广告伦理观及专业职业自信，能将技术、专业知识、审美和思政相融合。

此外，本教材还有利于深化“六卓越一拔尖”，促进新型学科建设。“‘六卓越一拔尖’计划 2.0”明确了要实现高等教育内涵式发展，打赢全面振兴本科教育攻坚战，必须全面推进新工科、新医科、新农科、新文科建设。新文科的“新”是相对于传统文科而言的，在多学科交叉边缘上出现了新兴的文科研究领域和研究方式，如人工智能与社会学、法学、伦理学等结合产生的智能社会科学学科，再如信息技术在文科的渗透所产生的社会计算、空间计量经济学、计算语言学、融媒体新闻学、计算广告学等新兴学科门类，综合性、跨学科、融通性是新文科的主要特征。本教材的出版，有利于进一步提升计算广告学、智能营销传播的教学和研究水平，也是对新型学科的教育理论、教育理念、教育方法、教育手段进行的有力探索。

本教材的具体内容编排如下。

第一章至第三章从智能营销的“三生三世”讲起。从营销到数字营销，再从数字营销到智能营销，是技术发展的结果，也是时代进步的必然选择。第一章将从营销的起源和发展谈起，讨论智能营销的现实与未来发展方向。第二章和第三章分别聚焦智能营销的基本原理以及应用与实践。在对智能营销的内涵、特征与模型进行介绍之后，再分别讲述智能营销在大数据营销、智能广告与品牌传播等领域的应用。

从第四章开始，我们关注计算广告的理论及应用。从信息时代过渡到数据时代，各行各业都在进行数字化转型。第四章讲述计算广告的理论基础，从基础、要素视角对信息技术时代到数据技术时代的变迁进行了梳理，重点关注广告媒介领域的演变，最后聚焦计算广告的相关原理。

第五章是计算广告的市场分析。这一章主要分析流量市场现状、买量与卖量需求，以及企业的营销需求和困境。

第六章介绍计算广告的典型实践——程序化广告概述。这一章明确了程序化广告的概念、特点及其投放的参与者，并介绍了公开实时竞价的原理、人工智能、区块链等相关知识。

第七章是程序化广告系统与投放实例。这一章主要围绕程序化广告中的核心广告产品系统展开介绍，包括需求方平台（DSP）、程序化广告采购交易平台（TD）、广告交易平台（ADX）/供应方管理平台（SSP）、数据管理平台（DMP）、动态创意优化平台（DCOP）。这些专业化平台不断完善着互联网广告程序化投放的系统架构。

数据的泛滥必然带来信息安全隐患与监测困局。第八章介绍了智能营销的伦理与法律规制。我们回归智能营销伦理失范问题，对其原因及治理路径进行探讨，并在此基础上详细介绍了我国在个人信息保护和合理利用、数据安全、算法歧视、垄断、流量作弊、虚假广告与强制广告等方面的法律规制，还介绍了欧美关于智能营销的法律规制。

第九章从广告业和广告学科两个层面讨论了计算广告带来的深远影响。

本教材获暨南大学研究生教材建设项目资助（项目编号 2022 YJC009）。在数据浪潮冲击下，新时代的数字营销传播人才不仅要具有数据分析能力和技术逻辑，还要具有精准的洞察、探索与输出能力。本教材的编写不仅是为了深入普及智能营销与计算广告专业知识，提升营销从业人员素质，也是为了展望智能营销技术前景，帮助读者理解信息社会的发展趋势和互联网的渗透路径，使读者从展望数据时代智能营销技术发展前景的前瞻性视角，理解时代的演进，在数据浪潮中更好地生存。

2023 年 9 月

陈韵博

目 录
CONTENTS

第一章
CHAPTER 1

智能营销的起源和发展

§ 学习目标

1. 了解营销的发展经历了哪些阶段，每个阶段的特征是什么。
2. 对智能营销的未来趋势做出预测。

§ 导入案例

B 站“浪潮三部曲”，打造品牌新概念

2020 年的五四青年节，哔哩哔哩弹幕网（以下简称“B 站”）发布品牌宣传片——《后浪》。该片成功成为 2020 年年度讨论度最高的广告片。“后浪”一词成功破圈，各行各业各品牌迅速借势，赋予其更多价值和含义，引发热议。毕业季来临，B 站以歌曲微电影——《入海》鼓励即将毕业的学子。在其 11 周年活动上，B 站则通过《喜相逢》将中老年群体和年轻一代融合，完成献礼。三部微电影层层推进，紧紧相扣，最终帮助 B 站实现与主流媒体沟通的意图和市场拓展的目标。

一、《后浪》助力 B 站成功出圈

2020 年 5 月 4 日，B 站官方发布了第一条宣传片——《后浪》。在视频中，演员何冰以演讲的形式，用老一辈的口吻向年轻一代的“后浪”表达了认可和赞叹。视频一经发出，便在网上形成超乎寻常的讨论度。有人赞同视频中传递的青年精神，但也有不少人质疑视频中极少数的年轻精英 up 主们无忧无虑的生活不能代表当下年轻人真实的生活。《后浪》刷屏使 B 站成功出圈，其股价的涨幅一度达到 4%，市值暴涨 6.7 亿美元，约合 48 亿元人民币。暂且不谈论视频所传递的内容，仅就这一波营销来说，B 站无疑是成功的。

在这一过程中，主流媒体与新媒体的互动效果显著。五四青年节前夕，《后浪》登陆央视一套，在《新闻联播》前的黄金时段播出，随后《光明日报》《环球时报》《中国青年报》等主流媒体也联合发布，引发全民关注。有网友自发地将视频转发至朋友圈、微博等自媒体平台，深度触达各个圈层的“前浪”与“后浪”。这不仅为这部宣传片带来了巨

大的流量，主流媒体的权威性也在无形中为B站“背书”。这一事件同时展现了主流媒体主动拥抱新媒体和一个亚文化平台主动拥抱主流价值观的姿态。时至今日，《后浪》的营销模式仍旧被众多品牌所学习和模仿。它明确了“青年”与“时代”的关联，肯定了“自信”与“多元”的生态，是一次成功的营销。

此外，值得关注的是《后浪》的制作团队是上海胜加。该代理商此前还制作了银联《大唐漠北的最后一次转账》、方太《油烟情书》、快手《可爱中国》等大量广告片。他们的特点是把广告做成艺术，传递的不是广告信息而是一种价值观。“以价值观驱动营销”正是营销3.0时代的典型特征。

二、《入海》引发用户共鸣

2020年5月20日，B站与歌手毛不易以MV的形式联合发布第二部宣传片——《入海》，主要面向毕业生以及大学生群体。该片从一个刚离开校园的毕业生的视角出发，讲述该生毕业进入社会后不同的人生际遇——分手、离别、求职、初入职场的惶恐、对未来的期待等，引发年轻人的情感共鸣。

该片仅一天就在微博和腾讯视频产生了超1 000万的播放量，微博话题“毛不易入海”阅读量为1.5亿，讨论量为59.1万；在B站内收获了400万+的播放量、3万条评论和3.5万+条弹幕。第二部宣传片帮助拥有1.3亿年轻用户的B站维护了现有的用户群，向大众传递了B站更懂年轻人的理念，无疑也是一次成功的营销。

从传播的时间点来说，“520”情人节恰好也是毕业季的开始，B站选择在当天推出《入海》，意图通过情感营销直抵用户内心。基于对毕业生群体的洞察，MV在一开始就呈现了毕业生最常谈论的“毕业就分手”的话题，进而描绘毕业生即将进入社会的迷茫和焦虑，用简洁有力的扎心文案反映现实，展现了毕业生即将面临的真实场景，引发观看者的情感共鸣，“用最柔软的内容，呈现最有力量的营销”。

除此之外，《入海》作为一支MV，制作精良。音乐、歌词和巧妙的转场画面相互配合，还有很多不经意的细节，让观看者感受到了品牌的用心。圆满的结局也表现了B站对年轻人的关照，但最后的“彩蛋”又像是对片子结局的提醒，提醒着人们要清醒地面对无法像故事一样画圆满句号的现实。[1]

总的来说，《入海》聚焦毕业生的视角，将“关爱年轻人”的营销理念巧妙地植入其中，让人们在观看MV的同时感受到品牌的温度，提升用户对品牌的好感度，做到了科特勒所说的“打造有人文关怀的人性化品牌”。

三、《喜相逢》让用户真正读懂B站

B站在11周年活动结束时，发布了一条特映视频——《喜相逢》。这是继《后浪》《入海》后，B站“浪潮三部曲”中的最后一部。截至2021年年底，该视频播放量已经高达1 022.7万次。“后浪入海喜相逢”，浪潮三部曲的名字相连也颇有深意。

《喜相逢》的创意点，来自坊间流传的一句话——“众所周知，B站是一个学习的网站”。该视频采用叙事结构，在短短7分钟的时间内，用充满喜剧色彩的手法讲述了一位“老年Up主”的励志故事，最后以“学什么都可以上B站”的卖点做结尾，总结性地输出了“B站，是一个学习App”的品牌价值。

（一）让用户对B站由不了解到了解

以前的B站对用户的定义是年轻人、亚文化、小圈子、ACG、二次元，然而从2019年年初起，B站就开始改变其定位——从致力于建造小部分人的圈层，忠实于特定用户，转为拥抱主流文化。B站的关键词也变成了年轻、多元、跨界等，搭建了一个包容的平台。以前大家都认为B站只是一个属于二次元年轻人的弹幕视频网站，特别是老年群体甚至都不知道B站是什么，这样认知上的偏差以及大众对B站的不了解，在这个视频里被展现得淋漓尽致。短片以非主流用户——中老年人为主视角展开，去描述他所认知的B站，意图吸引更广泛的人群，诠释一种不局限于年龄而在于状态的年轻态度。这个短片拍出了喜剧、励志、"洗脑"的三种不同风格，其广告营销的拍摄手法让受众耳目一新。

（二）《喜相逢》输出B站品牌价值

片中有大量B站知名Up主共同出演，比如分享财经知识的"半佛仙人"、音乐人腾格尔、"军事局座"张召忠、分享企业管理知识的朱一旦、分享法律知识的罗翔老师、分享育儿知识的"可妈可吗"等，每个Up主都代表一个不同的领域，既彰显了B站学习内容的广泛性、全面性，也用他们各自的影响力为B站"背书"，展现了B站学习视频的专业性。

由不同领域的Up主出演，将"B站是一个学习的网站"这句口号植入用户的内心，刷新大众对B站的刻板印象和认知。以一句"你感兴趣的都在B站"作为总结，让用户了解B站的品牌态度和品牌价值：B站并非只有二次元的内容，而是一个内容多元化的网站；其用户并非只有年轻人，而是无论什么圈层、无论男女老幼，都能在这里找到自己感兴趣的视频。

【案例小结】

将B站"浪潮三部曲"联系起来看，我们可以用一句话概括：由《后浪》为年轻的一代发声，吸引更多人的注意；到《入海》解答年轻人的疑惑，给予生活鼓励；再到《喜相逢》"破圈"，让新、老人群在B站融合。这一系列的营销动作环环相扣、层层递进，目的就是撕掉B站的小众标签，融入主流文化。而B站作为一个拥有1.3亿月活跃用户的大平台、一个二次元平台，逐渐发展成一个集技能学习、潮流美妆与穿搭以及美食、"鬼畜"、影视、游戏、流行歌曲等多功能于一身的平台，变得更全面、更专业、更加能渗透各个圈层。

在B站，用户看到了更多的可能性。这是B站的"破圈"，它正在成为更多"年轻人"的"小破站"，成为一个聚合起多圈层人群、多品类内容的流行文化平台。这是一种文化的融合能力，也是一种"包容性"的成长。从整体来看，B站用三部宣传片的组合完成了从认识、认知到认同的过程，使其成功"出圈"，真正面向所有喜欢年轻品质的人。B站的此次营销策略贴合了科特勒在营销4.0时期提出的"打造有人文关怀的人性化品牌"，让用户能够感受到B站不仅要满足用户的情感和功能需求，还要探索品牌人性的一面，通过社会倾听、浸入研究、同理心研究，挖掘用户潜在的需求及渴望，提供差异化的商品和服务，将B站打造成为多元化的视频网站。

第一节 从营销1.0时代到营销4.0时代

一、以产品为中心的营销1.0时代

（一）营销1.0时代的背景

营销1.0时代始于工业革命时期的生产技术开发。这一时期是以产品为中心的营销，旨在把工厂生产的产品全部卖给有支付能力的人。在这种情况下，企业尽可能地扩大规模，使产品标准化，不断降低成本以形成低价格来吸引顾客，满足大众市场需求。最典型的例子莫过于当年只有一种颜色的福特T型车，亨利·福特曾表示“无论消费者需要什么颜色的汽车，福特只有黑色的”。从蒸汽机时代到电气时代，从第一次工业革命时期到第二次工业革命时期，美国的经济开始进入工业时代的高速增长期，虽然有更多的标准化产品上市，但是消费者基本上没有什么选择余地，因为卖方的市场权利大于买方，所以即使福特汽车只有一种颜色，消费者也只能选择购买单一的产品。

（二）营销1.0时代的特点

以产品为导向的营销1.0时代，将产品本身作为市场营销战略的核心，它的前提假设是企业的产品和技术都是已定的，由于当时处于工业化时代，在这一时代以重工业机械为核心技术，因此采用的营销方式就是把产品卖给有能力支付的人。在这样的环境下，大规模和标准化的生产方式正是企业的目标，通过将生产成本降至最低，从而吸引更多的消费者。而购买这种产品的顾客群体以及迎合的顾客需求却是未定的，有待于企业的寻找和发掘，产品本身的竞争力就是市场竞争力的反映，这种导向割裂了客户需求与产品之间的关系，逐渐被客户导向的营销2.0时代所替代。

（三）营销1.0时代的内容

1. 产品营销的4P时代

这个阶段的市场经济思维是大规模生产与销售，最主要的营销思维就是销售产品，强调产品功能诉求。此阶段盛行的是“4P理论”，该理论产生于20世纪60年代的美国，随着营销组合理论的提出而出现。所谓传统的营销4P理论就是指产品（product）、价格（price）、渠道（place）、促销（promotion）。1960年，美国的营销学教授麦卡锡在其发表的论文中指出，在所有的有关营销的影响因素中最为重要并且最为可控的有四项，这就是“4P”。他认为，任何一个企业都要花大量的时间思考生产什么商品、如何定价、如何铺设购买渠道以及如何进行广告促销。到了1967年，市场营销学之父科特勒在《营销管理》中写道：“4P是市场营销策略的基础，是市场营销思维的框架。”科特勒提出了企业本身就应该是一个营销组织，营销应该是整个企业运营的核心，进一步确认了以4P为核心的营销方式[2]。

2. 4P 理论

（1）产品。产品主要包含核心产品、实体产品和延伸产品。这是企业提供给目标市场的货物、服务的集合，也包括产品的效用、质量、外观、技术、品牌、包装、无形的服务、知识或者是智慧等。该理论注重产品开发的功能，要求产品有独特的卖点，把产品的功能诉求放在第一位。

（2）价格。4P 理论强调根据不同的市场定位，来制定不同的价格策略。一般的定价方法包括成本加成法、目标利润法、市场空隙法等。价格与产品本身有关，也与品牌的附加内涵以及价值相关，产品的定价依据是企业的品牌战略。

（3）渠道。企业并不直接面对消费者，因此要注重经销商的培育和销售网络的建立。销售渠道是指从产品到消费者终端所经历的销售路径，包括分销渠道、储存设施、运输设施、存货控制等。一般传统的销售渠道包括代理商、批发商、零售店、专卖店一级销售渠道以及仓储、运输等环节。

（4）促销。促销推广被十分广泛地应用在传统的营销过程中，是企业通过营业推广、宣传广告、人员销售与公共关系等与目标市场进行沟通的传播活动，意图以短期的行为来促成消费的增长。

二、以消费者为中心的营销 2.0 时代

（一）营销 2.0 时代的背景

20 世纪 90 年代，计算机逐渐进入人们的生活。伴随着互联网的迅速发展，信息不再是稀缺资源，它变得无处不在，消费者也因此能够透过互联网获得更多资讯。信息技术的逐步普及使产品和服务信息更易为消费者所获得，消费者可以更加方便地对相似的产品进行对比。营销开始进入以消费者为中心的营销 2.0 时代。

这个时代是以消费者为导向的营销时代，其核心技术是信息科技，由于市场加速动荡，企业之间开始有了激烈的竞争。企业注重企业形象以及向消费者诉求情感，因此这个阶段出现了大量以品牌为核心的公司。

（二）营销 2.0 时代的特点

1. 重视消费者偏好

在营销 2.0 时代，产品同质化更为严重，此时同类产品的数量呈现爆炸性增长，竞争变得十分激烈。由于生产量只增无减，除了功能差异化，企业还在营销 1.0 时代的基础上加入了情感诉求和品牌形象，不再局限于只提供产品给消费者，开始着重满足消费者偏好。品牌产品除了使用功能以外，加入了情感倾向、审美和形象识别，以及心理感受层面等不同的因素，开始影响消费者。区别于营销 1.0 时代，营销 2.0 时代中顾客思维取代了产品思维，企业从洞察消费者偏好出发，以增加顾客价值为企业经营的出发点，强调在品牌与顾客持续互动的过程中进行品牌识别的创造、发展及保护，以建立企业的竞争优势。

2. 满足消费者需求

信息技术逐步普及，顾客掌握资讯、对比信息的能力大幅提升，加之产品同质化现象加剧，营销 2.0 时代的营销工作趋向复杂、竞争激烈。也正因此，企业必须先关心顾客的真正需求，再进行产品生产，4C 的营销概念应运而生。在此期间，企业秉持“客户就是上帝”的理念，意图满足顾客的需求，获得顾客的青睐，维持与顾客之间的关系并吸引新的顾客。

在企业眼中，产品的价值为顾客所定义，而每个顾客具备不同的需求以及选择的能力，因此企业需要将市场进行细分，通过满足特定的顾客需求来吸引不同的顾客群体。

（三）营销 2.0 时代的内容

1. 以消费者为导向的 4C 时代

在营销 2.0 时代，营销理论从 4P 理论升级为 4C 理论[3]。4C 理论又被称为 4C 组合营销，即顾客（customer）、顾客成本（cost）、顾客购买的便利性（convenience）、与顾客的沟通（communication）。4C 理论并没有替代 4P 理论，它们是同时存在的，而且在企业的营销中都发挥了指导性作用。为了实现向顾客提供低成本、高质量的个性化定制产品和服务的目标，必须迅速发现和准确捕捉细分市场中个性化的顾客需求信息，与顾客直接进行交流。因此传统的以推销为中心的市场营销模式已经不再适应大规模定制生产模式的要求。而顾客思维，就是要先了解顾客需要什么，再生产出顾客需要的产品，不再是由产品决定市场。

2. 4C 理论

（1）顾客。这个阶段的营销策略主要是以研究顾客的市场需求为主，然后制定相应的需求战略。顾客需求的层次也是市场细分的重要依据之一，企业针对不同需求层次的顾客，需要制定不同的目标进行市场定位。不仅如此，企业还可以根据马斯洛的需求层次理论来划分顾客的不同心理需求，通过创建品牌的核心价值，来实现顾客在社会认同、满足自尊等层面的需求。

（2）顾客成本。这是指在顾客购买和使用产品时所发生的费用总和。产品价格的制定是以产品为导向的，而顾客成本包括产品价格、运输成本、时间成本、销售成本、转换成本等。由于经济的发展，竞争企业逐渐增加，市场上也出现了更多的同类产品，这时产品的价格要考虑客户群体的价格、功能、设计上的需求；在不同的成本结构下，考虑产品可以实现哪些功能、满足哪些顾客。

（3）顾客购买的便利性。这是指顾客在购买产品时的便利性。企业通过缩短顾客与产品的物理距离和心理距离以提升顾客在购买产品时的便利性，进而提升产品被选择的概率。由于顾客的选择越来越多，话语权也就更偏向顾客，企业需要优先考虑的是顾客的便利性。因此，企业需要考虑顾客的购买渠道是否足够、支付方式的种类是否齐全、产品的运输时间是否迅速等因素，以此提升顾客在购买产品时的便利程度。

（4）与顾客的沟通。在明确以顾客为导向的营销策略阶段，企业与顾客的沟通尤为重要，这不仅仅体现为顾客在购买产品过程中的参与以及与企业之间的互动，还包括企业传递的信息与顾客情感的联络、顾客在体验中对于产品或服务的信息接收、了解产品或服务与顾客自身需求是否匹配、发现产品或服务的价值等沟通要点。此外，4C 理论的沟通概念强调的是双向的沟通，企业不是单方面地推出信息，还需要听取顾客的意见，让双方能够更理解对方，有更良性的互动。企业只有与顾客保持良好和密切的沟通，才能建立差异化的竞争力。

三、以人文精神为中心的营销 3.0 时代

（一）营销 3.0 时代的背景

从 20 世纪 80 年代开始，以互联网为代表的科技、信息、生物科技、新能源等技术逐渐进入人们的生活。随着互联网的深入发展，人与人之间的联系变得越来越密切，信息不再是稀缺资源。为了适应这些新的变化带来的新的市场需求，营销行业新一轮的变革拉开序幕，更专注于人类情感需求的新时代营销概念——“营销 3.0”应运而生。

营销 3.0 的概念最早是由营销服务公司 MarkPlus 的咨询顾问于 2005 年 11 月提出的，后来科特勒等人在其基础上进行深入研究，结合以产品为中心的营销 1.0 和以消费者为中心的营销 2.0，在《营销革命 3.0：从产品到顾客，再到人文精神》一书中正式提出了营销 3.0 的概念。

科特勒等人认为营销 3.0 时代是“人文主义中心时代”，即以人文精神为中心的营销时代，他也把营销 3.0 称为“价值观驱动的营销”。营销 3.0 是合作性、文化性和精神性的营销，企业通过向关系利益人传播企业使命、愿景和价值观，实现“让世界变得更好”的营销目标。营销 3.0 关注的中心从消费者上升到了整个人类社会，企业应该回归自己是“社会公民”的本质，关注社会可持续发展中面临的问题，促进社会和谐发展。[4]

营销 3.0 时代与营销 2.0 时代一样，也致力于满足消费者的需求，但科特勒提出营销 3.0 时代的企业必须具备更远大的使命、愿景和价值观。营销 3.0 时代把营销理念提到了一个关注人类期望、价值和精神的新高度，把情感营销和人类精神营销进行了有效结合。[5]

（二）营销 3.0 时代的特征

1. 消费者地位转变

营销 3.0 时代的营销是价值观驱动的营销，营销者不再仅仅把顾客视为消费的人、购买产品的“猎物”，而是把他们看成有独立思想、心灵和精神的完整的人类个体，关注交易之外更为丰富的“以人为本”的精神沟通。

营销 3.0 时代的消费者希望企业提供的产品和服务能够满足他们最深层次的渴望与担忧，在这个时代消费者被还原成“整体的人”“丰富的人”，而不是以前简单的“目标人群”。

2. 企业营销策略转型

在营销 3.0 时代，随着媒介的互动化属性增强和信息的碎片化，企业将营销的中心转移到如何与消费者积极互动、尊重消费者作为“主体”的价值观，识别与满足他们最深层次的渴望与担忧，以吸引消费者的注意力，赢得好感。在新时代营销活动中，“交换”与“交易”被提

升成“互动”与“共鸣”，营销的价值主张从“功能与情感的差异化”被深化至“精神与价值观的响应”。

（三）营销 3.0 时代的内容

科特勒认为营销 3.0 时代是一个营销行为深受消费者行为和态度变化影响的时代，它由合作营销、文化营销和精神营销三部分组成。

社会化媒体的兴起给用户参与营销产品的创作提供了平台和途径，是合作营销的技术支撑。随着全球化的深入发展，各国、各民族在经济和文化交流过程中产生的摩擦与矛盾催生了文化营销。注重精神需求的创意阶层的崛起迫使企业注重人文精神的营销。[6]

1. 合作营销

合作可以成为创新的新源泉，合作营销是参与化时代的新型营销模式，它强调企业与消费者的互动沟通，企业要吸引消费者参与到品牌价值的创造中来，实现品牌共建，让被动的消费者变成生产型消费者。在营销 3.0 时代，企业要和具备相同价值观的组织、群体和个人紧密合作。

2. 文化营销

文化营销把文化问题作为企业的核心营销手段，在全球化和民族主义矛盾滋生的时代背景下，企业必须打造文化品牌，通过文化营销的手段为消费者提供生活上的连续感、沟通感和方向感，来消除消费者因价值观差异而产生的顾虑与担忧。

文化品牌必须是动态的，必须始终关注随时会出现的新矛盾，因为它们和社会中某个时期内表现出来的根本矛盾、主要矛盾息息相关。同时，文化品牌的创建也为反全球化运动提供了答案。[7]

3. 精神营销

精神营销，也称精神性营销、人文精神营销，它将消费者心灵和思想层面的人文精神作为营销的核心，是一种意义的营销。

精神营销要求企业超越自己追求经济利益的短期目的，以自我实现为最终目的，必须了解自己的本质、为什么从事这个事业以及未来将何去何从，然后将这些问题的答案整合融入企业的使命、愿景和价值观。当企业努力为全人类的利益做出贡献、注重社会效益时，消费者和利润就会随之而来。

（四）营销 3.0 时代的未来模型

科特勒认为，在营销 3.0 时代，营销应该重新定义为由品牌、定位和差异化构成的等边三角形。他还以此为基础引入了 3i 概念，即品牌标志（brand identity）、品牌道德（brand integrity）和品牌形象（brand image）(见图 1-1）。

1. 品牌标志

品牌标志是指把品牌定位到消费者的思想中。在信息大爆炸的时代，要吸引消费者的注意力，品牌的定位必须是差异化的、新颖独特的，同时品牌标志必须和消费者的需求相对接。

图 1-1 营销 3.0 时代的未来模型[8]

2. 品牌道德

品牌道德是指营销者必须实现在品牌定位和差异化过程中提出的主张，品牌道德决定着企业能否兑现承诺、能否让消费者产生信任感和认同感。

3. 品牌形象

品牌形象是指与消费者产生强烈的情感共鸣，使企业进入消费者的心智当中，即一产生某种情感需求就会想到该品牌。

总的来说，定位可以引发购买决策的理性思考，差异化能够吸引精神、确认决策，在思想和精神的双重作用下，内心便会引导消费者实施购买行为。营销就是要清晰地定义企业独特的品牌标志，然后用可靠的品牌道德加以强化，最终实现建立强大品牌形象的目标[9]。上述营销 3.0 时代的未来模型能很好地和消费者的思想、心灵和精神形成全面关联。

四、"内容创意 + 技术传播"的营销 4.0 时代

（一）营销 4.0 时代的背景与概念

21 世纪以来，人工智能、物联网等信息技术迅猛发展，以第四次工业革命为基础的数据与智能时代到来。随着"互联网 +"、大数据营销、社会化营销等新的概念涌现，营销领域再次产生了深刻的变革。移动互联网时代，指令化、无形化、融合化的侵入式媒体出现，[10]基于社交媒体、客户社群等移动互联网传播技术和移动互联网、物联网带来的"连接红利"，用户与用户、用户与企业在不断交流的过程中，大量的消费者行为、轨迹所留下的痕迹被跟踪记录，产生了大量的行为数据。基于此时代背景，科特勒提出了营销 4.0 的概念，营销 4.0 时代所需要面对和解决的问题，是以价值观、连接、大数据、社区、新一代分析技术来实现客户的自我价值，因此科特勒也把营销 4.0 称为"实现自我价值"的营销。[11]

营销 4.0 是结合企业和用户线上线下交互的一种营销手法，通过结合形式和实体建立品牌，帮助营销人员适应数字经济时代，重新定义营销活动中的关键概念。营销 4.0 时代以大数据、社群、价值观营销为基础，数字营销和传统营销将在营销 4.0 时代共存，最终将共同实现赢得用户拥护的终极目标。[12]

（二）营销 4.0 时代的特征

1. 客户需求升级

在社会物产丰饶的情况下，马斯洛需求层次理论中的生理、安全、归属、尊重这四层需求相对容易被满足，营销 4.0 要解决的是更高一级的需求，即客户对于自我实现的诉求。[13]

2. 社群性客户出现

随着移动互联网以及新的传播技术的出现，客户能够更加容易地接触到所需要的产品和服务，也更加容易和与自己有相同需求的人进行交流，于是出现了社群性客户。科特勒基于F元素（friends，families，Facebook fans，Twitter followers），提出抓住最有影响力的三类目标人群，即年轻人、女性、网民。

（1）年轻人。他们引领潮流，在音乐、体育、电影、饮食、时尚等方面敢于尝试，勇于体验新事物。

（2）女性。女性担任家庭管理、采购、财务角色，比男性更愿意花时间去搜集信息、“货比三家”。

（3）网民。网民是互联网内容的创造者和传播者，他们乐于转发、分享、评论、互动，是网络社会中的连接者。

这三类群体没有明确的界限，有重叠的部分。

3. 企业营销策略转型

满足马斯洛需求层次理论中的“生理”和“安全”需要的产品往往是用来满足消费者日常功能性的需求，被称为产品的意义功能，早在营销1.0时代就已经实现。在基本的生存得以保证后，消费者选择商品时在不同的价格和产品之间进行比较取舍，这个过程中必定会受到价值观的影响，企业的营销工作便是强化这种价值观来影响消费者行为。在营销4.0时代，企业将与自身价值观高度契合的消费者吸收到营销系统中，帮助消费者完成“自我价值实现”的需求。

在营销4.0时代，企业将营销的中心转移到如何与消费者积极互动、尊重消费者作为“主体”的价值观，让消费者更多地参与到营销价值的创造中来，让消费者变成生产型消费者，即“产销者”。

（三）营销4.0时代的内容

1. 人本营销

科特勒在《营销革命4.0：从传统到数字》中提出，营销4.0时代品牌营销要以人为本，即人本营销，打造有人文关怀的人性化品牌。品牌不仅要满足消费者的情感和功能需求，还要探索品牌的人性面，通过社会倾听、浸入研究、同理心研究，挖掘消费者潜在的需求及渴望，提供差异化的商品和服务。

同时科特勒总结了人本品牌的六个属性，即活力（physicality）、知性（intellectuality）、社交（sociality）、情感（emotionality）、个性（personality）和道德（morality）。

2. 内容营销

营销4.0时代的内容营销包含创造、组织、分配、详述过程，通过设计有趣、贴切、有用的内容从而与特定的消费者群体展开有关内容的对话。

品牌需要发布对消费者有价值的内容才能吸引消费者。传统媒体时代的消费者没有选择内容的权利，营销 4.0 时代的内容营销能让消费者参与到内容的生产过程中来，企业通过内容与消费者进行连接。同时利用大数据技术根据反馈不断优化营销内容，用内容与消费者对话和沟通，在内容营销的过程中发现吸引和流失消费者的原因，从而更好地优化，实现良性循环。“做好品牌内容营销，不仅能给消费者带来真正的价值，也能让消费者从品牌拥护者变成品牌故事的说书人。”

3. 多渠道营销

营销 4.0 时代的多渠道营销是指整合多种渠道，创造无缝持续的消费者体验，打破分割的渠道，统一目标和战略，确保各类渠道都能促进消费者做出购买的承诺。通过描绘消费者路径所有可能的触点和渠道、找出关键的触点和渠道、评估和改善并整合关键的触点和渠道三个步骤实现成功的多渠道营销。

4. 互动营销

营销 4.0 时代的互动营销是指通过聆听社群和社会化平台等“品牌互动”行为让产品的购买者变成品牌的拥护者。科特勒提出，在数字时代，有三种行之有效的增进互动的方式：第一种是使用移动应用（App）改善消费者体验；第二种是使用社会化客户关系管理（social CRM）为消费者带来发言权和解决方案；第三种是使用游戏化引导消费者行为，从而增强互动。这三种方法并非彼此独立，营销人员应该把它们结合起来，实现最佳的效果。

（四）营销 4.0 时代的模型

1. 从 4A 到 5A

科特勒在传统 4A 模型，即认知（aware）、态度（attitude）、行动（act）、再次行动（act again）的基础上，以 5A 模型重新定义了数字时代的消费者购买路径，即认知（aware）、吸引（appeal）、询问（ask）、行动（act）、倡导（advocate），又叫“顾客体验途径”。这一经典传播模型涵盖了一个消费者与品牌构建关系的全部过程，强调品牌在营销过程中，要抓住关键接触点，与消费者建立联系。[14]

（1）认知（aware）——“我知道”。认知度又叫知悉度，这是消费者和品牌发生关系的第一个阶段。消费者根据过去的经验、广告资讯、他人推荐（口碑传播）或其他被动的方式接触到品牌信息。这时消费者的印象是：我知道了有这样的产品或品牌。

（2）吸引（appeal）——“我喜欢”。第二个阶段，消费者知悉了品牌或产品信息后，对所接触到的信息进行整合，比如基于广告传播、搜索过去的记忆、可能有的使用体验等，从中产生短期记忆或加强长期记忆，从而产生兴趣，再决定是否喜欢该产品或品牌。

（3）询问（ask）——“我询问”。第三个阶段，消费者在好奇心和兴趣的驱使下开始了解这个产品，主动获取和接触与品牌相关的信息，比如询问家人朋友、打电话给品牌客服、进入线下专卖店、在线搜索等，经过进一步的体验后认为该产品确实不错，这一阶段即“我询问”。

（4）行动（act）——“我购买”。第四个阶段，消费者以上一个阶段搜集到的信息为基础，决定通过购买和使用产品的行为来与品牌进一步互动。在这一个阶段，消费者通过线上、线下渠道实施首次消费行为，获得产品的使用体验和品牌的消费者体验。

（5）倡导（advocate）——“我推荐”。最后一个阶段，消费者在使用产品获得满意的体验后将变为该产品或品牌的“说书人”“拥护者”，维持、重复购买行为，并且主动向他人推荐。[15]

2. PAR 和 BAR

PAR 和 BAR 是 5A 模型中两个重要的量化指标，分别代表了品牌的影响力和变现程度。

（1）PAR（purchase action ratio）。PAR 即购买行动比率，用来衡量品牌知名度转化为购买行动的成效。

PAR =（购买人数）/（知道品牌的人数），即 =（act 人数）/（aware 人数）

（2）BAR（brand advocate ratio）。BAR 即品牌拥簇比例，用来衡量品牌知名度转化为品牌拥簇的成效。

BAR =（拥簇人数）/（知道品牌的人数），即 =（advocate 人数）/（aware 人数）

科特勒强调，理想的 5A 模型是“蝴蝶结型”，即在这个模型里，每一个知道品牌的消费者，都会因为品牌良好的声誉向他人推荐该品牌，品牌拥簇比率为 1。

第二节　营销的未来与可能：营销 5.0 时代（智能营销）

一、营销行业面临的三大挑战

随着大数据、云计算、人工智能等技术的变革发展与广泛应用，人类社会经历了无数次的“创造性破坏”，真正步入乌尔里希·贝克所言的“风险社会”。媒体生态、市场环境、营销规则发生剧烈变革，有新的行业崛起，亦有旧的行业覆灭，商业格局、营销科学等都在迭代更新。

2020 年新冠疫情席卷全球，催生了新的变数，给经济运行增添了更多的不确定性，也让商业运营变得更为复杂。就个人而言，数字化生存成为常态，这在某种程度上也推动了企业的数字化转型，迫使其不得不适应新的数字化现实，从而加大在数字营销上的投入。但仅仅是数字化还不够，社会化媒体营销乃至全渠道营销都不足以应对营销行业目前面临着的三大挑战：代际鸿沟、阶层固化、数字鸿沟。[16]

（一）代际鸿沟

代际鸿沟，即代沟（generation gap），是指年轻的一代和年老的一代在行为方式、生活态度、价值观念方面的差异、对立、冲突。[17] 可以说，代沟是代与代之间的距离，这个距离是代与代在时间距离的基础之上形成的思想价值观念上的距离与差别，即不同代在共时空状态之下所表现出的思想价值观念的距离与差别。[18]

代沟的本质是不同社会成长环境所造成的价值观念的差异。代首先是一个生物学概念，是人类生理年龄的一种阶段性集合。以亲子年龄差为标尺，相隔三十年通常被视作两代人。[19] 从世代的角度分析市场对于营销实践的开展至关重要。

1. 社会成长环境不同

每一代人所处的社会成长环境都不一样，而这种成长环境给人所带来的影响是深刻而又复杂的。同一时代的人经历过类似的社会变迁，所积累的经验、所见证的文化也是相似的，因此能共享集体记忆。同一时代的人拥有着差不多的消费观。

但就目前来看，代际失调已经十分普遍，“70后”“80后”社会经济地位较高，消费能力相对更强，但“90后”和“00后”已经逐渐成为劳动力市场和消费市场的主要组成部分。前后者所处的社会历史环境截然不同：前者生于物质相对匮乏的年代，条件较为艰苦；后者在相对富足的环境中成长。这在某种程度上造就了“70后”和“80后”的吃苦耐劳和勤俭节约的精神，其消费观更为理性，“90后”和“00后”则愿意接受超前消费。

此外，不同年代的人其技术起点也不一样。“00后”出生的时候，互联网已经成为主流，他们理所应当地成了数字原住民，将社交媒体视为日常生活不可或缺的一部分，他们对互联网的依赖程度更深。

2. 产品和服务偏好不同

每一代人对于产品和服务有着不同的偏好和态度，这促使营销人员以不同的产品、客户体验对其做出回应。“90后”和“00后”更注重体验感，追求消费的便捷性，最典型的是就餐习惯，他们更喜欢点外卖而不是自己在家做饭。这种偏好带动了外卖行业的兴起。

当前商业模式日渐数字化。“90后”和“00后”更容易接受数字消费，他们习惯于在QQ音乐、网易云音乐等平台购买数字专辑，而不是实体唱片。对于不同代人的独特需求，企业基本洞察到了，但大多数企业还做不到为用户提供令其满意并为之称道的服务。

年轻一代的需求和偏好不断发生变化，企业必须努力适应这种产品生命周期大大缩短的市场环境。最典型的是快消行业，产品迭代十分迅速，市场要求它们在短时间内开发新产品并实现盈利。企业需要在两个目标之间取得平衡：当前价值创造最大化和瞄准未来品牌定位。

每个消费者都是独一无二的，在技术的支持下，市场营销最终将实现一对一的个性化定制。在未来，营销人员将服务于特定的细分市场，每个细分市场都有其独特的偏好和消费习惯，而代际是市场细分最流行的方式之一。在同一时期出生和成长的人们经历了几乎同样重大的事件，拥有相似的社会文化经历，其价值观、态度和行为也更为相似。

（二）阶层固化

随着经济形势与城乡基本结构发生变化，实现社会流动越来越难，上升空间不断缩小，阶层固化的问题日益严重。阶层固化是指各阶层之间流动受阻的情况，即贫富的两极分化，而这并不是我们希望看到的。共同富裕才是党和人民所殷切盼望的状态，是社会主义的根本原则和核心理念之一。改革开放以来，我国经济腾飞，创造出巨量的财富。2020年我国达成了全面建成小康社会的伟大历史性成就，但仍然面临着贫富差距日渐扩大、分配存在不公的发展困境。财富的分配不平衡导致市场的两极分化：在金字塔顶端的高收入群体在增多；金字塔底端的低收入群体同样在扩张；中间的市场正在萎缩，甚至消失，要么实现阶层跨越，要么跌落到底部。

1. 工作的两极分化

造成贫富两极分化的主要原因是获取财富机会的分化。传统企业的架构特点是处于顶层的人拥有更大的权利，他们往往能拿到远高于常人的薪资，并且在很大程度上决定了下级的薪酬水平。经济全球化和数智化使得工作的两极分化更为严重。尤其是制造业的自动化导致了重复性工作的消失，同时增加了对高科技职业的需求。

2. 意识形态的两极分化

全球化的矛盾之处在于，主张经济的包容性却破坏了经济的平等性。可以说，全球化为多数国家带来的负面影响和正面效应几乎一样多。许多人认为经济全球化是造成不平等的罪魁祸首。面对这种紧张局面，人们开始偏袒其中一方，于是造就了两极分化的信仰和世界观，导致了意识形态的两极分化。

一部分人相信向无国界的世界开放会创造更多的价值，另一部分人则强烈呼吁保护主义（protectionism）。基于此，身份政治在世界各地兴起。简单来说，身份政治就是政治认同，即对社会政治产生的归属感。此外，社会化媒体（social media）的崛起看似为构建公共领域提供了更多可能，实际上却制造出过滤气泡（filter bubble），使人们结成趣缘群体，助长了群体极化现象。

消费既是一种物质活动，也是一种象征性活动，品牌的符号价值相比于其他价值显得更为重要和关键。不同意识形态的群体拥有的消费观也截然不同。

3. 生活方式的两极分化

两极分化不仅体现在工作和意识形态方面，生活方式也是如此。一方面，极简主义正流行，“less is more”被越来越多的人奉为圭臬。现代社会物欲横流，物品越多，羁绊越多，而断舍离能让人感到安心、自在。极简主义意味着更大的自由。另一方面，消费主义势头汹涌，难以阻挡。社会化媒体为公众提供了日常生活自我呈现的平台，奢侈的生活方式得以被更多人“看见”，更多人掉进消费主义的陷阱。

两种态度的人都坚信自己的生活方式能带来幸福。因此，极简主义和消费主义成为两个最大的值得追逐的市场，介于二者之间的市场空间却在消亡。

4. 市场的两极分化

市场本应无所不包，让不同档次、不同价位的产品都能占有一席之地。如今的市场却呈现两极分化的态势，消费者要么选择高端奢侈品，要么购买具有较高性价比的低端产品，中间的市场逐渐消失，这种现象早就在各大品类的市场中屡见不鲜。

不管是全球性的经济危机还是新冠疫情，都对市场造成了极大的影响。在就业形势不容乐观的境况之下，如果有廉价的、质量又相对不错的产品可供选择，消费者自然会毫不犹豫地购买。

与此同时，高收入人群几乎不受外界环境影响，甚至还能从危机中获益。疫情在某种程度上提醒他们健康的重要性，因此这部分人群追求更为优质的产品和服务。总之，低端市场致力于产品和服务的内在价值，具有高性价比；高端市场致力于挖掘品牌的符号价值，注重用户体验。

（三）数字鸿沟

数字鸿沟（digital divide）出现于二十世纪九十年代，当时的媒体报道和政府公告中广泛使用这一概念，将此作为一种“比喻”，呼吁人们关注信息技术富有者和信息技术贫穷者之间存在的不平等。[20] 最初的数字鸿沟主要指接入（access）沟——是否拥有数字设备，后延伸为使用（use）沟——技能上的差异，在信息时代又演变为知识沟（knowledge gap）——知识积累的差距。

不可否认的是，数智化为人类社会生活带来了极大的便利。在增进人类福祉的同时，数智化也带来了对未知的恐惧、失业威胁和侵犯隐私等问题。营销业必须打破这种鸿沟，以确保技术发展推动社会进步。

二、营销 5.0 时代的概念应运而生

现代管理学之父彼得·德鲁克（Peter Drucker）认为企业的最大功能，就是营销和创新，目的是创造消费者，最终让企业获利。营销关乎个人乃至社会需要的识别与满足，是一个传统而又富有新意的概念，始终处于动态发展的状态之中。

营销萌生于“二战”后，经历了非常多的“时代”。从初期的物质短缺到如今的过剩，从产品主导到以消费者为中心，营销学不断发展，推陈出新。

（一）从营销 1.0 时代到营销 4.0 时代

现代营销学之父菲利普·科特勒在对营销价值和意义进行反思的基础之上，将营销革命明确划分为 1.0、2.0、3.0 和 4.0 时代。每一次营销升级的背后都是技术与市场环境的巨变。

简言之，营销 1.0 时代即以产品为中心的时代，当时的营销就是把工厂生产的产品卖出去，从而满足市场的基本需求，强调渠道的重要性。

营销 2.0 时代出现于信息时代，消费者掌握了更多的信息，拥有更多的选择余地，其地位有了较为明显的上升，“顾客即上帝”是当时企业获得成功的法则，因此营销 2.0 时代是以消费者为中心的时代。

营销 3.0 时代是以人文为中心的时代，顾客除了是拥有消费能力的人，还是具有独立思想的完整个体，这一时代的企业必须具备远大的使命、回馈社会的愿景，才能与顾客的价值观形成深度共鸣。顾客不仅仅是在购买产品和服务，还在为他们所欣赏和认同的理念和价值观买单。

随着数字经济的转型，营销步入 4.0 时代，企业将营销的中心转移到如何与顾客互动并吸引其参与营销价值的共创。显然，营销 4.0 时代的目标就是洞察与满足顾客需求，以增加顾客参与度，赢得顾客拥护，最终成功构建与顾客的深度私域关系。

（二）营销 5.0 时代

在全球代际鸿沟、阶层固化、数字鸿沟的三大挑战下，营销革命再一次迅猛开展，随即

迎来了营销 5.0 时代。从营销 1.0 时代到营销 5.0 时代，前后时代并非替代关系，而是叠加关系，体现着营销关注点的演进，每个阶段的营销实践都有着不同的侧重点。当前，不少中国企业处于营销 4.0 时代到营销 5.0 时代的过渡阶段，如何适应市场环境的巨变是企业必须重视并且解决的问题。

1. 营销 5.0 时代的中心

智能技术是营销 5.0 时代的中心，它是能够模仿人类市场营销人员能力的一类技术，具体包括大数据（big data）、云计算（cloud computing）、人工智能（AI）、自然语言处理（NLP）、传感器技术和物联网（IoT）、AR/VR/MR/XR 等。这些技术的综合运用使得营销 5.0 时代成为可能。

2. 营销 5.0 时代的核心

尽管智能技术是营销 5.0 时代的中心，但人性化仍然是营销 5.0 时代的核心。智能技术的应用能够帮助营销人员在整个客户旅程（customer journey）中创造、沟通、传递和提升价值。其目标是创造全新的客户体验（customer experience），为了实现这一目标，必须在人类智能和计算机智能之间建立一种平衡共生关系。

营销 5.0 时代通过深度整合以人为本的技术，在客户旅程中去创造传播交付和增强客户价值。[21] 技术应用到以客户旅程为核心的营销链条中，通过人机交互的方式提升了营销者理解客户、服务客户、响应客户需求的效率和速度，进一步丰富了客户体验，帮助企业实现端到端的智能化。既有营销 3.0 时代以产品与消费者关系为中心的要素，又有营销 4.0 时代技术赋能的要素，可以说，营销 5.0 时代融合了“以人为本”和“技术赋能”，利用技术增进人类福祉，旨在构建由智能技术支持的可持续社会。其本质是通过管理和分析数据，提升客户体验。因此，也可以将其称为以智能技术为基础、以数据为主要生产资料来满足客户需求、提升客户体验的智能营销时代。

如表 1-1 所示，从营销 1.0 时代到营销 5.0 时代，营销环境发生巨变，顾客的偏好、需求，乃至顾客价值都在以前所未有的速度发生变化，企业唯有不断进行价值创新，积极应“变”以保持“不变”。

表 1-1　从营销 1.0 时代到营销 5.0 时代

营销时代	提出时间	中心	渠道特点	代表理论
营销 1.0 时代	20 世纪 80 年代	产品	批发分销	4P
营销 2.0 时代	20 世纪 90 年代	消费者	掌控终端	4C
营销 3.0 时代	2010 年	人文	O2O	3i
营销 4.0 时代	2015 年	价值共创	多种模式	5A
营销 5.0 时代	2020 年	智能技术	随时随地	

三、营销 5.0 时代的组成部分

营销 5.0 时代包括三种相互关联的应用：预测营销、情境营销和增强营销。而这三种应用建立在数据驱动营销和敏捷营销的基础之上。

（一）数据驱动营销

营销 5.0 时代的首要组成部分是数据驱动营销（data-driven marketing）。数据驱动营销通过对海量数据的收集、分析、管理，建立一个能优化营销决策的数据生态系统。数据驱动营销也可以被称为大数据营销（big data marketing）。建立数据生态系统是实施营销 5.0 时代的前提，基于准确的数据才能进行预测营销，以预估营销效果。只有掌握了用户数据，才能实施个性化的、有针对性的营销，最大程度上满足用户需求。

1. 数据驱动营销的概念

在维克托・迈尔・舍恩伯格和肯尼斯・库克耶编写的《大数据时代：生活、工作与思维的大变革》中，数据被视为原油般的存在，万物皆可量化，数据所蕴含的价值“取之不尽，用之不竭”。作者把大数据的基本特征概括成了 4 个 V，即大规模（volume）、高速度（velocity）、多样性（variety）和价值性（value）。数据驱动营销正是基于这几个特性而开展的营销。如何结合业务逻辑并通过强大的机器算法来挖掘数据的价值，是大数据时代最需要解决的问题。简言之，数据驱动营销是指将大数据技术应用于营销活动中，通过对海量数据进行挖掘、分析，发现其中的关联所在，创造更大的营销价值。

2. 数据驱动营销的价值

（1）促进市场细分。大数据的应用有助于营销人员将市场细分为最小单位——个人。营销人员可以为客户进行千人千面乃至一人千面的个性化、定制化的营销，为其量身定制产品和服务。有了技术的加持，客户数据的体量和详细程度不会受到限制。不仅如此，数据得以动态更新，系统能即时监测到客户偏好的转变，营销人员便可以及时调整营销策略，跟踪营销效果。

（2）赋能营销体系参与者。在营销体系中，大数据带来的影响不仅是数据量几何级的增长，还有从量变到质变的颠覆性变革，大数据从媒体、消费者、广告与营销战略策划、效果评估四个层面影响了传统营销体系，也给营销体系参与机构赋予了新的力量与可能。数据成为媒体生存与发展的基石，用户的媒介接触有迹可循，其行为都可以被监测。在数据服务公司层面，海量数据也催生了全新的业务范畴和调研手段，让所有数据得以展现新的营销可能。利用大数据帮助品牌提升营销效果的广告营销机构出现，媒体数据以及第三方的监测数据被广泛应用于广告与营销策略的执行当中。[22]

3. 营销数据的类型

（1）结构化数据。结构化数据，也就是数据库数据，指可以由二维表结构来逻辑表达和实现的数据。这类数据严格受到数据格式和长度的限制，主要通过关系型数据进行存储和管理。这些数据通常是单面的，不能并行发生。

最常见的结构化数据是客户关系管理系统中的企业销售、利润等数据，或者网站的点击流数据。在分析方法方面，通常采用传统的计量经济学估计法，如广义最小二乘法、矩估计和最大似然估计等方法来估计变量之间的关系并允许假设检验。涉及的模型主要包括线性、Logit & Probit 选择模型等。[23]

（2）非结构化数据。非结构化数据是指那些没有预先定义的数值，需要研究人员手动或采用自动化方法编辑，能够提供多面性且并行发生的数据单元，如社会化媒体中的文本、图片、音频、视频，以及来自移动设备的位置数据等。[24]

4. 营销范式：科学营销与艺术营销

哈佛大学社会学教授加里·金曾言："大数据时代是一场革命，庞大的数据资源使得各个领域开始了量化进程，无论学术界、商界还是政府，所有的领域都将开始这种进程。"这句话也许道出了大数据营销的一个主流发展方向——科学化方向。往日纷繁复杂的营销行为日益演变成为一系列的数据运算和相关分析，从而实现营销的精确化。[25]营销决策将日益基于数据和分析，而非基于经验和直觉。通过对海量数据的分析找到超出人们常识和经验的相关关系，能让企业在激烈的市场竞争中抢占先机。

大数据是现实世界的镜像反映，随着智能技术的发展，万事万物之间的联结更为紧密，越来越多的事物及其关系都能投射到大数据之中。大数据能为营销者提供一种"巅峰视角"（top sight），帮助营销者摆脱传统营销一叶障目的窘境。技术的发展是动态的，大数据时代刚刚开始。囿于现实世界的复杂性，我们还不能够预见整个世界完全"大数据化"的局面，也就是说，在营销实践中，光有技术手段还不够，人文关怀仍然十分必要。依赖于营销者经验判断的营销实践，便是营销的艺术范式。随着社会的进步，人们会更注重精神层面的满足。因此，在科学营销范式逐渐崛起的同时，艺术营销范式也绝不式微。

在营销 5.0 时代，科学营销范式主要负责人类生存实践中的物质部分，即基础部分；艺术营销范式主要负责精神层面的部分，即高端部分。这种主客观的结合能够让营销者对市场需求的预测无限接近真实情况，让生产者与消费者能够实现和谐的交换。

（二）敏捷营销

1. 敏捷营销是什么

市场变化的速度越来越快，营销行业对其做出的反应必然也要提速。敏捷营销（agile marketing）是指企业的组织架构和运营弹性足以支持其适应市场的瞬息万变，即企业具备应对市场的敏捷性。

敏捷营销是一种战术营销工具，通过这种营销工具，营销团队可以集中精力专攻高价值项目。敏捷营销允许营销团队快速发布他们的内容，然后根据他们的表现进行修改。有了敏捷营销，公司可以对市场的变化做出反应，并相应地调整他们的方法。

简单来说，敏捷营销是一种跨职能活动，来自不同部门的成员聚集在一起，根据动态的营销环境改进营销计划。这是一个过程，重点是发现、测试和实施一系列与组织营销相关的重点项目。[26]

2. 敏捷营销的优势

（1）高效。敏捷营销有一个共同的愿景，该愿景被分解为各种小型项目，有利于提高营销效率，简化不必要的环节。团队的沟通也会更为紧密，存在的问题能及时被发现并解决。

（2）灵活。在传统营销中，营销人员很难应对环境中频频发生的变化，而敏捷营销要求团队灵活做出调整。

（3）创新。在敏捷营销中，团队之间进行跨职能协同工作，不同背景和环境的成员通过他们的创新想法为项目做出贡献。

在营销 5.0 时代，企业的营销传播始于数据驱动营销，数据是基石，而最终决定营销传播成败的是企业在营销实践中的敏捷程度。

（三）预测营销

预测营销（predictive marketing）是指通过对过去市场营销信息进行分析和研究，洞察市场营销的变化规律，根据规律来对未来营销的发展态势进行预测，从而提高营销效果。换言之，预测营销基于历史交易数据，挖掘隐藏在数据中的相关关系，识别未来市场营销的潜在风险和契机。数据驱动营销是开展预测营销的前提。

1. 预测营销的优势

预测是制定营销策略之前的必要环节。在传统营销活动中，营销人员一般是依靠已有经验做出自认为明智的决策。而在营销 5.0 时代，预测的主体是人工智能，人工智能通过对大量的消费者数据进行机器学习，找到不同消费者既定的生活习惯以及消费者与消费者之间的相似性，完成对消费者数据的认知性学习并且建立预测模型。在模型中输入新的数据便可以预测未来的结果。

营销人员通过预测可以更好地了解市场，预测的主要优势体现在：通过分析以往数据做出使效益最大化的决策，找到最合适的细分受众，预测消费者生命周期和消费者流失率，优化营销活动，实现营销自动化。预测营销能够带来更高的市场营销投资回报。

2. 预测营销的流程

预测营销的流程大致如图 1-2 所示，首先明确所要达到的营销效果，其次是数据的收集和分析，对其进行统计，并构建出相应的模型，做出战略部署，最后是模型监控。

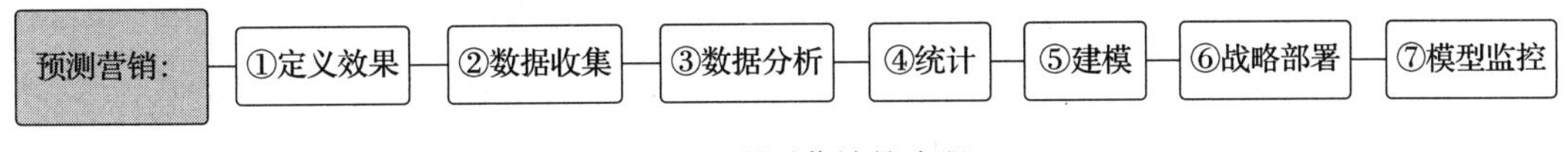

图 1-2　预测营销的流程

预测营销始于既有的数据，在对数据做出分析的基础之上构建模型。预测模型主要有三种：聚类模型、偏好模型、协同过滤。[27] 聚类模型是基于用户行为聚类、产品聚类、品牌聚类等，针对人口统计和人物画像的客户细分。偏好模型根据预测的终身价值、互动的可能性、退订的倾向性、转换倾向、购买倾向和流失倾向来预测顾客行为。协同过滤则基于过去的变量包括购买行为等来对产品、服务以及广告进行推荐。这种过滤在追加销售、交叉销售以及下次销售的场景中很常见。

3. 预测营销的应用

预测营销的应用主要包括预测性客户管理、预测性产品管理、预测性品牌管理。

（1）预测性客户管理。预测分析可以帮助营销人员估计客户的价值，瞄准目标用户。客户管理是指企业为了提高核心竞争力，利用技术手段管理客户关系从而提高管理效率，为客户提供创新式的个性化产品和服务。客户管理的目标是吸引新客户、留存老客户，提高已有客户的品牌忠诚度，扩大品牌市场。通过预测性客户管理，营销人员可以迎合客户喜好，提高客户满意度，降低营销成本，实现利益最大化。

（2）预测性产品管理。产品管理主要包括开发新产品、产品市场分析、产品推广，还有产品生命周期管理。在整个产品生命周期中，预测分析都能起到至关重要的作用。

在产品开发初期，市场营销人员可以通过对已经上市的产品进行分析，在设计新产品时扬长避短。市场营销人员还可以预测出产品面向市场的销售量，选择其中获利最多的一条产品线。此外，预测性产品管理在用户购买产品乃至使用产品的过程中都十分有效。如在购买产品时，预测性产品管理起到的作用是为用户推荐其他可能感兴趣的产品。预测分析所使用的算法被称为推荐系统，能够根据用户的历史消费行为和相似用户的偏好为其推荐产品，能够估计用户购买特定产品的可能性。抓取到的用户数据越多，预测就会越准确。

（3）预测性品牌管理。品牌是一种错综复杂的象征。品牌资产大师戴维·阿克在其著作中将品牌资产定义为一系列资产的集合，包括品牌知名度、品牌忠诚度、感知质量、品牌联想、其他品牌专属资产（专利、商标、渠道关系）。[28]品牌管理可以被理解为对品牌资产的管理，市场营销人员可以通过扩大品牌知名度、获得消费者支持来提高销量、提高品牌溢价、扩大品牌规模等。

预测性品牌管理是指通过预测分析帮助市场营销人员规划品牌传播活动，在数字领域的应用尤其重要。基于数据，可以分析过去营销活动成功的关键要素，并对即将开展的营销传播活动做出预测。机器学习是一个持续的、不间断的过程，品牌经理可以即时评估现状、做出调整来优化营销传播效果。

（四）场景营销

场景营销（contextual marketing）是指在对用户进行数据分析的基础上，了解用户的习惯与需求，通过构建或使用某一特定场景，连接线上和线下，在即时恰当的时空下向用户提供精准的服务信息，进而促使用户参与体验并与用户产生营销互动，实现精准营销的行为。[29]当前大多数用户使用的是移动设备，这有利于全天候监测分析的实施。设备随用户而移动，可以从地理位置、生活状态、需求意图等方面对用户进行深入的了解，而不仅仅是根据兴趣推送产品。物联网在其中发挥着重要作用，更多的场景数据被收集，用户画像更为全面，有利于营销时机的把握。

1. 场景营销的特征

（1）用户洞察。通过识别用户的个人信息、背景、偏好等，判断用户的情感需求。识别的方式包括面部识别、语音识别、神经信号检测等。面部识别和语音识别的应用已经十分广泛。

（2）移动化。用户所处的场景随时会发生变化，借助 LBS 等技术可以随时随地触发用户的感官，从而拓展营销实施的时空范畴。

（3）个性化。智能推荐系统能为用户提供个性化的解决方案，为其提供评估、决策的依据，实现产品与服务对用户消费需求的智能化响应和精准适配。

2. 场景营销的运作模式

场景营销的运作模式不断发展演进，其本质是在消费者体验、连接和社交多个层次上为场景赋予新内容，实现场景的重构，丰富场景营销运作的内涵。[30]

（1）多层次的场景营销对象模式。第一层次的营销对象是“内容”（content）；第二层次的营销对象是“场景”（context)；第三层次的营销对象是“意义”（meaning）。

（2）互联网环境下的场景触发模式。场景触发模式的核心是场景营销刺激的配置，企业要针对产品或服务品类的特性，选择合适的沟通渠道和方式激发顾客的兴趣并建立品牌认知。

（3）基于顾客导向的场景维度构建模式。企业在多变的商业环境中必须具备战略智慧和弹性，倡导以顾客为中心的服务场景维度构建。

（4）基于场景化沟通的营销语境模式。营销语境模式是企业营销信息的表现方式，具体包括产品设计、包装信息、价格信息等所有构成消费场景的信息沟通要素，帮助消费者识别企业品牌并做出判断决策。

（5）整合的场景化运作过程模式。基于移动智能终端的营销活动计划和执行，涵盖从最初的购物触发，到购买消费、回购和推荐的各个阶段，都需要场景化。

（五）增强营销

1. 增强营销是什么

营销人员总是致力于利用最新的技术来吸引顾客，随着代表真实世界的增强现实技术（augmented reality，AR）的出现，制造商正在考虑使用AR技术为客户带来身临其境的体验。当客户无法通过大多数产品广告看到真正的产品时，如何以情感化和沉浸式的方式吸引客户？在这种情况下，使用增强现实技术作为营销工具的增强营销（augmented marketing）派上了用场。[31]

增强营销是指利用AR等技术，消弭虚拟与现实的界限，让消费者身临其境，营造尽可能真实的体验感。增强营销是抓住消费者注意力并占领市场的有效工具，将改变人们对广告的思维方式。

2. 增强营销的优势

相比于传统营销，增强营销具有以下优势：（1）这项技术独特且引人注目，有助于为消费者创造个性化体验；（2）带动个性化内容的分享，即病毒式增强营销；（3）使消费者能够创建专属于自己的定制化产品；（4）交互性促进消费者留存。

3. 增强营销的应用[32]

（1）虚拟展厅（virtual showrooms）。虚拟展厅相关的应用程序帮助消费者在购买前试用物品，例如谷歌的Tango AR平台提供了3D地图和物理空间测量功能，可用于虚拟展厅体验。宝马也开发了一款应用程序，用户可以将虚拟汽车导入周围环境并进行定制，甚至可以将其照片保存到设备中。增强营销通过提供实时体验的优势，弥补了在线营销的不足。

（2）定位应用（location-based Apps）。虚拟展厅应用程序中对 AR 技术的使用局限于室内环境，而基于定位的应用程序可以提供户外曝光。这些应用程序的设计目的是在消费者探索世界时提供更多信息——可以视作谷歌地图的 AR 版本。以基于定位应用为特色的企业，在消费者探索周围环境时，有机会向他们展示自己。如 Wikitude World Browser（现在的 Wikitude）是一款基于位置的增强现实应用程序，它整合了 Wikipedia、Google Places 和 Tripadvisor 等网站，方便消费者查找附近地方的信息。

（3）信息补充（additional content）。增强营销允许消费者在与周围物体交互时访问附加的内容和信息。美宝莲、Argos、American Apparel 等品牌一直在使用这种方式来创造由其产品、商店、目录和包装触发的难忘的互动体验。

本章小结

本章以哔哩哔哩网站（B 站）浪潮三部曲为导入案例，介绍了营销从 1.0 时代到 5.0 时代的发展历程及其核心概念、特征及相关理论：以产品为中心的营销 1.0 时代，具体阐述在大规模生产与销售的市场经济思维下应运而生的 4P 理论；以消费者为中心的营销 2.0 时代，营销理论从 4P 升级为 4C 组合营销，两者同时存在；以人文精神为中心的营销 3.0 时代，包括合作营销、文化营销和精神营销，以及此阶段的未来模型；以内容创意与技术传播为中心的营销 4.0 时代，总结了该时代的四种营销类型、时代特征并重新定义数字时代用户购买路径的 5A 模型；营销 5.0 时代，即智能营销时代，在分析营销面临的三大挑战的基础上，介绍了数据驱动营销、敏捷营销、预测营销、情境营销和增强营销等几种应用。最后通过肯德基打造 KI 上校与《英雄联盟》联动的案例，加深读者对于企业顺应营销时代发展趋势等实践尝试的思考。

思考题

1. 营销 1.0 时代和营销 2.0 时代的区别是什么？
2. 简述营销 3.0 时代的未来模型。
3. 营销 4.0 时代的特征是什么？
4. 简述营销 4.0 时代的 5A 模型。
5. 简述预测营销的流程。

章后案例

肯德基 KI 上校：AI 抓住观众“嗨”点[33]

本章重点之一是基于对几个营销时代的整体把握，理解企业在不同营销时代背景下进行营销变革的动机、做法与效果、意义，以下是肯德基通过打造 KI 上校这一形象进行电竞营销的案例。对此案例进行分析，将帮助我们更好地理解、总结相关内容。

一、研究背景

2015 年肯德基领行业之先，与游戏 IP《英雄联盟》展开合作。当前《英雄联盟》已成为世界上最受欢迎的电子竞技游戏之一，仅在中国就有大约1.11亿玩家。《英雄联盟》电竞赛事也成为全球热度最高的赛事之一，其用户群体和肯德基的目标受众高度重合，顺势在电竞领域开拓新的用户场景成为肯德基的必然之举。

同时，肯德基的营销战略也面临着来自外部和内部的挑战。外部挑战指当越来越多的品牌开始赞助《英雄联盟》电竞赛事，肯德基如何在众多赛事赞助方中找到不一样的角色定位，使电竞用户不仅看到肯德基品牌，还愿意主动关注，与品牌进行互动；内部挑战指肯德基应如何提高转化率，该用什么样的方式打动电竞用户，让电竞用户在看比赛的时候，自发扫描屏幕上的二维码，领取肯德基的优惠券。

游戏发展趋向严肃，肯德基需要跳脱出简单的赞助，与玩家进行更深入的接触，进而真正成为《英雄联盟》的一部分。在电竞赛事中，对战双方的实时性能数据有着至关重要的作用与意义，一方面能够帮助观众准确把握当前的赛局情况，另一方面对于电竞选手分析自身与竞争对手的性能也尤为关键，使他们能够发展和完善未来策略。

二、执行

KI（KFC-AI）是肯德基推出的一个AI算法，能在《英雄联盟》比赛中预测谁会是赢家。通过与数据公司刺猬电竞合作，肯德基为每个游戏团队创建了基于所有历史数据和实时数据的算法。该算法结果由KI上校这一数字化身进行呈现和表述，能够以拟人化的效果，根据游戏数据实时预测谁将赢得比赛。可以说，肯德基在《英雄联盟》电竞赛事的过程中贡献了出色的附加值，帮助游戏玩家和粉丝在比赛前、比赛中和比赛后随时追踪赛事预测情况。

肯德基KI上校的预言实时出现在《英雄联盟》电竞赛事的直播屏幕上，在每场比赛的开始以及中场休息时给出基于赛场性能数据的预测。在比赛最激动人心的时刻，KI上校还会向观众发放肯德基优惠券——邀请观众在网上订购肯德基，一边享受比赛，一边享用炸鸡。

此外，《英雄联盟》虽然是PC端的游戏，但玩家常常结合手机等移动端进行社交。因此，为确保营销最优化效果，肯德基还开发了一个HTML5版本的KI上校预测界面，并将其融入肯德基App中。肯德基还为在移动端查阅的游戏玩家推出了专属移动端使用的优惠券。

三、效果

通过创建KI上校并将其转变为《英雄联盟》游戏的新标志，肯德基每天可获得70分钟的品牌曝光，在《英雄联盟》赛事直播中拥有超过2.03亿（直播观众数量峰值）的观众，超过190万条专门针对肯德基的弹幕评论（比赛期间滚动文字）得以生成。在微博上，肯德基的话题浏览量达到了3 500万次，是2018年世界杯赞助商微博话题浏览量的两倍。在中国，微博的热门话题往往由名人新闻主导，因此此次营销的巨大成效更显意义重大。

【案例小结】

从电竞赞助到主动开辟更深层的电竞用户场景，肯德基的营销实践变迁体现了对时代趋势的把握和积极探索。肯德基KI上校的成功案例，证明了步入营销4.0时代，人格化营销等与消费者形成更自然、深层互动的营销方式尤为重要和奏效。该案例带来以下启示：其一，营销需要实现更深度的品效协同。肯德基推出的KI上校与《英雄联盟》电竞赛事的用户需求相贴合，在具体营销创意中实现升级迭代，更加重视场景融合、品效链路的进一步打通。其二，营销需要以技术丰富用户体验，激活不同圈层用户的兴趣。肯德基通过KI上校从“数据技术的应用”到“以技术为工具服务于人”，使用户与品牌IP在较为稳定的状态中互相影响。其三，营销需要塑造与品牌、客户相匹配的IP精神内核，肯德基结合KI上校这一新次元营销生态系统，在深度跨圈中用发展的眼光与年轻人共同成长。[34]

参考文献

[1] 数英DIGITALING.B站找毛不易唱了一首“入海”，更有“后浪”的样子[EB/OL].(2020-05-22)[2023-03-01]. https://mp.weixin.qq.com/s/WP2opcydB8cHYv5tn8uu4A.

[2] 科特勒，卡塔加雅，塞蒂亚万. 营销革命3.0：从产品到顾客，再到人文精神[M]. 毕崇毅，译. 北京：机械工业出版社，2011：15-16.

[3] 茂石虎. 4Cs营销理论4C是指什么？经典案例分析来啦[EB/OL].(2020-03-10)[2023-03-01]. https://www.maoshihu.com/2623.html.

[4] 李娜. 营销3.0视域下整合品牌传播策略研究[D]. 广州：暨南大学，2013：14.

[5] NewMediaLab. 重新认识营销：读《营销革命4.0：从传统到数字》[EB/OL].(2019-11-04)[2023-03-01]. https://mp.weixin.qq.com/s/hwRBy622bii-1S-OIDXVEg.

[6] 段淳林，谭敏. 营销3.0视域下的品牌传播新特征探析[J]. 华南理工大学学报(社会科学版)，2013，15(6)：1-4.

[7] 同[2]：22-23.

[8] 同[2]：7.

[9] 孙先锋. 用3i模型打动消费者[EB/OL].(2019-08-19)[2023-03-01]. https://finance.sina.cn/sa/2011-08-19/detail-ikftssan8035171.d.html.

[10] 易光. 一篇文读懂营销1.0-4.0都变了些啥[EB/OL].(2018-07-10)[2022-04-15]. https://www.linkedin.com/pulse/%E4%B8%80%E7%AF%87%E6%96%87%E8%AF%BB%E6%87%82%E8%90%A5%E9%94%8010-40%E9%83%BD%E5%8F%98%E4%BA%86%E4%BA%9B%E5%95%A5-%E5%85%89-%E6%98%93.

[11] 同[5].

[12] 科特勒，卡塔加雅，塞蒂亚万. 营销革命4.0：从传统到数字[M]. 王赛，译. 北京：机械工业出版社，2018：7.

[13] 王赛. 营销4.0：从传统到数字，营销的“变”与“不变”：“现代营销学之父”菲利普·科特勒专访[J]. 清华管理评论，2017(3)：60-64.

[14] 艾奇SEM. 破局数字营销，巨量引擎推全新数字化商业增长引擎“云图”[EB/OL].(2019-09-11)[2023-03-01]. https://mp.weixin.qq.com/s/XOuT_bMgBAEgDn88Hk6_3Q.

[15] 科特勒营销战略. 曹虎：掌握科特勒4种营销模型，超过99%的竞争对手[EB/OL].(2019-05-29)[2023-03-01]. https://mp.weixin.qq.com/s/99dwxz2F2NwBC5QlOEZnCg.

[16] KOTLER P，HERMAWAN K，SETIAWAN I. Marketing 5.0：technology for humanity[M]. John Wiley & Sons，2021：23-72.

[17] 米德. 文化与承诺[M]. 周晓虹，周怡，译. 石家庄：河北人民出版社，1987：5.

[18] 王玉香. 基于“后浪”现象的网络社会代沟问题研究[J]. 中国青年研究，2020(10)：80-86.

[19] 周裕琼，林枫．数字代沟的概念化与操作化：基于全国家庭祖孙三代问卷调查的初次尝试[J]．国际新闻界，2018，40(9)：6-28.
[20] 周裕琼．数字代沟与文化反哺：对家庭内“静悄悄的革命”的量化考察[J]．现代传播(中国传媒大学学报)，2014，36(2)：117-123.
[21] 科特勒营销战略．曹虎：营销5.0时代的八大核心能力和十大特征：科特勒咨询集团在2021(首届)全球数智营销峰会的重要演讲[EB/OL]．(2021-05-25)[2023-03-01]．https://mp.weixin.qq.com/s/a2rKuroyctkgXg7GSq5ZUw.
[22] 黄升民，刘珊．“大数据”背景下营销体系的解构与重构[J]．现代传播(中国传媒大学学报)，2012，34(11)：13-20.
[23] 杨扬，刘圣，李宜威，等．大数据营销：综述与展望[J]．系统工程理论与实践，2020，40(8)：2150-2158.
[24] 同[23].
[25] 贾利军，许鑫．谈“大数据”的本质及其营销意蕴[J]．南京社会科学，2013(7)：15-21.
[26] GERA G，GERA B，MISHRA A.Role of agile marketing in the present era[J]．International Journal of Technical Research & Science，2019，4(5)：40-44.
[27] 纪孟兰，陈明艳．如何使用预测分析方法提高营销效果?[EB/OL]．(2018-07-26)[2023-03-01]．https://mp.weixin.qq.com/s/G5anpyvo-TP8Q6VN4gqzmw.
[28] 阿克．管理品牌资产[M]．吴进操，常小虹，译．北京：机械工业出版社，2012：60.
[29] 陆劲，王智锋．5G环境下场景营销理念的发展趋势[J]．青年记者，2021(24)：106-107.
[30] 于萍．移动互联环境下的场景营销：研究述评与展望[J]．外国经济与管理，2019，41(5)：3-16.
[31] KIM M U，YOON K. JPEG-AR Standard Enabling Augmented Marketing[C]．Beijing: International Conference on It Convergence & Security IEEE.2014.pp.1-2.
[32] LEENA，LAKRA P，VERMA P. Augmented reality in marketing: role and applications[J]．IRJMST，2017，8(11)：77-78.
[33] 数英．肯德基KI上校：英雄联盟S8数据官兼福利官[EB/OL]．(2018-09-01)[2023-03-01]．https://www.digitaling.com/projects/88598.html.
[34] 马可婷．KI上校再次营业，KFC把电竞营销玩出花![EB/OL]．(2021-10-15)[2023-03-01]．https://mp.weixin.qq.com/s/Gu3EYVnZ3vdiviVLYKdJ4g.

第二章
CHAPTER 2

智能营销的基本原理

§ 学习目标

1. 了解智能营销的内涵及特征。
2. 辨析智能营销相关概念。
3. 掌握智能营销中使用的各种技术，包括“大数据＋云计算”、人工智能、物联网、VR、AR、MR、XR、区块链等。
4. 正确认识智能营销的价值和影响。

§ 导入案例

“伊利 × 百度好奇夜”：自创内容 IP

一、案例回顾

2020 年 9 月 19 日，由百度 App 与浙江卫视联合打造、由伊利独家冠名的国内首档好奇主题晚会《百度好奇夜》圆满收官。仅在晚会播出期间，用户互动量就超过了 108 亿，收割全网热搜 200 多个，话题总阅读量高达 170 亿＋，百度凭借“好奇夜”全网刷屏。晚会不仅邀请流量明星、百度移动生态的内容创作者带来精彩表演，还将 AI、AR、人工智能等技术全方位、多场景地融入晚会的节目中，通过科技与娱乐的融合，向观众展现了一个更加年轻、更有活力的百度。

(一) 预热与造势

9 月 5 日，百度与李诞团队合作的以“搜索好奇心”为主题的脱口秀——《好奇一会儿》开播，这一档不到 30 分钟的脱口秀不仅融合了当下用户使用百度的日常场景，融入了百度的相关功能，还为“好奇夜”晚会进行了预热[1]。人气脱口秀演员李诞、王建国将百度融入一个个的梗中，引发观众对《百度好奇夜》的兴趣。如，李诞说：“当你不确定宿舍是否断网的时候，百度一下你就知道了。”王建国分享了一次难以忘怀的被人好奇的经历，即某次走红毯被人使用了百度 App 的拍照识人功能。脱口秀在百度 App、好看视频、爱奇艺、微博、快手、抖音等多平台同步播出，当天全网总曝光量达 3.2 亿＋，总播放量达 1.08 亿 +[2]，相关互动量超 150 亿次，品牌成功获得大量关注。

不止于此，百度其实从 2020 年 8 月起就开始陆续预热，不断强化观众的“好奇心”。无人机官宣表演、好奇心故事、好奇之音、好奇心实验室、翻滚吧好奇心等近 50 个内容和活动，上百位明星联动参与，营销全面提升传播范围和覆盖面。

（二）科技赋能晚会

《百度好奇夜》通过六大 AI 黑科技（智能搜索、搜索大数据、度晓晓、Apollo 无人车、小度智能屏、AR 舞台），塑造差异化的台网晚会 IP，吸引用户关注，加深用户对百度 AI 技术及形象的认知。在现场，除了用 AR 特效包装的舞台，还有：与汪苏泷合唱《万有引力》的养成类虚拟助理——“度晓晓”；从与主持人华少互动，介绍歌手李荣浩，到与观众互动，贯穿全程的智能语音搜索互动——小度智能屏；搭载气运联盟乐队登场，展现无人驾驶技术与 5G 完美结合的 Apollo 无人车。

除此之外，晚会还展示了“AI 寻人”自 2016 年上线以来的亮眼成绩。借助领先的跨年龄人脸识别技术，百度 AI 已累计完成 41.91 万次人脸对比，寻亲成功数量达到 11 716 人次，助力走失者与家人团聚，充分彰显了企业的人文关怀[3]。同时，智能搜索伴随晚会全程，凭借语音识别和图像识别技术，每个参加好奇夜的明星都有他们专属的“搜索彩蛋”，如搜索明星李晨则页面会出现“牛角”、搜索邓紫棋则页面会出现“金鱼”。

（三）传播渠道与互动形式

这次活动不仅是一场晚会，更是一场持续 45 天的营销活动。《百度好奇夜》联合浙江卫视及地面媒体频道进行全覆盖宣发，在百度 App、好看视频、浙江卫视、爱奇艺、全民小视频、百度贴吧、小度平台同步直播，获得了 CSM59 城收视率 2.049，同时段实时收视率第一，全网观看人次超 1 亿的好成绩。与此同时，设有互动游戏“好奇大富翁”抢 1 亿红包、210 + 互动话题、直播间购物等丰富的线上活动，通过互动方式提升用户对百度生态能力的认知和体验[4]。

（四）品牌与企业双赢

《百度好奇夜》晚会的成功使得百度的品牌形象在用户心中年轻了起来，而作为独家冠名商的伊利，也增加了曝光量，开拓了更多的年轻用户。百度结合“好奇夜”的话题，在互动游戏内植入伊利的品牌 Logo、优惠券、趣味问答等信息，并且在晚会当晚露出 Logo，为伊利量身定制了“牛奶真探机”、跑男家族情景剧等一系列节目和互动环节，这样的软性植入增加了伊利品牌的曝光度。数据显示，在游戏互动中，导流曝光超 4.8 亿次、地标曝光超 2 亿次、观看伊利 TVC 559 万次、发放优惠券 564 万张、伊利定制问答互动达 4 255 万次[5]。

二、案例拓展：百度开启 AI 智能营销新模式

百度自与浙江卫视打造了由伊利冠名的《百度好奇夜》，就开启了百度 AI 智能营销时代。在“热 AI”2021 百度创新营销峰会上，诞生了许多可供学习的关于 AI 营销的前瞻应用实例，同时也是百度 AI 营销创想季的获奖案例。百度从消费者的生活方式以及消费触点入手，再借助技术，让品牌沟通变得聚焦、生动。之后打造了“梦之蓝 × 百度”——通过与中国航天事业的合作伙伴洋河股份梦之蓝 M6+ 合作，为中国航天事业助

力。借助百度平台对消费者用户行为的剖析与洞察，以及其信息搜索、AR等强大技术力和高度重合的用户人群，让品牌与用户产生较为深层次的互动。

不仅如此，百度与咪咕视频联手在2018足球世界杯、2020东京奥运会以及2022北京冬奥会期间展开了整合搜索的合作，从App开屏定向曝光开始，搜索“奥运”等关键词即可跳出奥运赛事的系列报道，能够迅速接入咪咕视频，实现精准引流用户。这不仅基于“奥运”以及关注咪咕视频的细分用户市场的优势，更是基于其用户在搜索上的体育行为偏好。此外，还有搜索彩蛋、品牌定制专题页面、24小时覆盖的相关关键词等，借助百度信息搜索对用户搜索习惯的精准洞察，品牌共计得到2.06亿次的强曝光，百度指数大幅度飙升，峰值达到32万[6]。

【案例小结】

（一）线上线下整合营销：打造专属IP

《百度好奇夜》是伊利与百度的深度合作，通过电视及网络平台的同步直播、线上线下的整合营销方式，打造专属IP。此次晚会的稀缺性和差异化让百度这一自创内容IP具备了独特的价值。当前，与主流价值观契合又能吸引年轻人的营销主题并不多，而好奇心恰好是其中一个。此次晚会不仅是一场科技和娱乐盛宴，还让品牌形象焕然一新，吸引了众多消费者尤其是年轻人，为百度提供了新机遇和新尝试。《百度好奇夜》是百度移动生态营销策略下的一个典型案例，这不是百度首次改变品牌营销策略，从与央视新闻合作的《百度世界》，到与浙江卫视合作的《百度好奇夜》，再到百度二十周年纪录片《二十度》上线，百度在持续刷新用户的品牌印象，从中积累经验，探索与年轻用户实现价值共鸣的新途径。

（二）智能搜索与推荐：打破用户固有认知

《百度好奇夜》主题晚会打破了人们对百度的固有印象。百度搜索也在通过深度学习和推荐技术变得更智能，搜索系统从单纯地满足用户需求，转变为“满足”与“激发”两部分，而这也提高了搜索的满足率。百度在满足功能诉求的基础上，让用户理解品牌背后的价值主张，在情感层面与用户形成了深度共鸣。围绕好奇心打造有参与感的互动，展示百度产品的变化，打破用户对于百度只是搜索引擎的固有认知，呈现了百度新内容生态以及先进的技术。基于整个百度生态的智能语音搜索互动早已不止于扮演搜索引擎角色，而是在打通各个产品矩阵的同时，通过搜索互动创新让用户在获取信息、知识内容之外，还能获得更多的系列延伸服务，从而实现用户服务消费和体验的闭环。其核心的目的是让用户通过这些新鲜、好玩的搜索互动方式，体验到智能搜索的乐趣和便捷，改变用户对百度搜索的传统印象，提升用户体验感。

（三）技术赋能营销：科技与娱乐的融合

《百度好奇夜》将科技元素与娱乐元素融合，打破了科技和娱乐的壁垒，将故事、歌舞表演等与前沿科技展现结合起来，从而收获了不同圈层的普遍关注。百度的技术能力和生态能力为这场晚会全面赋能，除了展示科技成果，拉近品牌与用户的距离，也让更多人知道百度在支持、鼓励、激发这样的好奇心。这样的创新同样能够为合作品牌开展“好奇心”营销赋能，品牌通过与《百度好奇夜》合作，不仅能够迎合好奇的主流价值观，更能通过科技带来的创新玩法提升营销效果。

伊利和百度已经基于“好奇心”开展了诸多合作，并取得了不俗的成果。伊利就曾借助百度的AI技术，实现了全球产业链透明参观，为用户提供精致有趣的互动体验。这种方式不仅能满足用户的好奇心，还能激发家长和孩子们一起探索伊利牛奶背后的科学奥秘，同时为他们提供有品质的营养，让他们用健康的身体保持对世界的好奇。这次伊利通过冠名《百度好奇夜》，借助一场关注度极高的晚会向更多人展现了其在启发下一代好奇心上的责任感。这场晚会中使用了AR、人工智能等科技元素，将智能技术与娱乐传播相结合，为营销玩法创新提供了更多的支撑和可能，让观众对品牌产生耳目一新的深刻体验。

第一节　智能营销的内涵及特征

一、智能营销的内涵

（一）智能营销概念的提出

当下技术革命的浪潮汹涌而来，各行各业纷纷进行技术升级，营销业也不例外。业界推陈出新，学界则通过提出“智能营销”的概念进行回应。究竟什么是智能营销，学界尚未达成共识。贾丽军认为，智能营销是通过人的创造性、创新力以及创意智慧，将先进的计算机、网络、移动互联网、物联网等科学技术融合应用于当代品牌营销领域的新思维、新理念、新方法和新工具的创新营销新概念，智能营销包含营销方式智能、产品智能、服务智能。[7]赵旭隆、陈永东则指出，智能营销是一个相对较新的词汇，目前为止还没有严格的定义，因此不如探讨智能营销的内涵，以剖析的方式扩展对它的理解。他们认为，智能营销较明显地在内容精准推送、渠道配置选择、效果跟踪分析、决策触发等方面显得更自动化，进而显得更智能、更聪明，同时在付费方面更趋向合理（按效果付费），并逐渐体现了营销自动化（marketing automation）的思维[8]。

也有学者将智能营销等同于人工智能营销（artificial intelligence marketing），将其视为人工智能在“营销”领域的应用。还有研究认为智能营销即“智能＋营销”，强调硬件产品的智能化改造。这些看法都有一定的局限性。

不可否认的是，智能技术是智能营销的基础，但不囿于人工智能这一种。人工智能技术主要包括计算机视觉、自然语言处理、深度学习、语音识别等。人工智能的发展无疑为营销业带来了巨大的想象空间，但技术的运用往往不是单一的，而是多种技术同时发挥作用。

（二）智能营销的定义

智能营销是指将人工智能、大数据、云计算、区块链、VR、AR、MR、XR、物联网等智能技术应用于营销实践中，从而实现对传统4P的重构。它包括产品（制造）智能化、内容生产（信息）智能化、定价智能化（动态实时）、渠道智能化、营销传播智能化，具体指广告、公共关系、人员推销、销售促进、直效营销等一系列营销传播工具的智能运用。

（三）传统营销的不足

此前传统意义的营销运作机制往往是以企业营销体系多年来所累积的经验作为依据，指导营销策略的制定和营销方案的执行。这种基于经验累积的营销体系很难实现对用户的精准洞察，在营销的各个层面都有其明显缺陷和不足。在产品设计层面，不能有效激发每一个用户的购买意愿；在定价层面，难以做到灵活调整；在渠道层面，难以提升效率；在传播层面，无法保证信息的有效触达，难以满足任何用户在任何时间任何地点的需求。

传统营销偏“硬”，一味对用户进行灌输，使用户淹没在海量信息之中，难以做出选择，用户只是被动地消费内容。而营销由传统到智能化的升级可以弥补先前的不足，帮助用户与产品、产品相关信息建立极富意义的连接，是一种“软”性的营销理念。这种有意义的连接才能带来更大也更为长远的价值。可以说，营销智能化发展的趋势不可逆转。

（四）智能营销的优势

智能营销改变过去的经验决策模式，以数据指导营销决策，通过数据精细化细分用户，根据用户的需求和偏好实现营销策略制定的智能化，还能实时调整策略。智能营销是软性的营销，在用户洞察、营销决策、产品设计、广告传播、促销活动等各个环节中，都置入了智能系统，能及时监测用户反应并做出调整。

此外，企业的智能营销实践强调营销系统与公司其他经营活动实现连接，尤其是采购、生产、财务、人力资源等系统，在营销运行过程中，综合运用公司的整体数据进行决策，依据公司资源推进营销活动，并且通过营销效果引领公司其他经营活动的进行。

智能营销的核心是人，智能营销实践始终围绕满足人的需求而开展，不断优化人的体验，真正实现人性化营销。人的主观能动性也是其关键。智能意味着营销将会向更加专业化和垂直化的领域发展，成为企业的“智慧大脑”，为之提供数据分析、用户管理以及营销决策等众多智慧应用功能，真正成为企业营销价值转化的重要工具。

（五）智能技术重构营销流程

智能技术在营销中的应用，使营销活动体现出新的特点，如视觉、听觉、触觉等多种形态的新互动方式、个性化需求的预测等。根据营销活动的不同流程阶段，可以从以下四个方面来分析智能技术在营销中的应用体现。[9]

1. 营销调查研究阶段

营销调查研究是营销活动的起点，通过前期的调研，企业可以了解市场占有情况、用户意愿、目标用户群体需求等重要信息。大数据技术以及人工智能技术的应用，极大地提高了企业营销活动前期的营销调研效率。用户在各种生活消费场景中会留下自己的痕迹和使用信息，人工智能技术会帮助企业将海量的用户数据进行归类，如账户数据、交易数据、浏览数据等，并利用这些数据进行用户画像，从而准确分析出用户的日常消费偏好、消费方式等信息，帮助营销人员获取营销调研后的第一手分类数据。

2. 营销策略的制定阶段

人工智能技术从全网智能抓取相关数据进行分析，并智能分析出最新热度关注点，帮助营销人员完成寻找吸引用户的创新点环节，摆脱了以往只依赖于营销人员自身经验判断和小范围营销调研结果的限制。同时，借助仿真、生物识别等技术，人工智能技术所创造的“人工脑”可以完成营销策略制定过程中的一部分思考工作，如创意筛选、优化等方面。

3. 营销执行阶段

以往的营销推广活动，需要营销人员提前进行宣传媒介的选择，并且派大量人员进行实地配合，受限于地点、经费等外部因素。而人工智能技术根据网络热度数据分析，自行筛选出适合企业产品宣传的网络平台，并且根据用户使用偏好数据测算出适合的营销时间点、次数等，在用户进行相关网络访问时个性化推送符合该用户需求特征的营销方案，如喜马拉雅会根据用户年龄、性别、收听历史记录等自动推送相关收听图书资源和购买活动等。

4. 营销效果的评估阶段

以前的营销效果评估需要事后进行监测，而人工智能技术的应用帮助企业实现了实时监测，系统自动在全网络进行相关内容的数据抓取和分析处理，并将监测结果及时反馈给营销人员，方便营销人员根据用户反应及时修改营销方案，降低突发事件对企业营销活动的影响。

（六）智能营销的构成

1. 产品智能化

很多人认为产品（product）是有形的，其实不然。产品是任何一种能被提供来满足市场欲望或需要的东西，包括有形物品、服务、体验、事件、人物、地点、财产、组织、信息和想法等。[10] 企业通过向目标市场提供各种适合用户需求的有形和无形产品的方式来实现其营销目标。其中包括对同产品有关的品种、规格、式样、质量、包装、特色、商标、品牌以及各种服务措施等可控因素的组合和运用。

商业产品是指面向商业客户而非一般用户的产品，其中最典型的代表就是互联网广告产品。其他的一些面向用户的互联网产品，如用户关系管理（customer relation management，CRM）、网站分析（web analytics，WA）以及数据管理平台（data management platform，DMP）等，也属于商业产品的范畴。

随着智能制造战略的稳步推进，技术发展所催生出的智能产品琳琅满目。当我们身边的产品变得更加智能，人与物之间的智能互联成为可能，逐渐形成新的产品创新模式，即产品智能化。产品智能化能够满足人们高效与个性化的需求，自然而然地改变了人们的行为方式和生活习惯。

产品智能化趋势往往由若干因素推动。[11] 硬件技术不断发展，设备经历一次又一次的更新换代，其性能日渐完备，其质感更为轻便；在软件领域，通信技术的发展使得数据传输更为方便快捷，万物得以互联。除此之外，当前市场逐渐饱和，竞争的激烈程度只增不减，智能化成为传统行业摆脱内卷、争夺市场的突破口。可以说，智能化是目前许多产品的重要卖点，是企业攫取利润的关键，家居行业尤其明显，智能家居被视为“消费新宠”。

智能技术可以赋予家居系统自主感知、自主决策、自主控制、自主反馈的生命力，使其具备集中管理、远程控制、互联互通、自主学习等功能，从而为用户打造舒适、便捷、健康、安全的智能生活体验。

进入智能营销时代，人们下班之后，车中空调自动开启，温度、湿度均调至最佳状态；当车辆驶进小区，家中智控系统自动感应，提前烧好热水，智能厨房系统自动出品的饭菜美味可口；电视自动播放主人喜爱的节目，甚至还有智能机器人陪聊……

人与场景的交互方式变得更为多元，例如智能音箱等内置语音控制模块的产品可以提供“语音交互模式”，手机、平板、智能手表等提供的“触控交互模式”，传感器、智能摄像头等提供的“体感交互模式”。一切都将以用户需求为主导，完成双向交互，实现终极自主控制，为特定场景的特定用户提供定制化“无感服务”，进入“千人千面”的高智能化水平阶段。

总之，智能技术的应用有助于实现产品差异化和服务人性化，根据不同用户的需求为其量身定制产品。智能不仅是产品的卖点，更是未来的大势所趋。

2. 定价智能化

在多数情况下，价格是由买卖双方协商制定的。19 世纪末，大型零售业迅猛发展，“严格的单一价格政策”广受推崇。大多数用户在购买产品时考虑的首要因素就是价格。如果用户有渠道能获取价格信息和折扣，零售商就会有降价压力，从而向制造商施加降价压力，最终形成一个折扣和促销市场。

制定定价策略需要考虑很多因素，主要包括六个步骤：选择定价目标，确定需求，估计成本，分析竞争者的成本、价格和供应物，选择一种定价方法，最终确定价格。

技术的发展改变了买卖双方的互动方式，传统营销时代的定价方式急需向智能定价升级。数据驱动型市场的经营者开始广泛引入复杂的智能算法对海量的市场数据进行自动挖掘与预测，并利用算法对每个用户的支付意愿进行精准评估和预测，最终实现定价的个性化。亚马逊每小时调整一次价格，为热门的产品提供折扣，在非热门产品上赚取利润，以保持价格的竞争优势。在保险行业，通过智能定价，定期寿险可以根据客户健康状况进行差异化定价，风险越小的客户群体，保费的价格也越低。如今已经有多家保险公司借助智能定价打造了一系列定期寿险产品，大大增加了对客户的吸引力。

3. 渠道智能化

大多数生产者并非将其产品直接出售给顾客，二者之间有一系列的营销中间机构执行不同的功能。这些中间机构共同构成了营销渠道。一般来说，营销渠道是一整套相互依存的组织，正是这些组织的作用，顾客才能顺利地使用或消费产品及服务。简言之，营销渠道是产品或服务在生产环节后所经历的一系列途径。

渠道的选择会影响公司其他营销决策，如产品定价取决于该产品是在线上折扣店还是在高档精品店销售。与此同时，渠道的选择又取决于公司基于市场细分、目标市场和定位考虑而制定的营销战略。成功的公司往往运用多渠道营销，即在某一市场领域中，采用两种或两种以上的营销渠道接近顾客群体。

营销渠道执行的任务是把产品从生产者那里转移到顾客手中。一个销售实体产品和服务的制造商通常需要三个渠道为它服务：销售渠道、送货渠道和服务渠道。要设计一套营销渠道系统，营销者必须分析顾客的需求和欲望，确立渠道目标和约束，识别和评价主要渠道方案。在确定了渠道方案后，企业必须对每个渠道的中间商进行挑选、培训、激励和评价，并随时调整渠道设计和安排。

网购的兴起深刻地改变了企业的渠道策略。智能技术的发展使得全渠道营销（omni-channel marketing）成为可能。全渠道营销是一种全新的整合和利用各种渠道来影响和促成顾客消费购买决策的商业方式。全渠道营销认识到客户旅程不再是线性体验，而是包含多个触点，旨在通过数字和物理渠道为顾客提供无缝统一的消费体验，无论顾客身处何处（在线网店或者线下实体店）、使用何种设备（移动终端或者桌面设备）、以何种渠道（电子邮件、微信公众号、小程序或者 App）访问内容，都可以实现从浏览到订单完成的全部过程，并获得良好体验，能够满足顾客在任何时间任何地点的各种需求。

4. 营销传播智能化

营销传播智能化即智能营销传播，是指将人工智能、大数据、云计算、区块链、VR、AR、MR、XR、物联网等智能技术与广告、公共关系、人员推销、销售促进、直效营销等一系列营销传播工具相结合，实现营销传播的个性化、精准化。可以说，智能技术为营销传播带来了更大的可能性与发展空间，营销传播产业开始进入全新的“数算力”时代。

智能技术的应用虽然为广告主和品牌方提供了更为广泛而丰富的媒体平台，但媒体形态的多样性也对广告主和品牌方的内容营销尤其是创意提出了更高要求，仅仅是创意在形式上的转换已经不能满足不同媒体上不同受众的爱好，人工智能的介入将通过智能化手段实现基于媒体平台的动态创意优化，满足消费者的个性化需求，提升内容营销的效率。

基于人工智能的程序化创意建立在对内容创意数据和消费者数据的机器学习和深度学习的基础之上，是一种自主性学习。相比较先前按照设定算法的程序化创意，以人工智能技术为基础的程序化创意更具智能化。[12] 首先，人工智能通过对互联网中已有相关创意数据的检索和梳理，建立一个庞大的创意元数据库。其次，人工智能通过对大量的消费者数据进行机器学习，找到不同消费者既定的生活习惯以及消费者与消费者之间的相似性，完成对消费者数据的认知性学习。在此基础上，人工智能通过深度学习模仿人脑的思考模式，通过神经网络等训练方法，以类人的思维理解信息，理解消费者内心情感，了解消费者的痛点，有针对性地进行内容创意的程序化生产，满足消费者需求。

二、智能营销的特征

（一）自动生成，一人千面

在智能营销时代，无论是有形的产品，还是无形的服务，都可以根据消费者的不同特性，实现个性化定制。从以往的“千人一面”演变为“千人千面”乃至“一人千面”。广告创意则可以由机器自动生成。

鹿班是阿里巴巴推出的智能设计平台，基于算法和大量数据训练，鹿班的设计水平已经与普通设计师非常接近，商家即使不会设计也能作图。鹿班平均1秒钟就能完成8 000张海报设计，一天可以制作4 000万张。鹿班平台为客户提供了各种各样的模板。

鹿班对外开放一键生成、智能创作、智能排版、设计拓展四大功能。用户一端，会用到一键生成、智能排版、设计拓展三个功能：一键生成功能可以让“小白”用户生成想要的海报，用户输入Logo、风格、行业后，鹿班即可输出海报；智能排版是用户把图片素材、文案、尺寸、Logo等输入鹿班后，鹿班自动生成一个已完成的海报；设计拓展是鹿班设计生成图片后，可以自动修改图片的尺寸，省去了设计师用在这些琐碎细节上的心力。智能创作是给专业设计师提供的，用来训练鹿班后台的功能。训练后数据会进入鹿班系统，阿里巴巴帮设计师把作品卖出去。[13]

除此之外，鹿班还拥有“一键抠图”的黑科技，完全不输Adobe的功能。其智能文案、颜色识别、风格处理、清晰处理等多项功能，能够满足消费者多样化需求。早在2019年双十一当天，鹿班就制作了10亿张图片，升级后的鹿班不仅能快速制作图片，还能针对新老消费者、不同性别的消费者、不同季节等生成不同的设计。

（二）精准触达，高效转化

人工智能、大数据、云计算、区块链、VR、AR、MR、XR、物联网等智能技术的综合应用大大削弱了终端的物理属性，人与人、人与物、物与物、物与信息、信息与信息之间的连接方式得到重构，“万物皆媒”成为现实，“全触点”连接成为可能。

元宇宙理念的提出进一步证实了虚拟与现实的边界日益模糊，而广告投放场景也越来越丰富，不再局限于单一情境，而是基于传感器形成的“触点和场景”的新模式。消费者身边所有的智能化产品或服务都将成为一个触点，触点可以接收广告信息。而广告主与品牌方也可以通过触点实时了解消费者的喜好和意图，接收消费者的反馈。这些触点几乎涵盖消费者生活的方方面面，可以真正实现对消费者信息数据收集的全场景化和跨场景化。

智能手机中的LBS定位便是典型的例子，它根据消费者所处的地理位置，推送周边的广告信息。营销变得无处不在。在智能技术的加持之下，可以轻松实现场景信息与消费者信息的精准化匹配，这对消费者的消费行为的促成大有助益，能实现高效转化。可以说，智能营销既注重品牌资产的积累，也追求转化效果的显著。

（三）实时反馈，灵活应对

作为第五代移动通信技术，5G具有高速率、高带宽、低延时、低功耗、泛存在等特点。5G技术的发展使得大数据可以实时收集消费者的反馈，实现营销策略的即时优化。回望过去，放眼未来，从移动互联，到万物互联，再到万物智联，6G将能随时随地满足安全可靠的“人机物”无限连接需求，将实现从服务于人、人与物，到支撑智能体高效连接的跃迁，通过“人机物”智能互联、协同共生，满足经济社会高质量发展需求，服务智慧化生产与生活，推动构建普惠智能的人类社会。

依托未来6G移动通信网络，我们在情感交互和脑机交互（脑机接口）等全新研究方向上有望取得突破性进展。具有感知能力、认知能力，甚至会思考的智能体将彻底取代传统智能交互设备，人与智能体之间的支配和被支配关系将开始向着有情感、有温度、更加平等的类人交互转化。具有情感交互能力的智能系统可以通过语音对话或面部表情识别等监测到用户的心理、情感状态。在智慧交互场景中，智能体将产生主动的智慧交互行为，同时可以实现情感判断与反馈智能。借助于智能系统，营销效果的反馈实时化，还能依据反馈灵活做出调整。智慧交互应用场景，将融合语音、人脸、手势、生理信号等多种信息，人类思维理解、情境理解能力也将更加完善。[14]

智能技术组合的协同效应将进一步辅助广告主与品牌营销全面化、立体化地了解消费者的互联网行为以及其背后对应的消费者偏好，使消费者画像不断精确，实现营销效果的可量化、营销策略的可优化，真正实现“品效合一”。

（四）节约资源，持续发展

智能营销的终极目的是增进人类福祉，营销手段的智能化使资源能得到更为合理的配置。智能营销是可持续发展的，不只为了眼前的经济利益，也着眼于子孙后代的长远发展。企业一方面要提供人们所需要的产品、就业机会，为社会创造更多可能性，让世界变得更为美好；另一方面也应注重对环境的保护，使之成为子孙后代繁荣发展的家园。智能技术对营销全链路进行了优化，有利于资源的合理配置，大规模、自动化地利用数据研发改善产品、优化消费体验，恰到好处地满足消费者需求，减少无效打扰，在最大程度上减少资源的浪费，降低营销成本。

第二节　智能营销相关概念辨析

一、数字营销

（一）数字营销的概念

数字营销是一个不断发展的概念，当前学界对其概念的界定仍处于众说纷纭的状态。国际数字营销协会（digital marketing institute，DMI）将数字营销定义为“利用数字技术创造一个整合的、目标导向的、可测量的传播，以此获得、留存客户，与之建立更深层的关系”。[15]美国市场营销协会则认为“数字营销指通过互联网、社交媒体、搜索引擎、移动设备等数字化、社会化渠道来推广品牌和触达消费者的营销形式”。[16]姚曦基于对数字营销本质特征的梳理分析，将其定义为“数字营销是指以数字化技术为基础、通过数字化手段调动企业资源进行营销活动以实现企业产品和服务的价值过程”。[17]

上述数字营销概念强调数字化技术在营销过程和机制中的置入，及其对创造价值与深化客户关系的作用和意义。因此本书对数字营销的定义为：基于数字技术赋能，利用数字化和社会化渠道实现价值创造与传递，并在这一过程中重塑、优化与消费者关系的整合营销形式。

（二）数字营销与智能营销的区别与联系

1. 数字营销与智能营销的区别

作为营销的不同阶段，数字营销和智能营销可从以下两个方面进行区分。

（1）应用技术。数字营销依托大数据挖掘和存储等技术层面的逐步成熟，智能技术进入产业化阶段，HTML5、人工智能、AR、VR 等技术开始作为营销工具登上舞台。[18] 智能营销阶段的应用技术则是基于数字营销的升级和发展，如更高级化的人工智能形态与区块链、MR、XR 等新技术的涌现。

（2）运用理念。自 20 世纪 90 年代中期开始，数字营销从兴起到成熟经历了不同发展阶段，市场对于数字营销的接受和认可程度随之递增。智能营销阶段，市场对于数字化营销工具的态度已然从“用不用”发展为“如何用”，着力寻求更精准的需求洞察和更高效的营销手段成为企业共识。

2. 数字营销与智能营销的联系

营销的整体发展脉络可分为“传统营销—数字营销—智能营销”三个阶段，每一阶段都是对前一阶段的补充、完善和升级。数字营销和智能营销两者的联系在于，智能营销是数字营销的新趋势，基于万物在线互联的技术基础和新式社交媒体的平台背景，市场向数字营销提出更深层的用户洞察需求，因此智能营销作为一个进化的过程和机制，不仅要有技术上的数字智能化，并且在营销理念上要更强调人的创造性、创新力以及创意智慧。[19]

正如数字营销不是对传统营销方式的终结，而是对传统营销方式的重要补充，智能营销与数字营销同样不是非此即彼的关系，相反，两者处于彼此融合并不断发展的状态中。

二、大数据营销

（一）大数据营销的概念

不同的学者对于大数据营销有着不同的定义，丽莎 · 亚瑟将大数据营销定义为数据驱动型营销。她认为“大数据营销是通过收集、分析以及实施从大数据中所洞察的结果，并以此结果去鼓励客户的参与，对营销效果进行优化，进而评估内部责任的一个过程”。[20] 陈志轩和马琦的《大数据营销》一书中将大数据营销称为数据驱动营销，即“利用大数据技术从具有低价值密度的海量数据集合中，深度挖掘、准确分析，进而获得巨大的商业价值”。[21]

杨扬等认为：“大数据营销主要是指营销人员运用大数据技术和分析方法，将不同类型或来源的数据进行挖掘、组合和分析，发现隐藏其中的模式，例如不同客户群体的用户画像、沟通交互方式，以及这些形式是如何影响消费者的购买决策；并在此基础之上，公司有针对性地开展营销活动，以迎合顾客的个人喜好，为顾客创造更大的价值。”[22]

魏伶如则将大数据营销定义为：“通过收集、分析、执行从大数据所得的洞察结果，并以此鼓励客户参与、优化营销效果和评估内部责任的过程。”[23]

总结来看，大数据营销是一种采用大数据技术进行营销的新方式，相较于传统的营销，大数据营销更注重对数据的挖掘、处理与分析，能够使营销更加精准化。

（二）大数据营销与智能营销的区别与联系

1. 大数据营销与智能营销的区别

（1）底层技术。顾名思义，大数据营销以“大数据技术”为主要手段，以“云计算”为辅助，主要是收集与消费者、产品、企业等有关的海量数据，并进行整合分析。智能营销是综合运用人工智能、大数据、云计算、区块链、物联网等多种技术手段助力营销活动。

（2）营销环节。大数据营销重在数据处理环节，即对数据碎片进行整合与分析，从而提高广告等营销信息在推送过程中的精准性。智能营销重在转化环节，目的是提高广告等营销信息的转化率，使营销更加高效。

总的来看，相比于传统营销，大数据营销是更加精准化、个性化的营销；智能营销是更具情感化、交互化，兼具创新性与创造性的营销。

2. 大数据营销与智能营销的联系

（1）底层技术。人工智能技术是智能营销最重要的核心技术之一，而大数据、云计算是大数据营销最重要的核心技术。从智能营销的发展来看，数据环境是重要基础，数据、计算能力和算法是其重要支撑和“数算力”的构成。

（2）发展阶段。大数据时代为智能营销、可持续营销提供了新的研究土壤和发展空间。[24]大数据技术在营销领域的应用为智能营销的产生和发展奠定了基础，大数据营销是智能营销的前期阶段，从技术维度来看，智能营销中包含着大数据营销。

“数据深度计算，精准挖掘用户思维，计算消费者具体钟情的特定元素”是大数据营销未来的发展趋势。而更专注于挖掘用户心理、分析用户痛点正是智能营销区别于数字营销的新特点之一，可见智能营销不仅包含大数据营销，也是其更进阶的体现。

三、人工智能营销

（一）人工智能营销的概念

从 1956 年 John McCarthy 于达特茅斯夏季会议（Dartmouth conference）中首次正式提出“人工智能”这一概念，到 2016 年人工智能“AlphaGo”打败世界围棋冠军李世石[25]，在这短短 60 年间，人工智能的发展几起几落。近 10 年来，得益于以传感器应用与物联网普及为基础的数据量的增大、以云计算为代表的运算力的提高，以及以深度学习为突破口的算法模型的优化[26]，人工智能的发展尤其迅猛，呈现出全新的样态。

如今人工智能已经不是空泛的科学名词，语音助手、新零售、智能车……人工智能从实验室走向市场，走入人们的日常生活，在科学、医学、教育、商业等多个领域得到了广泛的应用，对人们的认知、态度、情感都产生了深刻的影响。

在营销应用领域，海量数据为人工智能技术的商业化发展提供了沃土，而人工智能的发展也为营销提供了新的机会和解决方案（杨扬等，2020）[27]。海量数据的运用在营销需求深入洞察、消费者精细管理，以及策略制定、执行与监测等方面发挥了重要作用，营销智能化趋向已势不可挡。但在学术研究领域，对人工智能营销暂时还没有一个统一的定义。不少学者尝试从不同角度提出了自己独特的见解。在技术应用层面：Rekha 等（2016）认为人工智能营销是一种利用了数据库营销技术以及机器学习等人工智能概念和模型的直接营销形式[28]；阳翼（2019）认为人工智能营销即运用人工智能技术开展市场营销活动，强调了在许多前沿研究中人工智能营销的技术基础。在营销实践和用户管理层面，朱国玮等（2021）则认为人工智能营销是以大数据和人工智能为基础[29]，智能分析和预测营销活动中隐藏的模式和发展趋势，提升企业营销的效率和效果，最终实现企业与用户之间价值共创的营销模式。

在以往研究的基础上，本书认为人工智能营销是一种借助人工智能技术进行数据分析与深度学习，帮助企业智能分析、高效掌握、精准预测营销实践全流程，个性化、富有共情力地与用户沟通，合理、富有创造力地开拓市场的营销模式。

（二）人工智能营销热点研究的阶段演变

林子筠等总结了营销领域中人工智能的热点研究演进主要经历的四个阶段[30]。

1. 第一个阶段（2001 ～ 2005 年）

第一阶段出现了关于产品设计如何提升消费者体验、在服务交互场景中沟通交流的话题，以及利用人工智能进行分类、建模从而为企业战略选择提供辅助性知识的话题。

2. 第二个阶段（2006 ～ 2010 年）

第二个阶段是透过基于“拟人化”理论来研究人工智能对服务绩效和消费者反应的影响，以及如何基于机器学习、神经网络算法来改善人工智能的智能化程度的表现。

3. 第三个阶段（2011 ～ 2015 年）

随着互联网、社交媒体的普及，社会化营销成为第三个阶段的热点话题，于是开始出现对“人工智能 + 社会化营销”的研究并且保持比较高的热度。

4. 第四个阶段（2016 ～ 2020 年）

在第四个阶段，电子商务高速发展，传感器广泛应用，大数据技术不断成熟。数据信息在社会生活中不断融合，学者们运用人工智能进行数据分析、预测的广度和深度进一步提升，主要的分析步骤包括数据挖掘、自然语言处理、情感分析、口碑分析等。快速增长的数据和计算能力的提高，以及智能机器学习算法不断优化，使人工智能与人类生活越来越密切。

（三）人工智能营销与智能营销的区别与联系

在信息技术发展的时代，人工智能的发展也为营销产业带来了许多改变，使企业的营销活动变得更加智能化。人工智能营销与智能营销在概念和应用上都有较大程度的重合，也有一定的不同，明晰二者的区别与联系有助于更好地展开实践与研究。

1. 人工智能营销与智能营销的区别

（1）技术基础。人工智能营销强调人工智能技术的运用，而智能营销是以数据与智能技术为核心，以人工智能、大数据、云计算、区块链、VR、AR、MR、XR、物联网等为共同的技术基础。

（2）影响范围。智能营销活动通过各种智能技术提供对内容的深度洞察服务，帮助营销人员针对不同的用户心理和行为，改进和优化营销策略，实时监测营销效果，从而进一步影响跨场景的消费者行为、渠道线上下一体化以及营销组织管理等，实现了对传统 4P 营销的重构。同时，智能营销涵盖了更大程度的人的主观创造力与创意智慧。而总体上看，人工智能营销的影响范围更加精细，也更指向技术驱动。

2. 人工智能营销与智能营销的联系

（1）从属关系。人工智能营销是智能营销中的一个子级，智能营销的智能识别、智能存储、智能执行等多方面发展中包括了人工智能营销的支持，人工智能技术的全方位商业化为智能营销发展创造了良好的环境。

（2）合作紧密。两者密切相关，技术的合作与范围的累加帮助其达到更好的营销效果。人工智能与大数据的结合促使从跟踪静态数据到组合动态数据，算法的准确性和可靠性被不断提高；进一步，两者配合分析和处理技术算法，帮助制定合适的智能营销活动，使创意优化、内容共创、智能触达成为可能；更进一步，两者结合能够帮助企业进行实时监测评估，例如利用数据挖掘和机器学习等技术，实现对数据的实时监测和反馈，并根据反馈数据智能决策、应对，达到良好的营销效果。

四、智能营销传播

（一）智能营销传播的起源与发展

1. 整合营销传播

整合营销传播（integrated marketing communications，IMC）是营销学和广告学的一个热门研究领域，诞生于 20 世纪 80 年代后期的美国。IMC 的出现，是企业和广告公司、公关公司适应市场营销环境变化的产物。

当时的美国，经历了第二次世界大战后 40 年的经济复苏，市场日渐成熟。随着产品类别日益丰富、同类产品竞争加剧、媒介环境发生巨变，单向传统营销所取得的效果逐渐降低。在这种背景之下，广告主开始思索如何以一种更为有效的方式，把广告、公关、直销、人员推销等营销传播工具整合在一起，一改昔日各类营销传播工具各自为战的局面，通过协同作业的方式实现营销传播效果最大化。

1990 年，美国西北大学梅迪尔新闻学院开设了第一门整合营销传播（IMC）硕士学位课。大批研究广告、公关、营销、促销等课题的学者开始转向研究整合营销传播，其中典型代表有唐・舒尔茨、汤姆・邓肯、约瑟夫・施吉、乔治・E. 贝尔齐和麦克尔・贝尔齐等。

唐·舒尔茨在美国素有“整合营销传播之父”“整合营销传播先驱”等称号。他有三本整合营销传播专著，其中1993年与田纳本以及劳特朋合著的*Integrated Marketing Communications*：*Pulling It Together and Making It Work*，是美国第一本整合营销传播著作，也被认为是整合营销传播领域的开山之作，该书提出的“4C取代4P”“整合营销传播的企划模式”“进入数据库世界”等被广泛引用。2000年，他的第二本整合营销传播著作*Communicating Globally*，提出了“全球整合营销传播概念”和“整合营销传播八步模式”。2003年，他的第三本著作*IMC*：*The Next Generation*：*Five Steps for Delivering Value and Measuring Returns Vsing Marketing Communication*，提出了“整合营销传播五步模式”。[31]

整合营销传播的核心内涵主要包括：以消费者为导向、运用一切传播形式、寻求系统优势、建立持久关系、整合内外传播、强调战略管理、重视长期效果。[32]就其本质而言，整合营销传播是一种战略、一种管理思维、一种实践策略，是一套复杂的运作体系，需要企业进行长期规划、资源配置和传播管理的系统建设。

2. 数字营销传播

1994年10月14日，美国《连线》杂志网络版刊出美国电话电报公司（American telephone & telegraph，AT&T）等14则广告主的图像和信息，标志着网络广告的正式诞生，也宣告了营销传播的数字化转向。数字技术的发展推动着营销传播实践、传播内容和传播媒体形式上的创新。

数字营销传播是指以数字网络和多媒体互动终端为载体，以满足任何消费者在任何时间、任何地点，任何有关品牌、产品和服务的信息需求为目的的营销传播活动及其过程。简言之，数字营销传播以技术作为背景，围绕信息分发、品效合一、关系维护、营销升级展开。

数字营销传播时代产生了两大变革：一是消费趋势从功能导向到品牌导向，继而到参与体验导向；二是营销趋势由信息告知式到劝服诱导式再到参与互动式的转变。

相较于传统营销传播，数字营销传播的本质特征是互动。从引起消费者注意开始，到与消费者进行互动，再到创意的最终完成，消费者的身影随处可见。让消费者参与进去、让消费者说话、与消费者互动是数字营销传播中最核心的部分。[33]用户参与营销传播活动，可以快速便捷地与品牌进行互动，完成搜集信息、交流分享、在线购买、评论反馈等一系列行为。

3. 智能营销传播

当前数字营销传播正面临着用户需求日益分散、用户留存和沉淀困难、消费转化路径复杂等挑战。在这样的背景之下，唯有实现营销传播技术的升级，从传统意义的“精准”转向“智能”，通过技术实现营销全接触点的价值创造，为用户提供优质的体验，才能适应时代的复杂需求。

智能营销传播是指将人工智能、大数据、云计算、区块链、VR、AR、MR、XR、物联网等智能技术与广告、公共关系、人员推销、销售促进、直效营销等一系列营销传播工具相结合，实现营销传播的智能化。其本质是智能技术在营销传播实践中的应用，其核心是用户需求，其效果是营销传播的个性化、精准化。

广告转化可以通过大数据精准测算，智能营销传播流程的可量化使得价值最大化成为可能，传统营销传播的“哥德巴赫猜想”在智能时代迎刃而解。从消费者数据的全场景化、细致化采集到内容信息的定制化生产和精准化投放，智能营销传播旨在构建新型消费者与品牌方的关系，实现消费者与品牌方的协同共建，实现共赢。[34]

（二）智能营销传播与智能营销

1. 营销传播与营销

传统营销观念认为，一个好的产品只需要适当的定价和相应的销售渠道，再配合促销手段就可以达成市场营销目标。科特勒在其著作《营销管理》中将营销定义为：“营销是向消费者创造、传播和传递价值，并以有利于组织和利益相关者的方式管理客户关系的一个组织功能和一组流程。”

营销传播学诞生于20世纪60年代中期，美国学者埃德加·克兰所著的《营销传播学：一种关于人、信息与媒介的行为观》是该学科建立的标志。克兰在书中提出的多层组合概念，包括传播组合，奠定了营销传播学的基本理论。

营销传播有两层含义：一是指实践意义上的概念，其基本含义是指广告、公共关系、人员推销、销售促进（sales promotion）、直效营销等在市场营销领域中被广泛使用的信息传播方式的统称；二是指理论意义上的概念，其基本内涵是指市场营销领域发生的信息传播活动及其活动方式的统称。[35]

营销是指企业或者其他组织用以在自身或者客户之间创造价值的一系列活动。传播，或沟通，是指思想的传递，即不同个体之间或组织与个体之间建立共识的过程。营销传播则可以被理解为企业在市场营销中为了与客户建立共识所进行的信息传播活动。信息是营销传播的核心，包括文本信息、图片信息、图像信息、行为信息等。简言之，营销包括营销传播，营销传播是营销的一部分。

2. 智能营销传播与智能营销的联系与区别

通俗来说，智能营销是指一系列智能技术应用于营销实践中，传统营销所包含的4P在智能时代发生嬗变，体现为智能产品、智能定价、智能渠道、智能营销传播。可见，智能营销的外延更大一些，智能营销包含了智能营销传播。

（1）二者的联系。两个概念都产生于智能技术蓬勃发展并得到广泛应用的时代，即智能时代。智能营销传播是智能营销的一部分。两个概念都十分注重“以人为本”，一切实践都始终围绕满足人的需求而开展，不断优化人的体验，真正实现人性化。两个概念的核心都是“智能化”，也就是说，两个概念中的各个环节都能根据实际情况即时自动应对，做出灵活调整。就目前而言，完全的“智能化”仍然只是构想。“智能化”状态可以看作营销人和营销传播行业所追求的终极目标。

（2）二者的区别。智能营销传播的重心在于信息的精准传播，尽可能扩大信息的有效触达人群，而非造成无效打扰，引起用户的厌恶、反感。为了实现精准，需要综合运用智能技术，结合广告、公关、人员推销、销售促进、直效营销等一系列营销传播工具。

第三节 智能营销的技术支撑

一、“大数据 + 云计算”与智能营销

(一)“大数据 + 云计算”是什么

1. 大数据

（1）大数据的定义。目前，对于“大数据”并没有一个明确的定义，各个机构、学者对于大数据的理解、阐述不一。2011 年 5 月，在美国拉斯维加斯举办的第 11 届 EMC World 年度大会上，麦肯锡公司（McKinsey and Company）发布了“大数据：下一个创新，竞争和生产力的前沿”的报告，首次提出了“大数据”的概念。[36]

中国科学院计算技术研究所李国杰教授认为：“大数据是指无法在可容忍的时间内用传统 IT 技术和软硬件工具对其进行感知、获取、管理、处理和服务的数据集合。”[37] 中国传媒大学的黄升民教授将“大数据”理解为那些大小已经超出了传统意义上的尺度（如位、字节、千字节、兆字节、太字节)，一般的软件工具难以捕捉、存储、管理和分析的数据。[38]

（2）大数据的特点。虽然对于大数据的定义各有不同，但是大家普遍将大数据的特点总结为 4V，即大规模（volume)、高速度（velocity)、多样性（variety）和价值性（value)。大规模是指企业需要管理和维护的消费者数据的量级十分庞大，数据不再以 GB 或 TB 为单位来衡量，而是以 PB（1PB=1 024TB)、EB（1EB=1 024PB）或 ZB（1ZB=1 024EB）为计量单位。高速度是指数据的实时性，可以理解为更快地对海量数据进行分析、处理，满足用户的实时性需求。大数据对处理数据的响应速度有更严格的要求，数据的输入、处理与丢弃立刻见效，几乎无延迟。数据的增长速度和处理速度是大数据高速度的重要体现。多样性主要体现在数据来源多、数据类型多和数据之间关联性强这三个方面。在信息爆炸的时代，数据的种类繁多，类型多样化，数以千计，而这些数据又包含着结构化、半结构化以及非结构化的数据，并且半结构化和非结构化数据所占份额越来越大。[39] 价值性是指数据价值密度相对较低，随着互联网及物联网的广泛应用，信息感知无处不在，信息量大，但价值密度较低。

当今时代是数字化、信息化的时代，以信息技术为代表的新一轮科技革命和产业变革快速推进，对人们的生产生活和国际格局产生了重大影响。2017 年，中共中央政治局第二次集体学习的主题就是围绕“大数据”。党的十八大以来，以习近平同志为核心的党中央高度重视数字生态建设，多次就数字中国建设做出重要论述。例如，2018 年，习近平总书记在首届数字中国建设峰会上提出“加快数字中国建设”，在全国网络安全和信息化工作会议上提出“核心技术是国之重器”“加速推动信息领域核心技术突破”。在党的二十大报告中，习近平总书记对数字中国建设又做出新部署、提出新要求。党的二十大报告提出要加快建设网络强国、数字中国等；特别是大数据、云计算、人工智能、区块链等数字技术广泛应用，为国家治理体系和治理能力现代化带来了全新的机遇和挑战。由此可见，中国高度重视大数据技术及其发展应用。

2. 云计算

（1）云计算的定义。2006 年 Google、Amazon 等公司提出了“云计算”的构想，2007 年

IBM 正式提出“云计算”的概念，此后许多专家学者、组织机构等从不同的视角给“云计算”下了不同的定义，这里主要列举以下几种代表性的定义。

根据美国国家标准与技术研究院（NIST）的定义，云计算是一种利用互联网实现随时随地、按需、便捷地访问网络、访问可配置的计算机共享资源池（如计算设施、存储设备、应用程序等）的计算模式。在这种模式中，可以快速供应并以最小的管理代价提供服务。[40]

有学者认为，云计算是一种由虚拟化的计算资源构成的并行的、分布式的系统，能够根据服务提供者和用户事先商定好的服务等级协议动态地提供服务。[41]也有学者指出，云计算是一种可以调用的虚拟化资源池。这些资源池可以根据负载动态重新配置，以达到最优化使用的目的。用户和服务提供商事先约定服务等级协议，用户以使用时长付费模式使用服务。[42]

总的来说，云计算不是一种全新的网络技术，而是一种全新的网络应用概念，其核心概念是以互联网为中心，在网站上提供快速且安全的云计算服务与数据存储，让每一个使用互联网的人都可以使用网络上的庞大计算资源与数据中心。

（2）云计算的特点。云计算主要有以下几个特点。[43,44]

虚拟资源池化：通过在一个服务器上部署多个虚拟机和应用，对存储、计算、内存、网络等资源池化，按用户需求动态地分配，从而提高资源的利用率。

高可靠性：云计算系统必须保证向用户提供可靠的服务，自动检测失效节点，通过数据的冗余能够继续正常工作，提供高质量的服务，达到服务等级协议要求（SLA）。

可扩展性：用户随时随地可以根据实际需求，快速弹性地请求和购买服务资源，并且用户的系统规模变化时，云计算系统能够自动地根据用户的需求做出相应调整。

自治性：云计算系统是一个自治系统，相较需要人工维护的传统的数据中心，云计算数据中心的大规模性要求系统在发生异常时能自动重新配置，并从异常中恢复，而不影响服务的正常使用。[45]

（3）云计算的关键技术。云计算的关键技术主要包括以下几种。

基础设施即服务（IaaS）。IaaS 层是云计算的基础，通过建立大规模数据中心和运用虚拟化技术，可以实现硬件资源的按需配置，为用户提供处理、存储、网络以及其他资源方面的个性化服务。

平台即服务（PaaS）。PaaS 是构建在 IaaS 之上的服务，是三层核心服务的中间层，既为上层提供简单、可靠的分布式编程框架，又需要基于底层的资源信息调度作业、管理数据。用户通过云服务提供的软件工具和开发语言，部署自己需要的软件开发和运行环境配置，无须控制底层的网络、存储、操作系统等技术问题。

软件即服务（SaaS）。该服务是前两层服务所开发的软件应用，直接面向云计算的终端用户提供基于互联网的软件应用服务，用户可以根据自己的实际需求直接、便捷地在客户端调用该层服务。

3. 大数据与云计算的关系

大数据与云计算两者是相辅相成的，是工具与用途的关系，即云计算为大数据提供了有力的工具和途径，云计算是大数据的基础平台与支撑技术，大数据为云计算提供了很有价值的用武之地。[46]

如果将各种大数据的应用比作一辆“汽车”，那么云计算就是支撑起这些“汽车”运行的“高速公路”。正是云计算技术在数据存储、管理与分析等方面的支撑，才使得大数据有了应用场景。[47]

(二)“大数据 + 云计算”在智能营销中的应用

智能营销发展的重要基础就是数据，持续可靠的数据获取与数据处理是智能营销所需的核心技术。

1. 数据监测与消费者洞察

“大数据时代，我们看到的消费者，不是二维的、静态的、单向的，而是立体的、动态的、个性彰显的、活跃在不同场景中的。”[48] 在移动互联网时代，消费者接触、使用媒体时的任何行为都可以被有效地监测、记录、搜集和整理，消费行为产生的各类数据通过深度挖掘都可以成为营销的依据[49]。通过对消费者数据的分析，大数据技术不仅能帮助我们更多维地看见消费者，更能帮我们精准地识别和认知消费者，大数据可以动态预测消费者在不同时间、地点的购买意向，从而达到基于数据的自动化营销[50]。

在消费者洞察与市场调研环节，基于大数据技术的消费者洞察极大还原了消费者在虚拟数字空间以及现实空间中的真实状态。数据更新速度快，保证了消费者洞察的数据实时性；数据来自多元场景，可以立体化、多角度解读消费者的行为和态度[51]。云计算凭借其强大的数据计算能力，不仅很好地解决了智能营销中海量数据的处理问题，还通过多维度数据的连接实现了万物互联，消费者和智能设备的交互体验更加完善，营销场景也因及时准确的数据分析而更加智慧化[52]。

在业界，海量数据催生了全新的业务范畴和调研手段，基于海量数据的数据服务公司诞生。比如，尼尔森网联媒介数据服务有限公司（Nielsen-CCData，以下简称“尼尔森网联”）是尼尔森旗下的合资公司，专注数字化环境下的媒介研究和受众研究。尼尔森网联以海量样本收视率与全媒体广告信息数据为核心，为网络运营商、电视台、广告主和广告运营机构提供专业、全面、准确、深入的媒介和广告数据监测及研究服务㊀。尼尔森网联已经可以利用从机顶盒回传的大数据提供百万户级的普查、万户级的海量样本收视行为测量等服务。

此外，艾瑞咨询集团可以向广告主提供超过 20 万中国网民样本的网络行为监测数据。专门收集、组织和共享社交数据的公司 GNIP 则可以提供社交网络 API（application programming interface，应用程序接口）聚合，通过多个 API 将数据聚合成统一格式，为 Twitter、WordPress、Facebook、YouTube、新浪微博等平台挖掘数据。

2. 内容管理与创意生产

一方面，借助大数据技术的高效处理，可以快速地从海量内容中提取有效、有价值的信息。之后云计算通过内容识别提取关键性元数据，并通过等级和置信度对相似的数据进行聚合，形成差异化的用户标签，这些标签又会与不同场景的标签进行匹配，场景信息与消费者信

㊀ 投资界．中科网联数据科技有限公司［EB/OL］．（2022-04-15）［2023-03-01］．https://zdb.pedaily.cn/enterprise/show45750/.

息的精准化匹配不仅能够帮助企业实现智能化的内容管理，还有助于提升转化率[53]。

例如，阿里巴巴集团旗下的数字营销的大中台——阿里妈妈。从消费数据到兴趣数据、从出行数据到社交数据，阿里妈妈基于阿里巴巴集团5亿的真实消费者的Uni Identity——消费者统一身份识别体系，汇聚碎片化的消费者的信息，能够对应到个人，更加立体地描绘每一个消费者的画像，帮助品牌更好地进行消费者资产管理㊀。

另一方面，依托大数据与云计算技术，创意内容的生产更加智能化。传统的创意生产遵循单向线性生产模式，完全依靠人工、经验生产创意，成本高、效率低、周期长，难以实现个性化、规模化。而程序化创意的出现实现了创意的个性化，它由数据和算法驱动，对广告创意内容进行智能制作和创意优化，强调以“个人”为创意单位。动态程序化创意进一步优化智能创意，将产品信息、文案、品牌Logo等广告素材进行系统化组合之后，根据用户标签、使用场景等自动生成多种动态创意，实现“一人千面”的广告创意。[54]

例如，阿里巴巴开发的人工智能设计系统——鹿班，包括一键生成、智能创作、智能排版和设计拓展四大功能，几乎可以满足电商页面设计的各种需求。

3. 效果测量与反馈优化

传统营销采用的数据分析技术统计周期长，分析结果具有滞后性，且难以发现数据背后隐藏的问题，广告欺诈、虚假流量等问题使得反馈的结果不真实[55]，大数据技术可以实现聚类分析、相关性分析和预测性分析，云计算技术也大大提升了大数据技术的实用性，促进更大规模的数据流转，使得运算速度更快、运算结果更准确、数据价值密度更高。

利用“5G+物联网”使得大数据可以实时收集消费者的反馈，并通过云计算技术实现营销传播策略的即时优化。此外，人工智能和大数据的结合能够利用数据挖掘和机器学习帮助企业进行实时监测和反馈，帮助企业做出更明智的决策。

例如，谷歌智能广告平台Google AD Sense。加入Google AD Sense计划后，广告主能够借助可自定义的在线报告详细了解网页展示次数、点击次数以及点击率等信息，从而监控广告效果，还可以快速、方便地跟踪特定广告格式、颜色和网页的效果，并且洞察其中的发展趋势㊁。通过实时监测和记录广告投放过程中的各种数据，该平台能智能分析出广告与品牌、效果之间的因果关系，为广告主提供决策信息[56]。

4. 策略制定与决策支持

传统营销内容主题的确定、策略的制定仅依赖于营销人员自身的经验判断和小范围的调研。随着智能技术的发展，营销中的各项决策和策略的制定都变得智能化。大数据与云计算技术能够对纷繁复杂的信息进行分析，找出最新的热点，帮助营销人员寻找吸引消费者的营销主题。例如，欧洲社会化媒体洞察研究公司开发的新型数据监测系统，能够将社交媒体数据、人工干预、自动化内容相结合。[57]

此外，有学者提出基于云计算技术搭建企业智能营销决策支持系统，它能将企业门户网

㊀ 阿里妈妈［EB/OL］.（2022-04-15）［2023-03-01］. https://www.alimama.com/advantage.htm.

㊁ 百度百科. Google AdSense词条［EB/OL］.（2021-12-01）［2023-03-01］. https://baike.baidu.com/item/Google%20AdSense.

站上与消费者互动及销售的数据加以记录，作为重要数据源存入数据库，之后对数据进行挖掘和分析，将其结果作为企业经营决策时的重要依据，可以随时掌握消费者对商品喜好程度的变化，并能准确预测消费者的真实需求。同时，经过一系列“记录、训练、决策、记录、再训练”的循环往复的过程，系统发挥自我学习的功能，最大化地接近不同细分市场的消费者的特定需求，以实现企业销售智能化运营。[58]

二、人工智能与智能营销

（一）人工智能的概念

人工智能（artificial intelligence，AI），是计算机科学的一个分支，迄今已经有半个多世纪的发展史。作为一门技术性科学，人工智能是指利用技术手段模仿、扩展人类智能行为，并据此研发出具备人类智能水平的机械系统[59]。人工智能技术包括机器人技术、语音识别、自然语言处理、图像识别和专家系统等[60]。人工智能技术的核心是数据挖掘，通过计算机模仿人类的感知方式和思维方法，进行感知、学习、理解、推理、预测、决策和规划等智能活动，并以此产生一种以类似人类智能的方式做出反应的机器设备。

（二）人工智能的关键技术

人工智能以大数据为基础，以深度学习算法为核心，实现计算、感知和认知的智能化，以此辅助人类社会工作与生活，关键技术的发展主要分为输入、分析以及输出三个阶段。

1. 输入阶段

输入阶段主要通过计算机视觉、语音识别、自然语言理解等技术来进行数据收集。这类技术通过获取、识别各类外部输入的信息，将复杂的外部数据转化为机器可理解的、结构化的、完整的表示。

2. 分析阶段

分析阶段主要利用机器学习技术，包括许多智能算法来进行数据分析。机器学习技术不仅能够从数据中学习复杂的特征，提取隐含的知识，还可以从自身的流程中学习，不断用新的概念或事实扩展存储的知识，从而做出智能决策或预测。

3. 输出阶段

输出阶段的技术主要包括自然语言生成、图像生成等技术。这类技术将机器学习和分析得到的洞察转换为文字、图像或声音等人类可以理解的形式作为输出结果。这些输出可以为营销人员的决策提供信息，或直接用于营销活动中的智能任务，如智能客服响应与互动。

（三）人工智能的应用

随着时代的发展和科技的进步，现阶段的传统广告行业存在很多严峻的问题，如难以精准触达目标用户、难以评估广告投放效果、难以及时找出广告投放存在的问题等[61]，而人工智能的发展与应用能够有效地解决这些问题，提升广告营销效果。

1. 精准触达目标用户

良好的营销效果需要透过差异化和贴心的服务来获取顾客长期的信任，尤其是在如今选择多样和物质丰饶的社会。而传统的广告营销时代是依靠营销人员的经验积累来分析目标市场，难以获得精准快速的判断，再加上消费者的信息数量随着时间推移变得庞大，传统的营销方式会导致分析结果不够精确。随着如今人工智能的技术支持，能够对海量的用户数据进行筛选过滤、深度分析与洞察，构建在各类业务场景下的智能数据应用。如抖音、淘宝等电商平台采用人工智能追踪、算法等技术，在短时间内完成用户信息搜集、资料整理，分析用户的使用情况并进行精细分类和设置标签。根据其搜索内容、消费偏好、金额、频率等数据，分别匹配与用户相应的标签，再根据标签和分类情况推送与其匹配的商品信息，全面提升广告业务效率与效果。在流量经济时代，大数据分析和人工智能技术越精准，广告主的竞争优势才越大，精准地获取用户画像和信息能更准确地触达目标群体，才能最大化地优化营销效果和提高广告价值。

2. 优化广告智能投放

智能广告投放系统是基于大数据和人工智能自动化技术，实现实时竞拍和智能匹配，而且可以即时采集广告效果评估数据，并根据数据分析迅速调整广告投放计划，优化广告发布效果，将广告投放的效益最大化。人工智能算法具备强大的数据分析和计算处理能力，通过算法辨别用户的特征和需求进行定向投放，判断用户最可能购买或点击广告的时刻与内容，并比较上万种广告投放方案，快速判断最佳方案。同时通过实时分析动态数据，不断评估和调整方案，自动完成广告媒介的购买和投放，最终实现高效、精准、动态的智能投放[62]。例如，程序化购买广告可以基于 DSP 广告平台的智能算法技术和大数据，结合广告主、广告媒介、广告受众、广告预算、广告效果等信息进行广告交易与管理，在对目标用户进行精准圈选后，根据合适的平台和终端设备等场景向用户精准推送合适的广告。针对投放结果进行实时监测与分析，自动优化预算决策和投放策略，实现营销自动化、多渠道，提升营销效果分析能力和运营效率。

3. 精确评估广告效果

著名百货商店之父约翰·沃纳梅克有句经典的名言——“我知道我的广告费有一半是浪费的，但我不知道浪费的是哪一半”。可见庞大的广告费用一直是困扰广告主的一项难题，而人工智能技术的介入正在逐渐缓解这种困境。在大数据时代，海量的广告信息可以透过人工智能技术，追踪和记录用户在收到广告后的行为路径，并实时监测与分析广告实际效果。透过人工智能算法能即时对数据进行反馈与优化，使品牌具备实时调整的动态能力，同时使内容创作和广告投放等活动更加精准，并且能更准确地衡量投资回报等指标[63]。同时，企业能及时发现存在的问题，再不断地完善和调整营销对策，能有效减少广告投放的费用，并且获得更佳的广告效果，从而做出精确的评估和明智的营销决策。

三、物联网与智能营销

（一）物联网与智能物联网

1. 物联网（IoT）

物联网（internet of things，IoT）是信息科技产业的第三次革命。1985 年，皮特 · 李维斯（Peter T. Lewis）提出相关概念。在 2005 年的世界信息峰会上，国际电信联盟发布《ITU 互联网报告 2005：物联网》，指出“物联网”时代已然来临。物联网是指通过信息传感设备，按约定的协议，将任何物体与网络相连接，物体通过信息传播媒介进行信息交换和通信，以实现智能化识别、定位、跟踪、监管等功能[64]。物联网即万物相连的互联网，意指物物相连、万物万联，它是互联网基础上的延伸和扩展的网络，是将各种信息传感设备与互联网结合起来而形成的一个巨大网络，能够实现在任何时间、任何地点，人、机、物的互联互通。

这有两层意思：第一，物联网的核心和基础始终是互联网，而物联网是在互联网基础上的延伸和扩展的网络；第二，其用户端延伸和扩展到了任何物品与物品之间，进行信息交换和通信。

2. 智能物联网（AIoT）

在 2017 年 11 月 28 日的“万物智能 · 新纪元 AIoT 未来峰会”上，研究者首次公开提出了人工智能物联网（artificial intelligence of things，AIoT）的概念[65]。2020 年中国智能物联网（AIoT）白皮书提到，“AIoT 是人工智能与物联网的协同应用，它通过 IoT 系统的传感器实现实时信息采集，而在终端、边缘或云进行数据智能分析，最终形成一个智能化生态体系”[66]。AIoT 其实是人工智能和物联网的融合应用，两种技术通过融合获益。一方面，人工智能帮助物联网智慧化地处理海量数据，智慧化其决策流程，改善人机交互体验，帮助开发出高层次应用，提升物联网应用价值。另一方面，物联网通过万物互联，其无所不在的传感器和终端设备为人工智能提供了大量可分析的数据对象，使得人工智能研究落地。简言之，人工智能让物联网拥有了“大脑”，使“物联”提升为“智联”，而物联网则给予人工智能更广阔的研究“沃土”，促使“人工智能”转向“应用智能”。[67]

（二）物联网的关键技术

物联网的关键技术包括芯片 / 感知层、网络层、平台层和应用层等，每个部分都具有关键技术。

1. 芯片 / 感知层

这个部分的关键技术包括物联网芯片设计能力，例如 NB-IoT 芯片设计能力、传感器设计能力等，最常见的传感网就是 MEMS，即微机电系统（micro-electro-mechanical systems）。它是由微传感器、微执行器、信号处理和控制电路、通信接口和电源等部件组成的一体化的微型器件系统。其目标是把信息的获取、处理和执行集成在一起，组成具有多功能的微型系统，集成于大尺寸系统中，从而大幅度地提高系统的自动化、智能化和可靠性水平。MEMS赋予了普通物体新的生命，它们有了属于自己的数据传输通路，有了存储功能、操作系统和专门的应用程序，从而形成一个庞大的传感网。

2. 网络层

这个部分最关键的技术是网络切片技术，利用网络虚拟化来实现网络宽带、容量、速度的动态分配，以此解决网络拥堵的问题。物联网在感知层获取大量数据信息，在经过网络层传输以后，放到一个标准平台上，再利用高性能的云计算对其进行处理，赋予这些数据智能，才能最终转换成对终端用户有用的信息。

3. 平台层和应用层

平台层的关键技术包括系统设计、软件开发等技术，这个方面最重要的是深入实际、挖掘用户需求的能力。此外，物联网发展中备受关注的还有射频识别技术（radio frequency identification，RFID）。射频识别技术是一种简单的无线系统，由一个询问器（或阅读器）和很多应答器（或标签）组成。标签由耦合元件及芯片组成，每个标签具有扩展词条唯一的电子编码，附着在物体上标识目标对象，它通过天线将射频信息传递给阅读器，阅读器就是读取信息的设备，人们可以随时掌握物品的准确位置及其周边环境[68]。

（三）物联网在智能营销中的应用

无论何时、何地、何物，都可在物联网中形成连接。每个人都可以利用电子标签将真实的物体上网联结，在物联网上可以查出它们的具体位置，并用中心计算机对机器、设备、人员进行集中管理、控制。物联网将现实世界数字化，统整了物与物之间分散的数字信息，在短短几年时间内形成了良好的发展态势，应用范围十分广泛，主要包括以下几个方面：运输和物流领域（无人驾驶等）、工业制造领域（智慧工业控制等）、健康医疗领域（智慧医疗等）、智能环境领域（家庭、办公、工厂、智能家居等）、个人和社会领域（智慧化城市等）等。物联网有效地推动了相关应用领域的智能化发展，使得有限的资源得到了更加合理的分配与使用，使服务范围、服务方式、服务质量等各方面都有了极大改进，大幅度提高了人们的生活质量，具有十分广阔的市场和应用前景[69]。而人工智能物联网技术能够借助物联网获取的人脸数据，结合用户轨迹和购买数据，了解用户行为，丰富用户画像，实现主动服务、智能服务推荐和增值服务，构建人—货—场生态，帮助企业实现良好互动与精准化营销[70]。

越来越多的企业在向全面进入AIoT发力。如：TCL宣布实施4T（t-life、t-home、t-lodge、t-park）业务战略，意图打造全场景智能生态；亚马逊发布Dash按钮，用户可将其贴在使用起来最便利的位置，只要轻轻一按，即可享受所需物品“主动上门”服务；Walgreens（全美最大医药零售商）打通全渠道零售，用户可随时扫描处方，显示线上线下搜索结果、促销信息，得到附近药店位置或直接在线购买等；上海无人移动式便利店Moby Mart可以提供基本的、新鲜的产品，也能通过智能化仓库补充库存；Spotify与Uber联合，平台付费用户可将自己的音乐库传至Uber汽车中。以上物联网在智能营销中的应用实例充分体现了个性化推荐、简化交互操作、提供智能服务所带来的用户体验感升级与营销效果跃升。

四、VR、AR、MR、XR与智能营销

（一）VR："无中生有"的仿真世界

1. VR 的概念及特征

虚拟现实（virtual reality，VR）是指以计算机建模为核心的交互式三维视景仿真技术，作用于视觉、听觉、触觉等感官体验，创造让用户感到身临其境的实时数字化环境。[71]

VR的基本特征可概括为3I，即沉浸感（immersion）、交互性（interaction）和构想性（imagination）。沉浸感是指多种感官刺激下，VR技术为用户带来独立于客观环境的临场感；交互性强调在仿真环境中，VR技术为用户提供的人机操作和反馈；构想性是指基于前两者，帮助用户提升对未来的构想能力。近年来，对大数据与互联网等的研究与应用兴起，智能化（intelligence）逐渐成为新时期VR研究与应用的重要特征，智能化强调的是虚拟环境具有自适应性。[72]

2. VR 在智能营销中的应用

2016年被称为"VR元年"，VR技术朝普及化和商业化方向发展，市场的竞争从价格、产品逐渐升级至服务体验。当沉浸式体验进入大众视野，VR加持的智能营销也成为企业在这一经济形势下的重要战略发展方向。

一方面，产品本身的创意仍是企业发展的重头戏，VR在游戏和健身运动领域中得到较为广泛的应用。如BITONE"登临地球第三极"通过搭建VR界面，为用户带来攀登珠穆朗玛峰北坡的VR沉浸式体验项目，通过对场景和环节的还原模拟以及登山流程的交互设置，让用户可以身临其境，领略珠峰群峰的壮阔和罕见的极地风光（见图2-1）。

图2-1 BITONE"登临地球第三极"VR沉浸式体验项目

另一方面，企业通过VR技术赋能营销广告的呈现，丰富产品和品牌理念的传达效果。如欧莱雅结合新品香水的"勇气"概念，设计主题为"only the brave"的VR体验活动，用户需要通过高楼行走等重重考验，才能拿到欧莱雅的勇气主题香水（见图2-2）。

图2-2 欧莱雅新品香水VR体验活动

（二）AR：现实世界的海市蜃楼

1. AR 的概念及特征

增强现实（augmented reality，AR）是指通过计算机或移动设备实时定位摄像机画面的位置与角度，将对应影像、3D模型等虚拟信息叠

加在人们可感知的真实场景中的技术。

1997 年，Azuma 等研究人员总结了 AR 的三大特征：虚实结合、实时交互、三维注册。[73] 前两点是指相较于 VR 技术带来的“隔离”现实式的沉浸感，AR 技术强调以真实世界为本位，直接通过摄像头或是移动设备，实时传输附加的虚拟信息来“增强”现实与完成人机互动，从而帮助用户更好地认知物理环境。三维注册是指 AR 技术生成三维虚拟信息，基于传感器、视觉等注册追踪技术，与用户实时视角精准嵌合，帮助用户拓展对于现实场景信息的认知。

2. AR 在智能营销中的应用

AR 技术将虚拟物体实时投影到现实物体中的功能，有助于用户更容易、更好地理解产品和品牌特性，达到理想的“试用”效果，众多品牌也抓住了这一点，将其转化为营销亮点。

如宜家推出的 AR 应用“ IKEA Studio”就体现了 AR 与产品展示的有机结合（见图 2-3）。该应用最大的特点在于，用户可以利用 AR 技术 1∶1 显示多个虚拟商品及全屋设计的装饰效果预览，从而帮助用户完成选购决策。[74] 此类营销更凸显出自身的灵活性。

此外，AR 技术对于品牌营销同样具有独特的作用。如百事可乐与微信、抖音合作开展“ PEPSI BLUE STAGE”主题活动，用户通过 AR 扫一扫，即可将拍摄的视频投影在饮料罐上，通过 UGC 玩法为品牌注入年轻新活力，并最终收获 1.34 亿元的媒体价值。

图 2-3　宜家的 AR 应用“IKEA Studio”

（三）MR：虚实环境的无缝融合

1. MR 的概念及特征

如果说万物互联是把现实世界毫无保留地“加载”到网络，我们的习惯与喜好、生活和日常都将被“数字化”，那么混合现实（mixed reality，MR）就是把人类在万物互联时代无法加载的“肉身”通过辅助工具局限在虚拟世界，在这里开启人类的“第二生命”[75]。混合现实融合真实世界和虚拟世界，创造可视新环境，引入现实场景信息，并提供实时人机交互技术，它涵盖了增强现实（augmented reality）和增强虚拟（augmented virtuality）。[76] 在此基础上，MR 还可拓展应用远程展示（tele-presence）和现实景物消去（diminished reality）等技术，前者是指实时远程“在场”，后者是指现实场景物体隐匿化，成为扩展现实（extend reality）技术的基础。[77]

MR 的特征是相对于 VR 和 AR 而言的。一方面，VR 带来隔绝于物理环境的沉浸感知体验，而 MR 的区别特征就在于，用户可以通过 MR 设备同时感受到物理和数字空间，两者高度融合，达到“虚实难分”的效果。另一方面，MR 相较于 AR 的发展，更多体现在人机交互上，MR 不仅能将虚拟信息在物理环境中进行准确“注册”，还能够借助各种关联数据，带来功能触发、过程调节等个性化体验。[78]

2. MR 在智能营销中的应用

MR 特有的场景建构、交互设计能力为用户带来了多感官的沉浸式体验与互动式的认知参与，可帮助用户创新设计营销渠道，丰富营销活动过程，促进销售转化等。

以微软为代表的企业在MR应用方面不断探索，自2016年发布HoloLens眼镜，微软基于对MR技术定位和应用场景的把握，与其合作伙伴打造解决行业难题的技术性方案，HoloLens2的技术被广泛用于制造、医疗、教育、汽车、能源、建筑等行业，助力企业用户的数字化转型。[79]美国的混合现实软件服务商Aetho LLC则利用MR助力远程视频沟通协作，从远程社交产品Thrive到远程呈现平台Beame，全身全息的“面对面”沟通切合了疫情背景下的全球痛点，Aetho LLC也进一步实现了从社交到医疗、教育、设计、建筑等领域的扩展。[80] Google同样关注MR应用，推出在线3D模型库服务平台Poly，助力内容开发。Google旗下视频平台YouTube发布化妆品试用滤镜功能，助力加强品牌营销宣传效果，这些都成功地优化了用户体验，高效促进销售转化。

（四）XR：人类交互的终极形态

1. XR的概念及特征

扩展现实（extend reality/cross reality，以下简称“XR”）本质上仍指借助计算机技术，创造虚实结合、人机交互的数字化环境的技术。[81]综合学界和业界观点，普遍认为XR中的“X”意指空间计算技术的未知数，具体来说XR即VR、AR、MR等技术的继承与超越形态。如：高通公司将XR定义为涵盖VR、AR、MR技术及其所有过渡区域的下一代移动计算平台[82]；i LRN也在其2020年年度总结报告中，将XR作为上述技术和其他相关技术的统称词。[83]

XR的主要特征在于沉浸感体验的升级与虚实世界的无缝弥合，可总结为以下四点：情境感知、感官代入、直观交互和编辑现实。一方面，在高精度的感应器协同作用下，XR实现视、听、触、味、嗅的五感实时反馈，向用户提供更丰富的交互情景体验；另一方面，XR既能帮助用户实现虚拟对象在现实世界的叠加处理，也能将现实环境的物体虚拟化。[84]

2. XR：元宇宙、产品设计和原型制作是企业用户最常涉及的领域

在5G时代，XR技术的发展潜力受到前所未有的重视。XR的代表性应用构想为元宇宙（metaverse），其核心是通过XR技术及其设备迭代不断优化用户的数字化生活体验。[85] XR成为元宇宙虚实交汇点，XR设备正是用户从现实世界进入元宇宙的密钥。

作为联通虚拟世界和真实世界的重要新兴形态，建立在XR基础之上的元宇宙，有望重塑经济体系和社会生活方式，在催生新技术迭代的同时，广泛吸引商业资本投资营销，不断开拓新型营销场景和带动消费。[86]以高通推出的骁龙XR2 5G平台为例，以版本的更新融汇5G属性，体现商用XR的发展和深化，这也进一步成为打造和实现元宇宙的基石。[87]

此外，XR还为文娱产业带来了新活力。如在2021年央视春晚舞台和《中国诗词大会》节目中呈现的云舞台，以XR技术为桥梁，实现了人物、道具和虚拟现实场景的高度互动和结合[88]。XR技术在智慧旅游建设的范畴同样得到有效利用，云南、广西等地加速建设XR旅游产业链，通过App和线下主题乐园等多种终端方式丰富游览体验。[89]

随着国内外4R行业战略布局不断加速，以“硬件+软件+内容+应用”为核心的4R生态闭环也正逐步形成，4R技术赋能下的智能营销产业有望进一步打开市场，迎来更多机遇。

五、区块链与智能营销

（一）区块链的概念及其发展历程

1. 区块链的概念

区块链（blockchain）本质上是由节点对象参与的分布式数据库系统，对参与者执行和共享的所有交易或数字事件进行记录，并结合数字加密技术形成信任机制，保证记录不可被删除或篡改。简单来说，就是将被称为“区块”的数据块，按照时间顺序链接成安全透明的“链”。

2. 区块链的发展历程

区块链的提出最早可追溯至2008年，化名为“中本聪”（Satoshi Nakamoto）的学者发表了一篇关于比特币的奠基性论文，其中首次介绍了区块链的运行原理。[90]区块链作为比特币系统的底层核心技术，在长期运行中得到验证和关注。2016年国务院印发的《“十三五”国家信息化规划》中，首次将区块链列入我国国家信息化规划，并将其定位为战略性前沿技术之一。[91]经历了技术起源、区块链1.0、区块链2.0以及区块链3.0的发展阶段，区块链开始受到金融、营销等各行各业人员的重视并得到积极探索，成为促进行业领域突破的关键技术之一。[92]

（二）区块链的基本特征

1. 去中心化

采用点对点（P2P）对等网络协议组网，区块链的一大核心优势就在于去中心化。也就是说，区块链系统不存在唯一的中心权威机构，链上的每一个节点都具有卖家和买家的双重身份，能够访问区块的公开数据记录，并实现全网点对点的信息通信与交易。

2. 透明安全

在透明性上，区块链的每一节点都可以看到整个账本，即区块链记录的所有交易信息，且每个节点的用户都具有独一无二的数字身份证明，二者结合保证了区块链数据的公开透明。在安全性上，借助数字加密技术和共识机制，交易双方不仅能够知晓系统运作规则和数据内容，并且能够通过数字签名技术的验证方式，实现互信，提高交易数据信息的可信度和安全性。

3. 防伪溯源

基于时间戳技术，区块链上的每一条交易数据在生成区块时，均记录对应的写入时间。在得到多方节点验证后，区块信息将按照时间顺序严格排列并永久存储。标有时间戳的区块互相链接，环环相扣，因此很难被篡改、伪造或撤销，这也使得区块链具有防伪溯源的特性。

（三）区块链在智能营销中的应用

区块链技术并非单一的技术创新，而是现有技术融合的交汇点。随着区块链技术不断完善以及人们对其认识不断深入，区块链技术延伸为解决人与人之间生产关系的底层技术，[93] 区块链技术的应用场景也从最初的数字货币拓展到社会领域的不同方面。

1. 基于区块链的供应链和物流

快速发展的市场带来多元化、深层次需求，如随着消费升级，消费者更加关注产品来源和质量情况。但对于企业而言，不仅数据孤岛、数据造假等既有问题依然凸显，且随着数据规模扩大，核心企业难以负担全网量级的供应链信息，这也引发了交易数据伪造和篡改等一系列潜在风险，市场在透明性和监管性上，向封闭的传统供应链提出了更高的要求。

区块链对“数字化供应链”的赋能，主要表现为信息共享、信息追溯与信任建立。[94] 基于这三个方面，区块链助推颠覆传统的垂直供应链结构，从封闭链式转为多元共治的交叉网状，并在一定程度上解决了数据孤岛带来的不确定风险，从而提升数据利用效率和价值。

其中，物流成为区块链应用的最大落地场景。特别是在全球跨境物流业务中，区块链服务平台提供了创新技术方案：在分布式账本中记录经过各方验证的物品、位置、地址等物流信息，由非对称加密技术和数字签名负责保证隐私数据的安全性。在运输过程中，区块链的公开透明特性满足了消费者和审计者等各方查询和追踪物流信息的需求，提高了物流市场治理效率。

2. 基于区块链的电商交易系统

在传统电商模式中，交易双方高度依赖中心平台提供的信任资质，电商交易存在环节滞后性与不可靠性。而在区块链这一共识信任平台中，每个节点的对象可以兼具买家和卖家的身份，这意味着区块链中的各节点对象，能够基于数字身份证明的信任机制和双方事先达成的智能合约，跳过“中间商”环节，协同实现点对点的电商交易，并且，由于信息距离和交易环节的简化，更高效率和更个性化的交易沟通成为可能。

在电商交易系统的支付环节，源于数字货币的区块链有其独特优势。一方面，交易双方基于协商一致的规范和协议，经各方确认将交易数据写入区块链中，一旦记录便不可修改，全流程公开透明，有助于提高交易支付的可信度与效率。另一方面，区块链对支付的后续环节亦有保障，通过实时追踪已成区块的交易数据，区块链起到防伪溯源的监督功能，有助于减少后续数据造假、服务违约等恶意行为的发生。

3. 基于区块链的广告生态网络

互联网流量规模庞大以及市场利益机制的驱动等因素，使得广告业中流量造假、知识侵权等恶意行为层出不穷。消费者作为数据提供者，却游离于数据衍生利益之外，这一身份困境也使得消费者倾向于封锁式保护自身数据和抵触观看广告，不利于广告生态的健康发展。

区块链在广告创作、投放及互动等环节的赋能，对广告生态网络的更新有着积极的探索意义。在广告创作上，根据版权规范的共识机制，区块链可以实现数字内容版权确认和侵权证据实时记录，从技术角度构建高信任关系，激发更多内容创作。在广告投放上，区块链分布式的数据库综合记录了多平台用户数据，可帮助广告主连接数据孤岛，精准优化用户画像，提升广告投放环节的投资回报率。在广告互动上，基于区块链的共识激励机制可量化处理消费者的注意力，消费者通过自主放权数据，换取不同数值和形式的通证（token）奖励，从而激活广告市场的交易。[95]

基于区块链的技术应用，广告主、广告媒体以及消费者实现互惠关联，人人都是参与者，未来广告生态网络也有望从传统的层级规划，转向各参与主体共治的协同状态。[96]

第四节　智能营销的价值和冷思考

一、智能营销的价值

（一）宏观层面

1. 营销思维模式的“智能化”转向

智能技术的出现推动着营销的变革，而企业是开展各种营销活动的主体，智能技术的出现为企业执行营销活动提供了更多可能，为了应对市场竞争，企业及其管理者、营销人员更加重视智能技术，并且正在加大对智能技术的运用。企业在营销活动中逐渐建立起的“智能化”思维模式在潜移默化中颠覆和改变着整个广告行业。可以说，在智能营销时代，企业与智能技术之间的联系从应用层深入到思维层，企业与智能技术之间的联系日益紧密。

2. 营销服务机构的“智能化”转向

智能技术催生了全新的业务范畴和调研手段，基于新兴智能技术的营销服务公司诞生，如以艾瑞咨询为代表的基于用户大数据的互联网技术公司。它们能够向广告主提供海量的用户沉淀数据，如用户在互联网上进行浏览、点击、购买等行为数据。在数字时代，作为营销服务主体的公司凭借海量数据的优势，在未来的智能营销的数据监测与用户洞察等方面必然会发挥重要作用。

但这并不代表传统营销服务公司的消亡，专业性仍然是这些公司在市场中的核心竞争力。[97]

3. 营销操作流程的“智能化”转向

在传统营销活动的实践操作中，“品效合一”是很难实现的。随着智能技术的应用与智能营销时代的到来，营销活动的整个操作流程变得智能化：基于大数据的用户画像与效果监测等环节，使得营销活动与策略的制定更加具有针对性，使得营销效果的反馈更加具有实时性和直观性，同时，营销服务的效率依托智能技术也获得了极大提升。总之，各个环节的智能化促进了整个营销操作流程与模式的智能化。

（二）微观层面

1. 智能洞察

营销步入智能化时代，数据成为智能决策的基础，也是用户画像的依据。智能营销能够根据用户属性，运用云计算等技术形成特定标签，最后定向到特定用户群体并进行深入的用户画像。通过对用户的精确锁定与精准画像，使用户在信息接触、消费行为等方面的数据实现跨平台的融合。相较于以往的营销，我们不仅更清楚地知道了用户是谁，还能够更为准确地描述甚至预测出用户的具体行为，在此基础上形成的智能化营销平台，其速度、效率与效果相较以往都有了质的飞跃。[98]

2. 智能生产

在传统营销模式下，从营销主题确定到策略执行，各个环节都由营销人员来决定，大多是经验性的决策，如今智能技术可以更深层次地介入主题的发掘甚至是创意的构思环节，从消费者洞察中提炼、发掘营销主题。

同时，智能技术介入营销内容的规模化生产环节，利用程序化创意平台可以生成“一人千面”的创意内容，并通过动态创意优化技术对创意内容进行实时优化。智能技术的介入解决了海量广告生产的人工成本和时效问题，也使营销的投资回报率得以提升。[99]

3. 智能监测

进入移动互联网时代以来，广告的效果衡量方式变得更为精细化，多样化的广告主需求催生了 CPC（cost per click，每点击成本）、CPM（cost per mille，千人成本费）、CPA（cost per action，每行动成本）、CPT（cost per time，每时间段成本）、CPS（cost per sales，按销售付费）等多种在线广告效果衡量指标，广告效果的评测更加精准化、智能化，广告主在一定程度上摆脱了对广告代理公司的依赖，拥有了自主权，可以直接与目标消费者“面对面”。

4. 用户体验提升

（1）以准确预测和个性化服务为主要应用场景的数据洞察技术。做好用户洞察是营销直抵人心的关键一步，主要目的是了解用户需求，只有这样才能更好地“对症下药”以提升用户体验，进而提升营销效果。

（2）以虚拟现实、数字语音交互推动的互动技术。借助多接触点的数据整合与机器学习、智能算法优化对用户深层画像，广告自然渗透进用户生活的全场景，实现用户与场景的深度适配。人工智能的互动技术，如人工智能与 VR 技术的结合，将营销引入了一个全新的领域，即通过互动感和沉浸感吸引消费者，使消费者在互动中思考，从而使营销内容进入消费者心智，激起消费者的心流体验，提升消费者在消费过程中的情感与思考体验。[100]

智能技术可以更好地帮助品牌实现广告与营销内容的无缝融合，为用户创造交互式消费体验，并达到“润物细无声”的传播效果。

（3）以云计算、机器学习和神经网络为基础的技术。作为全球最具影响力的独立研究咨询公司之一的 Forrester 在消费趋势报告中提到，如今的消费者更倾向于自动化的消费体验，即自己解决问题。同时，社交媒体的创意广告对消费者的吸引力正在下降，消费者更能接受一对一的营销模式，比如很多前瞻性的企业开始使用会话式互动机器人来提升消费者的情感体验，同时与消费者进行互动，保持其行动体验。

二、智能营销的冷思考

（一）精准推荐或导致消费者产生“倦怠心理”

智能营销一方面能够不断接近消费者的需求，激发其欲望，从产品、促销等渠道组合上帮助消费者进行决策选择；但另一方面，过量的智能推荐也可能使得消费者产生倦怠心理。经营方根据平台用户的搜索和消费等痕迹对消费者心理的精准把握，也容易让部分消费者感到隐私被侵犯，从而产生反感和抗拒心理。[101]

（二）须正确看待大数据技术的有效性

大数据为企业智能营销带来全新可能性，但大数据之“大”，在于平台用户数据的日积月累，而海量数据又是一个个小数据的堆积。如果企业平台将全部预算都集中在大数据运营，将导致对眼前小数据和企业品牌长期建设的忽视，陷入重数据而失温度的陷阱。量化数据可以客观描述消费者的数据，但无法形容消费者的思想与灵魂，平台经营方应避免盲目信任和依赖大数据，同时应正确认识算法与感性认知的重要性，结合两者对消费者进行完整深入洞察。[102]

（三）产业自动化运作下的人才归置问题

在各领域的智能营销中，人工智能和大数据等核心算法技术都承担了营销环节的很多工作。市场需要掌握智能营销新技术的人才，而大多数从业人员正在无可避免地面对着“转型或失业”的人生岔路，尚未习得前沿技术，市场和人才需求在一定程度上存在双向失衡的状况。这要求营销业的从业人员不断提升自身从业技能、思维能力与职业道德素养，发展成“一专多强”的复合型人才，从而更好应对行业的变化和挑战。[103]

本章小结

本章以伊利携手百度打造首档好奇主题晚会《百度好奇夜》引入，主要介绍了智能营销的概念、技术、价值等相关内容。智能营销将智能技术应用在营销实践中，拥有四大特征，实现了对传统4P的重构。它与数字营销、大数据营销、人工智能营销、智能营销传播等概念联系紧密，也存在分野。智能营销的关键部分是技术支撑。大数据、云计算、人工智能、物联网、VR、AR、MR、XR、区块链等技术深入营销全环节，智能营销的价值也因此得以展现，宏观上影响营销思维模式、营销服务机构、营销操作流程，微观上帮助实现智能洞察、智能生产、智能监测并提升用户体验。然而，事有两面，面对精准推荐或导致消费者产生“倦怠心理”、大数据技术的有效性、产业自动化运作下的人才归置问题时，我们需要理智、警醒地思考。

思考题

1. 智能技术如何重构营销流程？

2. 智能营销的特征是什么？
3. 试述数字营销与智能营销的区别与联系。
4. 试述大数据的定义与特点。
5. 试述区块链的基本特征及其在智能营销中的应用。
6. 智能营销的价值是什么？

章后案例

蓝色光标：勇立元宇宙营销潮头

2021年，元宇宙从《雪崩》中的科幻概念走入现实。在营销领域，蓝色光标本身携带数字基因，迅速在虚拟直播技术、虚拟数字人创设运营、虚拟空间等领域开展业务布局、研发投入和实践落地，成为国内元宇宙风口的组局者、领头兵。2021年10月云栖大会上，蓝色光标与阿里巴巴达摩院宣布达成战略合作，打造虚拟直播间，赋能电商交易场。双十一之后，蓝色光标迅速成立全资子公司蓝色宇宙数字科技有限公司，专注探索元宇宙。同时，与当红齐天及旗下子公司齐乐无穷合作，意图推动XR体验在重点行业的应用拓展及商业化项目落地。2022年，“蓝宇宙”营销空间正式上线并入驻百度希壤，先后推出虚拟人苏小妹、K。由此可见，在元宇宙赛道上，蓝色光标有着前瞻的目光与独到的战略。在人、货、场三个赛道上，蓝宇宙从构建到落地的每一步都与智能营销服务密切相关。

一、人——虚拟人苏小妹和K

清华大学AI虚拟学生华智冰、虚拟美妆达人柳夜熙、作为“数字员工”入驻阿里的超写实数字人AYAYI……当真人明星频频翻车，可控可感、创意新奇的虚拟人成为企业营销布局的好选择。

(一) 苏小妹——国潮文创

2022年1月1日零点，蓝色光标发布首个数字虚拟人——苏小妹。[104]苏小妹的诞生既标志着蓝色光标元宇宙战略的落地，又将开启品牌虚拟IP业务的全新布局。

蓝色光标之所以选择有历史原型的苏小妹，一是因为其形象有记忆基础。IP形象泛滥，而虚拟人虽有技术门槛限制，但从2021年年末到2022年期间也发展出不少虚拟人，因此抢占消费者心智成为关键因素之一。苏小妹的故事在坊间口口相传，虚拟苏小妹本身具有较强的传播基础。二是因为其内在有文化基础。民间相传苏小妹为苏轼的妹妹，文采斐然，聪慧机敏。在无数文人骚客描绘其风采时，苏小妹就已成为一个亮眼的文化符号。在虚拟世界中，她热爱诗词歌赋，舞动时绰约多姿，她天真烂漫、随性自由，国风的文化价值的融入让她得以建立差异化定位。在现实世界中，她不断跨越时空，跨次元壁带来满满惊喜。春节来临，她书写“福”字；大年初一，她登上北京卫视春晚，与青年歌手刘宇共同表演，吟诗舞剑。在重视弘扬中华优秀传统文化、增强文化自信的当下，苏小妹的诞生深度契合了国民的文化认同感与对中华文明的美好向往。

记忆基础+文化基础，苏小妹为蓝色光标打响了元宇宙战略的开局战役，以全新触角帮其拓展连接到更广泛的Z世代国风群体，同时为品牌增添了国潮文化价值，便于品牌在虚拟文创产业中发力，一举多得。

（二）K——女性力量

2022年3月8日，蓝色光标全资子公司蓝色宇宙发布全新虚拟音乐人——K。[105]“K”这一名字取自King，指代一种绝对权力象征而非性别身份，并以此传递“Every girl can be her own King”的主张。换言之，她生来为女性而战，鼓励追逐自我，发掘女性力量。与苏小妹的国风甜美完全不同，K英姿飒爽、自信张扬，又隐含神秘、充满魅力。

选择在三八妇女节上线K这一虚拟人物，蓝色光标的意图不言而喻。后续的概念视频致敬了中国首位出舱女航天员王亚平、亚洲首位UFC女子世界冠军张伟丽、Bikini Kill主唱凯瑟琳·汉娜（Kathleen Hanna）等不同领域、不同身份、充满力量的女性，她们自由勇敢的光芒拓展了世界对于女性的想象。“我即人人”，K意图参与并为之奋斗的，是正在勇敢探索、前进的人类总和的一半。

在女性意识崛起、女性力量持续发展的当下，品牌背后的女性故事不再是简单的是非对错的断言，而应该体现长久的社会增益理念。可弱可强，可柔可刚。对女性的想象，不会单一；对女性的需要，永不停息。K所表现的，是对女性价值释放的善意，也是品牌以良心触碰、刻画的真实的女性内心。

二、货——MEME魔因未来

2022年4月7日，蓝色光标集团孵化的首个数字藏品（non-fungible token，NFT）发行平台——MEME魔因未来在线上发布，MEME小程序同步上线，为平台连接增添可能。数字藏品意为非同质化代币。基于数字化和区块链技术，数字藏品具备不可分割性、独特性，对隐私保护友好，对藏品增值有益，集合的优点让其迅速成为市场爆点。

2021年是数字藏品元年，蓝色光标以MEME魔因未来入局，打造Web 3.0时代品牌数字资产的经营平台与互动社区，集“故事＋技术＋艺术”之力，搭建元宇宙的数字资产枢纽，连接品牌、内容创作者和数字艺术家，为用户提供前所未有的数字藏品交互体验。[106]

MEME魔因未来在去中心化、隐私、智能的Web 3.0时代，意图在经营和互动中实现传播，同时以社区承载对个体价值的珍视。从MEME魔因未来的业务布局来看，品牌、IP创造者、用户三方均可在其中获益。品牌可借其将“无形”的品牌价值转化为“有形”的品牌资产；内容创作者和数字艺术家等IP创造者获得了全新的IP创新思路，将“共识”和“叙事”前置，获得了更包容、更多元的空间；用户则在故事、艺术与技术的交融中获得了全新的体验。[107]

产品上线之余，发布会还宣布了首期数字藏品发行项目——“预见ME”。该项目以16型MBTI人格为原型，设计了16款风格各异的MEME创世徽章，象征用户在MEME数字世界预知的另一个自己。据悉，MEME计划上线超20个项目，包括各类品牌、人物、文化IP等。由此可见，“预见ME”意在长期发展。就像淘宝承载各类商家，该项目在发展过程中可承载各类IP，通过认证、互动、成长、创造，品牌和用户携手前行，打造真正的社区。

除此之外，技术和人才是创造优质内容的根基。BlueX区块链实验室深耕数字资产和数字身份两个方向。据悉，该实验室将通过组织行业议题讨论、促进区块链落地应用发展、参与行业标准制定、建立开发者生态的方式，打造更广阔的生态应用场景，挖掘合规环境下的Web 3.0时代的用户价值图谱，让价值回归用户。[108]UDA数字艺术家联盟则聚合了志同道合的人。数字藏品的火热让加密艺术、数字艺术变得关键。如何理解艺术及其背后的文化价值？如何让创意与之更紧密地结合？如何利用技术增强交互体验、创新更多玩法？对这些问题的思考将帮助数字藏品更大程度地发挥价值，为行业生态构建、社会文化传播提供新思路。

三、场——蓝宇宙虚拟空间

2021 年 12 月 27 日，百度 Creat2021 大会在百度希壤虚拟空间举办。[109]“希壤”是百度的元宇宙产品，是“元宇宙首个可以容纳 10 万人同屏互动的超级会场”，百度希壤与蓝色光标宣布达成战略合作，意在合作拓展元宇宙中的营销新形态。

2022 年 3 月 30 日，蓝色光标旗下“蓝宇宙”营销空间正式入驻希壤，昵称为“蓝盒子”。作为国内首个元宇宙营销空间，蓝色光标与百度的联合是创新的，亦是重磅的，新场景、新形态的搭建为营销带来了新的可能。

空间内，蓝盒子位于希壤用户出生的核心区域。论体积，蓝盒子是目前开放区域内最大的单体建筑之一；论外观，它拥有亮眼的蓝色，奇幻的流动感、光感，甚至可以改变自身的颜色和显像；论设计，其灵感来自希壤空间内游离的无机小分子聚合成的有机物质，这些物质像是生命的初始形态，可以在孕育中不断成长。

建筑内部，是一个充满未来感、科技感的赛博朋克商业街区。目前，安踏、金茂酒店、东风标致、“善酿者”肆拾玖坊、嘿哈精酿啤酒这五个来自不同领域、不同风格的品牌已经抢先入驻，开启元宇宙营销之旅。品牌以前瞻性的目光跨界，从现实到虚拟，从实体到元宇宙空间，拉近品牌与年轻一代的距离，给予用户全新的互动体验。除此之外，技术与内容的整合使得入驻品牌的商品浏览、产品销售的多种可能、品牌营销的多元互动都可以在空间内达成。

目前来看，品牌在空间内的营销创新还比较有限，并未完全打开想象力，释放创造力，但率先布局仍是有益有趣的尝试。有机、生命、奇幻，蓝盒子将会在如此生动的空间内提供虚拟人、虚拟发布会、虚拟直播、虚拟产品等多种整合营销玩法的创意、策划、制作、执行等全链路优质服务。于品牌而言，蓝盒子提供了更可信赖、更便捷的入局元宇宙营销的机会；于营销而言，技术为营销内容创造提供了全新视角，营销形态变得多元；于用户而言，新场景新技术的应用帮助其获得沉浸式的创新体验。

【案例小结】

人、货、场的布局环环相扣，蓝色光标元宇宙版图逐渐完整。而从战略布局来看，蓝色光标实现了另一个人、货、场的构建。

在人才方面，赵文权辞任蓝色光标总经理，继续担任公司董事长并将出任蓝色宇宙董事长，专注元宇宙业务布局、探索与落地；中关村大数据产业联盟秘书长、国家发展改革委数字经济新型基础设施课题组牵头人、《元宇宙》作者赵国栋先生担任蓝色光标独立董事[110]。在内容和技术方面，BlueX 区块链实验室、UDA 数字艺术家联盟等均在研究与创作中发力。在产业生态上，资本不断投入，蓝色光标与百度、阿里巴巴达成战略合作，同时积极组局引导品牌入场，努力实现标准构建与空间共创。在合作、共享的指引下，技术的研究、问题的探讨、企业的联盟、生态的共建将会共同推进领域繁荣。技术和创意的深度融合让蓝色光标在智能营销时代不断累积、重构，我们可以期待其质的蜕变。

参考文献

[1] 若谷. 以“好奇”之名跨界联动脱口秀、晚会，为百度带来哪些品牌新增量 [EB/OL].

(2020-09-06)[2023-03-01]. https://baike.baidu.com/tashuo/browse/content?id=9b9d9c1a6ff25735d9269e7a.

[2] 虎啸奖.《百度好奇夜》好奇不止一夜“案例盘点”[EB/OL].(2021-10-22)[2023-03-01]. https://mp.weixin.qq.com/s/H7vOIPaOAwBmjrB0V-vfEQ.

[3] 贾敬华. 百度好奇夜大秀AI黑科技，每一个都值得你好奇[EB/OL].(2020-09-19)[2023-03-01]. https://t.cj.sina.com.cn/articles/view/1157539917/44fea84d00100rlw6.

[4] 百度营销.《百度好奇夜》年轻化大事件营销[EB/OL].(2021-04-29)[2023-03-01]. https://mp.weixin.qq.com/s/J9AJT2HCHONli_rFugAckA.

[5] 百度营销中心. 百度×伊利：百度好奇夜IP营销[EB/OL].(2021-05-13)[2023-03-01]. https://mp.weixin.qq.com/s/g4KfZUSD-Du9HwuIgGFe-g.

[6] Twinkle. 看完这几个百度营销案例，才知道什么叫AI想象力[EB/OL].(2021-12-23)[2023-03-01]. https://mp.weixin.qq.com/s/luTVLoAO_G7iroozMkgPag.

[7] 贾丽军. 智能营销：从4P时代到4E时代[M]. 北京：中国市场出版社，2017：44.

[8] 赵旭隆，陈永东. 智能营销：数字生态下的营销革命[M]. 上海：上海文艺出版社，2016：26.

[9] 王爱莲，冯睿. 人工智能时代的市场营销研究综述[J]. 北方经贸，2021(10)：55-57.

[10] 科特勒. 营销管理[M]. 梅清豪，译. 上海：上海人民出版社，2003：10，342.

[11] 林州波. 人工智能引领未来营销[J]. 上海信息化，2017(6)：43-46.

[12] 程明，程阳. 智能技术时代营销传播的变革与智能营销传播的未来发展[J]. 现代广告，2020(9)：29-33.

[13] 梁风.“鲁班”改名“鹿班”，阿里向外输出AI设计能力[EB/OL].(2018-04-22)[2023-03-01]. https://mp.weixin.qq.com/s/Lz1CGL_zCMBtB7vNYsLq2w.

[14] 中国信通院.《6G总体愿景与潜在关键技术》白皮书[R/OL].(2021-06-01)[2022-04-15]. http://www.caict.ac.cn/kxyj/qwfb/ztbg/202106/t20210604_378499.htm.

[15] WYMBS C.Digital marketing: the time for a new “academic major” has arrived[J]. Journal of Marketing Education，2011，33(1)：93-106.

[16] American Marketing Association.Digital marketing[EB/OL].(2021-12-15)[2023-03-01]. https://www.ama.org/topics/digital-marketing/.

[17] 姚曦，秦雪冰. 技术与生存：数字营销的本质[J]. 新闻大学，2013(6)：58-63，33.

[18] 郑丽勇，陈徐彬. 2015：传统广告与数字营销的分水岭[J]. 编辑学刊，2016(3)：50-55.

[19] 李姝. 智能营销：数字营销新趋势[J]. 现代营销(下旬刊)，2017(7)：64-65.

[20] 亚瑟. 大数据营销：如何让营销更具吸引力[M]. 姜欣，任东英，温天宁，译. 北京：中信出版社，2014：105.

[21] 陈志轩，马琦. 大数据营销[M]. 北京：电子工业出版社，2019：29.

[22] 杨扬，刘圣，李宜威，等. 大数据营销：综述与展望[J]. 系统工程理论与实践，2020，40(8)：2150-2158.

[23] 魏伶如. 大数据营销的发展现状及其前景展望[J]. 现代商业，2014(15)：34-35.

[24] 杨宇萍，陈章旺. 大数据营销的研究热点及趋势：基于知识图谱的量化研究[J]. 商

业经济研究，2020（3）：87-89.

[25] 李梦娜，刘春侠．人工智能影响下广告营销的发展探究［J］．电脑知识与技术，2018，14（30）：196-197，200.

[26] 刘珊，黄升民．人工智能：营销传播“数算力”时代的到来［J］．现代传播（中国传媒大学学报），2019，41（1）：7-15.

[27] 同［22］.

[28] REKHA A G，ABDULLA M S，ASHARAF S，et al. Artificial intelligence marketing: An application of a novel lightly trained support vector data description［J］. Journal of Information and Optimization Sciences，2016，37（5）：681-691.

[29] 朱国玮，高文丽，刘佳惠，等．人工智能营销：研究述评与展望［J］．外国经济与管理，2021，43（7）：86-96.

[30] 林子筠，吴琼琳，才凤艳．营销领域人工智能研究综述［J］．外国经济与管理，2021，43（3）：89-106.

[31] 黄迎新．理论建构与理论批评的互动：美国整合营销传播理论研究二十年综述［J］．中国地质大学学报（社会科学版），2010，10（2）：76-81.

[32] 初广志．整合营销传播在中国的研究与实践［J］．国际新闻界，2010（3）：108-112.

[33] 姚曦．与消费者互动是数字时代创意的首要标准［J］．声屏世界·广告人，2014（3）：35.

[34] 程明，程阳．智能技术时代营销传播的变革与智能营销传播的未来发展［J］．现代广告，2020（9）：29-33.

[35] 星亮．营销传播理论演进研究［D］．广州：暨南大学，2013：2-3.

[36] MANYIKA J，CHUI M，BROWN B，et al.Big data: the next frontier for innovation，competition，and productivity［R/OL］.（2013-07-24）［2023-02-01］. https://www.mckinsey.com/business-functions/mckinsey-digital/our-insights/big-data-the-next-frontier-for-innovation.

[37] 李国杰，程学旗．大数据研究：未来科技及经济社会发展的重大战略领域：大数据的研究现状与科学思考［J］．中国科学院院刊，2012，27（6）：647-657.

[38] 黄升民，刘珊．“大数据”背景下营销体系的解构与重构［J］．现代传播（中国传媒大学学报），2012，34（11）：13-20.

[39] 孟小峰，慈祥．大数据管理：概念、技术与挑战［J］．计算机研究与发展，2013，50（1）：146-169.

[40] MELL P，GRANCE T. The NIST definition of cloud computing［J］. Communications of the ACM，2011，53（6）：50-50.

[41] BUYYA R，YEO C S，VENUGOPAL S. Market-oriented cloud computing: vision，hype，and reality for delivering IT services as computing utilities［J］. IEEE，2008.

[42] GONZALEZ L，RODERO-MERINO L，CACERES J，et al. A break in the clouds: towards a cloud definition［J］. ACM SIGCOMM Computer Communication Review，2009，39（1）：50-55.

[43] 罗军舟，金嘉晖，宋爱波，等．云计算：体系架构与关键技术［J］．通信学报，2011，32（7）：5.

[44] 李乔，郑啸．云计算研究现状综述［J］．计算机科学，2011，38（4）：33.
[45] 张建勋，古志民，郑超．云计算研究进展综述［J］．计算机应用研究，2010，27（2）：430.
[46] 方巍，郑玉，徐江．大数据：概念、技术及应用研究综述［J］．南京信息工程大学学报（自然科学版），2014，6（5）：408-409.
[47] 同［39］：152.
[48] 唐岳岚．智能技术时代的营销革命［J］．中国广告，2017（5）：78.
[49] NewMediaLab. 大数据营销如何让广告“一击即中”？［EB/OL］.（2016-10-08）［2023-03-01］. https://mp.weixin.qq.com/s/MxLyDp6oqlj_FtnzD1n9SA.
[50] 王琴琴，杨迪．人工智能背景下本土化智能营销策略研究［J］．新闻爱好者，2019（11）：55-56.
[51] 姜智彬，马欣．领域、困境与对策：人工智能重构下的广告运作［J］．新闻与传播评论，2019，72（3）：56.
[52] 王爱莲，冯睿．人工智能时代的市场营销研究综述［J］．北方经贸，2021（10）：55.
[53] 程明，程阳．智能技术时代营销传播的变革与智能营销传播的未来发展［J］．现代广告，2020（9）：31.
[54] 段淳林，宋成．用户需求、算法推荐与场景匹配：智能广告的理论逻辑与实践思考［J］．现代传播（中国传媒大学学报），2020，42（8）：123.
[55] 王佳炜，陈红．人工智能营销传播的核心逻辑与发展挑战［J］．当代传播，2020（1）：76.
[56] 朱国玮，高文丽，刘佳惠，等．人工智能营销：研究述评与展望［J］．外国经济与管理，2021，43（7）：90.
[57] 汪菲．智能营销与品牌传播创新研究［J］．现代营销（经营版），2020（5）：125.
[58] 姚立，葛福江．基于云计算的企业智能营销决策支持系统研究［J］．统计与决策，2014（6）：178.
[59] 赵一鸣．浅谈人工智能技术背景下的市场营销［J］．中小企业管理与科技，2020（26）：2.
[60] 王先庆，雷韶辉．新零售环境下人工智能对消费及购物体验的影响研究：基于商业零售变革和人货场体系重构视角［J］．商业经济研究，2018（17）：6.
[61] 李梦娜，刘春侠．人工智能影响下广告营销的发展探究［J］．电脑知识与技术，2018，14（30）：196-197.
[62] HUANG M H，RUST R T.Artificial intelligence in service［J］. Journal of Service Research，2018，21（2）.
[63] LEE H，CHO C.Digital advertising: present and future prospects［J］. International Journal of Advertising，2020，39（3）：332-341.
[64] 黄长清．智慧武汉［M］．武汉：长江出版社，2012：38-41.
[65] 人民网．百度宣布和小米达成深度合作 联手布局物联网、人工智能［EB/OL］.（2017-11-29）［2023-03-01］. https://www.sohu.com/a/207292385_114731.
[66] 艾瑞咨询，金山云．2020年中国智能物联网（AIoT）白皮书［R/OL］.（2020-02-27）［2023-03-01］. https://www.iresearch.com.cn/Detail/report?id=3529&isfree=.

[67] 吴吉义，李文娟，曹健，等．智能物联网 AIoT 研究综述 [J]．电信科学，2021，37（8）：2.

[68] 刘陈，景兴红，董钢．浅谈物联网的技术特点及其广泛应用 [J]．科学咨询，2011（9）：86.

[69] 黄静．物联网综述 [J]．北京财贸职业学院学报，2016，32（6）：24.

[70] 同 [67]：5.

[71] 赵沁平．虚拟现实综述 [J]．中国科学（F 辑：信息科学），2009，39（1）：2.

[72] 赵沁平，周彬，李甲，等．虚拟现实技术研究进展 [J]．科技导报，2016，34（14）：72.

[73] AZUMA R T. A survey of augmented reality [J]. Presence: Teleoperators & Virtual Environments，1997，6（4）：356.

[74] VR 产业基地．宜家 IKEA Studio 可以通过 AR 实现家装设计 [EB/OL].（2021-04-20）[2023-03-01]. https://www.sohu.com/a/461953704_508574.

[75] 5G 狂想曲：万物互联、混合现实、人工智能和硅基觉醒 [EB/OL].（2019-06-20）[2023-03-01]. https://www.sohu.com/a/319476559_114819.

[76] MILGRAM P，KISHINO F. A taxonomy of mixed reality visual displays [J]. IEICE Transactions on Information and Systems，1994，77（12）：1322.

[77] 陈宝权，秦学英．混合现实中的虚实融合与人机智能交融 [J]．中国科学：信息科学，2016，46（12）：1738.

[78] 褚乐阳，陈卫东，谭悦，等．重塑体验：扩展现实（XR）技术及其教育应用展望：兼论“教育与新技术融合”的走向 [J]．远程教育杂志，2019，37（1）：19.

[79] 微软 HoloLens. 格局打开，混合现实可以成为“现实”！[EB/OL].（2022-01-14）[2023-03-01]. https://mp.weixin.qq.com/s/Aj8JPfQZlpAQsL8neZ0LOQ.

[80] 都保杰．疫情之下远程协作软件还有哪些新玩法？MR 混合现实会议了解下 [EB/OL].（2020-04-16）[2023-03-01]. https://mp.weixin.qq.com/s/dHD8f5EXIdiDFUem-hLicg.

[81] 陈凯泉，吴志超，刘宏，等．扩展现实（XR）支撑沉浸式学习的技术路径与应用模式：沉浸式学习研究网络国际会议（iLRN 2020）探析 [J]．远程教育杂志，2020，38（5）：5.

[82] Qualcomm.The mobile future of extended reality（XR）[EB/OL].（2020-11-04）[2023-03-01]. https://www.qualcomm.com/research/extended-reality.

[83] Immersive Learning Research Network. The state of XR and immersive learning [EB/OL].（2020-11-04）[2023-03-01]. https://immersivelrn.org/the-state-of-xr-and-immersive-learning/.

[84] 同 [81]：5-7.

[85] 元宇宙见闻．虚与实的交汇，XR 如何开启元宇宙？[EB/OL].（2022-01-11）[2023-03-01]. https://baijiahao.baidu.com/s?id=1721651135982315749&wfr=spider&for=pc.

[86] 涌金策．“元宇宙”产业，想象空间有多大？[EB/OL].（2021-11-26）[2023-03-01]. https://mp.weixin.qq.com/s/kDgbVuU7vWFYfjxSkBcZZg.

[87] 科技汇谈．骁龙 XR2 5G 平台，直击 XR 行业痛点，成为打造元宇宙的基石 [EB/OL].

（2021-11-10）［2023-03-01］. https://baijiahao.baidu.com/s?id=1716012545615263496&wfr=spider&for=pc.
［88］周建. 浅析XR技术在中国诗词大会（第六季）中的应用［J］. 现代电视技术，2021（5）：70-73.
［89］中国青年报. XR技术打开生活新“视”界［EB/OL］.（2021-03-09）［2023-03-01］. https://baijiahao.baidu.com/s?id=1693744565105712112&wfr=spider&for=pc.
［90］NAKAMOTO S.Bitcoin:A peer-to-peer electronic cash system［EB/OL］.（2008-10-31）［2023-03-01］. https://bitcoin.org/en/bitcoin-paper.
［91］国务院. 国务院关于印发“十三五”国家信息化规划的通知［EB/OL］.（2016-12-27）［2023-03-01］. http://www.gov.cn/zhengce/content/2016-12/27/content_5153411.htm.
［92］张衍斌. 区块链引领电子商务新变革［J］. 当代经济管理，2017，39（10）：16.
［93］周茂君，潘宁. 赋权与重构：区块链技术对数据孤岛的破解［J］. 新闻与传播评论，2018，71（5）：64.
［94］李勇建，陈婷. 区块链赋能供应链：挑战、实施路径与展望［J］. 南开管理评论，2021，24（5）：197-199.
［95］王菲，姚京宏. 构建全新信任范式：论区块链对广告业的变革［J］. 当代传播，2021（5）：84-85.
［96］张艳. 基于区块链技术的广告场景应用与生态网络变革［J］. 中国出版，2018（5）：27-28.
［97］丁俊杰. 智能营销，新物种?［J］. 中国广告，2018（11）：78-79.
［98］段淳林，杨恒. 数据、模型与决策：计算广告的发展与流变［J］. 新闻大学，2018（1）：134.
［99］张艳. 智能技术时代的广告内容营销传播［J］. 中国出版，2017（19）：45.
［100］赵若曦. 人工智能时代下智能化营销提升消费者消费体验策略研究［J］. 中国市场，2017（11）：214.
［101］兰伯顿，斯蒂芬. 数字营销：过去、现在与将来（一）［J］. 刘国华，周怡，译. 公关世界，2017，（11）：44-45.
［102］刘珊，黄升民. 人工智能：营销传播“数算力”时代的到来［J］. 现代传播（中国传媒大学学报），2019，41（1）：15.
［103］王琴琴，杨迪. 人工智能背景下本土化智能营销策略研究［J］. 新闻爱好者，2019，（11）：58-59.
［104］蓝色光标. 蓝色光标发布首个数字虚拟人“苏小妹”，开启虚拟IP业务［EB/OL］.（2022-01-04）［2023-03-01］. https://mp.weixin.qq.com/s/iMoHlmwBO6h9cGotnN9Qrg.
［105］蓝色光标. 蓝色光标发布虚拟音乐人“K”，加速布局元宇宙IP矩阵［EB/OL］.（2022-03-08）［2023-03-01］. https://mp.weixin.qq.com/s/7VPVdO8MYPm_Podg-kKJ2Q.
［106］许塍垚. 元宇宙视界｜NFT数字藏品平台上线！蓝色光标“元宇宙”赛道初成［EB/OL］.（2022-04-13）［2023-03-01］. https://xw.qq.com/cmsid/20220413A0CAIR00.
［107］同花顺财经. 蓝色光标数字藏品发行平台MEME上线布局最活跃的品牌［EB/OL］.（2022-04-08）［2023-03-01］. https://baijiahao.baidu.com/s?id=1729470646427713318&

wfr=spider&for=pc.
［108］同［107］.
［109］咸宁新闻网．蓝宇宙上线破百万，首个元宇宙营销空间带来超强体验［EB/OL］.（2022-04-13）［2023-03-01］．http://www.ceh.com.cn/syzx/1475432.shtml.
［110］蓝色光标．全力布局元宇宙业务，蓝色光标宣布一系列董事会调整［EB/OL］.（2021-12-16）［2023-03-01］．https://mp.weixin.qq.com/s/5a6TzXnBrx9ZMrLAUGd2gg.

第三章
CHAPTER 3

智能营销的应用与实践

§ 学习目标

1. 掌握在智能产品、智能定价、智能供应链以及智能营销传播四个方面分别有哪些应用类型。

2. 了解个性化定价与“大数据杀熟”的联系。

3. 了解智能营销传播的发展趋势。

§ 导入案例

谷爱凌同款：Oura Ring 智能指环

电影世界中，智能穿戴往往是通往科幻世界的大门。而在现实世界中，可穿戴技术的出现介于互联网和物联网的发展之间，三者相互推进，发展至今[1]。随着人工智能、物联网、通信等技术的发展以及硬件材料的进步，可穿戴智能产品于 2012 年后愈加频繁地活跃于大众视野。

目前，可穿戴智能产品按领域用途大致可分为医疗健康类、运动健身类、休闲娱乐类、智能控制类等。而在产品形态上，穿着式的可穿戴智能产品有服装、鞋子等，佩戴式的有手表、眼镜以及近两年出现的更精致小巧的首饰等。可以说，智能穿戴正意图以多姿多态的方式更深入彻底地进入大众生活的方方面面。

2022 年北京冬季奥运会上，谷爱凌是当之无愧的“顶流”，其佩戴的 Oura Ring 智能指环也在国内引发大量关注。智能指环品牌 Oura 于 2013 年在芬兰成立。自 2015 年第一代 Oura Ring 问世起至今，产品已经迭代至 Oura Ring 3 代。

“麻雀虽小，五脏俱全”，Oura Ring 3 代智能指环内置红外线感应器、陀螺仪、加速度计、温度感应器等重要感应器，因此，它可以监测一些关键的生命指标，如体温、心率、心率变异性（HRV）等。进一步，数据智能整合后，指环便可全方位监测用户的睡眠状态、运动状态以及放松状态。

针对女性经期，智能指环还可以进行人性化的经期预测，最多提前 30 天预测经期情况。针对睡眠监测，为提升准确性，Oura Ring 采用睡眠分级算法，将睡眠分为浅睡眠、深睡眠、快速眼动睡眠三个阶段，将各阶段进行的时间与其他关键生命体征联系，进而准确跟踪睡眠质量，并为提高睡眠质量提出个性化建议、提供放松引导等。针对心率监测，Oura Ring 通过长期心率跟踪充分了解用户的日常身体习惯，并在用户锻炼与恢复过程中给出反应。

同时，Oura Ring 3 代以稀有钛金属为原材料，PVD 镀膜、无缝内成型使其外观设计低调精巧；IPX7 级防水让用户可以在穿戴状态下正常洗漱、游泳；电池寿命长达 4 ～ 7 天，20 ～ 80 分钟内可以充满电，电耗较低。换言之，指环不同于手表、手环等，可以实现在较低的存在感下满足用户工作、锻炼、外出、睡眠等全场景需求。

上述全面的功能、无障碍的外观设计使得 Oura Ring 可以做到对人体全天候的健康监测，使得用户可以更准确地了解自身的睡眠质量、压力状态。Oura Ring 配合指环专用 App，为用户提供息率读数、大脑的活动和昼夜体温读数等，帮助用户随时随地了解自己的身体指数，并做出个性化的分析建议。App 中还拥有超过 50 个用于冥想、睡眠、专注、能量提升等的音频课程，可有效引导用户放松身心与调整状态。

除个人使用外，Oura Ring 3 代还与 NBA、WNBA、UFC、NASCAR、西雅图水手队和阿斯顿·马丁红牛赛车队等多个体育联盟伙伴合作，其专业性能在得到官方认可、背书之余，用户范围也越来越广泛。2020 年新冠疫情暴发后，NBA 与 Oura 成为合作伙伴，球员佩戴智能指环以监测睡眠质量和身体状况，而包括血氧、心率在内的多项指标的全天候监测甚至可以有效提醒球员新冠感染的风险，Oura 也因此名噪一时。

【案例小结】

采用 SWOT 分析仔细看待产品本身，Oura Ring 的优势在于小巧精致，佩戴舒适，续航持久，功能集成，服务个性，做到了功能与时尚的并存。同时，比起腕部产品，指环监测心率等数据的精确度更高，对运动更敏感。该产品的劣势在于：无屏幕，高度依赖手机应用；299 美元的售价偏高，大多数人难以做到普遍性负担。而产品的机会点仍然存在：后疫情时代，人们对身心健康的关注和投入只增不减；“智能 +”的消费将愈加普遍，智能穿戴功能更独立；消费者对游戏、情感的场景体验需求也将更多元、细分。面对广阔市场，该产品的发展也存在硬核短板：电池技术、元件集成技术发展缓慢；珠宝等首饰，保值乃是购买时的关键考虑要素，因此智能首饰发展受阻，消费者认知培养欠缺，消费习惯未成型。

有机遇亦有风险，在智能首饰这条赛道上，越来越多的公司正在寻找新的消费需求并意图加入。例如，Kerv 推出了世界上首款非接触式支付指环，可在支付时自动激活并支付。John McLear 众筹设计的 NFC Ring 可用手势操控电子设备，锁住手机应用等。Siren Ring 智能戒指转动即可发出警报，以吓退不法之徒。Ringly 可以通过不同的闪烁颜色和振动模式标记不同类型的消息。Bellabeat Leaf 专注女性健康，可追踪女性活动以及生殖健康状况，提供全方位的女性身体关注。Netatmo 推出的手环 June 可根据用户肤质和紫外线强度提出防晒建议。

可见，智能首饰的发展仍有较大空间，在各领域都有着广阔的应用潜力。在一众品牌、资本涌入蓝海，前后夹击的激烈竞争中，Oura 不是第一个吃螃蟹的品牌，但确实是目前为止获得较好发展与较高用户认知度的品牌。这与其准确抓住用户痛点、痒点的能力，不断更新优化、贴合当下需求的产品设计以及细致体贴的售前售后服务都密不可分。

人们对珠宝首饰的需求长期稳定存在，对情感、体验的需要不断细分深化，加之整个智能化穿戴设备的市场一直在拓展，在这样的环境中，智能首饰将进一步实现科技与艺术的深度融合，首饰品类、功能的细化与发展。我们可以相信，随着更多有趣的产品进入大众消费市场，智能生活将会越来越美好。

第一节　智能产品

一、智能产品概述

（一）智能产品的概念

在 5G 高速发展的互联网时代，智能产品是被广泛看好的领域之一。一方面，作为智能产品基础的物联网技术正在逐渐成熟，尤其是物联网平台的成熟度正越来越高。从技术层面来看，智能产品本身是物联网在行业领域的一个重要分支，所以物联网技术的发展对于智能产品的各领域具有重要的意义，同时智能产品也不仅仅局限于传统的物联网技术，还涉及人工智能、大数据等方面的内容[2]。另一方面，国内智能产品的市场潜力比较大，在消费升级的大背景下，未来智能产品将逐渐面临更多的受众。

简而言之，智能产品是指以智能为核心，将实际的有形物理域产品与无形的信息域附加服务结合在一起，实现数据采集、自我学习、自我适应、交互执行等多样功能的产品，是产品服务系统的一种形式。

（二）智能产品的特征

智能产品具有以下特征[㊀]。

1. 位置感知

通过实现数据信息的感知与采集，智能产品可以对用户所处的地理位置进行识别和功能处理与执行。

2. 个性化

基于自我学习，对用户行为、偏好数据进行分析，智能产品可以达成虚拟与现实的交互并根据用户的需求进行个性化的量身定制。

3. 适应性强

基于信息感知与实时监测，智能产品可以根据用户的需求和指令提供差异化的服务。

4. 积极主动

基于数据分析与存储，智能产品可自行模拟功能演进并优化输出，尝试完成用户的预期

㊀ 全球百科. 智能产品［EB/OL］.（2022-04-15）［2023-03-01］. https://vibaike.com/120228/.

计划和意图。

5. 具备网络功能

通过标准数据结构和开放数据接口，智能产品可实现与另一个产品或服务集进行通信和产品捆绑，高效、准确地满足交互协同需求[3]。

（三）智能产品的类型

智能产品涵盖类型广泛，智能化程度也各不相同，容易引起混淆，典型产品可大致分为以下几类[4]。

1. 智能服务机器人产品

智能服务机器人产品主要可分为家用服务、商用服务两种类型。

2. 无人车产品

无人车产品主要可分为载人式无人车和非载人式无人车。

3. AIoT 个人终端产品

典型的 AIoT 个人终端产品有智能家居产品、物联网传感器、佩戴式智能配件、智能服装与智能织物等。

4. 智能个人助理及娱乐产品

典型的智能个人助理及娱乐产品有系统终端集成智能助理、家用智能语音交互硬件或平台、专用对话机器人、视频图像娱乐应用、文字娱乐应用等。

5. 行业人工智能产品

医疗、金融、法律、教育、媒体、物流等行业均有相应的行业人工智能产品。

尽管这些产品在基础支撑技术上具有相似之处，但由于技术嵌入程度和功能目的的不同，它们的实际用途往往存在很大差异。但无须质疑的是，这些凝结了人类知识与经验的智能产品已经开始全面影响人们的日常生活。

（四）智能产品的优势与劣势

1. 智能产品的优势

（1）操作简单便捷。智能产品设计必须考虑操作的简便性。随着数字鸿沟问题的加剧，针对老年人、未成年人以及特殊群体的智能产品备受瞩目，而简单便捷是普遍的基础要求。初次使用门槛低，界面、图标等都须简洁直观；长期使用不疲劳，操作须符合用户的生活经验与习惯。控制方式多样，包含本地控制、遥控控制、集中控制、手机远程控制、感应控制、网络控制、定时控制等，以满足不同场景下的不同需求。控制内容集成，如智能家居中包括家电、灯光、防盗报警等在内的全屋集成控制，又如 App 中的一键美颜、一键挑选等功能，集中的控制能力使智能产品的操作更简单便捷。

（2）功能实用齐全。智能产品覆盖大众日常生活，功能实用齐全是市场化竞争的选择。以苹果 Siri 为代表的智能个人助理就集生活助手、信息检索、终端控制、社交对话等功能于一身。与之类似，商用服务机器人一般拥有智能问候、促销、导购、环境感知及数据分析等全流程功能。更进一步，功能上的优势还体现在个性化定制的能力上。设计方案的统一标准、系统的扩充性和扩展性等可以保障系统兼容，前端设备的开放可帮助便捷实现个性化设置。

（3）体验愉悦舒适。智能产品在体验感上的优势，一方面体现在舒适的感知体验上。前述简单便捷的操作、实用齐全的功能、稳定的操控体验和及时的信息反馈都为智能产品的感知体验加分。另一方面体现在愉悦的心理体验上。以海量数据的智能感知、分析为基础，更深入人心的用户心理体验得以实现。无论是新奇酷炫的智能体验感，还是富有温暖情感的人机交互陪伴，抑或是合理利用不同场景给出不同解决方案的“人性化”设计与服务，智能产品正不断给人带来惊喜。

2. 智能产品的劣势

（1）价格难以负担。目前，虽然国内的智能产品市场已初具规模，但是大部分产品的售价、定期维护费用仍然较高。在人群规模上，智能产品无法大规模普及；在产品集成上，个体或家庭可能难以形成全面的智能产品生态。这样的现状影响了智能产品的进一步市场化发展。

（2）交互流程复杂。现阶段，仍有不少智能产品被认为是华而不实的智商税，存在设计理念不够科学、不够人性化的问题，主要体现在交互流程的复杂性上。操控无法一步到位，设计无法包容多样化人群的细分需求，对潜在实用问题如环境干扰等因素考虑不够充分……这些对用户生活无法产生增益，反而添加了麻烦，严重影响了智能产品的消费体验。

（3）潜在的安全隐患。安全隐患，一方面体现在数据信息安全上。智能产品以数据为基础，在使用过程中，对用户数据的收集、分析、利用是必然之举，也正因此，用户的信息数据安全问题值得担忧。一是智能产品本身对用户信息的侵扰，用户画像分析、行为偏好预测等智能产品引以为傲的数字处理能力对用户本身来说可能是一定程度上的隐私侵犯；二是网络安全相关问题，互联网的大规模运用增加了不法分子窃取信息的可能性，智能产品的安全性能问题更成为重中之重。若是数据安全问题处理不当，轻则个性化推荐失衡，窄化、无效的信息给用户造成大规模侵扰，重则给数据造假、数据贩卖、监听、伪造用户原始信息等非法行为留有空间。

安全隐患的另一方面体现在人类真正的身心健康安全的维护。对智能产品的盲目信任和过度依赖可能会导致严重的后果。算法数据学习后自带的偏见，无人自动驾驶车辆交通事故偶发……人类道德伦理需更好地纳入算法，在真正完善之前，其潜在的安全隐患不容忽视。

二、案例分析：小米智能家居

（一）案例介绍

1. 背景

智能产品种类齐全，这象征着社会的高速进步与发展，而智能家居是智能产品中最典型的例子。所谓智能家居是把网络通信技术、微处理器以及传感技术的结合引入家电设备当中，形成一种家庭居住的智能产品。简单来说，智能家居是以人为中心，基于物联网技术设立一个智能操控中心，将家庭中的所有开关都集合起来，按照用户的意愿操控各种不同的家庭设备。

家居系统是以家庭住宅为载体，集合了建筑设备、通信设备、家电设备和其他各种自动化设备的复杂系统云计算平台构成的一个家居生态圈，平台将数据信息传输给智能家居数据终端，通过反馈系统自动回应用户行为，实现了智能家居系统与数据的互联互通[5]，再通过收集分析用户行为的数据为用户提供更多个性化的生活服务的功能，实现家居生活的安全舒适和便捷。

智能家居不是仅仅在家里装上智能门锁、智能灯泡、智能音箱等单品。事实上，智能家居是由一系列复杂的智能家居子系统组成的。完整的智能家居系统至少包含智能家居布线系统、智能家居中央操作系统、智能家居网络控制系统、智能家居照明控制系统、智能家居安防监控系统、智能家居背景音乐系统、智能家居影视与多媒体系统、智能家居环境控制系统八大智能家居子系统单元。

小米公司 CEO 雷军在很多年前就预测到下一个经济风口是人工智能物联网（AIoT），于是抓住机会投资了很多与智能家居相关的公司[6]。小米公司的海外扩张起步于 2014 年，自 2016 年起扩张步伐显著加快，其全球化战略逐步走向成熟。小米紧抓用户对亲民价格与高性价比的需求，将智能家居产业从高端化发展为大众化。小米产品高颜值的外观、简约的设计理念等，很容易吸引年轻用户。正如小米所言，要打造一个“买得起的第一个智能家居”的品牌形象，使销量成为拓展智能家居市场的重要一环，抢占智能家居的巨大市场份额。

2. 小米智能家居的发展现状

小米公司自 2014 年开始打造智能家居生态，同时积极拓展海外市场并取得了丰硕的成果。小米智能家庭 App 实现了多设备智能互联互通，让用户充分体验到了智能家居的多功能以及丰富的应用场景互动。在 2020 年的小米十周年庆典上，雷军提到小米 IoT 平台已连接超过 2.52 亿台设备，进入超过 5 500 万家庭，是全球最大的消费级 IoT 智能互联平台㊀。

整体来看，小米较其他品牌更早开始布局智能生态链，并通过搭建人工智能语音 + AIoT 平台生态，成为智能家居赛道的佼佼者。财报显示，2022 年小米 IoT 与生活消费产品收入达 798 亿元人民币，小爱同学和米家 App 月活跃用户数分别为 1.15 亿和 7 580 万。截至 2022 年 12 月 31 日，小米 AIoT 平台已连接智能设备（不包括智能手机、平板及笔记本电脑）台数为 5.89 亿，同比增长 35.8%。在 IoT 与生活消费产品中，智能电视、空调、冰箱、洗衣机等产品在 2022 年实现了逆势增长，其中小米智能电视全球出货量达 1 240 万台㊁，位居全球第三。小米通过创建更丰富的全屋智能产品矩阵，正在逐步向智能家居生活第一品牌迈进。

㊀ 新浪财经．小米智能生活新升级：小米碰碰贴 2 开启众筹［EB/OL］.（2020-08-12）［2023-03-01］. https://t.cj.sina.com.cn/articles/view/1796445350/6b1394a602000p702.

㊁ 澎湃新闻．高端布局见成效，小米 2023 利空出尽站上新起点［EB/OL］.（2023-03-27）［2023-03-30］. https://m.thepaper.cn/quickApp_jump.jsp?contid=22460688.

（二）案例分析

1. 小米智能家居产品的特征

（1）售价低。小米智能家居生态链中的产品价格不等，有低至几十元的智能开关，也有高至几千元的小米电视和小米冰箱等，小米智能家居“全家桶”的价格更是不超过 4 万元。小米以智能产品的高性价比作为营销卖点，以其亲民的价格赢得众多消费者的青睐[7]。由于小米智能家居的定位清晰，主要针对大多数年轻人，适用于大多数家庭，在价位上与其他智能家居品牌的售价相比较低，因此它能够快速打入市场。凭借企业自身强大的生态链，小米可以整合资源形成规模经济效应，从而生产出性价比高的产品。小米智能家居采用官方自营和分销商经营相结合的销售方式，减少了众多的中间环节，降低了产品销售价格。

（2）种类功能齐全。小米以“开放、不排他、不独家”为原则发展生态链，构筑智能家居产品矩阵。小米智能家居包罗万象，非常适用于年轻的家庭群体。其智能产品包括多功能网关、门窗传感器、折叠小米空气净化器、人体传感器和无线开关等，种类齐全，多以智能电器类为主，为消费者提供更便捷、更舒适的智能家居生活。小米智能家居预计在未来的规划里将逐步实现海量用户覆盖、资金资源注入、通用技术接入、大数据存储计算、服务方案提供、渠道扩展触达、用户互动服务等全方位多维度的解决方案，携手更多硬件设备提供商，推动智能家居产业链发展，构建相融合的核心技术，建立并完善行业规范，共同打造智能硬件生态体系㊀。

2. 小米智能家居产品面临的挑战

（1）市场竞争激烈。虽然小米智能家居产品十分多元，为人们提供便利生活的可能，但小米智能家居缺乏独特的新技术，如现有的智能网关、门窗传感器、人体传感器、无线开关等，都在引用已经出现的科技成果，无实质性创新。与此同时，国内也有许多知名的智能产品企业如京东微联、海尔 U-home、阿里智能、美的 M-Smart、华为 HiLink 等都想在智能家居领域扬帆起航，国内的智能产品市场竞争激烈。很多消费者不仅追求小米的平民化大众化模式，还追求更加规范和智能，享受优质的使用体验，因此小米如果想要在众多品牌中取得头筹，就需要打造差异化和独特的个性化服务。

（2）产品过于依赖移动终端 App。目前大部分的小米智能家居都需要通过移动终端 App 来控制[8]，有些甚至只能通过移动终端 App 来控制，离开了移动终端 App，智能家电变得不再智能。这在很大程度上削弱了用户对智能家居生活的体验感。对移动终端的过分依赖使手机成了智能家居的核心部分，一旦手机出现问题或者被盗，智能家居系统的安全和使用状况都会受到极大的影响。

（3）部分产品存在网络信息安全问题。小米智能家居与许多智能产品一样都存在部分网络信息安全问题。随着互联网的发展，该问题越来越受到人们的重视。目前用户主要通过小米账号登录小米智能家居安防云系统，而用户的小米账号密码一旦泄露或者被盗，那该用户的智能家居安全性就完全被他人掌控了。因此，保护信息安全性是小米智能家居产品必须重视的问题。

㊀ 百度百科．小米智能家居［EB/OL］.（2021-01-25）［2023-03-01］https://baike.baidu.com/item/ 小米智能家居 /13578650?fr=aladdin.

第二节　智能定价

一、智能定价概述

（一）智能定价的概念

随着互联网技术和电子商务企业加速发展，同质化、固定化的“低价促销战略”逐渐难以适应市场的多样化需求，一味低价反而容易使消费者对产品质量和品牌可信度产生怀疑，因此越来越多的企业选择调整采用更灵活的定价策略，即智能定价[9]。

智能定价，又叫算法定价，是指利用人工智能和大数据等核心算法技术，对个人或群体实施“一品多价”的浮动定价模式。

（二）智能定价的类型

智能定价主要包括动态定价和个性化定价两种形式[10]。

1. 动态定价

动态定价是指企业根据市场整体变化情况，综合产品库存量及其市场供需关系等因素进行产品价格的调整和浮动，确保企业销售利润的大致稳定。由于需要考虑复杂的市场变动情况，动态定价的模式常被广泛应用于供给稳定的航空、酒店等行业，随着深度算法的发展和普及，秒级处理的智能定价模式成为企业发展的重要策略之一，在电子商务、共享经济等行业也逐渐得到重视和应用。

例如，一些共享打车平台对动态定价这一策略下足功夫。消费者对下述场景或许并不陌生：即使是相同的出发点和到达点，消费者在不同时间点和不同的天气状况下打车，其价格和难易度都不尽相同，特别是在雨雪天和上下班高峰期更是一车难求。此时，打车平台会出现“加价调度车辆”或“同时呼叫更高价格车型”的选项。平台用户同样面临两种选择：可通过自主提高打车预算费用，以“价高者得”的形式提高打车的效率，又或者不改变预期定价，而是付出更多的排队时间来享受同样的打车服务。

通过将特定时期和场景下的产品服务定价模式部分放权给消费者，共享打车平台运营方作为双边平台，目标在于整体上维持司机（供给方）与消费者（需求方）之间的平衡，调动司机积极性的同时，在明确动态定价规则基础上，最大限度提高共享平台交易的达成率和运转效率，从而为平台获得更多的利润和保持平台供需关系均衡发展，实现良性的资源匹配[11]。

2. 个性化定价

个性化定价是指企业通过分析消费者类型与行为特征，进行细分化的用户画像，推断不同消费者的意愿支付价格上限，并基于此为同一产品设定不同的价格，强调人际价格差异。

不同于动态定价是经营方着眼于整个市场变化情况进行价格上的统一调节，个性化定价借助人工智能算法精确分析个体化的消费者数据，基于顾客细分理论，在具体实践中按照支付意愿的高低、是否具有特定品牌偏好、是否采取成熟的消费反制措施（如采用匿名、比价工具等）等衡量标准将目标消费者分为三大类[12]。对消费者进行细分画像后，经营方进行个性化定价的具体表现为三种方式：直观地给予不同用户以不同商品或服务的价格，提供不同额度的优惠券以及提供不同幅度的折扣优惠力度[13]。

例如，在大数据和人工智能的赋能下，保险业的定价模式更能全面考量投保客户的实际情况，包括职业、体重指数（BMI）、年收入、居住地以及是否吸烟等[14]。2018 年 9 月，有着百余年历史的美国保险巨头恒康人寿（John Hancock）率先转向了“智能 + 保险”模式，宣布停止承保传统保险业务，以后只承保基于可穿戴设备的客户，只销售与健康数据行为相关联的互动式智能保单，结合健身跟踪服务，评估客户的健康状况，并以此为依据提供不同程度的价格优惠政策，开启差异化和精准化的保险定价时代[15]。

在国内，这一模式也受到保险机构的重视和应用。2019 年 7 月，阳光人寿推出首款无须体检、智能定价的定期寿险，将客户的需求和大数据技术相结合，通过大量数据分析调研，从客户的健康状况、年龄、生活地域、收入情况和其他风险因素等多维智能因子，组合出多种风险情况，打造出可在线投保的智能风险定价模型，从而更新自身产品服务定价模式[16]。

对客户而言，智能定价为保险业带来的新活力是个性化和性价比更高的服务体验，即身体状况越良好，保险费用越低，形成倡导健康生活方式的积极社会效应和提高交易吸引力的经济效益。对保险企业而言，智能定价帮助企业更好地整合客户数据资源，通过定价策略提升企业服务水平，扩大潜在客户群体，整体推动保险行业的高品质发展和数字化转型[17]。

二、个性化定价与“大数据杀熟”

由于“千人千价”的这一特征，个性化定价常被归为“大数据杀熟”并被业界和消费者所熟知。作为企业正在普遍应用的一种定价策略，社会对其评价毁誉参半。因此，正确厘清个性化定价与“大数据杀熟”之间的区别，才能更全面、客观地理解和看待个性化定价及智能定价。

（一）“大数据杀熟”概述

所谓“大数据杀熟”，是指以互联网平台为主的经营方利用大数据分析等技术手段对消费者进行不透明的画像分析，在此基础上对平台忠诚消费者（即平台熟人）进行歧视性利益攫取。也就是说，同样的产品或服务，平台老消费者所需要支付的价格比平台新消费者的更高[18]。

为什么会出现“大数据杀熟”这一经济现象？一方面，较大规模的企业垄断着消费者在各渠道的行为数据。在大部分消费者不知情的情况下，企业通过分析数据，对用户进行画像并据此制定不同的价格，从而在最大程度上攫取消费者的剩余利益。另一方面，消费者对品牌或平台的“路径依赖效应”在一定程度上助长了这一现象的发生和持续。当消费者适应并习惯了成为某一品牌的“熟客”，也就更愿意用具有较为抽象意义的行为数据换取更精准实在的产品服务，进而即使面临被“杀熟”的风险，也对此见怪不怪，在可接受的范围内继续购买该品牌的产品[19]。

（二）个性化定价与“大数据杀熟”的本质区别

个性化定价与“大数据杀熟”都具有针对不同消费者制定不同价格的画像评估特征，但在具体实现环节中，两者存在差异。两者的本质区别在于，在选购交易过程中，消费者是否对经营方设置的价格歧视规则知情，换言之即经营方是否刻意隐瞒差异化的定价行为。在个性化定价的情况下，消费者获得的信息相对透明，其消费决策是基于其对不同价格设置的认知，根据自身实际情况做出的公平选择；而在“大数据杀熟”的情况下，消费者所获信息往往不透明，由于经营方有意向消费者隐瞒价格调整的影响因素以及价格改动的这一过程，使得一部分消费者对产品服务的价格状态产生错误认知，并可能在不知情的情况下，为同样的产品服务支付了更高昂的价格。这实际上违反了市场公平正义秩序[20]。

三、智能定价的影响

智能定价给市场带来的影响是复杂的，同时面临公平感知、数据隐私等很多风险挑战。

（一）智能定价有利于企业提高盈利水平，实现精准营销

相较于常规定价，智能定价的优势在于可面向不同时段和不同对象实时调整交易价格，以最大化增加企业利润，为企业达到“锦上添花”的理想效果。通过智能定价，企业能够增强洞察消费者心理预期和评估消费者消费意愿的能力，从而在保证消费者仍保持消费意愿的同时，使定价尽可能地贴近企业理想的消费价格，提高成交率并增加企业整体利润。

（二）智能定价有利于强化市场竞争格局，丰富竞争策略

在大数据驱动的市场背景下，企业是否能迅速采取应对措施，将算法和企业战略相结合，从而应对不断变化的市场生态，对于企业能否成功破局有着重要意义。麦肯锡公司在其研究文章中强调，定价策略的顺势而变将成为企业在经济低迷期有效维持生计的关键[21]。在新冠疫情期间，在线零售市场迅速扩张，定价算法更是至关重要，借助算法进行动态价格管理，能够及时回应需求变化，提高定价决策质量，帮助企业度过特殊时期[22]。

（三）智能定价收集和分析消费者数据的恰当性

智能定价决策的精准度，建立在对消费者和市场信息的深度挖掘上。而在这一过程中，数据收集和分析的允许范围和流程环节，都涉及消费者个人隐私信息的恰当性问题。经营方在建立辅助智能定价的消费者数据库时，出于利益需求，往往容易忽视消费者隐私信息的应有保护程度，造成侵犯消费者个人隐私的不当行为，因此更加需要明确数据收集规范[23]。

（四）智能定价利用不当，容易造成竞争扭曲

算法的加持使得企业排挤竞争者、干预消费者的能力大幅提升，部分具有数据优势的大规模企业在利益驱动下，更容易造成市场垄断等不正当竞争现象，破坏原有价格竞争秩序。

对此，我国法律制度针对智能定价策略和“大数据杀熟”现象设定了相应规则，包括《中华人民共和国消费者权益保护法》《中华人民共和国电子商务法》《中华人民共和国个人信息保护法》《国务院反垄断委员会关于平台经济领域的反垄断指南》等，形成伞状的法律规范体系。

其中，2021 年 11 月 1 日起施行的《中华人民共和国个人信息保护法》就及时回应了社会关切，明文禁止“大数据杀熟”，其第二十四条规定：“个人信息处理者利用个人信息进行自动化决策，应当保证决策的透明度和结果公平、公正，不得对个人在交易价格等交易条件上实行不合理的差别待遇。”㊀此外，国家网信办、国家市场监督管理总局也在其部门规章和规范性文件中明确将“算法歧视”列入规范对象，帮助对如何正当利用智能定价的经营方针找准方向。

第三节　智能供应链

一、智能供应链概述

（一）智能供应链的背景

《人工智能行业发展报告 2018》指出，人工智能已经能够赋能零售全链条，不仅有线上的用户洞察、用户画像和个性化推荐，在线下的智能物流、智能选址等环节也发挥着重要作用。除了以互联网为主阵地的线上智能营销，对于品牌来说，发展基于智能识别、语音互动等技术的线上线下一体化智能营销才是未来的核心竞争力所在，而这离不开人工智能技术体系的支持，它重构了零售系统中“人、货、物”三要素的关系[24]。在互联网、物联网、大数据、AI 等技术升级、消费升级和流通产业升级的三重驱动下，零售行业进行了第四次革命，向着智能化全渠道的方向发展，“新零售”的概念应运而生[25]。

在智能技术的作用下，零售业态与供应链被重构，以消费者体验为中心，实现“线上 + 线下 + 物流”的深度融合，智能时代的快速发展对供应链提出了新的要求，即更高的技术性，更明显的可视化、移动化水平，更强的信息整合能力、协作能力以及可延展能力等[26]。传统的单渠道零售模式正逐步向多渠道、跨渠道，最后到全渠道的零售模式转型。

（二）智能供应链的相关概念

1. 智能渠道的定义

对于智能渠道，学界没有明确的定义。在业界，联想集团将智慧渠道定义为“区别于联想传统的渠道分销业务模式，在原有渠道业务上实现数字化或者互联网模式的转型，让 To B 业务也能像如今的 To C 业务一样，实现大数据时代的精准化营销和产品 + 服务提供的高效化。通俗一点说，就是让 To B 业务也能更加智能高效”[27]。

㊀ 中国人大网．中华人民共和国个人信息保护法［EB/OL］．（2021-08-20）［2023-03-01］http://www.npc.gov.cn/npc/c30834/202108/a8c4e3672c74491a80b53a172bb753fe.shtml.

驰昂咨询定义的智能渠道是指以服务为主的业务办理渠道的智能化，涉及银行/保险柜面、证券营业部、电信运营商营业厅，以及政府部门办事大厅；而新零售的定义是“以产品销售为主的渠道的智能化，如天猫、京东、苏宁的线上线下渠道模式，以及传统商超的电子化”。前者涉及的商品品类较少，而营销活动形式较多；后者的商品品类庞杂，同时涉及货运、进货、销售、存储等问题[28]。

2. 智能供应链的定义

智能供应链也叫智慧供应链，国内外学者对智能供应链的定义也各有不同（见表 3-1）。

表 3-1 智能供应链的定义[29]

学者	定义
Noori et al.（2002）	智能供应链是一种根据客户需求提供定制产品的网络
Butner（2010）	智能供应链是在数字基础设施和物理基础设施更紧密融合的基础上，实现从支持决策到授权决策，再到预测需要做出哪些决策，是一种具有仪器化、互联化、智能化三个核心特征的更智能的供应链
Ivanov et al.（2012）	强调一个预先确定的供应链结构将演变成一个动态的和临时的网络。以客户为中心的新型供应链更加灵活、适应能力强、智能化程度高，可以在没有人参与的情况下运作
Chung et al.（2018）	智能供应链是一种根据客户需求提供定制产品的网络
Oh et al.（2019）	智能供应链是将供应链中所有组件都由通信网络连接，并通过信息和通信技术与定制产品和服务进行协作，进而可以使用生产技术执行多种功能
宋华（2015）	智能供应链是将一系列现代科学技术应用到产业供应链管理过程中，实现供应链体系的高度智能化
徐新新等（2018）	智能供应链是一种具备按需定制化、流程可视化、智能反应以及拥有良好的预警系统等特点的柔性组织，能够实现供应链的精敏化
黄成成等（2018）	智能供应链是将智能技术与管理融合的集成系统，具备可视化、透明化和协同性三大特点

国内外学者主要强调了智能供应链需要具备的三个特征：顾客满意度最大化、快速响应能力、数字化。

综合以上观点，本书从营销的视角出发，认为智能供应链是根据消费者需求，运用智能技术，结合科学的管理方式，实现从决策、销售到物流等各个环节、链路的高度智能化。智能供应链能够更准确地预测消费者需求，并且根据需求快速响应，为消费者提供个性化、定制化的服务，以达到实现消费者满意度最大化的目标。

二、智能技术在供应链各环节的作用

从微观层面看，大数据、人工智能、区块链等智能技术在供应链各环节中都发挥着重要的作用，从采购、仓储、物流配送到销售的闭环，甚至在底层的资源配置中均体现了智能技术在供应链智能化转型中的作用。从宏观层面看，整体供应链中每个环节的决策、协调与把控都离不开智能技术，智能技术也促进了供应链管理和运营模式的智能化。

（一）微观层面

1. 采购环节

在供应链的采购环节中，大数据与云计算技术应用较多。从企业视角出发，智能技术能够通过数据分析寻找最优供应商或产地，有效地控制成本；从消费者视角出发，智能技术能够压缩消费者从下单到收货的时间。

2. 仓储环节

在仓储环节，智能技术可以有效提升运作效率。第一，大数据、云计算技术可以准确预测销量，从而压缩库存，减少浪费；第二，利用大数据技术可以实时监测产品在仓库中的状态，及时反馈所存在的问题，从而提升产品质量和消费者满意度；第三，在资源分配方面，智能技术能够根据实际情况的变化对产品、地点、人力等资源进行调度，实现组合最优化。

3. 物流环节

物流是供应链中的重要部分，其运作能力的高低决定着整条供应链的效率[30]。在物流运输环节，基于GPS的远程信息处理技术能够优化运输路线，提供个性化、定制化、最优化的运输路线，不仅能够减少浪费、降低成本，而且能够提升服务质量和消费者体验。

随着智能技术的发展，传统的物流运作流程将凭借大数据、云计算等技术实现智能化重建，这在很大程度上提升了物流运作全流程的运行速度和精准性。

4. 销售环节

智能技术在销售环节的应用主要表现在收集与跟踪消费者的购买行为。一方面，企业可以利用大数据技术为消费者提供个性化、定制化的产品与服务；另一方面，大数据、云计算技术也能够为产品进行实时优化定价，从而促进销售。

5. 工具与配置的智能化

进入智能营销时代，智能分拣机器人、智能客服、无人驾驶车辆等不断涌现，智能化的基础设施和生产工具不仅能够提高生产效率，还能够降低劳动力成本，传统营销时代以人为主体的劳动力格局逐渐被打破。

（二）宏观层面

1. 决策层的智能化

整体供应链中每个环节的决策都离不开智能技术，尤其是大数据与云计算技术。通过对海量用户数据的分析，智能技术可以帮助企业更好地做出决策，不仅能够有效地控制成本，还可以根据实时反馈优化决策，从而提高决策的准确性。

2. 管理和运营模式的智能化

在宏观的管理与运营中，除了依托大数据技术，区块链技术凭借其去中心化、可溯源、无法篡改等特性，在保障供应链全链路透明化方面也发挥着不可替代的作用，能够有效降低企业的管理成本和运营风险。

以产品端为例，区块链技术能够保证产品从采购到配送完成各个节点的可追溯，使产品具备防伪性，帮助企业实现从采购供货、仓储到销售的透明化管理，增强消费者信任。

三、案例分析：京东智慧供应链

（一）京东智慧供应链简介

京东是我国领先的综合型电商企业（自营+平台），也是全球十大互联网公司之一。从2004年上线，京东就开始自建物流，并以自营商品和物流为核心，通过技术研发和业务驱动，构建了采购、仓储、物流配送、销售等完整的供应链链条。目前京东共有六大供应链产品，包括京东智慧供应链、京东快递、京东冷链、京东快运、京东跨境和京东云仓[31]。

2012年以来，京东坚持推动人工智能、云计算、智能机器人等技术在供应链中加快应用，构建了敏捷、开放的智慧供应链体系，形成对企业发展强有力的支撑，使京东从打“价格战”的亏损状态逐渐走向了盈利。

2017年3月，京东对外发布了智慧供应链战略。京东围绕数据挖掘、人工智能、流程再造和技术驱动四个方面，将技术创新和供应链创新相结合，形成覆盖“商品、价格、计划、库存、协同”五大领域的智慧供应链解决方案，推动供应链向智能化、可视化、协同化发展。

（二）京东智慧供应链的优势

1. 销量预测与商品管理相配合

京东基于大量品牌的消费者数据，开发了智能需求预测系统，着力解决“卖什么、卖多少、怎么卖、多少钱、投多少”五大核心问题，全面提升对市场变化和消费者需求的快速响应和决策能力。

京东通过人工智能算法建立智慧选品决策平台，首先决定卖什么产品、以什么样的价格卖，其次从产品生命周期、流行趋势、竞争形势等多维度评估商品特征和价值，从海量商品中挑选出潜在爆品，提前预知消费者想要以什么样的价格购买到什么样的商品，找到消费者和价格的关系，测算消费者价格弹性，实现系统自动化动态定价，更好地进行商品选择、价格优化和库存平衡。

京东的智能补货系统能够根据销量预测、备货周期、送货时长、安全库存以及供应商的仓库支援关系等，预测商品未来28天在每个仓的销量，使商品现货率保持在90%以上，保障商品流的通畅。

2. 自建物流的高效化、全面智能化

物流是供应链管理的核心，京东拥有全国电商领域最大规模的自建物流体系，是全球唯一拥有中小件、大件、冷链冷藏仓配一体化物流体系的电商企业。京东从2007年开始布局自

建物流体系，从建立之初目标就非常明确——“京东做物流，并不是跟市场上的快递公司相比，而是为供应链服务的”[32]。

在物流领域，京东智慧供应链着力于实现“仓配一体化”，实现仓储网络和配送网络无缝融合。运用云计算、大数据技术对消费者画像，预测每个小区、办公楼日配送量，优化配送网络，设计无人机，定制移动自提车，满足城郊、农村等偏远地区的配送需求。

此外，京东利用无人机、无人车、无人仓等现代化物流基础设施设备实现智慧化作业，利用人工智能算法和大数据感知网络，使物流场景数字化、决策智能化，极大提升物流效率。

3. 全程可视化，安全有保障

利用信息技术将供应链信息以图形化的方式展示出来，可以有效提高整条供应链的透明度和可控性，降低供应链风险。

京东利用 EDI、RFID、GIS、条码等技术，推动订单、物流、库存、应用可视化。利用仓储管理系统，实现仓库可视化管理，消费者利用 GIS 系统可以获得 LBS 服务、订单全程可视化、预测送货时间，实时了解货物位置和状态。

（三）京东智慧供应链助力“双十一”

2021 年“双十一”期间，京东业务量高出平时 10 倍之多，但全国多地的消费者仍能在当天晚上 8 点后陆续收到京东的包裹，这样的配送速度得益于京东的智能供应链。通过智能运营辅助，京东物流实现了商品销量预测、智能补货、智能调拨、智能清滞的智能化管理。借助仓网优化能力，进一步打通与供应商之间的系统数据，通过高效利用社会化的库存模式，进一步缩短商品从“工厂”到“消费者手中”的距离。此外，全渠道履约系统，让京东与第三方配送渠道的商品流、信息流实现高效同步，整合全渠道订单，让消费者获得“即买即得即用”的体验。

在京东数智化供应链护航之下，生产、出货、捡货、物流、配送等环节实现高效运转。当“双十一”开启，消费者在预付定金之后，产品已经开始了生产、加工、打包、出货，在付尾款之前，消费者下单的货品已经运到了离消费者最近的各级仓库。消费者完成付款之后，由配送员完成最近“一公里”配送，让更多消费者购买的商品即时可得，感受分钟级收货体验。[33]

第四节　智能营销传播

一、智能营销传播概述

随着技术的更迭发展、市场竞争的加剧，“子弹式”轰炸的大众传播早已失灵，消费者需求个性化差异显著，媒体越来越重视分众化的传播，运营日益精细化，进而打造垂直媒体，传统营销传播升级为数字营销传播。但数字营销传播者仅仅通过独树一帜的广告创意和主流大众媒体投放，依然很难使目标消费者“中弹”。智能技术应用于营销传播实践，即智能营销传播，则为该问题提供了切实可行的解决方案。唯有智能技术、多种营销传播工具的综合运用，发挥其协同效应，才有可能达到预期的传播效果。

（一）智能营销传播的概念

智能营销传播是指将人工智能、大数据、云计算、区块链、VR、AR、MR、XR、物联网等智能技术与广告、公共关系、人员推销、销售促进、直效营销等一系列营销传播工具相结合，实现营销传播智能化。其本质是智能技术在营销传播实践中的应用，其核心是消费者需求，其效果是营销传播的个性化、精准化。智能营销传播基于营销传播理论，拥抱新技术，采纳了更为先进的营销传播手段。

狭义的智能营销传播是指智能广告，即智能技术在广告传播领域的应用，可以对包括广告调查、广告策划、广告创意与表现、广告文案制作、广告媒介投放、广告效果评估等在内的广告运作流程进行优化与重构[34]。

传统营销传播强调信息的覆盖率，忽视了对消费者需求的关注，因此才会有广告业的"哥德巴赫猜想"一说，这类问题在智能时代将迎刃而解。一系列智能技术使得广告转化可以通过大数据精准测算，营销传播不再是单向、线性的灌输式传播，而是建立在用户画像、智能洞察的基础上进行精准化、个性化、智能化的内容触达，智能营销传播流程的可量化使得价值最大化成为可能。从消费者数据的全场景化、细致化采集到内容信息的定制化生产和精准化投放，智能营销传播构建了新型的消费者与品牌方的关系，实现消费者与品牌方的协同共建，实现共赢[35]。可以说，技术赋能营销传播业，使其效率得到了极大的提升。

（二）智能技术对营销传播流程的影响

1. 在洞察层面，帮助智能挖掘营销主题

在传统营销传播过程中，营销主题的挖掘、执行等各个环节都需要营销人员亲力亲为，而在智能时代，基于先有经验和当下现状的智能洞察成为可能。欧洲社会化媒体洞察研究公司开发出新型数据监测系统，能够将社交媒体数据、人工干预、自动化内容相结合；美国在线视频网站可以通过机器学习与自然语言处理系统对社交网络上的对话进行分析，找出营销传播主题，提升传播效果[36]。

2. 在内容生产层面，实现动态程序化创意

随着智能技术的发展，广告创意即将迎来以情感洞察为核心的动态程序化创意时代。动态程序化创意能够在大数据支持下实现海量创意的"柔性化生产"，不但引入动态优化技术，而且进一步实现智能化，是以智能推荐机制为基础形成的一种智能创意生产模式[37]。未来，广告创意针对消费者情感做出的反应将更为智能、灵敏、友好，乃至于实现从千人千面到一人千面的转变。

3. 在分发层面，精准匹配、有效触达

在自动批量生成内容之后，还须精准匹配消费者需求，才能实现有效触达。通过算法找到目标消费者群，再通过内容分析将合适的内容推给合适的消费者，能大大提高内容与消费者

的连接效率。智能分发的个性化本质是基于消费者信息的个性化推荐。在不远的未来，超级算法可以根据表情、声音等对消费者进行更为深度的分析，所做出的判断必然也更为精准，内容分发的科学性与效率也会随之得到提升。

4. 在效果监测层面，实现实时动态优化

在效果监测层面，智能技术的应用将彻底颠覆传统营销衡量效果的“后测”方式，实时的监测和反馈使得营销效果动态优化成为可能。广告投放过程中的曝光、点击、转化等一系列数据都可被代码监测、记录，我们可以在此基础之上构建模型，分析影响投放效果的各个因素。Google 在品牌传播方面，会通过具体的衡量指标，帮助品牌广告主判断哪些广告曝光会给消费者留下符合预期的印象，指标包括有多少人记得某条广告、他们对某个品牌的认识程度、他们购买其产品的概率等[38]，从而使得效果更为明晰。

5. 在消费者体验层面，增强人格互动

智能技术为品牌注入了具有生命力的活性特质，使得品牌能像人一样具备生理机能和生物属性，可以进行互动和反馈。不仅如此，技术也赋予了品牌一定的社会属性，给品牌以情感、记忆、身份、角色，使品牌进入消费者的朋友圈和社会网络，与消费者建立关系，帮助品牌完成社会化过程。此外，品牌还拥有学习和思考的能力，能创造性解决问题[39]。品牌将变得越来越像人、越来越懂人，与消费者所进行的互动也将更拟人化，基于此，消费者体验得以实现质的飞跃。

（三）智能营销传播面临的挑战

1. 隐私泄露

对于智能技术而言，数据是原油般的存在，一切分析和决策都必须以海量数据为基础。消费者洞察对智能营销传播至关重要，需要抓取大量消费者行为信息，这使得数据隐私问题日益严重。也许单个的、碎片的信息对消费者隐私不会产生太多的负面影响，但通过算法对同一消费者的关联数据进行综合分析时，消费者的隐私便会暴露出来。最常见的隐私数据包括姓名、身份证号、手机号、住址等与个人工作、生活密切相关的信息。移动通信技术的迅猛发展使得万物互联成为可能，隐私问题甚至可以被视作全球问题。

2018 年 5 月 25 日，被称为史上最严厉的欧盟数据保护条例 GDPR 正式生效，该法案被媒体认为是大数据监管新时代的标志。继 GDPR 之后，印度、巴西、美国、新加坡等国家也出台了相关法案，我国也陆续施行了《中华人民共和国数据安全法》《中华人民共和国个人信息保护法》等，明确个人信息和重要数据的收集、处理、使用和安全监督管理的相关标准。可见，如何在保证隐私安全的前提下不影响正常的数据使用是当前智能营销传播面临的一大挑战。就某种意义而言，数据伦理比其他任何技术伦理都重要得多。

2. 流量造假

流量造假一直以来都是营销传播行业的难题之一。一些数据分析的出发点，不是要获得对真相的完整认知，而是为了制造符合自己需要的“真相”或结果。错误导向或利益驱动的数

据滥用，使“后真相”现象愈演愈烈。[40] 流量造假是企业不自律的行为表现，严重违背了伦理道德。营销传播行业目前主要的造假方式包括：流量作弊、广告不可见与广告不匹配。2019年5月，中国广告史上规模最大的一次流量造假被媒体揭露，日均消耗2 000万元广告费，数额触目惊心。随着数字广告投放所占比重逐渐提高，像这样的广告欺诈行为越来越常见，所带来的弊病也日益严重。

3. 人机关系

随着行业的发展，智能技术对社会生活的介入程度只会越来越高，人类与机器的接触也会越来越频繁和密集，人与机器的关系自然成为智能营销传播中不可规避的话题。智能技术的应用在一定程度上使得营销更为精准，消费者的选择过程更为简单，因此更为高效，但也存在一定的消极影响，消费者可能也会对此更为警惕。可以说，智能技术的介入在某种程度上破坏了消费者的自主性，而这种感知自主性的丧失不利于消费者体验的提升，严重者甚至会引起消费者的恐慌。

除了隐私泄露、流量造假和人机关系的问题，智能营销传播还面临着消费者心理倦怠、复合型营销人才不足等挑战。

二、智能营销传播的发展趋势

在智能时代，营销传播之于我们，如同阳光、空气、水一般，早已渗透到我们生活的方方面面。不管是日常的学习、工作，还是细碎的生活片段，都少不了营销传播的参与。这是最好的时代，信息触手可及，也是最坏的时代，优质信息仿佛远在天边。智能营销传播的发展，必然是为了满足任何消费者在任何时间、任何地点，对任何有关品牌、产品和服务的信息需求。帮助提升消费者生活效率和产生意义感的营销传播才最能得人心，而智能营销传播便是这样的存在。随着技术的不断推进，智能营销传播的未来呈现以下趋势。

（一）打造全场景超级连接

“场景”一词最初被影视、戏剧等行业广泛使用，2014年全球科技创新领域知名记者罗伯特·斯考伯（Robert Scoble）和谢尔·伊斯雷尔（Shel Israel）在《即将到来的场景时代》一书中首次将“场景”一词引入营销传播领域。[41]

就营销传播而言，移动终端不只是意味着能对消费者进行全时全景的信息覆盖，也不只是品牌或产品推广的媒介，移动终端所扮演的更为重要的角色是“连接者”——一个连接消费者与消费者、消费者与产品 / 服务、消费者与品牌、消费者与企业组织、企业组织与企业组织的“超级连接者”。技术的发展正在不断降低这种连接的成本，精减其步骤，提升连接的效率。

对于品牌而言，提供的产品和服务需要包含“帮助消费者更好地管理他们的生活和解决问题”的元素；媒体内容的轻量级消费意味着营销方案需要向消费者传达更简洁、更直接的信息，并最终提供服务承诺。

智能技术下的场景将不再是单一的场景或语境，而是在多种传感器的基础上形成的一种新的“接触点和场景”模式。借助智能技术，围绕消费者的所有智能产品或服务都将成为一个接触点。不仅消费者可以通过接触点接收广告信息，广告商和品牌也可以通过接触点实时了解消费者，并从消费者那里获得反馈。这些接触点覆盖了消费者生活的方方面面，能够真正实现消费者信息和数据的全场景和跨场景采集。

未来，消费者每天将被越来越多的网络信息和智能产品包围。全场景的布局是为了自动且智能地处理消费者相应请求。消费者行为轨迹变得越来越碎片化、分散化、多元化，营销传播环境也变得更加复杂。因此，借助人工智能、大数据、云计算、区块链、VR、AR、MR、XR、物联网等智能技术，智能营销传播将实现线上线下融合，整合基础场景、空间场景、行为场景、心理场景于一体的全场景，营销者从各个方面和场景描画消费者的教育背景、行为特征、爱好和心理状态，并对其进行精准的数据分析和识别。

（二）创意生成组合智能化

1. 创意：内容营销的核心

营销传播创意起源于人类的商业行为。在纸媒时代，广告被视为“印在纸上的推销术”；在广播电视时代，创意的形式主要通过音视频呈现。虽然智能技术的应用为广告商和品牌提供了更广阔、更丰富的媒体平台，但媒体形式的多样性也对广告商和品牌的内容营销，尤其是创意提出了更高的要求。形式上的转变已经不能满足不同媒体、不同受众的偏好。人工智能的介入将通过智能手段实现基于媒体平台的动态创意优化，满足消费者的个性化需求，提高内容营销效率。

内容营销是“包含创造、组织、分配、详述过程，涉及有趣、贴切、有用的内容，目标是与特定的用户群展开有关内容的对话的营销方法”，[42]是现阶段营销传播的手段之一，而创意是内容营销的核心。通过内容营销，消费者可以从品牌支持者和倡导者转变为品牌推广者、品牌文化传播者和品牌故事讲述者。在智能技术的辅佐下，创意生产将实现智能程序化。

2. 创意生产：从以广告主和企业为主导转向以消费者个人特点为主导

在传统营销传播过程中，营销人员往往花费大量的人力和物力在创意上。由于个人体验的局限性和对消费者的不完全理解，所谓的“最佳创意”并非最好，即便是最佳也不能够很好地与消费者产生互动，满足消费者的喜好。随着移动互联网的发展以及消费环境的变化，消费者逐渐从以往被动的满足式消费、循循善诱的引导式消费转变成为创造式消费。营销传播中的创意生产也在智能技术的加持下变得更加智能化，由以往基于吸引广大潜在消费者共性而创作的广告创意逐渐变为由人工智能根据消费者个体特点而进行的创意智能组合[43]。在智能营销传播中，传统广告生产中的重复性工作将被人工智能所取代，创意生产从以广告主和企业为主导向以消费者个人特点为主导转移。

3. 以智能技术为基础的程序化创意

基于人工智能的程序性创意是一种自主性学习，机器对已有内容创意和消费者数据进行深度学习。一方面，机器通过对创意素材的分析、总结、再创造实现创意的定制化、规模化生产；另一方面，不同于机器的逻辑严谨，人类天马行空的想象是创意的摇篮，为机器的创意学习提供新的前进方向。与以往基于既定算法的程序化创意相比，以智能技术为基础的程序化创意显得更为智能化。

首先，人工智能通过对互联网中已有相关创意数据的检索和梳理，建立一个庞大的创意元数据库，对产品以往多个优秀创意进行学习与训练。其次，人工智能通过对大量的消费者数据进行机器学习，找到不同消费者既定的生活习惯以及消费者与消费者之间的相似性，完成对消费者数据的认知性学习。在此基础上，人工智能将通过深度学习模仿人脑的思考模式，通过神经网络等训练方法，以类人的思维理解信息，理解消费者内心情感，了解消费者的痛点，有针对性地进行内容创意的自动批量生产，满足消费者需求。最后，人工智能再对消费者所处场景以及兴趣爱好、职业等属性进行抓取分析，将创意模板进行智能组合，以此优化创意效果，让消费者看到与自己息息相关的广告，并根据其所处的场景真正实现“千人千面”及“一人千面”式传播。[44]

（三）打造沉浸式互动体验

大数据（big data）、云计算（cloud computing）、人工智能（AI）、自然语言处理（NLP）、传感器技术和物联网（IoT）、VR、AR、MR、XR 等智能技术助力营销传播，为消费者打造沉浸式互动体验，可以根据消费者所处情境、既有消费行为、个人兴趣爱好来设计独一无二的产品体验场景，为消费者创造产品或服务带来的直观真实体验，让消费者沉浸在场景之中，犹如身临其境。

智能技术的发展在某种意义上可以被视作人的感官心理的延伸。与以往单纯基于文本、图片、视频、直播的营销传播相比，智能时代的产品体验将更为丰富和立体。广告主根据从虚拟场景中获取的实时数据，创建定制的广告场景，为消费者推荐合适的产品，消费者将根据自己的意愿进行选择，虚拟使用所选产品。

从消费者的感官（sense）、情感（feel）、思考（think）、行动（act）、关联（relate）五个方面出发的体验营销（experiential marketing）将会调动用户五感，在心理和生理上与产品形成沉浸式、深度的互动，让消费者更加犹如身临其境地感知产品。在智能技术的辅助下，未来的沉浸式互动营销传播将呈现虚拟现实（VR）、增强现实（AR）、混合现实（MR）、扩展现实（XR）四足鼎立的局面，为消费者带来极佳的消费体验。

（四）营销传播渠道多元化

人工智能、大数据、云计算、区块链、VR、AR、MR、XR、物联网等智能技术的结合，将会促使万物互联、万物皆媒的共智时代的到来，即所有物品都能成为一个新的传播渠道。技术的发展使行业发生天翻地覆的变化，以消费者为中心的营销逻辑不会改变。“整合营销传播”的理念仍然适用，在渠道逐渐多元化的情况下，各个渠道应当打造一致的消费者体验，让不同渠道之间的体验“无缝衔接”，以增强消费者与品牌之间的联系，绘制尽可能完整的消费者旅程，找准接触点。

万物互联后，传播渠道的多元化发展将会扩大人们对信息获得的主动权，但也会造成信息过载的困扰，智能营销是为了更好地满足消费者的需求，因此，在传播渠道多元化的同时也将会出现一些智能的营销传播“把关人”，帮助消费者过滤掉一些不必要选择，并根据具体场景给消费者提供精准化的选择推荐[45]。

（五）营销传播效果明晰化

在智能营销时代，随着技术的不断革新，广告营销界的“哥德巴赫猜想”或许有了答案，用户对广告做出的心理反应、行为轨迹等都变得可见了，即时的数据反馈使营销传播效果逐渐明晰化。在明晰营销传播效果的前提之下，便可以对其效果进行优化，主要包括曝光优化（媒体、广告位、出价）、点击优化（创意、定向）、转化优化（落地页）等。

通过技术手段可以对消费者进行精准化、实时化、个性化的广告投放，基于对海量数据的分析，大大提升了营销传播效果分析的精准性，甚至对其进行预测，还可以完成对特定人群的检索分析，对小众群体进行定位，挖掘出一些容易被人忽略的隐性相关关系。可以说，“品牌营销”正在向“效果营销”转型。此外，通过和电商系统关联，可以直接促成广告点击和消费购买，ROI 得到显著提高。

在智能营销时代，技术的发展使得广告效果的全面测量成为可能。全流量时代的计算广告追求“品效合一”的效果可测量性，可以通过数据建模与消费者验证，使营销传播效果明晰化，从而保证决策的精准化[46]。

（六）重构营销传播信任体系

随着程序化广告的发展，由于市场利益驱使，部分利益方会私自篡改数据，虚假流量、欺诈性广告以及生态链中复杂的多方利益平衡等问题日益凸显。在数字广告程序化购买的过程中，由于媒介供应链中的暗箱操作以及对衡量与评估投放效果的影响，广告主预算出现浪费，广告透明度和可见性逐渐成为业界最为关心的议题。无效流量的存在无疑加剧了整个营销传播行业的信任危机。

区块链是由通信网络、共识算法、智能合约等诸多新技术协同构建的技术，是一种基于互联网的分布式账本。作为一种新的技术范式，区块链技术为人类社会提供了一种去中心化的概念与发展思路。区块链技术拥有去中心化、安全透明、高可信度的应用特点，其应用需求已经从最初的数字货币扩展到社会领域的各个方面，对于解决中心平台垄断、信息不对称等难题具有重要意义。区块链的底层技术像互联网一样可以有非常多的应用场景，重构营销传播信任体系正是其中之一。

基于区块链的机器信任能有效地解决营销传播中的欺诈和数据造假等问题，重构营销传播中的信任体系。机器信任是指机器以超大容量记载人类生产活动的所有数据且数据不能被篡改，进而生成的依靠机器记载、分析和过滤数据的新信任机制。由于区块链中的信息都是公开的、可溯源的、不可篡改的，因此借助资本手段操控数据（伪造好评、删除差评）的行为将不复存在。区块链技术可以对营销传播全过程进行记录和追踪，并向消费者完全公开，从源头上消除数据造假，实现整个营销传播过程的透明化，打造出一个信用度良好的营销传播环境。

利用区块链的智能合约功能，所有数字广告的真实展示次数将被记录且无法被篡改，广告主可以实时对区块链中的数据进行审核，保证其既得利益。从理论上看，区块链有助于发展去中介化的程序化购买模式，进而重构数字营销行业生态格局，为其描绘一幅全新的公开、透明、高效的运作蓝图。本书将在第六章第六节围绕区块链做更详细的分析。

三、智能营销传播的重要实践：从程序化广告、计算广告到智能广告

（一）程序化广告

随着营销走向大数据驱动，数据与技术正在形成一股强大的颠覆力量，重塑新商业文明的效率体系，驱动企业的新一轮增长。企业亟待建立以“人”为核心的营销策略，通过有效打通不同媒介的数据资源，从而深度挖掘消费者的隐性需求，将割裂的消费者路径重新连接起来。因此，在多屏时代，只有掌握数据，才能掌握互联网营销的核心，而基于链接、跨屏、大数据的程序化广告，因为能将广告精准投放给目标消费者，已经成为备受广告主推崇的投放手段。

早在 2014 年宝洁公司就将 70% 的广告预算用于程序化广告，此前，美国运通刚宣布把其 100% 的广告通过程序化方式进行购买，这些战略性举措都是知名广告主拥抱程序化广告的例证。[47]除了传统行业的广告主外，互联网行业广告主的参与也表现抢眼。MediaRadar 数据显示，亚马逊是程序化广告最大的广告主。在 2018 年第一季度排名前五十的程序化广告主中，亚马逊的程序化广告支出占到了总份额的 10%，其程序化广告支出是排名第二的微软的 5 倍。[48]

从 2012 年“程序化广告元年”以来，程序化广告在中国的热度不减，已经逐渐从少数尝试走向基本成熟，应用范围也逐渐广泛，发展势头迅猛，效果喜人，受到越来越多的广告主的青睐。[49] 2016 年，中国 50% 的数字展示广告以程序化投放方式进行交易。此后，中国程序化广告市场的增长势头放缓，但仍然保持较高的增长率。eMarketer 的最新数据显示，在与美国的比较中，也能看出中国程序化市场的巨大潜力。美国超过八成的广告通过自动化购买，相比之下中国的程序化广告市场还处在一个未饱和的状态，其广阔的市场前景势必会吸引更多资本、人才。

本书的第六章将详细介绍程序化广告的特点和优势、投放模式、各方参与者和基本原理，并在第七章结合具体的投放实例，进一步帮助读者了解需求方平台 DSP、程序化广告采购交易平台 TD、供应方管理平台 SSP/ 广告交易平台 ADX、数据管理平台 DMP、动态创意优化平台 DCOP 以及程序化广告相关 API 接口的运作原理。

（二）计算广告

1. 计算广告发展的背景

一方面，互联网的引入、计算机存储成本的降低、计算机处理速度的提高以及数字环境中消费者接触点的增长等因素，使得消费者行为的监控变得更容易，并最终创造了大数据。正是这些变化为计算广告的发展和繁荣创造了条件。另一方面，广告决策的时间框架被压缩，因此，在开发广告接触点时，计算的复杂性（complexity）成为一个关键考虑因素。同时，大数据的数据量、种类和速度迅速提升，增加了分析数据集的复杂性。当前，中国总体的经济格局

正在从传统经济走向数字经济，并向智能经济时代迈进。数据已被正式确认为生产要素之一，它与算法、算力相结合，构成了这个时代最为澎湃的社会变革动力，对各个行业进行着重塑和再造。相比于程序化广告，计算广告的体系更为庞大。

2. 计算广告的研究

2009 年，雅虎广告首席科学家安德雷·布罗德（Andrei Broder）在斯坦福大学开设了相关课程，计算广告学正式成为一门学科。计算广告的核心问题，是为一系列消费者与环境的组合找到最合适的广告投放策略以优化整体广告活动的利润。计算广告追随数字媒体平台变化的路径而演变，有学者认为，数据、算法模型、智能决策是计算广告的三个基本研究维度，其中数据是计算广告的基础，算法模型是计算广告的工具，智能决策是计算广告的目的。[50] 前述诸多变化都开始吸引具有计算机、机器学习 / 人工智能、优化和其他营销 / 管理科学技能的学者和专业人士研究广告问题。这些研究涉及许多新领域，从根本上改变了广告。这些研究领域包括第二价格拍卖（second-price auctions）、推荐系统（recommender systems，RSs）、机器学习和预测分析模型（machine-learning，predictive-analytics models）、消费者终身价值和消费者权益、人工智能等。计算广告学是计算机科学与广告学的交叉领域，当两个学科真正能融合发展时，它便会展现更为蓬勃的生命力。

因此，本书从第四章开始，聚焦计算广告的理论和实践，帮助读者从展望数据时代智能营销技术发展前景的前瞻性视角，理解时代的演进，在数据浪潮之中更好地生存。

（三）智能广告

智能广告是计算广告形态演化的必然趋势和高级形态。智能广告这一概念被广为接受是广告行业积极拥抱智能技术的表现，是广告形态随技术发展不断进化的表现。智能广告和计算广告的原理基本一样，都是数据和算法。只不过智能广告呈现出一些新的特点，包括更为灵活，更大程度上满足消费者需要，减少无效打扰，进行实时的互动等。然而，智能广告目前只是一种理念，广告行业还未真正进入“智能”状态，还需要技术体系的不断完善，从而在不久的将来将这一构想变为现实。

从程序化广告到计算广告再到智能广告，这种演进是叠加而不是取代，只是代表了广告行业的发展趋势，而整个广告行业的发展是参差不齐的。总的来说，广告生态是多元共存、互为补充的。此外，这三个概念有很多共通之处：比如程序化购买与广告智能投放是指广告业务流程中的同一个环节，即广告投放也叫媒介投放，两者的内涵和外延是一致的，但所使用的概念和表达方式不同；[51] 再如程序化创意与广告智能创作，它们的范畴都包括广告文案、广告设计等方面。

四、智能营销传播实例

（一）台前：人机交互成为营销新常态

互联网巨头们基本都孵化出了自己的机器人，大多已投入实际应用中，与消费者进行全方位交互。最为常见的便是语音助手，如亚马逊的Alexa、Google助手、微软的小冰、苹果的Siri、百度的小度、小米的小爱等产品。语音助手正在成为我们重要的“私人生活助理”。[52]

2021年，中国对话式AI产品的核心产品市场规模达到80亿元。[53]对话式AI最早依托于智能语音技术和简单的自然语言理解能力，实现机器与人类简单的问答交互，而后逐步承载知识库和知识图谱等知识工程，并融合情感计算模型，让机器同时具备一定知识背景支撑和情绪感知能力。相关产品被应用于营销客服等领域，帮助或替代人类完成大量重复性工作，泛化、赋能营销洞察等应用场景，为营销行业提供了另一种可能。

1. 智能机器人越来越像人

若要了解智能机器人行业的发展现状，微软的小冰可以被视为行业观察的范本。从产品发布（2014年5月29日）至今，微软的小冰经历了从纯文本到语音、视频、机器视觉，到全双工、生成模型，再到实时视觉、共感模型、发布Dual AI战略……每一次迭代都是跨越式的发展。发展至今，小冰基本上能够像人一样对话。不需要重复说出唤醒词便能进行连续的对话，其应对更为灵活自如。

2. 智能机器人的应用

（1）语音机器人颠覆电话营销。目前，电话营销基本是由智能机器人完成的。相信在不远的未来，机器可以完成任何不需要面对面交谈的销售工作，营销行业即将迎来自动化时代。智能机器人具备呼叫、CRM管理的功能，可以通过精准语音平台呼叫准消费者群，对消费者信息进行筛选，全方位提高企业的营销效率。

（2）导购机器人已在电商平台普遍运用。在2021年的“618”活动中，京东推出了全新的智能导购机器人Joy，沿用了京东的经典机器狗形象。全新的智能导购机器人能为消费者解答各式各样的问题，不仅能应对“618”店庆相关问题，还能跟消费者话家常，闲聊一番。

（3）智能客服24小时不间断服务。阿里巴巴上线的店小蜜，已被广泛应用于淘宝商家的客服中，从售前到售后，为消费者提供全链路的智能服务。店小蜜24小时在线，在夜间可以“独当一面”。店小蜜的智能辅助模式新增了智能预测、主动营销、智能催拍等功能，具有一定的人情味，可以代替人工客服完成将近一半的工作。

（4）机器人代替促销员发放优惠券。微软的小冰曾在2017年与日本第二大便利店——Lawson合作，通过日常聊天的方式，在线发放定制化优惠券，根据消费者的个性化需求提供相对应的优惠券。优惠券可用于在店内购买咖啡等商品。4天之内，小冰成功吸引了57%的消费者到店完成消费，而传统推广途径的转化数据基本维持在10%。

（5）品牌定制聊天机器人，随时为消费者提供专业服务。百度帮太太乐打造的“太太乐 × 小度在家AI场景营销”选择了一种较为贴近日常生活的方式。百度的智能机器人小度深耕家庭场景，将天气播报、语音互动、初冬答题大赛这些场景与美食以及太太乐的产品深度融合在一起，让消费者在潜移默化的过程中加深对太太乐的好感。当消费者问及天气，小度会在答案之后串联初冬太太乐原味鲜产品的使用场景，从“立冬吃饺子”可以联系到“太太乐原味鲜酱油可调制饺子蘸汁”。聊天机器人提供的专业服务，让消费者在一种轻松又极富趣味的氛围中“种草”产品。

（6）担任管理员角色，维护社群高效运转。社群运营须处理一系列琐碎的事情，如相同内容反复出现、关键信息被忽视、成员发广告链接等。智能机器人加入社群管理中，通过智能语义分析可以完成大部分重复性强、操作难度低的工作，如入群欢迎、关键词自动回复、广告链接警告、定时打卡、群发言统计等。智能机器人管理社群比人力操作要高效得多，准确性更强，基本不会因为重复性操作的失误而引发社群成员的反感。

（7）数字语音助理可能完全颠覆营销业。互联网巨头研发的智能语音助手对广告业而言，是一种全新的颠覆性的生意模式。在2017年的戛纳国际创意广告节上，快餐品牌汉堡王（BURGER KING）的短片广告获得了顶级广告奖。该广告与Google所开发的语音助手有着莫大的关系。TVC里的男演员说："我们新出了个Whopper汉堡，但广告太短来不及介绍，你们可以问Google。Ok，Google，Whopper汉堡是啥。"如果消费者看到广告时周围有Google Home音箱，它会因这句话而触发，自动搜索Whopper汉堡是什么。这个创意通过智能语音助手延长了广告本身的长度，让汉堡王和新款汉堡深入人心。

（二）幕后：营销全链路智能化和自动化

无论是用户洞察、营销策略制定、创意生成及投放，还是CRM，营销链路的各个环节都离不开智能技术的参与。RTB China在2021年6月发布的《中国程序化广告技术生态图》⊖中，将介于广告主（marketer）、媒体（publisher）和消费者（consumer）之间的程序化广告技术生态划分为十大板块：综合大型投放平台（super platforms）、程序化广告采购方（DSP & DSPAN）、程序化广告供应方（ad exchange & SSP）、采购交易平台及技术（trading desk & tech）、广告验证（verification）、监测分析工具（measurement & analytics）、数据提供和管理（data supplier & data management）、程序化创意（programmatic creative）、程序化电视广告（programmatic TV）、程序化数字户外广告（programmatic DOOH）。这些还仅仅是营销链路中的广告相关技术，整个营销行业涉及的MarTech可谓不胜枚举。很少再有一个行业像营销一般，拥有如此多的行业专用软件。[54]

1. 产品升级：超级汇川经营生态多维构建，蜕变探索

广告主最关心的三个问题是优质流量触达、效果保障、实效提升。基于此，阿里巴巴智能信息事业群智能营销平台依托数字技术，构建了一套智能商业化经营生态。在超级汇川的基础之上，阿里巴巴智能营销平台相继推出超级巡量、松塔小店、橙心投、天狼星等一系列创新产品，在原先的生态体系中打造更为完善的品牌全链路智能营销。

超级汇川致力于搭建多维生态，聚合了阿里巴巴旗下的UC、书旗、夸克、优酷等资源，积极扩充汇川优选的流量，覆盖各种场景，如网盘、小说、信息流内容等，提高广告主流量触达和深度营销洞察的能力。

依托这一"长线生态圈"，超级汇川为广告主提供一站式投放服务，从开户到投放、流量获取都实现了一体化。其中，超级巡量能够自动探索潜在客群，找出最合适的人群进行投放，减少定向策略的人力投入，达到提质增效的目的。

⊖ RTB China. 中国程序化广告技术生态图 | China Programmatic Ad Tech Landscape [EB/OL].（2021-06-01）[2023-03-01]. https://www.rtbchina.com/china-programmatic-ad-tech-landscape.

该平台还推出了橙心投，升级完善了安心投，旨在解决企业面临的投资成本不稳定和投资转化困难的问题，保证广告主出价即成本，无转化不计费等，大幅度提升投放效率。

此外，松塔小店为商户提供一站式在线服务和全链路解决方案，实现多维营销和订单转换，成为当下直营电商破局新方式。松塔小店还为商家提供营销洞见，带动电商行业的增长。

2021 年 11 月，该平台上线了全新的搜索产品——天狼星，为广告主提供高性价比的搜索解决方案，让广告主的搜索投放成本更加可控。

2. 场景创新：多营销阵地联动扩展，拉升转化

2021 年是“流量思维”转向“场景思维”的起始之年，不同场景所带有的流量价值各不相同，如何捕捉消费者碎片化的注意力是营销行业不得不解决的问题。2021 年“双十一”期间，阿里巴巴智能信息事业群智能营销平台全力配合天猫主站的活动节奏，联动 UC、书旗、夸克等多端，力求打通场景，实现人群的全量覆盖。

进入新媒体时代以来，营销的核心逻辑便是对消费者注意力的争夺。通过创新场景，注重互动性和趣味性，营造沉浸式氛围，能极大程度提高抢夺消费者注意力的效率，并且为消费者带来独一无二的体验。一如该平台配合淘宝直播打造的“通过信息流和搜索场景实时关注直播动态”的创新模式，便达到了全量覆盖人群和全域引流的目的，满足了商家的流量需求，使商家投入得到产品 + 生态的双重保障。

3. 服务为本：行业专项深耕与合作伙伴扶持，发掘新机遇新触点

营销全场景实现互通，需要各个核心服务模块不断在创新中形成高频协作，与目标市场保持接触，以获得最佳效率。同时，基于人群全覆盖、内容定制化、形式多样化、护航效果四大着力点，不断提升超级汇川的服务力。

（1）提升代理服务能力，升级服务生态。渠道服务增值是连接广告主与目标消费者的价值转换器。在此种模式的助推之下，阿里巴巴智能信息事业群智能营销平台不断提升代理服务能力，升级服务生态，帮助广告主提升 ROI。一方面，通过举办营销大赏，持续提升优化师在优化产出、内容、创意等方面的能力，产出优秀案例和技巧总结。另一方面，发起“优化师 U 智秀”短视频大赛，号召同行参与角逐，提供参考解读。

（2）设立精耕细作的服务专项，带领重点行业商家寻找突破与新增的机会。对于行业的细分领域，平台逐渐垂直化发展，设立行业专项。以游戏为例，不断优化链路模型，多维度展开运营，并结合游戏《 Big Day 》，打造产品首发爆量营销。淘牌速递专项在 2021 年 4 月份推动上线了 oCPC 深度转化，在“双十一”活动中利用 DEEP 营销模型及牵星 DMP 能力，将核心消费者分层，从而进行细分拉新，大大提升了加购效率和购买转化率。松塔小店专项则在原有电商体系基础之上进行完善，推出了直播功能，开展了一系列助农项目。这些精耕细作的服务专项，不仅使智能营销平台与整个集团的联动更为深入，还为商家提供了新的突破口。

（3）赋能全国代理商，在分享中积累收获。只有通过不断学习、探索，管理者才能有更为清晰的自我定位，才能打破原有局限。一直以来，阿里巴巴智能信息事业群智能营销平台为代理商和商家提供培训支持。2021 年开展了面向代理商 CEO 的“橙王攻守道”和面向销售负责人的“橙功集训营”，为全国的代理商赋能，在分享中积累收获，以推动行业的高质量增长。

本章小结

本章对智能营销应用与实践的四大领域——智能产品、智能定价、智能供应链、智能营销传播进行了详细阐述。在智能产品方面，具体阐释其概念与相应特征，总结五大典型产品类型，并分析其优劣势，通过分析小米智能家居案例，借以辅助说明智能产品的特征、现状与挑战等。在智能定价方面，阐释其概念和动态定价、个性化定价两种类型，详解个性化定价与“大数据杀熟”的本质与区别，分析其给市场带来的机遇与挑战。在智能供应链方面，智能技术赋能零售业态与供应链，帮助其实现从单渠道到全渠道的转型。大数据、人工智能、区块链等技术在智能供应链各环节中有不同程度的运用。在智能营销传播方面，智能技术在营销传播实践中的应用是其本质，因此智能技术对营销传播全流程都有一定的影响。由此进一步洞悉研究的热点议题，发展过程中的三大挑战与六大发展趋势，并引入台前幕后的应用实例。

思考题

1. 智能产品的概念及特征是什么？
2. 智能定价的影响是什么？
3. 在智能供应链中，其核心的组成部分是什么？对企业有何价值？
4. 智能营销传播面临哪些挑战？

章后案例

春秋航空：智能营销助力腾飞

2004 年，春秋航空在上海成立。公司的主营业务为国内、国际及港澳航空客货运输业务，以及与航空运输业务相关的服务，公司的主要产品及服务包括航空客运、航空货运。作为国内首家低成本航空公司，春秋航空通过单一机型、单一舱位、高客座率、高日用率、低销售费用和低管理费用六个航空业务策略，充分压缩运行成本。在营销策略上，春秋航空充分利用人工智能技术与大数据手段，实现内部管理的高效运行、用户群的精准定位、个性体验等。在竞争激烈的市场环境中，智能营销成为其建立品牌护城河、获取关键优势的重要手段[55]。

一、产品：赋能内部运营与用户服务

春秋航空充分利用智能技术赋能产品和服务，既做到了合理控制成本，又大大提升了企业内部的运行效率，提高了用户的满意度和忠诚度。

（一）企业智能运营

春秋航空的大数据建设始于 2015 年，目前已完成系统的数据资产梳理，以及大数据平台技术架构的设计和部署。

在飞行成本控制上，春秋航空利用星环科技大数据基础平台 TDH 充分扩大和提高了数据处理规模与数据处理能力，可以实时采集存储数据并进行需求业务分析。这在进一步保障数据安全的同时，大大提高了数据的利用效率。正因此，春秋航空利用 TDH 进行成本指数监控，适时建立直飞优化模型以减少飞行距离，建立高度优化模型以降低飞行阻力等，在航油

成本控制这一关键问题上取得了重要突破。

此外，针对飞行安全问题，春秋航空利用算法对航班运行时间、飞行天数等参数进行分布式记录，利用大数据对飞行员的飞行强度、飞行疲劳度进行分析，从而调整飞行计划、航班安排等，充分保证飞行安全。

在公司内部的业务流程上，春秋航空在2018年就已利用RPA（机器人流程自动化）进行财务流程自动化处理的探索。通过执行一定规则下的重复指令，RPA机器人帮助实现业务流程的自动化，如自动对账（将多支付渠道账目合并对账结算）、自动审核等。

（二）用户体验智能

服务个性化、智能化是航空公司建立差异化的重要角力点。购票是用户体验评价的初始环节，也是“第一印象”，其重要性不言而喻。春秋航空是国内民航界首个将智能证件识别技术接入自有系统的航空公司，OCR图像识别帮助用户便捷高效地输入证件号，让购票体验更加顺畅。

智能购票正面临着从图形化交互界面（graphical user interface，GUI）到通过语音或文字进行对话（conversational user interface，CUI）的交互革命。智能助理、社交机器人等智能产品，及其所带来的基于自然语音交互的对话和服务正逐步融入春秋航空的购票环节，充分实现流程简化、精准服务。

二、价格：实现动态定价与个性促销

低价是春秋航空最大的优势之一，如何在保持低价的同时提高盈利能力，是春秋航空面临的重要挑战之一。智能定价和智能促销是春秋航空在价格方面实现智能的主要方式。

（一）智能定价

春秋航空利用大数据技术，对航线、时间、客流等信息进行分析，根据市场需求和供给情况，提供更合理的机票价格，实现智能定价。科学合理的定价策略在优化用户购买体验的同时，提高了春秋航空的盈利能力和市场竞争力。

（二）智能促销

通过挖掘长时间收集的数据（如历史购买记录、浏览行为等），分析用户购买机票倾向，向用户推送个性化的促销信息，吸引用户购买机票，春秋航空以此提高了促销效果和转化率，实现了业务增长和个性化客户服务的业务目标。

三、渠道：构建智能仓储

春秋航空携手物流混合云引领者唯智信息打造了WMS仓储管理系统，坚定向智能化物流迈进。该系统旨在实现生产数据全面化、上下游数据集中化、环节监控透明化以及流程操作标准化。利用集成智能化技术，春秋航空构建机供品信息化平台，打造信息化物流，构建透明精细的数据流程管理，整体突出“以旅客为中心”的理念，满足广大旅客个性化需求。

四、传播：智能融入“洞察＋创意＋投放”全流程

在传播方面，春秋航空利用“AI+CDP”打造航空业数智化营销平台，对消费者的潜在

消费需求、旅客价值等进行精准挖掘与分析，充分提升了精细化运营能力。此外，春秋航空还配合使用广告监测、A/B 测试及多种应用模块，实现了数智化、个性化的传播。从具体的营销传播活动来看，春秋航空主要围绕以下几个方面开展智能创意活动。

（一）虚拟人营销：“阿秋”+“无限空间”[56]

2022 年，春秋航空迎来了首航 17 周年，董事长王正华“穿越时空”进入虚拟空间，为春秋集团新上线的“无限空间”平台做推介，与品牌首位二次元虚拟人——“阿秋”共同完成了一段“虚实结合”的太极拳展示（见图 3-1）。该直播活动受到行业内外的广泛关注，当晚直播累计观看人数达 370 万人次，传播效果显著。

图 3-1　春秋集团王正华董事长与“阿秋”在“虚拟空间”打太极

春秋航空对“阿秋”进行了个性化的设计，包括其出生地、性格、愿望等，其中不少元素都展现了春秋航空的企业文化及发展目标。“阿秋”的出现展现了春秋航空和年轻消费者建立更深度的情感连接的意图。企业的发展历程、企业文化、创新产品得到了全新表达。

无限空间是一个虚拟空间平台，集中展示了春秋集团的各类新业态、新内容和新玩法，用户可在其中创建自己的虚拟形象，实现多种互动体验。未来，无限空间还将不断完善，推出更多的新玩法、新场景、新形象和新产品。

（二）体验营销：个性化航班

春秋航空利用多种智能产品、价格策略与渠道管理提供优质、精准的服务。除此之外，春秋航空还力图打造个性化航班，开启空中私人定制服务，为有创意、有想法的旅客提供服务，如：空中求婚、空中纪念日等；邀请演奏家演奏二次元动漫主题歌曲，打造动漫主题航班、角色扮演航班等。

（三）售前售后服务

春秋航空通过大数据分析为旅客精准推送吃住行等各项服务，旅客还可通过 Apple Watch 实时查询航班信息等。在反馈阶段，春秋航空从 2015 年开始布局大众点评等用户反馈渠道端，利用大数据与社交机器人等实时响应旅客和员工的诉求。

此外，智能客服系统可以根据用户提出的问题，自动回答或转接人工客服，充分提高了客服效率，减少了用户等待时间，提高了用户的满意度。

【案例小结】

春秋航空通过“产品 + 价格 + 渠道 + 传播”实现了全面的智能营销布局。春秋航空通过智能化的产品设计和服务流程，提高了企业运营效率和用户购票的便捷性；通过科学合理的定价、促销策略，提高了市场竞争力和交易转化率；通过多样化的渠道，为用户提供了便捷和个性化的服务体验；通过智能的传播策略，提高了传播效果和用户忠诚度。未来，随着智能化技术的不断发展，春秋航空有望继续探索智能营销的新方向，为企业创造更多效益，为用户带来更优体验。

参考文献

[1] 颜延，邹浩，周林，等. 可穿戴技术的发展[J]. 中国生物医学工程学报，2015，34(6)：645.
[2] 物联网智能家居特点及优势[EB/OL].(2020-12-30)[2023-03-01]. http://www.zhihejia.com/baike/3352.html.
[3] 方毅芳，宋彦彦，杜孟新. 智能制造领域中智能产品的基本特征[J]. 科技导报，2018，36(6)：7.
[4] 孙效华，张义文，侯璐，等. 人工智能产品与服务体系研究综述[J]. 包装工程，2020，41(10)：50-54.
[5] 宏赫臻财. 主题投资|101家"智能家居"概念涉及上市公司初选[EB/OL].(2021-07-29)[2023-03-01]. https://mp.weixin.qq.com/s/Tfm8VunZfz9fOf4jBf79NA.
[6] 宫剑闯. 小米智能家居国际市场营销策略分析[D]. 长春：吉林财经大学，2021：29.
[7] 智和家. 小米智能家居特点及优势[EB/OL].(2021-08-25)[2023-03-01]. http://www.znjj.tv/brand/news/443.html.
[8] 简书. 小米智能家居的应用中存在的问题及改进措施[EB/OL].(2021-05-22)[2023-03-01]. https://www.jianshu.com/p/a34e5bd9ba3d.
[9] 陈马娟，黄婷婷. 基于4P营销理论的电子商务企业定价策略研究[J]. 价格月刊，2015，(4)：66-68.
[10] SEELE P，DIERKSMEIER C，HOFSTETTER R，et al.Mapping the ethicality of algorithmic pricing：a review of dynamic and personalized pricing[J]. Journal of Business Ethics，2021，170(4)：699–712.
[11] 人人都是产品经理."动态调价与排队等候"功能策略分析[EB/OL].(2022-01-17)[2023-03-01]. http://www.woshipm.com/pd/5291275.html.
[12] 喻玲，兰江华. 算法个性化定价的反垄断法规制：基于消费者细分的视角[J]. 社会科学，2021，(1)：79.
[13] 孙晋，王迪. 电商平台个性化定价行为的违法性界定及规制路径：基于动态定价行为和线下交易行为的比较视角[J]. 西北工业大学学报（社会科学版），2022，(1)：112.
[14] 大数网. 智能定价，让保险服务"一人一价"成为可能[EB/OL].(2020-03-05)[2023-03-01]. https://www.sohu.com/a/377908409_470007.
[15] 钛媒体App. 详解国内首个"互动保险计划"，和它背后的保险野心[EB/OL].(2019-04-29)[2023-03-01]. https://page.om.qq.com/page/OXTTNuuwEExs8yyM541M3ljQ0.
[16] 金融界保险. 阳光首款智能定价保险"i保定期寿险"上线，风险越低保费越便宜[EB/OL].(2019-07-09)[2023-03-01]. http://insurance.jrj.com.cn/2019/07/09114627815973.shtml.
[17] 同[15].
[18] 邹开亮，刘佳明. 大数据"杀熟"的法律规制困境与出路：仅从《消费者权益保护法》的角度考量[J]. 价格理论与实践，2018，(8)：47.

[19] 李飞翔．“大数据杀熟”背后的伦理审思、治理与启示［J］．东北大学学报（社会科学版），2020，22（1）：9.
[20] 来咖智库．“大数据杀熟”的真伪之辨［EB/OL］．（2021-04-27）［2023-03-01］．https://baijiahao.baidu.com/s?id=1698153595550119573&wfr=spider&for=pc.
[21] McKinsey & Company. Pricing through the pandemic: getting ready for recovery［EB/OL］．（2020-07-07）［2023-03-01］．https://www.mckinsey.com/business-functions/marketing-and-sales/our-insights/pricing-through-the-pandemic-getting-ready-for-recovery.
[22] 喻玲．算法消费者价格歧视反垄断法属性的误读及辨明［J］．法学，2020，（9）：85-86.
[23] 承上．人工智能时代个性化定价行为的反垄断规制：从大数据杀熟展开［J］．中国流通经济，2020，34（5）：122-127.
[24] 王琴琴，杨迪．人工智能背景下本土化智能营销策略研究［J］．新闻爱好者，2019（11）：56.
[25] 张建军，赵启兰．面向新零售的全渠道供应链整合与优化：基于服务主导逻辑视角［J］．当代经济管理，2019，41（4）：28.
[26] 李刚，樊思呈．面向智能制造的智慧供应链研究述评与展望［J］．供应链管理，2020，1（4）：69-70.
[27] 联想内些事．为什么说联想智慧渠道转型是独一无二的?［EB/OL］．（2018-06-26）［2023-03-01］．https://mp.weixin.qq.com/s/srgMSZu5OtMMD1BOuWBqkA.
[28] 互联网用户研究所．2020年智能渠道与新零售将迎来爆发期［EB/OL］．（2018-06-26）［2023-03-01］．https://mp.weixin.qq.com/s/a0s1r4WLczq42qip_LjifA.
[29] 同［27］：74.
[30] 肖焕彬，初良勇，林赟敏．人工智能技术在供应链物流领域的应用［J］．价值工程，2019，38（25）：155-156.
[31] 马彦华，路红艳．智慧供应链推进供给侧结构性改革：以京东商城为例［J］．企业经济，2018，37（6）：189.
[32] 凌晨．“盒马鲜生”和“京东便利店”供应链模式分析［J］．广告大观（理论版），2020（3）：71.
[33] 京东云．京东“11·11”快递分钟达：智能供应链背后的“云”秘密［EB/OL］．（2021-11-16）［2023-03-01］．https://mp.weixin.qq.com/s/R8EXrAWf2Jj_RSvJ4SPm7A.
[34] 廖秉宜．优化与重构：中国智能广告产业发展研究［J］．当代传播，2017（4）：97.
[35] 程明，程阳．智能技术时代营销传播的变革与智能营销传播的未来发展［J］．现代广告，2020（9）：29-33.
[36] 汪菲．智能营销与品牌传播创新研究［J］．现代营销（经营版），2020（5）：125.
[37] 段淳林，任静．智能广告的程序化创意及其RECM模式研究［J］．新闻大学，2020（2）：25.
[38] 刘珊，黄升民．人工智能：营销传播“数算力”时代的到来［J］．现代传播（中国传媒大学学报），2019，41（1）：11.
[39] 谷虹．品牌智能：数字营销传播的核心理念与实战指南［M］．北京：电子工业出版

社，2015：42-44.

［40］ 彭兰．假象、算法囚徒与权利让渡：数据与算法时代的新风险［J］．西北师大学报（社会科学版），2018，55（5）：21.

［41］ 斯考伯，伊斯雷尔．即将到来的场景时代［M］．赵乾坤，周宝曜，译．北京：北京联合出版公司，2014：42，90.

［42］ 科特勒，卡塔加雅，塞蒂亚万．营销革命4.0：从传统到数字［M］．王赛，译．北京：机械工业出版社，2018：103.

［43］ 尚恒志，罗怡静．5G时代智能营销传播的新趋势与冷思考［J］．现代广告，2020（9）：20-23.

［44］ 同［36］：31-32.

［45］ 同［44］.

［46］ 段淳林．智能营销与传播创新［J］．中国广告，2019（8）：107-108.

［47］ 向怡颖．秒针系统：打破数据孤岛［J］．广告大观（媒介版），2015（8）：6.

［48］ Erica Sweeney. 吃掉10%市场份额，亚马逊成为程序化广告最大广告主［EB/OL］.（2018-08-07）［2023-03-01］．https://new.qq.com/omn/20180806/20180806A1OZ5S.html.

［49］ Mintegral. Mintegral洞察：巨头夹缝中，高速发展的程序化广告市场何去何从［EB/OL］.（2018-07-04）［2023-03-01］．https://www.chinaz.com/news/2018/0628/908269.shtml.

［50］ 段淳林，杨恒．数据、模型与决策：计算广告的发展与流变［J］．新闻大学，2018（1）：129.

［51］ 秦雪冰．技术嵌入与价值取向：智能广告的演进逻辑［J］．湖北大学学报（哲学社会科学版），2022，49（1）：172.

［52］ m360内容中心．AI智能机器人来了，取代哪些营销工种？［EB/OL］.（2022-01-24）［2023-03-01］．https://mp.weixin.qq.com/s/wMI-fXWxOAG3SRxhRebYtQ.

［53］ 艾瑞咨询．2021年中国人工智能产业研究报告（Ⅳ）［R/OL］.（2022-03-26）［2023-03-01］．https://mp.weixin.qq.com/s/YKsZgK9wJq2Ag1CmFeZj1g.

［54］ 阿里智能信息事业群智能营销平台．建长线生态，持高质量增长思维，智能营销平台2021年度盘点［EB/OL］.（2021-12-31）［2023-03-01］．https://mp.weixin.qq.com/s/wYhdy5DUNdH8R473DbpG7g.

［55］ 齐鲁晚报．春秋率先接入人工智能，大幅提升用户体验［EB/OL］.（2016-07-18）［2023-03-01］．https://news. sina.com.cn/o/2016-07-18/doc-ifxuaqhu0624173.shtml.

［56］ 北京商报．推出新形象，春秋航空要靠Z世代赚钱了吗？［EB/OL］.（2016-07-18）［2023-03-01］．https://baijiahao.baidu.com/s?id= 1733616639392796411&Wfr=spider&for=pc.

第四章
CHAPTER 4

计算广告的理论基础

§ 学习目标

1. 了解计算广告的理论溯源。
2. 区分计算广告的不同模型。
3. 掌握计算广告中的营销逻辑。
4. 了解计算广告的归因。

§ 导入案例

Google AdSense 转为首价拍卖模式

2019 年，Google 在几乎所有的广告平台都完成转型后，终于将其广告服务器 AdMob 和发布商交易平台 Google Ad Manager 转变为首价拍卖模式[1]。

2021 年 10 月 7 日，Google 终于在自己的博客中分享了 Google AdSense（谷歌广告联盟）将转为首价拍卖模式的消息，并宣称将在 2021 年晚些时候就应用这一策略。

这种改变很大程度上可能源自越来越多的反垄断审查和 Google 透明度的信任危机。由得克萨斯州和其他州总检察长牵头的一项针对 Google 的反垄断诉讼，指控 Google 以其广告网络（包括 AdSense 内容广告）和 Google Ads 为中心进行非法垄断。Google 在此刻改变其竞价模式，以一种更公开透明的方式消除争议可能对其商业发展有更大的好处。

具体来看，虽然在过去的几年时间内，大多数广告平台乃至 Google 内部的几乎所有生态都已经逐渐转向首价拍卖模式，但 AdSense 却一直没有做出相应的改变。

Google 此前的最后观望（last look）机制虽然在表面上能够让广告买家更好地浏览广告库存，但实际上是创造了一个属于 Google 的独特优势——只需要在最后比最高价多付 1 分钱，就能赢得这次展示广告的机会。这就意味着 Google 可以让那些应用 Google 的 AdWords 和 DSP 买家轻松提高他们的中标率，并且以更优惠的价格获得那些有价值的广告库存。这也是为什么即便大多数的广告平台都在 2017 年就开始逐渐转向首价拍卖模式，Google 直到 2019 年依旧选择使用相对不透明的第二价格拍卖模式。

即便抛去最后观望机制不谈，在第二价格拍卖模式中，即便广告商的最高出价为 7

美元，而第二价格只有2美元，广告商也几乎不可能以2美元的价格购买该广告。在大多数情况下，科技公司会将差价中的一部分收入囊中，并将其称为所谓的“买方费用”。这就是很多买家谈之色变的“广告技术税”。

早在2019年，Google宣布Google Ad Manager和AdMob已经切换到首价竞拍模式时，不少从业者就对此提出了质疑，认为Google不是想创造一个更公平且透明的交易环境。毕竟，当时的Google虽然改变了关于Google Ad Manager的竞价规则，但没有放弃其控制端到端购买体验的产品的二价拍卖。YouTube、Google搜索、AdSense搜索广告和其他Google资产将继续使用第二价格拍卖模式。

这次Google生态内的绝大多数产品都已经逐渐完成了竞价模式的改变。看起来Google AdSense转为首价拍卖模式不会对其合作伙伴带来负面影响，与之相反，这一变化将“增强广告主对数字广告支出的信心”，毕竟过去第二价格拍卖确实缺乏足够的透明度，以至于大多数广告主都对其资金去向感到不安。因此，竞价模式的转变，从理论上来说确实能够将广告库存拍卖转变为一种更公平且简单的竞争，从而使得AdSense的外部DSP获益。

但事实真的如此简单吗？显然，Google在此时此刻的突然转变，多少有点可疑。

这一次关于Google AdSense的竞价规则改变和上次似乎并无不同，虽然其竞价规则改变，但因为AdSense for Search这一由Google主导的独家产品并没有选择同步转向首价拍卖，反而维持过去的第二价格模式不变，不少从业者表示：Google大概率是为了在他们自己的黑匣中为更高级的竞标和变现机会腾出足够的空间。

事实上，Google在历史上确实如此做过——表面上为了提高透明度进行改变，但直到很久以后人们才发现其通过这一举动创造了额外的隐藏优势。例如，在此前一项针对Google的诉讼中就曾提出，在2017年Google取消最后观望机制时，反而通过一些方法最终重新设计了“领先于竞争对手的交易能力”。

即使Google在2017年就曾宣称逐渐停用最后观望机制，但首先它并没有被立即停用。其次，正如当时很多从业者的看法一样，即便最后观望机制消失，Google依旧拥有巨大的优势。

由于Google的基础设施相较绝大多数企业而言更强，这就意味着它能够在拍卖结束前，完成远比其他平台更多次数的报价。更不用说，由于Google的竞价项目使用了服务器到服务器的模式，所以大多数合作伙伴没有办法看到目标用户的所有信息，这也使得Google还保留了一项额外优势——相较竞争对手而言，Google显然更了解用户。

更不用说，Google最近在谈论其转向大数据驱动的人工智能归因建模时公开提到，Google AdSense将继续提供Google在其所有广告产品中使用的数据库。除了这部分之外，更为有利的证据则是在2021年6月7日，Google与法国竞争管理机构（ADLC）达成和解，前者向后者支付2.68亿美元的罚金并修改其广告业务。

从法国竞争管理机构后续发布的声明来看，其指责Google不公平推广自己的在线广告服务中很重要的一条，就是Google没能保证所有买家（即使是使用非Google DSP的那部分）平等访问拍卖结果相关的数据，同时对自家的广告技术实施优待，例如获取更多信息。

除此之外，根据《华尔街日报》更早一些的针对伯南克计划（Google's Project Bernanke）的相关报道，Google可能在某种程度上将发布商的广告服务器数据输入其购买系统，从而获得市场份额，并因此进一步保持一个更有竞争力的价格。

或者说得更简单一些，就是Google选择放弃了一些已经被发现的“违反公平竞争”原则的手段，转而通过一些其他的黑箱操作来继续保持自己的优势。

但无论如何，就目前的已知信息综合来看，与第二价格拍卖相比，首价拍卖对广告买家而言是一个更简单且透明的方案，出价7美元，支付7美元，所有的故事到此结束。广告买家可以清晰地确认自己花了多少钱，而不需要考虑为什么报价7美元最终却以5美元成交，这里面到底有多少隐藏费用归于开发商，如果没有第二价格拍卖模式及其模糊的收费结构，广告买家对“广告技术税”这种隐藏费用的恐惧可能远不会如此严重。

【案例小结】

长久以来，程序化广告投放的交易模式都是以实时竞价的方式完成的，遵循“价高者得，次高价成交”的定价规则。从博弈论的角度来看，在程序化广告交易过程中，存在两组基本的博弈关系：第一组博弈关系是指多位广告主之间的同时性博弈，在实时竞价过程中，有意竞拍某个广告位的广告主同时出价，价格最高的广告主可获得该广告位的投放权，并且以竞价中的第二高价结算，这种竞价模式的核心逻辑来源于拍卖理论中的“第二价格密封拍卖”；第二组博弈关系是指广告主与广告平台双方之间的博弈，在出价中，只有双方都有所获益，即广告主能以公平、可接受的价格赢得目标广告位，广告平台能从中获取利益，这场博弈才能实现真正的“双赢”，整个广告行业也才能获得长足的发展。

但近些年来，“价高者得，次高价成交”的定价规则开始受到外界质疑，有人认为“次高价成交”背后具有不透明的可操作化空间，可能存在被广告平台“暗中收税”的问题，对广告主并不公平。因此，逐渐有平台开始转向按“最高价”结算的方式，Google作为全球广告收入最高的互联网平台巨头之一，决定将Google AdSense转为首价拍卖，一定程度上也说明了第二价格拍卖的机制确实存在不足之处。然而，首价拍卖并非绝对完美，这种拍卖方式背后也存在如优质广告位置被暴利行业垄断、广告平台利益缩水等一系列弊端。广告竞价是一场涉及多方利益的长久博弈，如何在其中找到一个平衡点，做到惠及各方，实现最佳的博弈效果，是广告行业须进一步深入思考的重要问题。

从上述案例中可以看到，计算广告学是广告学领域兴起的一个学科分支和交叉学科，也涉及博弈论、拍卖理论与机制设计等经济学领域的内容。此外，计算广告的理论基础还来自计算科学、营销学、社会心理学等学科，这正是本章的重点所在。

计算广告的概念自2008年被正式提出至今，已历经了十余年的发展。一直以来，计算广告学常被认为是一门应用型学科，因为它缺乏深厚的学科理论作为基础支撑。

作为一门具有前瞻性的新兴交叉学科，计算广告自身确实缺乏一套专属的成熟理论体系，但计算广告的发展并非毫无理论根据，对计算广告进行溯源，我们就能发现计算广告与哲学范畴的计算主义、演化经济学视角的计算—经济范式、计算社会科学等经典理论都有密切的联系。近年来，计算广告在广告行业具体的实践应用中不断自我完善、自我发展，目前已形成一些与传播模式、生态系统、测量系统、品牌相关的研究模型。更值得一提的是，相对于传统广告模式，计算广告的特征是个性化受众定向、实时竞价模式、程序化交易系统、程序化创意等具有研究价值的广告运作新环节，这也引起了国内外学界的共同关注，学者们通过营销学、经济学、传播学等关联学科的视角，对这些运作环节及其带来的现象与影响进行理论分析，进一步丰富了计算广告的理论体系。

本章围绕与计算广告相关的理论，对计算广告发展影响深远的理论进行溯源，了解计算广告的理论背景，再集中介绍现阶段用于研究计算广告不同方面的一些模型。最后从计算广告中的博弈、计算广告中的营销逻辑、计算广告的归因几个方面展开理论分析。

第一节　计算广告的理论溯源

一、计算主义的发展

20 世纪，随着计算机在全球逐渐普及，计算机科学兴起并迅速发展。在计算机科学的影响下，人类逐渐形成数字计算的思维模式。计算思维也开启了人类探索未知世界的一扇大门，一系列以计算理性为基础的、关于探索世界与自然的讨论纷纷展开，使人类对世界的认识方式有了新的转变，并逐渐形成了一套新的世界观与方法论，我们将其称为计算主义。

计算主义“源于 20 世纪早期形成的认知计算主义和更早期的理性主义”[2]，“最初是认知科学的一种研究纲领，其基本思想是：心理状态是计算状态，心理过程是计算过程”[3]。有学者将计算主义的发展分为以下三个重要阶段[4]。

（一）第一阶段

第一阶段是智能的和心灵的计算理论的形成，属于认知计算主义。在这个阶段，智能或心灵活动可看作计算过程。

霍布斯明确提出，推理的本质就是计算。在计算理论发展中，阿兰·图灵的思想非常关键，他认为人的大脑是一台离散态机器，并且通过图灵测验，论证了心灵的计算本质。纽厄尔与西蒙认为，人类大脑和计算机在某一抽象层次上是具有共性的，人类大脑和恰当编程的数字计算机可被看作同一类装置的不同特例，它们都通过用形式规则操作符号来生成智能行为。在联结主义看来，神经网络的本质是计算。1987 年，波拉克也提出，神经网络与图灵机本质上是等价的。[5]

（二）第二阶段

第二阶段是生命的计算理论的形成，是关于计算主义的生命观。这个阶段的主要观点为生命的本质是计算。

计算机科学的开创者之一冯·诺伊曼指出，机器可以像生命一样自我繁殖。他在 1953 年提出了一个能自我复制的逻辑机器模型，他认为，如果我们把自我繁殖作为生命的独一无二的特征，那么这个模型就可以证明机器和生命一样具有自我繁殖的能力。后来，人工生命科学家克里斯·兰顿也提出，生命的本质在于物质的组织形式，这种组织原则可以用算法或程序的形式表达。1994 年，美国科学家阿德勒曼在《科学》杂志上发表了关于 DNA 计算机的理论，他认为细胞就是计算机，DNA 聚合酶系统就是计算机。[6]

（三）第三阶段

第三阶段是世界或宇宙的计算理论的形成，是计算主义的宇宙观。在这个阶段，学界认为整个世界的本质都是计算。

2002 年，沃夫拉姆提出，宇宙是一个巨大的三维细胞自动机，宇宙是一个巨型的计算系统。著名物理学家惠勒在 20 世纪 90 年代提出了“万物源于比特”的观点。2006 年，美国量子计算专家劳埃德在《程序化的宇宙》中指出，宇宙是一个巨大的量子计算机，我们自己和我们周围出现的一切都是这个量子计算机计算的结果。[7]

以上三个阶段反映出，从微观层面的认知到宏观层面的宇宙，从局部到整体，从人类到万物，计算主义无处不在，并且它与宇宙、自然和人类的关系是密不可分的。此时的计算主义已不仅仅是一种认知的哲学科学，还是一种普遍的世界观[8]。

进入 21 世纪，随着计算能力不断升级，计算主义也得到了进一步的发展，为人类社会的学术研究带来更深远的影响。计算主义让我们从数字计算的纯理性角度去展开对宇宙、自然、人类与社会的相关思考。在计算主义的影响下，人工智能、人工生命、人工神经网络等新兴学科纷纷诞生，这些学科在计算主义思想的指导下，其学科理论也得到了新的扩充。而除了对自然科学学科产生影响以外，计算主义也为现代社会科学学科带来了新的思考方向，如计算社会学、计算传播学等新领域在近年颇受学者关注。可以说，计算主义“正在成为一个几乎遍及所有科学和哲学领域的‘超范式’”[9]。

二、从技术 – 经济范式到计算 – 技术范式

“技术 – 经济范式”这一概念最早是于 1983 年由演化经济学家卡萝塔・佩雷斯提出的，取代了多西提出的“技术范式”概念。技术 – 经济范式是指“通过新技术的扩散应用，成倍放大其对经济的影响，最终改变社会制度结构的组织方式”[10]，它更强调技术与经济两者间相互作用和相互依赖的关系[11]。在《光阴似箭：从工业革命到信息革命》中，“技术 – 经济范式”被认为是一定类型的技术进步通过经济系统影响产业发展和企业行为的过程[12]。

从社会发展的宏观角度来看，“技术 – 经济范式转换是社会、技术、制度等因素综合作用的结果，以在特定技术条件下满足同时期人们的价值需求为导向，以技术为使能的经济结构和形态转换”[13]，“通过技术 – 经济范式转换，数字经济与社会要素的互动进一步构成社会技术系统，从而把影响渗透到整个社会领域”[14]。

19 世纪至今，人类社会已发生了五次技术革命。在时代的变迁下，技术 – 经济范式也不断更新其内涵与理论。在 21 世纪，大数据、云计算、人工智能等技术大大提升了人类的计算能力，“计算技术在‘万物皆可量化’思想的引导下对社会科学等更广泛领域产生影响”[15]，为人类的科学研究带来第四范式——：“关于‘数据密集型’的新的技术 – 经济范式”，这也意味着计算 – 技术范式的诞生。

三、社会计算与计算社会科学

随着互联网的出现、深入与普及，全球网民规模逐渐庞大，每时每刻都有大量网络用户在互联网上产生海量数据，而强大的计算技术挖掘出了这些数据更大的价值，数据因此成为这个时代最宝贵的信息资源。在数据与算法的合力驱动下，人类正式步入大数据时代。

（一）社会计算的概念

大数据为进行社会分析和研究提供了便利条件，使得通过计算手段分析社会问题成为可能。在大数据时代背景下，计算技术被广泛运用于更多社会科学的计算研究领域，社会科学理论与计算理论相结合，产生了很多与计算相关的前沿交叉研究方向与社会应用热点，这成为社会计算发展的来源。伴随大数据应用对社会发展的重要性更加凸显，社会计算也越来越受到学界关注与重视，开始“从最初的经济学实验室延展至整个社会科学领域”[16]。

其实早在20世纪90年代中期，科学研究领域就已经出现了从个人计算向社会计算过渡的趋势。两者的区别在于“个人计算关注个体使用信息技术，社会计算通过小型的社会群体或大型的社区用户一起协作、使用信息技术”[17]。1994年，国外已有学者提出“social computing”[18]一词，但不是“指面向社会科学的计算理论和方法”。2004年，社会计算概念第一次被正式提出。我国学者王飞跃认为，“社会计算旨在架起社会科学与计算技术间的桥梁，从基础理论、实验手段及领域应用等各个层面突破社会科学与计算科学交叉借鉴的困难”[19]。

（二）计算社会科学的成立

社会计算具有广阔的研究前景与广泛的研究范围。在社会计算的影响下，计算社会科学的研究方向应运而生。2009年，拉泽尔等在《科学》上发表的文章首次提出“计算社会科学（computational social science）”；2012年，14位欧美学者通过共同发表的《计算社会科学宣言》正式宣告“计算社会科学”成立。计算社会科学领域开始成为学界关注与研究的重点。

计算社会科学是一门数据驱动的、以数据密集化为特征的交叉学科。在计算社会科学领域中，既有理论研究也有应用研究，目前常见的研究内容有社会网络分析、社区分析、意见挖掘、模型预测、个性化推荐、社交媒体研究、信息传播机制研究等[20]，为社会学、管理学、传播学、营销学等学科带来了新的研究视角。

四、计算传播学

（一）传播学的“计算”转向

在大数据与互联网时代，人类已适应数字化的生存方式。人类的意愿、行为与习惯可用各种数据来表示、描述、说明，人类的决策可以用数据来预测、评估、判断，数字化成为人类社会一个新的发展特点，并且深深融入人类社会的交往传播中，衍生出了很多与数字、数据相伴随的传播现象。

传播学是社会科学的一门重要学科，21 世纪以来其研究者一直都在寻求更好的研究方法来弥补以往惯用的定量研究与定性研究所存在的不足之处，与时代进一步接轨。在计算主义影响之下，传播学科出现了“计算”转向，传播学的经典理论与计算理论相互交织，对传统传播模式中的传播者、传播内容、传播渠道、受传者与传播效果等要素都产生了巨大的影响，给传播学带来新的拓展与延伸，并逐渐形成计算传播学这一新兴学科。

（二）计算传播学的定义和特点

计算传播学主要“以传播网络分析、传播文本挖掘、数据科学等为主要分析工具，大规模地收集并分析人类传播行为数据，挖掘人类传播行为背后的模式和法则，分析模式背后的生成机制与基本原理”[21]。学界普遍认为，计算传播学是计算社会科学的重要分支，在未来很有可能成为传播学主流范式之一。

计算传播学有以下特点。

（1）将计算语言学作为传播内容分析的工具和方法。计算语言学又称为统计学，侧重于使用统计学工具和机器学习方法分析各种语料，词云分析、语义网络分析、情感分析、文本聚类、主题模型、机器翻译、语音识别等都可以被广泛地应用于传播文本挖掘。

（2）从计算机科学或更广义的信息科学等视角来理解传播过程中的数据和可计算性。

（3）发现人类传播行为所隐藏的模式和法则是计算传播学研究的重要方向，而解释其背后的机制和原理成为计算传播学研究的目标。

（三）计算传播学的发展

虽然计算传播学从正式被提出至今仅仅不到十年，但整体上发展迅速。在实践应用上，计算传播学得到了广泛的应用，发展出了数据新闻、计算广告等新的应用学科，为传播研究提供了数据抓取、数据分析、数据可视化等应用工具，并反哺计算传播学的理论研究，为其带来新的研究素材与对象；在理论研究上，具有跨学科思维的计算传播学已成为一大前沿研究热点，近年来涌现了很多关于计算传播学的论文，而且众多国际大型学术会议都以“计算传播”作为重要议题展开交流与讨论，也收获了丰硕的学术理论成果，推动传统传播学研究范式的更新。

五、计算广告学：新的广告学研究范式

计算广告（computational advertising）的概念最早于 2008 年由美国雅虎研究院的研究员安德雷·布罗德（Andrei Broder）所提出。他指出，计算广告主要是为特定情境下（context）的用户（user）找到一个合适的广告（advertisement），以实现广告的最优匹配。之后计算广告迅速发展成为广告行业内较为前沿的一种广告形式，计算广告学也逐渐成为中外广告学界研究的新范式。

（一）计算广告的定义

2008 年，安德雷·布罗德第一次正式提出计算广告的概念，他使用“最优匹配”一词来

形容计算广告中用户和广告的关系。从此，计算广告开始受到学界的关注，学者们也不断结合广告的发展，从以下几个不同方面赋予计算广告新内涵。

第一是从产业的角度来看计算广告。经过十余年的发展，计算广告已经逐渐产业化。周傲英等[22]对计算广告的定义（“计算广告是根据目标用户和网页内容，通过计算得到与之最匹配的广告并进行精准定向投放的一种广告投放机制。采用该机制可以大幅度地提高广告主所投放广告的点击率和阅读率，增加广告投放网站的访问量，帮助用户获取优质信息，从而构建出一个良性和谐的广告投放产业链。”），从广告产业的角度出发，强调了广告主、媒体、用户三个主体能在计算广告中获得的价值，如定义中分别提到广告主能提高广告点击率和阅读率，广告投放网站可获得更高的访问量，用户可获取更优质的信息。刘鹏和王超认为，计算广告的核心问题是为一系列用户与环境的组合找到最合适的广告投放策略以优化整体广告活动的利润[23]，强调了“低成本的用户接触”以及“优化整体广告活动的利润”，重点强调了广告的成本与利润。这些定义都体现出了计算广告背后的商业价值。

第二是从大数据视角来看计算广告。结合大数据时代的发展，众多学者也将数据与算法两大要素纳入了计算广告的定义之中。颜景毅认为，“计算广告的传播是以大数据作为基础和起点”[24]。刘庆振提出，“技术和数据是这一业态产生和演进的两大关键驱动因素”，并首次提到“高效算法”在计算广告中的重要作用[25]。杨扬认为“广告业的发展核心就是通过数据收集和数据挖掘来精准锁定目标消费者”[26]，数据的基础作用再一次被强调。段淳林提出广义的计算广告包含“所有的以数据和算法为底层技术的广告模式”。数据与算法已成为计算广告的重要组成部分[27]。

第三是从场景化的角度来看计算广告。安德雷·布罗德早已在定义中提到“特定语境”这个概念。刘鹏与王超提出为“用户与环境的组合找最合适的广告”，刘庆振提到“寻找广告、情境与用户三者之间的最佳匹配”，杨扬则认为需要结合“用户的时间、地点和需求”来进行广告投放，段淳林也认为要“进行用户场景画像”。由此可见，随着场景营销的发展，计算广告也需要考虑用户所处的场景，用户场景是计算广告的一大要素。

第四是从消费者视角来看计算广告。受营销环境的影响，计算广告也越来越以消费者为中心。颜景毅在定义中提到，计算广告可以对消费者的“消费偏好和意愿进行判断，并且识别人群中不同个体所具有的特点”，可见广告的投放是需要紧紧围绕目标消费者来进行的，同时计算广告也可以做到因不同个体的特点而变得个性化。杨扬认为，要把“准确地聚焦目标受众的注意力以打动他们的心”作为计算广告的结果导向。段淳林也指出“精准匹配及优化用户一系列需求”是计算广告核心内涵的一部分。

综上所述，我们可以这样理解计算广告：计算广告是以数据与算法为核心要素，以消费者为中心，可结合消费者的所处场景与个性化需求进行精准广告匹配与投放的一种广告模式。计算广告能实现最优匹配的广告效果，对广告主、媒体、用户三方主体形成最有利的交互，使三方实现共赢。

（二）计算广告的特征

相比于其他传统类型的广告，计算广告的优势在于强调用计算的方式实现用户与接收的广告内容的最优匹配，由此能大大提高广告投放的精准性与有效性。

目前，计算广告仍处于发展阶段，高度依赖人工智能、云计算、大数据等技术，其应用贯穿于广告的洞察、制作、策划、投放、互动、监测等多个环节，主要的应用形式有制定用户标签、绘制用户画像、推荐广告信息、分析广告数据、优化广告投放等。在计算广告运作的完整链条模式中，整个过程可以体现出计算广告所具有的以下特征。

1. 数据驱动

是否进行广告投放以及何时进行投放，相关的投放决策是基于对用户的数据收集处理以及相关情境的洞察。

2. 全量加工

数据经过采样之后效果明显下降（个性化效果差），因此要进行全部数据的计算。

3. 个性化

广告可以根据每个用户所处的情境进行针对性的个性化的精准展示。

4. 自动化应用

决策（投放什么广告）完全由系统决定。

5. 实时优化

不仅是广告投放前的所有操作具有实时优化性，投放后的监测和广告创意的调整也具有实时优化性。

（三）计算广告的革新

计算广告的出现可以说是对以往的广告传播的一次彻底的革新。在传播模式上，计算广告改变了以往广告传播的单一模式，“广告传播过程在计算技术背景下实现了从粗放的单向式传播到精准智能传播的跨越”[28]，具体分别体现在传播者、传播渠道、传播内容、受传者与传播效果这五大要素的转变上。

1. 传播者

关于传播者，计算广告所依附的广告交易平台操作简单，交易门槛低，且面向大众，计算广告中的广告传播者不再只是企业为主导的广告主、广告代理商群体，还可以是任何具有广告投放需求的个人或小型商户。

2. 传播渠道

在传播渠道上，计算广告的供应方平台具有大量在线广告的库存资源，可以实现广告在线上的多渠道投放，通过各种方式触达目标人群。

3. 传播内容

计算广告中的传播内容可由智能创意系统快速生成，以往由创意人员负责广告创意生成的时间与人力成本过高，难以适应目前巨量的广告市场需求，而计算广告改变的不仅是广告创意内容的生成作业方式，还有广告信息内容，但计算广告的广告内容难免具有模板化、同质化的特点。

4. 受传者

计算广告最大的优势就是完全受众定向，将广告信息推送给最适合的目标消费者，相对于以前茫茫人海式的大众受传者，计算广告的受传者更加具象化，从粗放式的人群转变为精准化的某个消费者。

5. 传播效果

计算广告的精准定向有效提高了广告的投放到达率与转化率，在广告触达、销售转化的角度上有效提升了广告传播效果，使广告预算花在正确的目标消费者身上，为精准营销提供了良好的技术条件。

在互联网电子商务崛起的时代，海量广告主的海量广告需求大力推动了计算广告的迅速成长。以数据、算法为核心要素的计算广告对传统的广告理论与广告模式带来了新的冲击，也为广告学带来了全新的研究范式。作为一种新兴的广告形式，计算广告还包含了竞价广告交易、程序化投放、算法智能推荐等值得深入研究的现象。同时，在计算广告快速发展的同时，算法歧视、用户数据泄露等问题也逐渐暴露，亟待解决。

第二节　计算广告的模型

一、计算广告的传播模型

（一）融合定制传播模式下的计算广告新模式

刘庆振[29]认为计算广告的传播模式已经超越了整合营销传播阶段，计算广告是处于融合定制传播范式之下的，具体表现为定制化推荐、融合化传播、智能化调整与程序化购买四个环节。

1. 定制化推荐：用户量身定制的广告信息

当计算广告学将机器学习、大数据、云计算、电子商务等更多的技术叠加在一起之后，当前应用比较广泛的计算广告形式——推荐系统获得了快速的发展。未来随着计算广告技术的深入发展，定制化的广告信息将会根据更丰富全面的用户个人数据，更加精准地匹配每个用户的实际需求。

2. 融合化传播：媒介融合时代的跨屏传播

媒介融合打破了过去整合营销传播时代所需要整合的不同媒介、不同部门、不同工种、不同终端之间的界限，形成了融合化竞争和融合化传播的格局。融合化的屏幕构成了用户与用户、用户与设备、设备与设备之间相互交流的基础设施。大量用户拥有多个屏幕并且他们的媒介使用习惯是多屏的、跨屏的，广告客户也希望在洞察媒介使用行为和产品消费需求的前提下，让自己的广告信息能够精准、多频次、针对不同屏幕设定个性化内容，甚至是跨屏幕无缝切换地到达目标用户，从而最优化广告效果、最小化传播成本。

3. 智能化调整：即时随地变化的动态策略

动态化的计算广告传播策略成为融合定制传播范式下广告传播的必然选择，它不仅可以获得实时的用户动态，还能够根据具体用户的历史数据和当前行为实时调整广告传播策略。理想的计算广告传播策略，应该是针对不同用户的不同需求或者同一用户在不同时空场景下的不同需求，向用户传播最合适的广告信息。

4. 程序化购买：模式不断创新的交易生态

程序化购买广告是计算广告学所强调的精准匹配这一核心诉求的重要实现方式，其投放形式、投放时间、预算分配均更加灵活和更加精准，在一定程度上满足了广告定制化传播和动态化传播的需求。

（二）以数据为核心的计算广告传播模式

结合计算广告在大数据互联网时代的传播特点，颜景毅[30]提出了关于计算广告的传播模式，整个传播模式主要聚焦在广告投放这一具体环节，以广告主的角度展开（见图 4-1）。

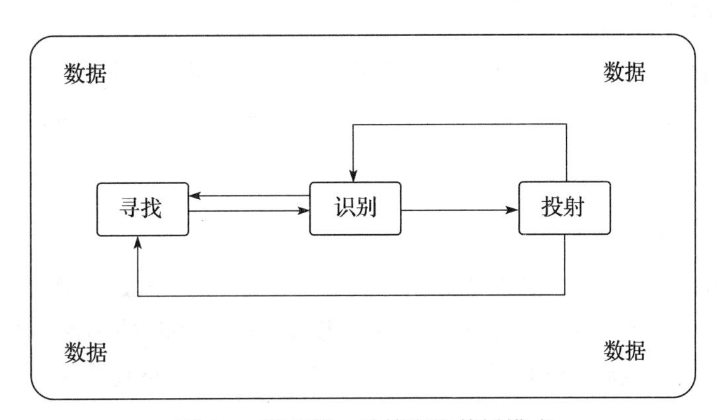

图 4-1 颜景毅—计算广告传播模式

1. 以数据为中心

数据是计算广告的核心，计算广告的传播从数据开始。计算广告的投放离不开用户大数据，传播过程的每一个环节都需要在数据的基础上确保其精准度，以完成数据化精准投放的传播过程。

2. 寻找

广告传播过程的起点是寻找目标人群，对其消费偏好和意愿进行判断。

3. 识别

广告传播过程的第二步是识别人群中不同个体所具有的特点，尤其是识别其中的 KOL（关键意见领袖）。这些 KOL 对于群体的形成、群体的关系具有举足轻重的作用。广告传播的新思维就是寻找、发现社群。

4. 投射

广告传播过程的最后一步是向目标人群有目的地进行广告信息的投射。重点是利用目标群体中的 KOL，向一般目标人群进行广告传播。

（三）基于数据导航定向的计算广告传播模型

计算广告与互联网有密不可分的联系，段淳林等（2018）认为计算广告的传播模型是随着互联网的演进而变化的。

1. Web 1.0 时代

在 Web 1.0 时代，计算广告的传播是基于人口统计学定向实现的，用户接触广告信息的渠道主要源于门户网站与搜索引擎，门户网站与搜索引擎会根据人口统计学属性进行不同的板块分区，广告内容投放在不同板块区域上，进而去触达不同的用户群体，主要以单向传播呈现，精准度不高。

2. Web 2.0 时代

在 Web 2.0 时代，计算广告基于用户标签定向，这个时期大量社交平台产生的用户标签提高了计算广告数据管理平台的丰富度，广告的精准度也进一步提高。同时，传播也呈现出了双向互动的特点。

3. Web 3.0 时代

到了 Web 3.0 时代，计算广告基于数据导航定向实现传播，大数据成为技术主流，用户在互联网产生大量行为、标签数据，使得广告主可以基本确定用户的画像，做到更懂用户。同时，计算广告的交易、投放、管理系统不断完善，整个计算广告的传播模式变得更加程序化与智能化[31]。

在程序化购买四大主要平台 DSP、SSP、DMP、ADX 中，DMP 作为计算广告的中枢神经系统，对人群数据进行分类标签整理以及相似人群寻找等旨在精准定位用户的数据处理，使广告投放更具针对性。通过对用户基本属性、地理位置、终端属性、渠道属性、行为属性、价值属性、兴趣属性等多维度属性的聚焦，目标用户的形象被清晰勾勒和抽象集成概括，复原用户在真实生活场景中的生活轨迹，为用户贴标签，实现用户信息与用户需求的可视化。通过海量的用户结构化与非结构化数据的获取，计算广告依据数据标签导航追踪用户行为（见图 4-2）。

（四）计算广告整合型传播链路模式

在当下的广告营销中，品牌传播、广告技术与消费者行为联系紧密。佘世红等[32]将计算广告与品牌智慧传播、消费者行为相结合，提出了一个包含品牌智慧传播、消费者行为、计算广告产业技术三个要素的计算广告整合型传播链路模式（见图 4-3）。

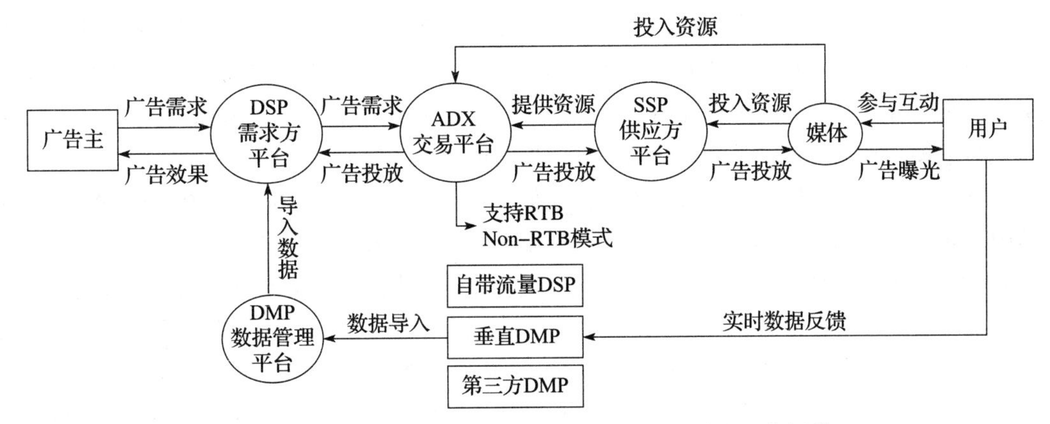

图 4-2　段淳林、杨恒—基于数据导航定向的计算广告传播模型

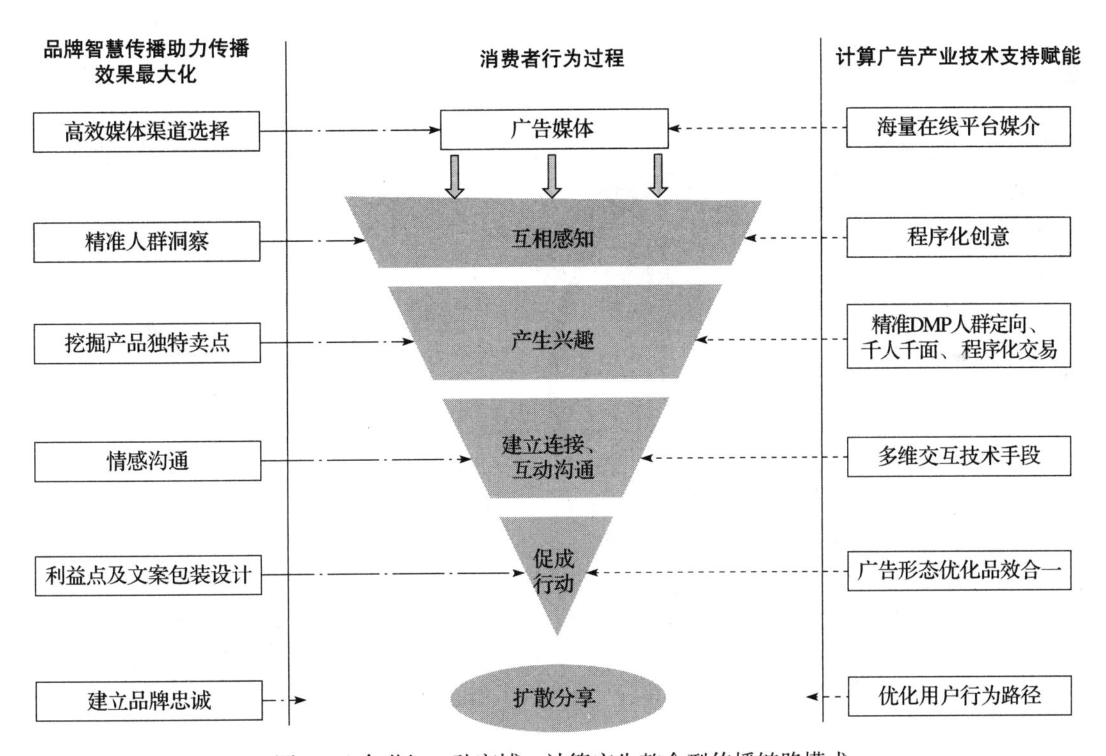

图 4-3　佘世红、孙宵博—计算广告整合型传播链路模式

在这个模式中，以消费者行为过程为中心主轴，品牌智能传播与计算广告技术赋能伴随消费者行为过程展开，同时影响着消费者从最初的感知到最终的行动的整个过程。计算广告对促成消费者最终的行动发挥着重要的作用，提供了程序化创意、精准 DMP 人群定向、程序化交易、多维交互技术手段、广告形态优化品效合一与优化用户行为路径等技术支撑。在整个模式结构中，可以将计算广告传播链路简单提炼概括为“确定画像—精准洞察—制定传播策略—程序化生成创意—推送—智能反馈—智能监测—调整—推送”。

（五）中国智能广告的 ICMBER 模型

智能广告与计算广告并非完全不同的两种形式，从技术条件的角度看，两者是相辅相成的，也有学者认为计算广告是智能广告的初级阶段，表现为计算智能。李海容提到智能广告的三个重点：以消费者为中心、以数据驱动和以算法介导[33]。这说明智能广告的智能化离不开以数据匹配与算法计算作为内核进行运营，与计算广告仍有重合之处。因此，智能广告与计算广告的传播模式具有一定的共性，能为计算广告的传播提供参考价值。

顾明毅（2020）结合当下中国的营销传播特点与实践经验提出了中国智能广告的 ICMBER 模型，传播链路为"识别—定制—匹配—投放—浸合—留存"[34]，形成一个良性循环的营销广告系统，而且模型中涉及采集数据、整合数据、设定需求场景分配数据、算法、智能广告产品（预测）等关键技术，与计算广告的传播与运行具有相似之处（见图 4-4）。相比于颜景毅提出的计算广告传播模式，中国智能广告的 ICMBER 模型不仅聚焦于投放流程，还关注到了广告前期的洞察与创意阶段，并且重视后期用户的体验与行动，形成完整的闭环，整体更倾向于营销传播视角。

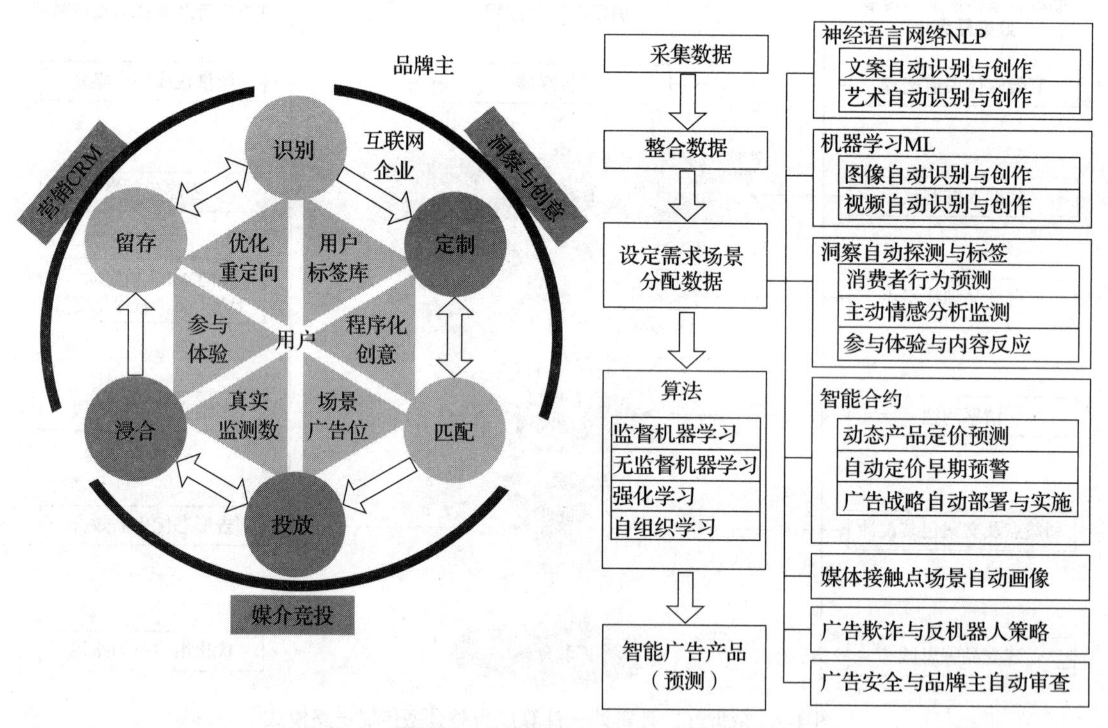

图 4-4 顾明毅—中国智能广告的 ICMBER 模型

1. 识别（identify）

由互联网识别用户形成的标签库成为首要的智能广告产品，越来越多的国家和互联网企业正在实名管理着注册用户。自然而然，智能广告模型中的可识别用户数据信息丰富，构成了初始用户画像（包括人口统计信息、地理统计信息、主观爱好订阅、注册使用服务日期、使用频次、时长、设备、高峰使用时间等）。

2. 定制（customize）

从微信、淘宝到抖音，越来越多的互联网平台可以实时生成用户页面内容的定制化信息流。当识别用户基本属性和订阅需求之后，互联网平台需要针对用户需求生成定制化的内容界面。

3. 匹配（match）

互联网平台向用户提供内容信息，既具有用户需求驱动特征，又带有平台和品牌推荐系统的特征。匹配是对用户接受信息效果的优化。

4. 投放（bid）

互联网平台和广告商将定制和匹配完成后的内容信息投放给单个用户界面，使用户接触到信息。在智能广告投放过程中，形成了真实监测数产品，以用户实际接触数字广告位信息的时间、地点、设备、时长、来源为其价值背书。

5. 浸合（engage）

互联网平台智能广告，超越了大众传播广告，创新地具有了直达营销活动的能力。浸合体系使得营销活动从关注广告曝光过渡到用户行为链路过程。

6. 留存（retain）

留存真正使得智能广告超越传统广告，成为互联网平台掌控的营销平台创新，也超越了媒体平台和渠道平台，推动数字营销发展进入智能化阶段。留存，是指流量用户接受智能广告过程后，最终以“品牌—消费者”互动数据记录，在互联网平台留档，形成优化重定向的智能广告新产品。

二、计算广告的生态系统模型

计算广告在实际具体运营中会涉及多方主体，它“所形成的广告主、出版者、网络、交易平台、需求方、卖方平台的计算广告生态系统，从根本上改变了数字市场的前景，同时通过大规模可利用的库存，扩大了卖方市场的进路”[35]。而从计算广告的传播模式也可发现，多方主体之间存在良性循环互动的关系，在计算广告的发展中也逐步形成了生态系统模型。

（一）计算广告生态系统与关键要素模型

在2020年《广告学刊》推出的计算广告特辑中，有学者提出了计算广告生态系统与关键要素模型[36]。这个模型中包含了广告主、重新定义的广告行业、重新定义的消费者、重新定义的政府、重新定义的消费者保护团体与背景环境因素（见图4-5）。

1. 广告主

在整个计算广告生态系统与关键要素模型中，广告主始终扮演着重要的核心发起角色，根据品牌、产品或活动等需要，发布广告需求，启动整个计算广告生态系统。

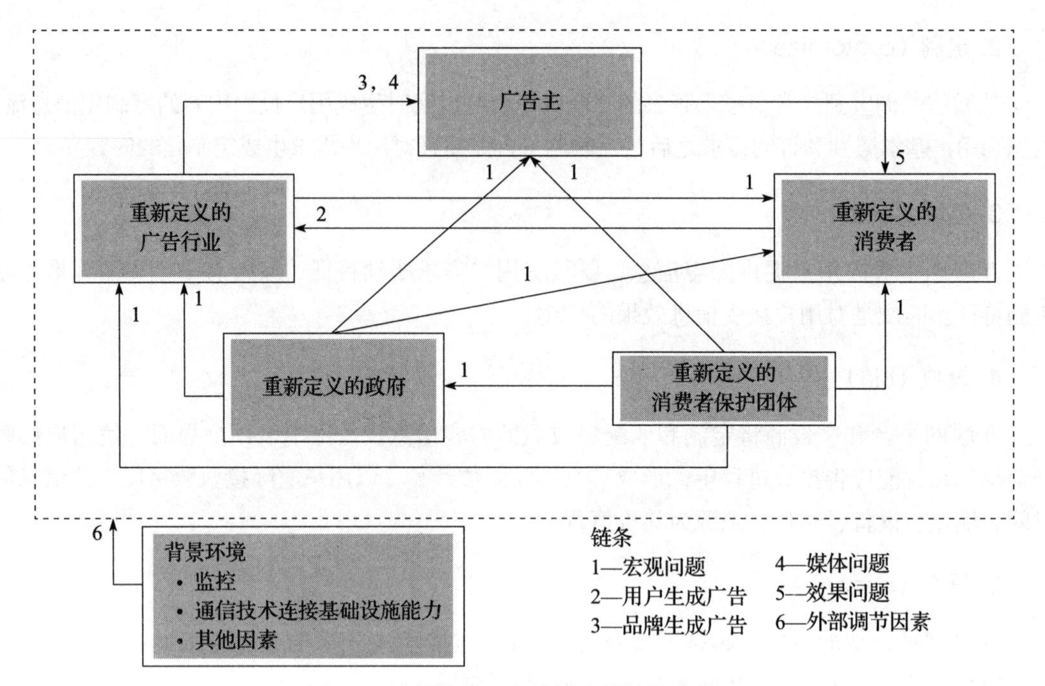

图 4-5 计算广告生态系统和关键要素模型

2. 重新定义的广告行业

在新的计算广告生态系统中，任何从消费者数据和广告中产生收入的商业实体都应被视为新广告行业的一部分。新广告行业包括以下三类。

（1）生产广告信息的新广告内容创作者：消费者以用户生成的品牌内容、电子口碑等形式参与广告内容创作。

（2）作为广告投放渠道的新媒体平台和媒体内容提供商：包括 Google 和必应等搜索引擎，Facebook、Twitter 等社交媒体平台，YouTube、TikTok 等在线视频共享平台，点播视频流服务等。

（3）新的广告技术基础设施提供商：促进数据的收集、分析和基于数据的广告交易。它包括开发、制造和营销电子设备的硬件公司，提供各种技术支持以实现计算广告的广告技术公司，提供技术支持的数据聚合、挖掘、算法公司等。

3. 重新定义的消费者

在计算广告生态系统中，消费者不仅是媒体内容的接受者和广告的目标受众，他们还扮演着更积极的角色，即广告主或广告内容的创造者和积极的传播者，相较于以往更具影响力。但消费者在获得更多的主动权的同时，也带来了不少挑战，例如广告商和消费者之间的法律界限逐渐模糊。监管机构在应用传统的针对广告行业和广告商的规则时也面临挑战，由此还衍生出新消费者作为数据劳动者所产生的问题，例如他们作为生产免费数据的自由劳动力是否受到剥削，如何为数字产品的边际价值定价，如何促进创建新的虚拟工会和数据市场等。

4. 重新定义的政府

数据安全、消费者保护和隐私保护是政府在计算广告生态系统中重点关注的要素。消费者数据是计算广告的核心，因此也为政府增加了新的挑战，重新定义的政府需要从法律层面与机构设置层面发挥其监管作用。规范行业可以收集、处理和分析的数据量是政府影响新广告生态系统的最明显方式之一，例如欧盟的《通用数据保护条例》(GDPR）和加州消费者隐私法案（CCPA）都对访问行业收集的个人信息的权利或被遗忘的权利等进行了规范。

5. 重新定义的消费者保护团体

计算广告背景下的消费者保护团体有以下两个作用：一是消费者保护团体向行业和政府施加压力，要求它们严格进行自我监管和做好消费者保护，消费者保护团体扮演着监管角色，观察在保护中存在的潜在挑战和障碍；二是为消费者发声，开展活动，采取行动捍卫和加强消费者的各项权利。

消费者保护团体的重要性体现在：首先，它们拥有个人消费者缺乏的专业与系统的组织和谈判能力；其次，它们具备个人消费者可能没有的专业知识，而这些知识对于理解高度复杂的新广告格局至关重要；最后，不同于主要关注个人利益的个人消费者，消费者保护团体更加关注更广泛的消费者利益和政治经济背景。

6. 背景环境

计算广告生态系统还深受三大外部环境因素的影响。

(1) 监控。Zuboff (2019) 认为监控是当今计算广告的核心[37]，新广告业与消费者之间的关系正受到监控技术的调节，监控技术是构成计算广告生态系统中环境因素的技术基础。

(2) 通信技术连接基础设施能力。计算广告生态系统中的另一个重要环境因素是通信技术 (CT) 连接基础设施能力，它决定了互联网连接的速度和范围，影响广告传递的信息触达消费者的整体效率。宽带互联网连接和高速无线技术的广泛可用性对于计算广告至关重要，广告行业参与者（如 Google、Facebook、亚马逊）在提供此类基础设施方面发挥着越来越积极和重要的作用。

(3) 其他因素。除了监控与通信技术连接基础设施能力之外，影响计算广告生态系统的还有文化、政治、经济等重要的外部环境因素。

上述六大因素之间具有不同的相互影响的关系，重构计算广告的新格局——不同性质的背景环境因素从外部对整个计算广告生态系统施予影响，而在生态系统的内部，广告主、广告行业、政府、消费者与消费者保护团体这五个主体之间也通过不同性质的联系互相作用、相互牵制，以维护整个计算广告生态体系运行的平衡。值得一提的是，相较于传统广告系统，政府、消费者与消费者保护团体在广告生态系统中的地位有明显提升，更具整体影响力。

(二) 计算广告的数字生态系统

有学者提出了关于计算广告的数字生态系统[38]，它更贴合互联网传播的发展特征。这个数字生态系统涉及四个主体结构，分别是渠道、资产、参与者与行为，这四个主体结构共同影响计算广告的数字生态系统（见图 4-6）。

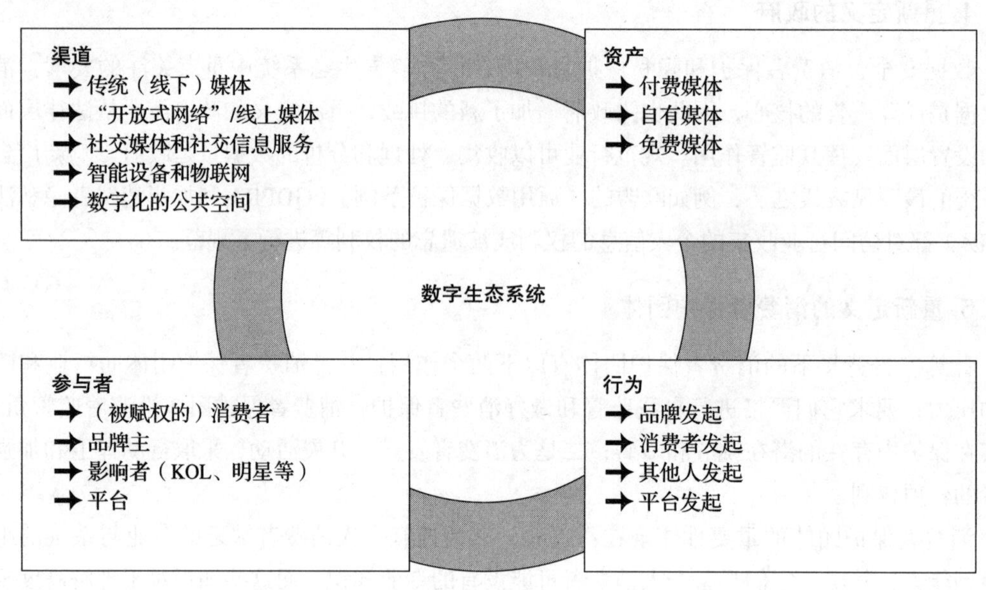

图 4-6 计算广告的数字生态系统

1. 渠道

渠道是指广告常见的发布渠道，如传统（线下）媒体、"开放式网络" / 线上媒体、社交媒体和社交信息服务等，如今，广告发布的渠道不断被扩宽，覆盖面也越来越广。

2. 资产

传统广告中的资产更加关注付费媒体，精心策划媒体宣传计划。在计算广告背景中，媒体平台对广告主来说是寻求流量、完成变现的重要渠道，拥有不同类型的媒体，相当于拥有不同的资产。资产在图 4-6 中主要体现为所使用媒体的费用性质，常见的有付费媒体、自有媒体与免费媒体。可以说，计算广告催生了新的广告行业形态，也催生了多种不同性质的媒体。

3. 参与者

传统广告的参与者包括广告主、媒体和（被动的）消费者，计算广告生态系统的参与者包含（被赋权的）消费者、品牌主、影响者（KOL、明星等）与平台等。相较于传统广告，如消费者、影响者这样的参与者也都被囊括进来，一定程度上也说明了计算广告以消费者群体为中心。

4. 行为

在传统广告时代，广告往往是品牌发起的单向沟通行为，而在新的计算广告系统中，根据行动主体进行划分，主要包括品牌发起、消费者发起、其他人发起与平台发起四种类型。

（三）智能生态下广告传播的"循环共生式"新链路

当计算广告发展到智能阶段时，意味着整个广告生态系统的状态会得到进一步升级。基于此，杜国清和牛昆提出了智能生态下广告传播的“循环共生式”新链路（见图4-7），“为智能广告的高效传播与自动进化、广告全产业链路的升级与赋能提供了理论支撑与实践模型”。[39]

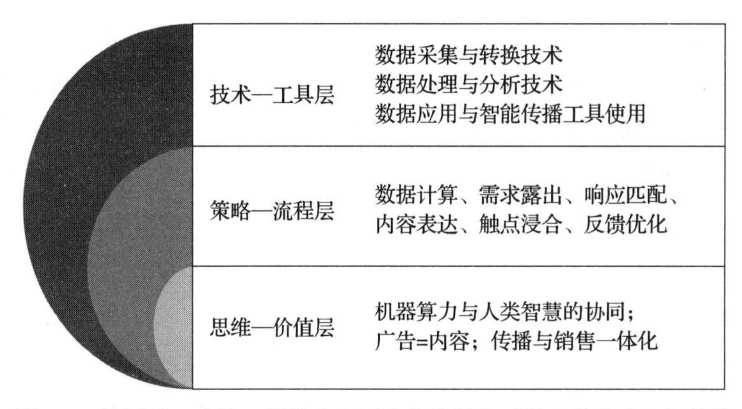

图4-7 杜国清、牛昆—智能生态下广告传播的“循环共生式”新链路

1. 机器算力和人类智慧协同的思维—价值层

智能广告传播是逻辑算法的数字思维和艺术审美的感性思维的结合，是技术理性和人类智慧的共线交织，是机器和人脑的协同共振，最终实现产品（或服务）与需求的最佳匹配以及传播向销售的即时、可持续转化。智能广告时代，广告传播的思维—价值层在机器算力和人类智慧的协同下实现：广告即内容，内容即广告；传播与销售一体化。

2. 以智能数据平台为核心的策略—流程层

策略—流程层包含了数据计算、需求露出、响应匹配、内容表达、触点浸合、反馈优化六个环节。整个流程以智能数据管理平台为核心进行运转。智能数据管理平台为广告传播全链路提供数据支持服务。

3. 以数力和算力为生产力的技术—工具层

人工智能技术集群是智能广告传播得以实现的技术工具。以数据+算法为核心逻辑，以互联网、大数据、云计算、5G、物联网为技术基底，以机器学习为核心手段，广告传播对智能技术的运用围绕“数据采集与转换技术—数据处理与分析技术—数据应用与智能传播工具使用”的逻辑展开。数据采集即以“数力”实现信息数据化（即将多源、多维、异构数据贯通整合）；数据处理即以“算力”赋能数据价值；数据应用即在算力与智慧的协同作用下变“数力”为生产力，运用数据处理得到的结果解决广告传播的实际问题。

在图4-7中，广告传播系统的循环共生体现在技术—工具层、策略—流程层与思想—价值层的合力作用中，这三个重要层面以全域数据为重要支撑，实现由外到内的逐步深入，从工具理性逐步过渡到价值理性。长久以来，计算广告与智能广告都被认为可能存在工具理性与价值体现难以实现平衡的现象，而在这个“循环共生式”新链路之中，未来广告生态可实现两者的平衡。

三、计算广告与品牌的模型

（一）计算广告中用户—品牌关系的概念框架

以传播结果为导向，计算广告必然会与品牌和消费者产生密不可分的联系。有学者提出了计算广告中用户—品牌关系的概念框架[40]。在这个框架中，用户与品牌是整个计算广告环境中的两大核心部分，在网络平台、场景、社交网络等环境因素下，用户与品牌之间存在相互影响的关系（见图 4-8）。

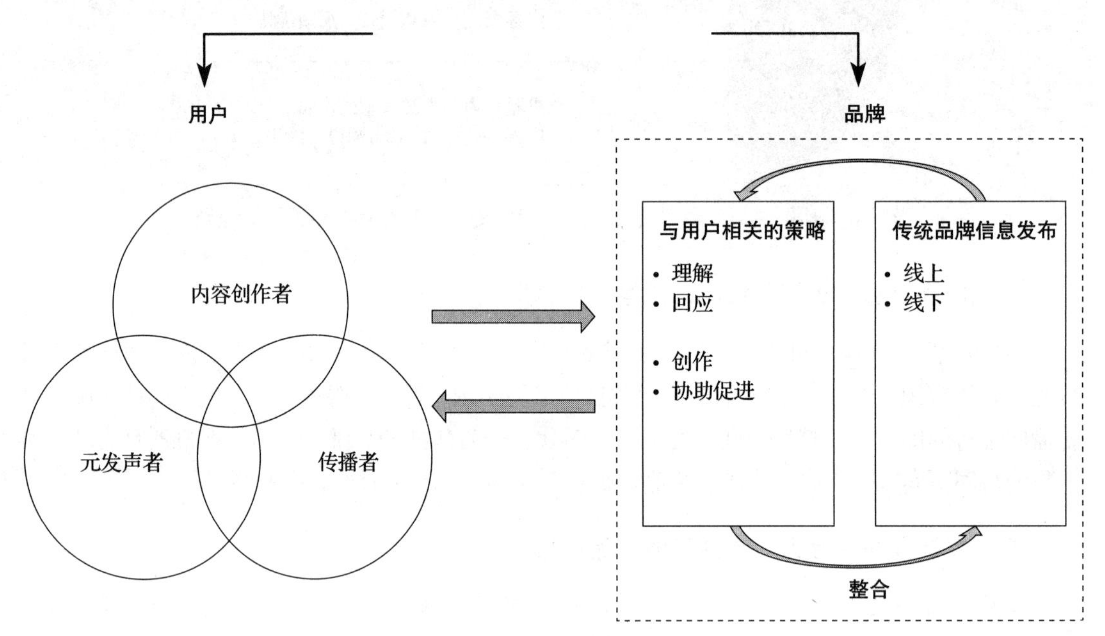

图 4-8 计算广告中用户—品牌关系的概念框架

1. 用户

用户主要扮演三类角色，分别是内容创作者（creators）、元发声者（meta-voicers）和传播者（propagators）。

（1）内容创作者：贡献原创或衍生的品牌相关内容的消费者，他们的创作形式主要有拍摄短视频、写种草笔记、评论品牌（如自媒体测评博主）等。他们生产的数据通常是定性的，从文本数据到多媒体数据不等，且信息丰富。

（2）元发声者：元发声者在创作者生成的内容上，进行个人喜好的表达或者评论、评级等（如电影解说博主），进一步增强用户生成内容的影响力。他们生产的数据大部分内容可以被量化，比如被赞的数量和平均评分，但以评论形式的内容可以生成定性数据。

（3）传播者：将用户生成内容进行传播、扩散的人，他们在普通用户能接触到的渠道，以消费者的身份协助品牌拓宽发布内容的覆盖面。此类数据非常独特，因为它们与传播用户所属的社交网络上的数据交织在一起。

在实际的网络生活中，用户扮演的这三个角色通常是有所重合的。

2. 品牌

在品牌这一块，品牌积淀的传统品牌信息通过线上与线下两个渠道发布。在与用户相关的策略上，采取理解和回应用户的建议、让用户创作并协助促进的战略，建立与用户的良好关系，并且将传统品牌信息与用户相关战略互相整合，形成品牌新的内涵与外延，为消费者提供更好的服务或体验。

3. 品牌如何与用户进行互动

（1）了解和回应用户。可以建立信息宝库，倾听用户意见；有效回应来自用户的品牌相关内容，确定何时响应；有效倾听和回应用户生成内容，捕捉消费者帖子中反映的各种主题间的关系；调查品牌对 UGC 投诉和品牌危机之外的回应，回答在特定情况下，回应多少、如何回应、在哪里回应，通过谁来回应。

（2）影响并促进用户对话。

（3）将用户对话整合到公司战略中。

（二）计算广告中品牌自动化生成内容的 ABC 研究模型

在计算广告与品牌的共生发展中，也有学者关注到了品牌内容生产的问题。在计算广告的程序化技术下，品牌可以根据一些相关的数据自动化生成相匹配的内容。Van Noort 等学者提出了一个计算广告中品牌自动化生成内容的 ABC 研究模型[41]。大数据时代背景下的计算广告，能为品牌的内容自动化生成提供消费者与品牌这两个重要的数据来源，因此学者将品牌自动化生成内容（automated brand-generated content）、消费者数据、品牌数据作为该模型的三个重要部分（见图 4-9）。

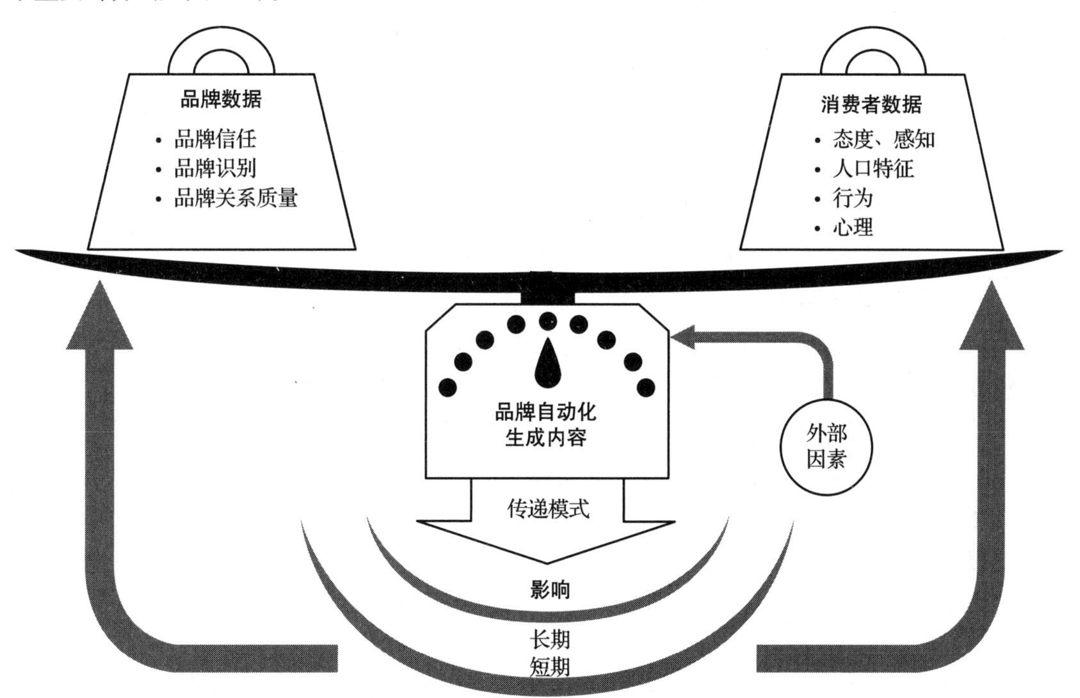

图 4-9 计算广告中品牌自动化生成内容的 ABC 研究模型

1. 品牌自动化生成内容

品牌自动化生成内容处于该模型的核心位置，受消费者数据与品牌数据的共同影响，品牌自动化生成内容在算法技术下根据品牌数据与消费者数据做一定优化分析，并结合一定外部因素影响来调整最后产出的内容信息，分别具有长期与短期的影响力。

在传统广告时代，品牌内容一般由市场营销人员制作之后进行统一的市场投放。而在计算广告的程序化技术下，广告内容的生产传播模式从统一生产、统一分发，发展到统一生产、精准分发，一直到现在的精准生产、精准分发，品牌可以根据相关数据自动化生成并推送相匹配的内容。

Facebook、巨量引擎等国内外广告投放平台正在广泛应用的DPA动态商品广告，可以根据用户画像和行为数据实时预测用户的消费倾向，在短时间内完成商品匹配、素材制作和内容推荐，生成针对每一位用户的个性化广告，真正实现了千人千面的内容分发。

然而，DPA广告仅仅依赖消费者数据作为算法的输入，更多关注即时的消费者行为结果，ABC模型则提出了需要兼顾消费者数据和品牌数据两个要素，以及同时关注短期效果和长期效果。

2. 输入端：消费者数据与品牌数据

计算广告的内容是基于数据创建的，在这个自动化生成的过程中，品牌数据和消费者数据处在一个光谱式的结构上。品牌自动化生成内容，可以从仅基于消费者数据生成的完全个性化定制内容，滑动到仅基于品牌数据生成的统一通用内容。品牌自动化生成内容需要综合考虑内外部的各种因素来确定消费者数据和品牌数据的算法权重。

（1）消费者数据。消费者数据包含消费者人口特征、消费者行为、消费者态度、消费者感知、消费者心理等维度。这些数据可以通过消费者提供、数据管理平台、数字化在线收集等方式获取。目前计算广告在实践和理论层面都重点关注消费者的行为数据，而忽视了其他类型的数据。但实际上消费者的态度和感知也会影响广告优化的效果：随着互联网广告技术的发展，消费者对于精准投放产生了隐私恐慌，这种感知可能会在不同程度上影响个性化内容的效果。

（2）品牌数据。在自动化生成品牌内容的过程中，也需要整合品牌的相关数据，包含品牌信任、品牌识别、品牌关系质量等维度。诚然，自动化可以为每个消费者生成完全不同的内容，然而若缺乏品牌数据的输入，则可能会在传播的过程中稀释品牌认同，无法建立高水平的品牌—消费者关系，从而侵蚀消费者的品牌信任。对于信任度低的品牌，其个性化内容有可能引发消费者的隐私顾虑，降低了内容的有效性，损害其持续优化内容的能力。

消费者数据与品牌数据这两个要素，作为优化品牌自动化生成内容的算法根据，两者之间存在最佳平衡的可能性，但这目前依然是计算广告面临的一个挑战，因为在实际操作中，两者对品牌自动化生成内容的影响比重是有差距的，受到用户旅程、社会外部因素等的影响，难以保持相对平衡。

3. 输出端：短期效果与长期效果

在传统营销时代，广告关注的是影响消费者决策过程的心理变量（如认知、态度、情感、记忆等），由此衍生出一系列的品牌传播理论。到了数字营销时代，大数据赋能营销效果动态监测，程序化广告的出现使得追踪、预测、归因消费者的实际行为（如点击、观看、付费等）成为可能。技术的发展使营销业更加聚焦消费者的即时反应，如使用 A/B test 来测试消费者的行为，并由此调整优化品牌内容。这种短期效果导向的业态，使得从业人员和研究人员都缺少对于长期效果的关注。

对于品牌自动化生成内容的效果评估，应着眼于短期和长期两个方面，并辩证看待个性化推送的正面和负面效应。在本节接下来的部分，也将介绍几种计算广告的效果模型。

四、计算广告的效果模型

在实际操作中，业界一般通过曝光率、点击率、转化率等可直接衡量的指标来检测计算广告执行后的投放效果。但执行后监测到的效果数据具有滞后性，无法满足当前广告执行的及时需要。而除去对这类以结果导向的用户行为跟踪式衡量指标，将计算广告执行中的效果影响放置于更宏观或中观的视角，目前学界关于此类效果测量的研究还较少。

（一）计算广告的测量系统

有学者另辟蹊径，从计算广告执行过程对消费者行为、品牌价值与商业价值进行衡量的新角度，提出了计算广告的测量系统[42]（见图 4-10）。这个系统以宏观的视角展开，充分考虑到计算广告在执行阶段与营销传播、广告战略、商业计划三大要素的关系，形成一个直观完整且能及时反馈循环的系统。

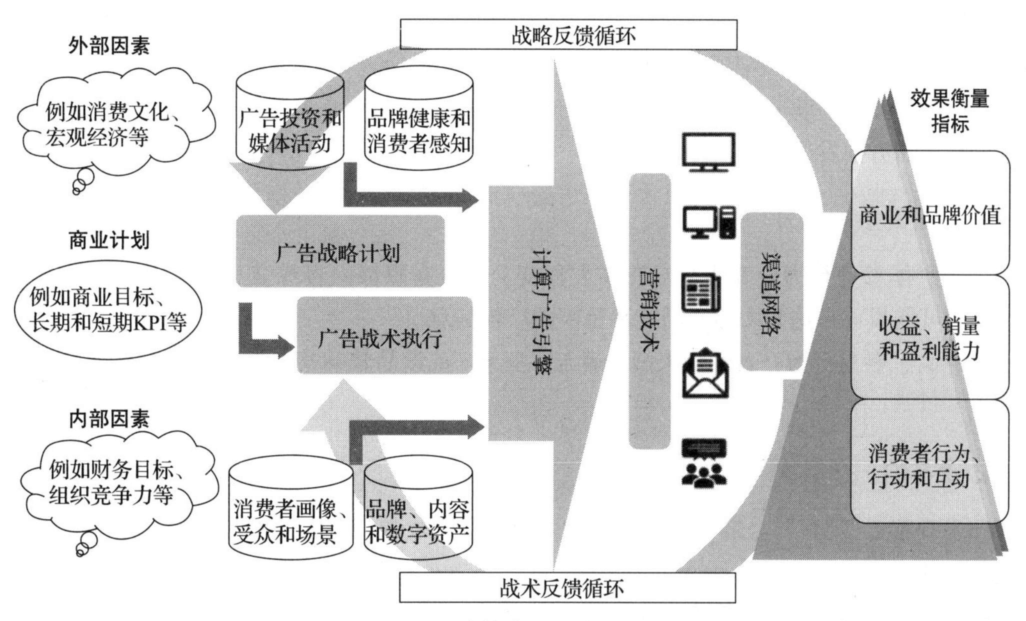

图 4-10　计算广告的测量系统

1. 测量系统

整个测量系统的运行，以商业计划为核心起点，紧扣广告目标，同时系统还分别受到来自内部与外部的不同因素的影响。在广告投资和媒体活动，品牌健康和消费者感知，消费者画像、受众和场景，品牌、内容和数字资产这四个类型数据的基础上，广告主制定出相应的广告战略计划，并且学者还重点强调，广告商和营销商还需要考虑数据的出现场景，根据数据诞生背后的不同场景来辅助决策。

2. 计算广告引擎

系统里引入了一个“计算广告引擎”的新概念。以数据、算法、模型与实验为技术基础的计算引擎，可以进一步启动营销技术，并以消费者使用的联网设备为载体，通过这些设备渠道创建、传播内容，对获得的数据进行分析与管理，基于此进一步打开多维度的营销全渠道。

整体上，计算广告引擎可以提高广告效果的精准度，优化广告策略与战术，对计算广告起到强有力的推动作用。

3. 效果衡量指标

在系统中，计算广告具体的效果衡量指标有三个，呈金字塔状分布，从底部到顶部分别是消费者行为、行动和互动，收益、销量和盈利能力，商业和品牌价值。这三个衡量指标分别从与消费者的关系到广告本身的效果，再逐步延伸到品牌的内部建设，由外到内评估计算广告运行期不同层面的效果。

（二）基于消费者体验的效果测量

在正确的时间通过最有效的媒介接触到正确的受众，长期以来一直是媒体购买和销售的核心问题。Araujo 等人在构建新的数字生态系统基础上（能够实时收集和分析各种形式的用户数据、可以捕获个人的数字痕迹数据），提出可以搭建除曝光之外的测量概念框架，比如消费者的参与和体验，并朝着全面理解消费者与内容、品牌、其他消费者和平台的互动，以及这些互动的结果的方向发展[43]。

1. 消费者参与行为

（1）媒体参与行为：表明受众在多大程度上沉浸在媒体内容或交互式交流平台的消费行为，以及可能投放在这些内容产品或平台中的广告信息。

（2）品牌参与行为：表明个人消费者与品牌和/或该品牌的其他消费者建立有意义联系的行为。

2. 参与的三个层次

（1）观察：“观察”是最低级别的互动，处于该阶段的消费者被动地接触媒体内容或品牌发起的信息。

（2）参与：通常表现在人们的响应行为中。

（3）共同创造：“共创”代表了最高的参与度，消费者被邀请成为生产者。

所有这些参与行为（大多发生在数字平台中）可以使用社交媒体分析、数据挖掘技术和算法来进行追踪并加以量化。

学者认为，广告的未来不在于购买（潜在的）曝光，而在于通过互动策划来培养和提高参与度。计算广告的下一步是在消费者购买过程中，深入开发和制定针对媒介渠道和品牌各个阶段的特定情境体验的测量标准，因此有必要了解品牌参与行为和媒体参与行为如何影响消费者体验和品牌特定维度的结果（如态度、信任、忠诚度和购买）。

（三）品效合一的计算广告效果测量模型

展望计算广告未来的发展，国内学者段淳林等提出了品效合一的计算广告效果测量模型，探索计算广告对品牌广告与效果广告的作用（见图 4-11）。

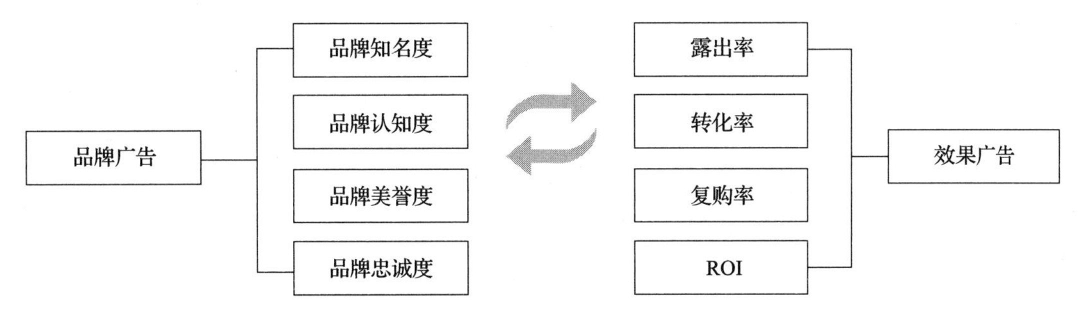

图 4-11　段淳林、杨恒—品效合一的计算广告效果测量模型

1. 传统的广告效果类型

（1）品牌广告：关于品牌传播的长期建设，往往难以量化。

（2）效果广告：短时间内促进消费者购买、使用等行为以实现利益最大化。

2. 品效合一的计算广告效果测量

全流量时代的计算广告追求品效合一的效果可测量性，通过数据建模与用户验证，保证决策精准化。

（1）品牌广告的测量指标：品牌知名度、品牌认知度、品牌美誉度与品牌忠诚度，检测广告的长期影响效果。

（2）效果广告的测量指标：露出率、转化率、复购率与 ROI，检测广告短期内的目标实现效果。

计算广告通过监测、建模、评估、优化等技术，可协助品牌方完善投放组合，“计算广告将品牌与效果连接起来，以品效合一为最终追求”。

第三节　计算广告中的博弈

一、计算广告与博弈论

博弈论于 1928 年正式提出，是一种经典的数学理论。几十年来，博弈论被广泛应用于金融学、经济学、政治学、犯罪学等多种学科的研究。而在新兴的计算广告中，程序化交易的实时竞价模式也体现了不少博弈论的思想。

（一）博弈的五大要素及其在程序化广告中的体现

博弈论具有五大要素，分别是局中人、策略、得失、次序、均衡。局中人是指博弈中的参与者，博弈中的局中人至少在两人以上；策略是指在博弈中对决策进行全过程指导的可行方案；得失是指一轮博弈结束之后得到的结果；次序是指博弈参与者决策的先后顺序，一场博弈中可能存在多次决策，这个次序会影响博弈的最终结局；均衡是指在博弈中参与者效益能达到相对平衡的取值点。

在程序化广告交易中，局中人对应的是同时段内参与同一个广告展示位实时竞价的各大广告主；策略对于广告主而言，对应的实际上是一个关于媒介投放预算与出价的方案；得失对应的是实时竞价结束后，广告主能否以尽可能低的最优竞价拍下目标广告展示位，如果能顺利拍下广告展示位，得失还包含“广告主对广告展示位的预估价值—实际交易价”的值，这个值越大，代表广告主得到的收益越多，如果这个值是负数，则代表广告主是失去理想效益的；次序在程序化广告交易中影响不大，因为广告主的决策是一次性同时完成的，结果不受其影响；均衡对应的是在多次不同轮竞价后，同一个广告展示位的价格一般可以维持在一个相对稳定的范围内，短时间内不会有太大的变动，且平台与广告主都可以获益。

（二）博弈的分类

1. 按照局中人是否同时采取行动分类

在博弈论的分类中，按照局中人是否同时采取行动的判断标准，可将博弈分为静态博弈和动态博弈两种类型。静态博弈是指所有的局中人都是同时进行决策并采取行动，而动态博弈中的局中人采取行动在时间顺序上是有先后之分的，不同局中人的决策与行动不是同时发生的。在计算广告的实时竞价阶段，各方广告主对广告展示位报价、竞价的过程，都是同时发生的，所以属于静态博弈。

2. 按照局中人对博弈过程信息的了解程度分类

根据局中人对博弈过程信息的了解程度，可将博弈分为完全信息博弈与非完全信息博弈。如果局中人能够了解其他局中人特征、策略空间及收益函数的信息，则属于完全信息博弈，相反的则为非完全信息博弈。在程序化交易的广告主之间的实时竞价博弈中，广告展示位置面向不同品类的海量广告主，广告主无法得知竞争对手的信息，因此属于非完全信息博弈。

二、拍卖理论下的实时竞价广告

实时竞价模式（real time biding，RTB）是计算广告目前较常见的一种交易模式。在 RTB 交易市场中，各大平台与媒体方会有一些剩余的广告展示位置公开面向广告主出售。广告主如果想要购买该广告位来展示自己的广告，就需要在广告交易平台上出价，与其他广告主进行实时竞价，“价高者得，次高价结算”，这个过程就像一场对广告展示位置的在线快速拍卖会，在不到 100 毫秒的时间内就可以完成。

（一）RTB 的特点

在 RTB 中，广告展示位置具有未知性与轻微浮动两个特点。未知性是指广告主并不知道广告展示位置的确切价格，只能通过以往经验评估售价，或者根据一些交易平台提供的建议价格自行判断一个大致的范围。轻微浮动是指广告展示位置的价格具有不稳定性，价格会根据每次竞价的情况进行小范围的上下浮动。而实际上，这场关于广告位置的实时竞价背后，围绕的是关于广告流量的拍卖，也代表着广告主对该广告位所能具有的流量潜力的判断。计算广告的实时竞价模式，不仅是多方广告主之间“价格战”的博弈，还是广告主自身对于广告价格与广告效果两者间评估的博弈。

（二）RTB 的核心逻辑

RTB 的核心逻辑来源于“第二价格密封拍卖”，也叫作 Vickrey 拍卖。第二价格密封拍卖具有三个关键要素：私密独立出价、价高者得、以第二高价支付。在实际的实时竞价模式操作中，当广告主在 DSP 上设定竞拍价格的时候，是受到 DSP 平台的技术保护的，竞拍对手无法得知广告主的出价，这就确保了对广告主出价的私密性与独立性的保护。而且广告位竞拍的过程也始终秉持“价高者得，次高价结算”的根本原则。整体上，实时竞价模式的操作基本吻合第二价格密封拍卖的三要素。

根据拍卖理论，一个成熟的拍卖机制需要确保它的真实可靠度，真实可靠的关键则在于这个拍卖机制需要“使竞价的博弈过程更快地达到均衡点，使各方的收益比较稳定”[44]，因此应当“激励竞拍者按照他们对物品的真实估值来出价，即竞拍者的出价等于其对拍卖品的真实估值是占优策略”[45]。

而收益均衡对于被实时竞价的广告展示位显得更加重要，因为广告展示位毕竟与真正的拍卖品不同。拍卖品往往是珍贵的收藏品，具有不可估量的收藏价值，在短期内只会有一次或极少次的拍卖经历，而程序化广告交易中的广告展示位置是长期被拍卖的，因此它更需要一个相对均衡平稳的价格，使得在广告交易中的广告主与媒体方实现双赢。在广告竞价中，各个广告主会在自己预期的真实价格的基础上，报出稍高的价格，整体下来，广告展示位的价格就能保持在均衡的价格范围内，也能够保证广告平台有所获益。

第四节　计算广告中的营销逻辑

一、利基营销理论的应用

著名的营销学者菲利普·科特勒在《营销管理》中提出的利基营销这个概念，可以被解释为避开传统大众市场的激烈竞争，去服务一些个性化需求专属的狭窄小众市场，即利基市场。利基营销进一步细分了整个市场，也使得消费者的个性化需求可以得到满足。

（一）消费者细分

在大数据时代，利基营销的理论也得到了一定的应用，大数据下基于个体的利基营销过程为：追踪、分享、个性定制、刺激购买、关系。从利基营销视角来看，数据技术的使用加深了消费者细分的程度，消费者这个重要主体被颗粒化：在横向层面上，它不再特指一个具有普遍性与共性需求的大众群体，而是成为一个个具有鲜明个性化特征的个体，个体化的消费者的需求不会被淹没在大众需求中，而是可以通过算法分析被单独列出，并能够得到广告主关注；在纵向层面上，消费者个体在互联网平台的行为被细致拆分，比如从登录到浏览、从点赞到转发、从点击到购买等，消费者的行为被一一追踪，并呈链条式铺开。

（二）计算广告中的利基营销思维

消费者主体在大数据技术下被颗粒化，每个消费者的个性化需求得以进一步呈现。因此，大数据时代利基营销最突出的特点在于可以通过抓住消费者的个性化需求进行营销活动。而这个利基营销整体的传播路径与计算广告是息息相关的，利基营销的思维也渗透在计算广告之中。

处于大数据时代的计算广告，同样重视消费者的个性化需求。计算广告的运作可在后台追踪消费者在互联网平台上留下的每一个行为痕迹，获得消费者在平台产生的大量相关数据，在根据数据进行初步受众定向后，在新的基础上对消费者做出一个具象化的画像，并结合这些消费者数据与消费者画像，在进一步分析、深挖消费者的个性化需求后，利用精准的算法推荐技术，向消费者推送最符合他们需求与兴趣的个性化产品，在广告内容分发上做到“私人定制”化，以此有效提高广告转化率与产品销售量，促进品牌与消费者的关系。在这个过程中，计算广告利用利基营销的思维完成了“追踪—分享—个性定制—刺激购买—关系”的流程。

“计算广告是根据个体用户信息投送个性化内容的典型系统之一。”[46]在计算广告的整个运作系统中，用户追踪、受众定向技术、消费者洞察、个性化定制、算法推荐内容等重要环节合力促成了广告个性化的内容分发，也促进了计算广告背景下利基市场的形成，为更多类型的广告主提供了营销机会，真正实现了为消费者个性化需求服务。

二、精准营销理论的应用

（一）精准营销的概念

1999 年，美国营销学学者莱斯特·伟门提出了精准营销的概念，强调建立以客户与供应商为中心的数据库对企业未来发展的必要性，且指出重点在于要充分利用数据库的大数据进行科学分析，细分消费者的个性化需求，为消费者提供具有差异化的不同产品与服务，并开展具有针对性、精准性的营销活动。

（二）精准营销的特点

根据国内外众多学者对精准营销的定义，可以归纳总结出精准营销的特点。

1. 以消费者为中心

依托强大的数据库资源，通过对数据的剖析整合，对消费者进行准确的剖析定位，做到在适宜的时间、适宜的所在，以适宜的价钱，通过适宜的营销渠道，向精确的消费者提供满足他们需求的产品和服务，才能实现企业效益的最大化。

2. 挖掘消费者需求

深度洞察消费者，挖掘消费者潜在需求，是精准营销的根本。大数据通过数据标签进行人群画像，精确获知消费者的潜在消费需求，洞察消费者需求后再进行投放，营销的结果将比撒网式营销有效且更容易获得成效。

3. 在合适的场景下为消费者推送符合其个性化需求的营销广告内容

依托大数据技术，分析消费者的消费习惯，准确推测消费者的真实需求，继而有针对性地推送商业信息，使消费者想要的、喜欢的信息精准触达消费者，有效地导流，促进销售，实现可度量的、低成本的营销，带来有价值的客流量。

（三）计算广告中的精准匹配

进入大数据时代以来，计算广告的发展与精准营销的发展是相互促进的。在精准营销思想的影响下，计算广告不断提高对“最优匹配”的效果追求，致力于实现场景、广告、消费者三者的精准匹配[47]。而在智能营销时代，计算广告在技术与应用上对“精准匹配”的追求，也反过来赋予了精准营销理论新的发展。

计算广告的“最优匹配”是指实现最大程度的“精准匹配”，“精准匹配”主要体现在以下三组关系中。

1. 广告内容与投放渠道的匹配

计算广告的广告投放系统拥有大量的广告资源。从媒介载体来看，当下计算广告的交易系统集结了大型互联网平台、中小型门户网站等各类媒体资源，在不同的渠道上提供多种类型的流量供广告主选择。在广告形式上，也有比如横幅（banner）广告、闪屏广告、开屏广告、信息流广告等多种不同形式，为广告主提供全面多样化的广告投放服务，广告主可根据广告的内容与呈现需求，为广告素材选择最适合的广告位置与广告类型，实现物料与投放渠道的“精准匹配”。

2. 广告对象与消费者需求的匹配

计算广告的智能推荐系统，可接入后台数据管理平台，“通过搜索关键词匹配、频道定向、上下文定向、地域和位置定向、人口属性定向、社交推荐、行为定向、重定向、look-alike 等算法”[48]，从人口属性、兴趣、意图和社交关系四个维度挖掘消费者当下的需求、兴趣爱好、生活品位与媒介习惯，以消费者为中心，推荐给消费者符合其需要的产品或服务，实现广告对象与消费者需求的精准匹配。在这个过程中，计算广告以比传统广告更科学、更快速、更精准的方式，完成了广告的智能算法推荐，使广告能够精准触达目标消费者。

3. 广告目标与广告效果的匹配

计算广告还拥有强大的数据监测系统，可在第一时间看到广告投放推荐后的效果数据，并根据数据对广告的投放渠道、内容形式、展示频次等进行实时优化与调整，更进一步提高广告目标与广告效果的匹配精准度。广告界有句经典的话——“我知道我的广告费有一半被浪费掉了，可不知道浪费在哪里”，这是一直以来营销与广告共同面临的难题。而随着大数据与计算广告技术的不断发展，这个问题不再是一个不解之谜，广告的投放效果可以被量化、被计算，营销效果与广告投放是否精准也可以得到一定的衡量。“精准”成了营销执行与广告投放可以实现的结果，精准化也成为品牌广告主对广告投放效果的统一追求。精准营销的重要性也进一步凸显。

三、场景营销理论的应用

在消费主义盛行的环境下，消费者在数字营销生态中的主体地位得到进一步巩固。随着互联网、人工智能与大数据等现代技术的发展，消费者所处的空间环境可被分析捕捉、被重新建构，场景也因此成为促进现代营销的一大要素。

（一）消费场景中的主观要素和客观要素

场景营销的概念最早是于2000年提出的。2014年，罗伯特·斯考伯和谢尔·伊斯雷尔在《即将到来的场景时代》一书中，提出“场景五力”理论，认为移动设备、社交媒体、大数据、传感器和定位系统是场景的五大技术力量[49]。场景营销可“通过信息分析来捕捉消费者在不同场景下蕴含的产品和服务需求，从而发现营销机会和潜在市场”[50]。从营销的角度，消费场景的概念赋予了消费者一个关于消费的动态情境，使得消费者画像更加立体化与更具真实感。在这个情境中，消费者的需求、心情、状态等主观要素都要被充分考虑进来，同时，场景中消费者所面临的空间、时间、接触物、关系等外部客观因素也需要被纳入考虑范围。

（二）计算广告不同阶段的场景要素

1. 前期

“场景是移动跨屏时代计算广告信息消费的核心。”[51]在计算广告前期的洞察阶段，“场景五力”中的移动设备、社交媒体、大数据、传感器与定位系统能够产生大量关于消费者的实时动态化数据，即具有环境属性的“场景数据”，计算广告的强大算法技术可以根据这些消费者数据，大致分析判断出消费者当下所处的动态化场景。

2. 中期

在中期阶段，计算广告的算法推荐机制能够基于消费者所处不同场景下可能会产生的需求，智能推送给消费者相应的广告内容，实现广告与场景匹配。场景离不开时间与空间两个关键要素的建构，而像 LBS（location based service，基于位置的服务），就是利用时间、空间两个维度建构出消费者所处的场景，进行智能广告推荐的服务。计算广告结合消费者所在的地理位置与时间点，推断出消费者可能面临的场景，从有关购物、娱乐、交通等方面给消费者推荐一些附近的商店，由于是“附近”，因此算法推荐的广告产品或服务对消费者而言，具有时间与空间上的便利性，它们从属于消费者所处场景的范围中，所以能更容易刺激消费者的消费需求及意愿，并有效促进消费者在当下场景产生购买或付费行为。

3. 后期

到了后期的互动反馈阶段，当算法推荐的广告得到了消费者的响应，消费者在场景中所产生的互动、消费、评价、分享等新数据，又能重新返回填充到数据管理平台中，为下一次计算广告系统预测分析消费者所处场景提供更有力的数据支撑。

计算广告追求最优化的“精准匹配”，而场景匹配正是其中的一个重要维度。“智能算法的场景匹配策略主要包括基于用户身份洞察的身份匹配、基于内容分析的意义匹配、基于场景建构的情境匹配和基于文化传统的立场匹配。”[52]场景营销理论的应用，使计算广告对消费者的分析从单一走向全面，从静态走向动态，从扁平化走向立体化，做到“更懂”消费者，加深与消费者的情感联系，实现更加“精准匹配”的营销效果。

第五节　计算广告的归因

一、计算广告的归因模型

（一）归因理论的应用

1958 年由社会心理学家海德提出的归因理论，是社会心理学领域的理论，最早是用来分析是什么原因导致人类产生某些行为。从社会心理学角度，当人类处于一个事件中，事件对人类影响的最终结果往往是具有确定性与唯一性的，但施予结果影响的原因却有很多，且导致结果发生的原因通常难以被真正确定。因为这些原因存在是否可被感知、是否可被量化、是主观还是客观等众多区别，且原因事件的时间发生顺序，也会造成不同程度的影响。归因不是一个理所当然的简单归纳分析过程，事实上，归因需要做的就是要厘清众多事件或因素之间的影响关系，确定是哪些原因带来了最终的结果。因此，归因是一个需要以严谨的态度去寻找、判断因果关系的过程。

后来归因理论逐渐被引入市场营销学领域，用于研究消费者的心理，分析是什么原因真正促使消费者做出了符合商家期待的决策或行为。

而到了互联网 3.0 时代，互联网广告飞速发展，互联网成为一个巨大的流量池，广告主每年都有大量的预算花在了线上渠道的广告上。与此同时，计算广告的出现使得广告效果实现可量化，广告投入与转化的关系也成为广告金主们关注的重点，钱需要花在刀刃上，媒介渠道的效果评估显得格外重要。因此，归因思维被运用于计算广告中，被用于分析是哪些媒介渠道、哪些广告触点吸引了消费者，使得广告得到曝光或得到点击，实现了最终的有效转化。

（二）广告效果归因的重要性

在互联网广告快速发展的今天，互联网广告会通过不同的方式去触达用户，比如通过软文推广、信息流、弹出窗口等方式来获取曝光量与用户的点击，这便是广告业界中常提到的广告触点。在错综复杂的互联网世界，广告触点不胜枚举，那么到底是哪个触点带来了广告的最终有效转化，促成了用户的购买、注册、分享等行为，这一直是广告平台与广告主想了解清楚的问题，也就是效果归因。

广告效果的归因对广告平台与广告主衡量流量价值有着重要的意义。通过效果归因，可以“对转化数据进行追踪，并将其与广告的展示（曝光归因）或点击（点击归因）关联起来，由此确定不同媒介渠道的转化率”[53]。卖家或者广告主在做效果类广告投放时，每次投放能带来多少转化？在哪些渠道上促成了转化？不同渠道的贡献度如何量化？客户的行为路径是怎样的？这些都可以依据一个有效的归因模型分析出转化效果，从而在接下来的投放中，根据有效的结论，重新分配、继续优化在不同渠道上的广告预算，以此提升销售转化。

（三）计算广告的归因模型种类

在计算广告的实践运用中，有许多不同种类的归因模型，常见的有首次点击归因、最终点击归因、线性归因、时间衰退归因等。

1. 首次点击归因

首次点击归因由于便于测量和使用，相关监测工具和手段比较成熟，得到了最为广泛的应用。所谓首次点击归因是指产生用户点击行为的第一个广告渠道被认为是产生转化效果的渠道。这种归因方法的优点在于打造最初的品牌知名度、辨识度的广告；缺点是割裂了与最终转化的联系，忽视了其他因素的影响，较为片面。

2. 最终点击归因

最终点击归因是指产生用户点击行为的最后一个广告渠道被认为是产生转化效果的渠道，其优点在于这种归因模型在网站分析工具和搜索中得到应用，相对容易测量，而缺点是这种单触点模式不考虑产品宣传的认知度和兴趣作用的过程，用户可能是看到其他相同的广告促使最后的点击转化。

通常我们在使用最终点击归因时，会加上一个时间窗口期，譬如根据 7 日转化、14 日转化等不同维度的数据来综合分析。这种归因模型适合转化路径少、投放周期短的效果广告，特别是直接以成交来评价广告效果的广告形式，例如亚马逊的广告归因逻辑就是采用了这种模型。

3. 线性归因

与前两种单渠道归因模型相比，线性归因是一种多渠道归因模型，它平等对待转化路径上的所有渠道，平等分配每次转化的功劳。线性归因的优势是可以让流量渠道不用过于关注转化效果，而是进一步增强广告的品牌效应。但也有一个明显的弊端就是在推广过程中，每个渠道的作用很难均衡，也不可能完全相同，因此不适用于某些渠道价值特别突出的业务。

4. 时间衰退归因

时间衰退归因模型和线性归因模型都属于多点归因模型（multi-touch attribution model），倾向把功劳 / 权重划分给最接近转化的渠道，渠道距离转化的时间越短，对转化的影响越大。这种归因思路同样是适用于投放周期短、转化路径直接的广告类型，如果周期过长，这种模型对前期的渠道就非常不友好，特别是引流类型的，无法分配到合理的权重。

不同的归因模型分析方式，也会带来不同的归因分析结果，而这也正是归因所面临的挑战。理想化且统一化的绝对正确归因，在现实中几乎是难以实现的。

二、计算广告效果归因的难题

计算广告的大数据与智能算法，使得广告效果归因有了更客观的依据。相对于传统广告，计算广告有一个突出的优势在于能够实时监测广告效果。第三方广告监测系统能够通过追踪用户的行为，对用户实时产生的行为数据进行标记，得到用户接触广告后的完整行为链路，从而对广告最终产生的转化率进行归因分析，使广告主能在第一时间得知广告效果与广告触点之间存在的相关或因果关系，以便及时对投放预算做出优化与调整，或将广告投放到转化效果更优的触点位置。

除了目前常见的首次点击归因、最终点击归因、线性归因等模型之外，Google、阿里巴巴等大型互联网平台也纷纷结合平台自身与广告主的需求，自主开发了企业专用的归因模型。这些模型虽然在一定程度上能够分析出广告触点与最终转化之间的关联，但始终无法完美解决关于广告效果归因的两大难题。

第一是无法实现理想状态的全面归因，消费者在做出购买等决策之前，会受线上与线下渠道、外部客观事物与内部主观想法、时效性等众多因素的影响，如今的计算广告系统无法完全、客观地辨别出这些因素对最终消费者决策行为的影响程度。

第二是如果要做到真正意义上的归因分析，就需要获取消费者线上与线下全面的活动数据，而这会涉及消费者个人隐私的问题，至今仍无法找到两全之策[54]。

本章小结

本章围绕与计算广告相关的理论，首先进行理论溯源，在第一节介绍了计算主义的发展、从技术—经济范式到计算—技术范式的演进、计算社会科学和计算传播学的变迁，以及新的广告学研究范式——计算广告学的发展。第二节结合最新的学术研究成果，介绍计算广告的相关模型，包括计算广告的传播模型、计算广告的生态系统模型、计算广告与品牌的模型以及计算广告的效果模型。第三节围绕计算广告与博弈论，探讨了拍卖理论下的实时竞价广告的特点与核心逻辑。第四节通过分析利基营销理论、精准营销理论和场景营销理论在计算广告中的应用，剖析了计算广告的营销逻辑。第五节针对广告中最受广告主关注的归因问题进行分析，在对计算广告的归因模型种类进行总结的基础上，探讨计算广告效果归因的难题。

思考题

1. 计算主义经历了哪些发展阶段？
2. 计算广告和传统广告相比，在传播模式上有了哪些转变？
3. 计算广告的传播模型有哪些？
4. 简述计算广告中品牌自动化生成内容的 ABC 研究模型的要点。
5. 简述博弈论在计算广告中的运用。
6. 简述利基营销理论、精准营销理论和场景营销理论在计算广告中的适用性。
7. 计算广告的归因模型有哪些？

章后案例

快手效果广告投放助力，腾讯街景地图营销出圈[55]

由七麦研究院出品的《2021 移动互联网行业白皮书》显示，进入后疫情时代，国内出行及旅游的需求攀升回暖成为应用关键词之一[56]，旅游出行的热度不言而喻。与此同时，地图工具等应用成为当代人的日常出行刚需，人们对其依赖程度颇高。

在出行这一需求大类下，各垂直领域都在充分竞争。对于应用来说，用户即流量，忠诚用户即稳定流量，如何高效获取相关需求人群，如何精准实现恰如其分的营销，如何以差异化的定位培养用户好感乃至忠诚，这些都是各品牌急切思考并期待解决的问题。

每年的“五一”国际劳动节小长假都是旅游出行类应用借助热点推广的小高潮，各大品牌都铆足了劲儿，意图做出更有效、有益、有趣的营销。2022 年“五一”国际劳动节假期前后，腾讯地图充分借助快手的流量、内容与运营能力，以行动做出了回答。

一、点：街景地图，差异布局

在高德地图、百度地图两大巨头充分挤压生存空间的情况下，作为地图类工具领域的后来者，腾讯地图如何居上？除基础的硬性要求如海量出行数据、精准智能导航等以外，腾讯地图深耕软性的体验服务如街景地图、按钮整合等，意图更年轻、更科技、更有趣。

全国范围内的街景采集，O2O、导航等各类服务深度结合，直观立体地展现街景，让用户产生身临其境的体验，坚持达成“足不出户看天下”的腾讯地图也真正因此在市场中更好地立足。一款热门应用的卖点有不少，但一场营销活动中能有效传达的信息却极有限，选择一个最差异独特、最具性价比、最值得倾力投入营销精力的点成为关键。出于“特别”的考虑，加之疫情好转后出现的“出行热”现状，街景地图成为腾讯地图玩转营销的一个好选择。

二、线：技术贯穿，高效转化

此次，腾讯地图借助快手的流量及内容能力，5月1日当天成功登顶iOS端免费App排行榜，营销转化效果突出。除去平台生态与品牌用户的高度适配之外，营销全程的科学规划是成功的重要因素。本次快手的投放运营大致可分为准备、预热、冲刺和收尾四个阶段，在这一完整的链路中，快手充分利用计算广告的数据与技术思维，进行精准智能的营销传播。

规范标准。快手精准针对腾讯地图的目标人群进行投放运营，为提升效果转化，规范统一的标准必不可少。快手对投放及代理方面进行规范输出的同时，协助腾讯地图制定账户搭建和素材数量选择的方法，并提出标准性建议。在综合分析后，腾讯地图增加了代理数量。快手还通过强化iOS布局，增加iOS端投放，实现在四天内激活数增长120多倍的效果。

测试先行。在内容方面，快手通过对素材方向的发散测试，及时调整了素材策略，在后期选择了更加多元化的跑量素材，包含地标、亲人实景、打工家乡和竞品对比等多个类别，着力打造爆款素材。

灵活出价。在出价方式上，对比激活单出价、次留0出价、次留双出价等多种出价方式之后，快手结合腾讯地图的投放目标，通过搭建比例和预算分配对实际次留率效果进行监测，以寻找最佳出价方式，并针对实际情况进行动态调整。

三、面：从始至终，体验优化

本次腾讯地图与快手的联合，从数据来看，其单日消耗峰值、激活成本、次留率等都达到了一个比较高优的水平，一边拉新扩张，一边留存转化，成果丰硕。从品牌发展历程来看，这一次联合快手的营销是腾讯地图整体优化体验布局的一部分。

2015年，腾讯地图借势上海时装周，联合佛海佛瑞上海（FRED & FARID Shanghai）为ME & CITY打造创意街景时尚秀，将原本每隔百米采集的随机路人替换成品牌模特，充满“生活即秀场”的有趣意味。[57] 2022年，面对疫情新阶段，腾讯地图加强数字化助力疫情精准防控，出品“抗疫四张图”——了解风险区、查看病例活动轨迹、查看核酸点情况、进行疫情反馈之外，还上线了“疫情区域导航规避”功能，为出行安全保驾护航。[58] 除此之外，腾讯地图还开展了绿色出行、公益游戏、沉浸体验等活动。腾讯地图意图深耕的，正是从始至终的体验优化，其营销也正是围绕此展开。

【案例小结】

快手借助平台内容及流量优势，选择了正确的营销场景，进一步帮助腾讯地图App更加高效、精准地触达目标群体，同时还实现了用户增长与留存的长期投放目标。这充分显示了计算广告在实践中对精准营销、场景营销等经典营销理论的运用。

在本案例中，腾讯地图的“顺利出圈”离不开对精准营销理论的正确把握。首先，快手DSP提供多类不同类型的广告服务，而短视频信息流广告的形式对于腾讯地图这类App产品，无疑是最合适的一种方式，这体现了广告内容与投放渠道的精准匹配；其次，平台结合广告的目标对象，精准定向对iOS端用户进行广告投放，使腾讯地图成功冲至iOS端免费App排行榜榜首，这体现了广告对象与消费者需求的匹配；最后，腾讯地图本次营销的目标是促进拉新，根据这个广告目标，快手通过搭建比例和预算分配对实际次留率效果进行监测，寻找最佳出价，并针对实际情况进行动态调整，实现在四天内激活数增长120多倍的效果，这体现了广告目标与广告效果的匹配。

除此之外，本案例也充分证明广告投放还需要重视对场景要素的应用。在投放排期上，快手充分结合地图产品的特性，选择“五一”国际劳动节这个交通出行高峰期。在这个重要节点上，用户会具有更多的产品使用场景，此时的投放可以充分促进用户对腾讯地图 App 的下载转化。在广告素材上，将地标、亲人实景、打工家乡和竞品对比等多个类别的场景要素融入素材内容中，能让用户觉得更真实亲切，提升对产品的好感度。

由此可见，计算广告思维的融入与应用对营销活动产生了重要的影响，也可以预见，经典理论与新兴科技的碰撞还将迸发出巨大的能量。

参考文献

[1] Morketing.Google 将 AdSense 转为首价拍卖 [EB/OL]. (2021-10-08) [2023-03-01]. https://mp.weixin.qq.com/s/ww3aZEy49H4z0A1TyKILzQ.

[2] 廖声武，谈海亮. 走向计算主义：数据化与网络文学业态的裂变 [J]. 湖北大学学报（哲学社会科学版），2020，47（4）：71.

[3] SCHEUTZ M. Computationalism: new directions [M]. Bradford Company，2002：3.

[4] 李建会，符征，张江. 计算主义：一种新的世界观 [M]. 北京：中国社会科学出版社，2012：8.

[5] 同 [4]：2.

[6] 同 [4]：5.

[7] 同 [4]：7.

[8] 同 [4]：8.

[9] 郦全民. 计算与实在：当代计算主义思潮剖析 [J]. 哲学研究，2006（3）：88.

[10] 朱恒源，王毅. 智能革命的技术经济范式主导逻辑 [J]. 经济纵横，2021（6）：66.

[11] 曾琼，刘振. 计算技术与广告产业经济范式的重构 [J]. 现代传播（中国传媒大学学报），2019，41（2）：132.

[12] 弗里曼，卢桑. 光阴似箭：从工业革命到信息革命 [M]. 沈宏亮，译. 北京：中国人民大学出版社，2007：56.

[13] 杨青峰. 未来制造：人工智能与工业互联网驱动的制造范式革命 [M]. 北京：电子工业出版社，2018：4-76.

[14] 杨青峰，李晓华. 数字经济的技术经济范式结构、制约因素及发展策略 [J]. 湖北大学学报（哲学社会科学版），2021，48（1）：129.

[15] 王水. 计算技术范式下广告产业发展中的“人—机”关系嬗变 [J]. 广告大观（理论版），2020（6）：70.

[16] 颜景毅. 计算广告学：基于大数据的广告传播框架建构 [J]. 郑州大学学报（哲学社会科学版），2017，50（4）：152.

[17] 孟小峰，李勇，祝建华. 社会计算：大数据时代的机遇与挑战 [J]. 计算机研究与发展，2013，50（12）：2485.

[18] DOUG S. Social computing [J]. Communications of the Acm，1994，37（1）：28-29.

[19] 王飞跃，李晓晨，毛文吉，等. 社会计算的基本方法与应用 [M]. 杭州：浙江大学出

版社，2013.
[20] 刘红岩. 社会计算：用户在线行为分析与挖掘[M]. 北京：清华大学出版社，2014：4.
[21] 王成军. 计算传播学：作为计算社会科学的传播学[J]. 中国网络传播研究，2014(0)：201.
[22] 周傲英，周敏奇，宫学庆. 计算广告：以数据为核心的Web综合应用[J]. 计算机学报，2011，34(10)：1806.
[23] 刘鹏，王超. 计算广告：互联网商业变现的市场与技术[M]. 北京：人民邮电出版社，2015：23.
[24] 同[16]：150.
[25] 刘庆振，赵磊. 计算广告学：智能媒体时代的广告研究新思维[M]. 北京：人民日报出版社，2017：76.
[26] 杨扬. 计算广告学的理论逻辑与实践路径[J]. 理论月刊，2018(11)：162.
[27] 段淳林，张庆园. 计算广告[M]. 北京：人民出版社，2019：73.
[28] 冉华，刘锐. 计算技术背景下广告产业形态演进研究：基于"技术—供需"的分析框架[J]. 新闻与传播评论，2021，74(5)：50.
[29] 刘庆振. 计算广告学：大数据时代的广告传播变革：以"互联网+"技术经济范式的视角[J]. 现代经济探讨，2016(2)：89-91.
[30] 同[16]：152-154.
[31] 段淳林，杨恒. 数据、模型与决策：计算广告的发展与流变[J]. 新闻大学，2018(1)：129-136.
[32] 佘世红，孙宵博. AI大数据时代，计算广告赋能品牌智慧传播[J]. 国际品牌观察，2021(7)：27-28.
[33] LI H R. Special section introduction: artificial intelligence and advertising[J]. The Journal of Advertising，2019，48(4)：334.
[34] 顾明毅. 中国智能广告模型研究[J]. 现代传播(中国传媒大学学报)，2020，42(7)：127-128.
[35] 刘琴，祝翔. 迷思与反思：计算广告学的演进逻辑与现实判断[J]. 中南民族大学学报(人文社会科学版)，2021，41(4)：142.
[36] HELBERGER N，HUH J，MILNE G，et al. Macro and exogenous factors in computational advertising: key issues and new research directions[J]. Journal of Advertising，2020，49(4)：380-381.
[37] ZUBOFF S. The age of surveillance capitalism: the fight for a human future at the new frontier of power[M].NewYork: PublicAffairs，2019.
[38] ARAUJO T，COPULSKY J R，HAYES J L，et al. From purchasing exposure to fostering engagement: brand–consumer experiences in the emerging computational advertising landscape[J]. Journal of Advertising，2020(3)：3-5.
[39] 杜国清，牛昆. 算力与智力的共振：智能生态广告传播路径探究[J]. 现代传播(中国传媒大学学报)，2021，43(3)：128-134.
[40] LIU-THOMPKINS Y，MASLOWSKA E，REN Y，et al. Creating，metavoicing，and

propagating: a road map for understanding user roles in computational advertising［J］. Journal of Advertising，2020（4）：395-402.

［41］ NOORT G V，HIMELBOIM I，MARTIN J，et al. Introducing a model of automated brand-generated content in an era of computational advertising［J］. Journal of Advertising，2020（4）：414-423.

［42］ YUN J T，SEGI JN C M，PEARSON S，et al. Challenges and future directions of computational advertising measurement systems［J］. Journal of Advertising，2020（6），2-5.

［43］ 同［38］.

［44］ 刘梦娟，岳威，仇笠舟，等. 实时竞价在展示广告中的应用研究及进展［J］. 计算机学报，2020，43（10）：1827.

［45］ 同［44］.

［46］ 刘鹏，王超. 计算广告：互联网商业变现的市场与技术［M］. 北京：人民邮电出版社，2015：132.

［47］ 曾琼，朱文澜. 重构想象：5G时代的智能广告图景［J］. 现代传播（中国传媒大学学报），2021，43（1）：130.

［48］ 马澈. 关于计算广告的反思：互联网广告产业、学理和公众层面的问题［J］. 新闻与写作，2017（5）：21.

［49］ 斯考伯，伊斯雷尔. 即将到来的场景时代［M］. 北京：北京联合出版公司. 2014：4-20.

［50］ 段淳林，宋成. 用户需求、算法推荐与场景匹配：智能广告的理论逻辑与实践思考［J］. 现代传播（中国传媒大学学报），2020，42（8）：122.

［51］ 段淳林，杨恒. 数据、模型与决策：计算广告的发展与流变［J］. 新闻大学，2018（1）：134.

［52］ 高丽华，吕清远. 数字场景时代的匹配营销策略探析［J］. 新闻界，2016（24）：45-46.

［53］ 汪臻真，朱志华，蔡政. 计算广告中的效果衡量方法［J］. 中国网络传播研究，2017（2）：22.

［54］ 宋星. 数据赋能：数字化营销与运营新实战［M］. 北京：电子工业出版社，2021：209.

［55］ 磁力引擎商业洞察. 五一小长假腾讯地图街景"出圈"，快手效果广告投放助力品牌营销更高效［EB/OL］.（2021-05-28）［2023-03-01］. https://mp.weixin.qq.com/s/iwr5MN0rwIRyOpyyNx2fsA.

［56］ 七麦数据. 2021移动互联网行业白皮书［R］. 北京：七麦研究院，2022：57.

［57］ 林莹. ME & CITY：打造街景地图时尚秀［J］. 中国广告，2014（11）：86.

［58］ 腾讯地图."疫情区域导航规避"功能上线，五一自驾安心游!［EB/OL］.（2022-04-24）［2023-03-01］. https://mp.weixin.qq.com/s/6eU5T9vWIt2XH9LqTMxUbA.

第五章
CHAPTER 5

计算广告的市场分析

§ 学习目标

1. 了解互联网时代的市场营销变革。
2. 了解互联网广告发展的历程。
3. 掌握互联网的商业本质。
4. 了解当前的流量市场现状。
5. 掌握如何进行买量需求和卖量需求的分析。

§ 导入案例

百度 AI 智能营销

互联网为市场营销带来巨大变革，中心转变、方法优化、模式多元……宏观变革在微观世界中得以窥见，百度的 AI 智能营销布局见证了这些新的可能。2019 年，百度提出要搭建以百度 App 为核心，以搜索 + 信息流为双引擎，以百家号 + 智能程序 + 托管页为三支柱的移动生态布局。随后，百度将媒体定位升级为智能决策的综合性内容与服务平台。媒体业务以内容为核心，以 AI 为驱动力，不断朝着智能化、服务扩容和生态闭环的方向探索，以适应产业智能化的需求和用户精细化的服务需求。这种变革也带来了一定的成效，财报数据显示，2022 年 3 月，百度 App 的 MAU 同比增长 13%，达到 6.32 亿人，日登录用户占比达到 83%[1]。

同时，百度搜索升级为全场景、新智慧、真生态的信息服务平台。例如，当用户在百度搜索关键词时，百度也会实时根据用户的关键词为其推荐酒店、美食、购票等信息。由此可见，百度所搭建的移动生态体系正在形成一个包括内容生产、分发、变现以及服务等全链条在内的全域生态闭环，品与效也在此过程中形成协同。

一、创意的智能生产

目前的流量市场环境，信息爆炸且碎片化，用户需求个性化且愈发挑剔，要生产同时满足“广”和“深”的创意，智能化是必然的也是必须的。在全链路定位之下，百度的营销服务不断向前端渗透，如今已经将触手伸向创意领域，能以低成本的智能化创意服务满足广告主需求。对于企业来说，用户的搜索内容往往反映了用户最原始、最直观的需求。搜索内容的实时更新便于企业掌握用户需求的动态，这些丰富的搜索数据无疑能够成为企业提前提供更契合用户的创意源泉。百度打通了旗下产品的数据，助推创意内容的优化以及内容场景的全面覆盖。

依托百度自身强大的大数据与AI能力，内容的智能化生产、优化等环节有了强大的技术支撑。借助AI技术、大数据分析、情感语义分析等技术，百度营销能够实现自动化生成创意与个性化创意的匹配。再搭配上百度的优质服务商伙伴，百度营销服务的生态连接力也进一步加强。例如，百度搭建的“创意中心”和“慧合平台”能够为广告主提供一站式创意解决方案。

二、人群的精准获取

随着流量红利期逐渐消退，优质流量越来越少也越来越贵。在获客成本越来越高、用户运营难度越来越大的现状下，营销转化出现瓶颈。企业更加重视精细化的运营，除了不断开发获客途径外，也在持续向下深挖存量客户需求，进行精准营销。而百度通过自身的AI技术，加速融合营销与技术，大大降低了企业的决策成本，帮助企业营销打出了新玩法。

在数字化生存的背景下，用户每一个小小的网络操作都会产生相关的信息与相应的流量，0与1的数字价值也在后续的变现利用中得以体现。一方面，基于用户在百度搜索的内容所形成的巨大信息库，百度能够精准地洞察用户，从而更好地理解用户，不断深化内容服务场景，这也成为新一轮数字化营销的基础和驱动力。另一方面，百度的AI智能营销产品为追求数字化转型的企业提供了有效工具，构建了从销量转化到用户运营的全链路营销生态，帮助企业做出营销决策。

例如，宜家借助百度的AI产品——百度AI慧眼系统、大数据系统、观星盘，就实现了从线上流量到线下客流量的转化。在这次合作中，百度AI慧眼系统基于“时+地+人”的多维空间，帮助精准识别并定位目标人群，结合观星盘分析、提炼用户画像，制定营销创意，满足个性化消费需求。宜家还联合百度地图系列产品，进行开屏展示、语音导航等多场景创新组合投放，精准把控线下门店导流需求。此外，宜家结合LBS地理位置数据等匹配移动设备来追溯客流来源，助力客流良性循环增长。

人群定向策略、媒介创新策略以及数据效果回溯策略的应用使得目标客群被精准定位，再加上项目运行时正值五一出行高峰期，确定的信息接收渠道、深度覆盖的品牌信息都大大激发了用户的到店意向，实现了用户从认知品牌、喜爱“种草”、线上导流线下、购买转化的全链路一体化营销，展现了百度AI智能营销的创新实力[2]。

三、内容的智能投放

用户本位的思维转换充分体现了用户资源的重要价值，而要实现资源的高效转化，舒适的用户体验、良好的整合策略、精准的分析能力必不可少。除智能的创意生产与精准的人群获取之外，百度的创意投放环节也实现了全面的智能优化，以保障用户需求的精准满足与企业投入的高回报率。在投放前，通过个性化创意素材与消费者的精准匹配来保证基本广告效果；在投放过程中，借助AI技术进行效果反馈与动态优化，选出最佳创意组合展现给用户；在投放后，百度营销将提供完善的数据分析与优化建议，以指导下一次的广告创意策略，从而为企业提供从策略支持、内容创意、媒体投放到效果评估的闭环营销服务。

【案例小结】

营销的核心是理解用户，而AI等技术与营销的深度融合是提高企业竞争力的关键。在互联网红利逐渐消退的当下，基于大数据的智能营销能在网络全渠道传递价值内容，在数字化赋能下实现“快、狠、准”的营销目标，成为存量时代的增长密码。而百度的智能营销借助AI技术，用更强大的商业产品力提高企业的经营效率。

一来，百度系App用户规模超过10亿人，智能小程序月活跃用户超过5亿人，体量庞大。二来，百度深耕AI多年，可以给品牌提供百度全链AI交互技术与资源支持，帮助品牌挖掘AI营销的潜力[3]。除此之外，爱番番、爱采购等面向广告主打造的一系列营销获客、结构化商品数据对接等经营效率工具的推出也完善了百度的营销服务[4]。

百度的智能AI营销无疑能够为企业的市场营销带来一些启发，如今互联网公司竞争已经进入下半场，行业巨头陆续开放各自生态圈，市场环境和渠道都在发生颠覆性变化。消费者心理越来越难以琢磨，线上转化难度不断升级，线下客流也开始下跌，仅仅通过增加人力和投资就可以实现增长的方式已经一去不复返，精细化运营和降本增效已经成为时代性要求，企业市场营销也应适时做出改变，以技术带来的机遇应对市场营销变革出现的挑战。

第一节　互联网时代的市场营销变革

随着数据技术时代的到来，以品牌为中心的传统营销传播模型转变为以消费者数据为核心的营销传播模型，在此基础上进行产品需求分析、兴趣洞察以及个性化体验的优化。互联网“在线”时代背景下，互联网市场经济向网络经济转变，企业在互联网中存在的形态是互联网产品，这也对市场营销体系提出了新的挑战。企业在进行市场营销时，必须充分认识到互联网的价值，推动市场营销朝过程简单化、模式多元化、对象精确化方向发展。

一、互联网的含义

联合网络委员会在1995年将互联网定义为全球性的信息系统，但是随着时代的发展，这一定义已经不能反映人们对互联网的理解，因此，本节将互联网拆分为“互+联+网”并做出解读。互联网可以看作信息链条组成的网状结构，可以反映各信息节点之间的相互关系，并为用户提供社交、商务、娱乐等一系列活动。

（一）互：信息节点间的相互关系

互是指两个信息节点之间的相互关系，包括企业终端与用户终端之间、用户终端与用户终端之间、企业终端与企业终端之间的相互关系。在移动互联网时代，终端是指电脑、手机、iPad 等设备。随着网络技术的不断发展，移动终端呈现智能化、应用化和娱乐化趋势。

（二）联：信息节点间的信息链条

联是指两个信息节点之间建立的信息链条，将文字、声音、图片、视频等转换形成数字化语言，达到双方沟通交流的目的。这里的数字是指二进制代码，用 0 和 1 表示。数字化是指用一系列二进制代码来代表复杂多变的信息。

随着互联网的发展，特别是智能手机等终端设备的广泛普及所带来的移动互联网的快速发展，我们每个人都已经被数字化了，每个人在互联网中存在的身份识别是用户 ID。我们通过手机等设备在 Wi-Fi、3G、4G 甚至 5G 蜂窝移动网络中实现在线。

（三）网：信息链条组成的网状结构

网是指无数信息链条组成的网状结构，它使得信息能够在多个节点之间流动或传播，从而形成整个互联网生态。在互联网中，每台计算机、每个人都成为信息传播的节点。每一个节点的地位平等，没有垄断性的信息发布中心。通过互联网，任何人、任何机构或组织都可以在瞬时向全球各地的用户发布大量信息。在今时今日，只要有一条有趣的或者有价值的内容，就可以瞬间扩散到整个互联网。

二、互联网产品的分类

在互联网“在线”时代，企业在互联网中存在的形态是互联网产品。企业与用户之间的关系是通过网站、App 或小程序等互联网产品建立的，在这些载体中实现商品、服务、价格等信息传递及互动交流。

当下，互联网产品的概念是从传统意义上的“产品”延伸而来的，是在互联网领域产出并用于经营的商品，以满足互联网用户的需求和欲望。互联网产品有互动性、即时性、低成本性、迭代性、不可消耗和无形性等特点。

根据不同的产品目标，互联网产品的分类维度也不同。本小节从服务对象和产品类别两个维度对互联网产品进行了分类。

（一）按服务对象分

根据服务对象的不同，互联网产品可分为面向个体用户的个人互联网产品和面向企业、政府、机构等的产业互联网产品。

1. 个人互联网产品

个人互联网产品面向个体用户，通常用于日常生活中，比如微信、网易云音乐、爱奇艺等。个人互联网产品的目标是延长用户的生命周期，了解用户在各种场景下的需要，通过友好的用户体验、新颖的功能、丰富的内容激发用户的使用欲，延长用户停留时间，增强用户黏性。

2. 产业互联网产品

产业互联网产品面向企业、政府、机构等，通常用于工作场景，更加注重产品能够解决的问题和带来的价值。用户可能出于加强员工管理、减少企业开支等理由购买该产品。常见的产业互联网产品有钉钉、腾讯会议等。

（二）按产品类别分

从用户需求来说，互联网产品主要分为社交类、娱乐类、电商类、工具类、金融类等，不同类别的产品从不同层面满足了用户在生活和工作上的需求。

1. 社交类互联网产品

社交类互联网产品是融合了社交网络技术与新的通信技术为一体的提供用户沟通交流的平台。此类产品以人与人之间的关系链为节点，将人以强弱关系在赛博空间连接起来，是用户线下真实社交活动在线上的映射。

随着对用户需求的不断满足，市面上单纯做社交的产品已经被垄断，有些产品就算出发点不是社交类产品，也会或多或少地加入社交的功能，而微信、QQ、微博等就属于典型的社交类互联网产品。

2. 娱乐类互联网产品

娱乐类互联网产品包括音乐、文学、游戏、视频、直播等类别。用户在休闲时使用该类产品以满足自己的娱乐需求。这种类型的产品内容丰富多样，让用户在使用时感到轻松愉快，更容易被用户接受。许多娱乐类互联网产品也带有一定的社交属性，用户可以娱乐自己、娱乐他人，也可以和其他用户共同创造娱乐。网易云音乐、王者荣耀、抖音、快手都是典型的娱乐类互联网产品。

3. 电商类互联网产品

电商类互联网产品通过客户端载体，将电子商务平台信息进行整合并以界面形式呈现。用户利用电商界面与服务者之间建立联系，将自身需求传达给服务者，服务者根据用户的需求提供相应的功能，帮助其实现消费。淘宝、京东等都是典型的电商类互联网产品。

（1）B2B 模式。B2B（business to business）模式是指企业与企业间的电子商务活动。B2B 模式的过程包括信息发布、询价及订货、支付与结算、票据流转、物流配送等环节。在 B2B 模式下，精准定向是要找到目标企业中的关键决策人员，有些可能要精准定向到企业高层领导、财务人员、行政人员、技术人员甚至运维人员等。

（2）B2C 模式。B2C（business to customer）模式是指企业与用户之间的电子商务活动。B2C 模式广义上说是业务的电子化，包括销售的电子化、采购的电子化、结算的电子化等。在 B2C 模式下，精准定向是要找到目标用户，包括男性、女性等，企业能与用户进行直接交流并获取反馈，从而为用户提供更加精准的服务。

（3）C2C 模式。C2C（customer to customer）模式是指用户与用户之间的电子商务活动，即个人通过互联网进行买卖活动的一种商业模式。其前身只是一个二手交易市场，但是随着

C2C 电子商务的快速发展，其本质已发生了翻天覆地的变化。如今，C2C 电子商务的经营方既包括一般消费者，又包括以 C2C 掩盖其 B2C 交易本质的企业；交易对象既包括直接购进的商品，又包括二手货物。

（4）O2O 模式。O2O（online to offline）模式是指将线下的商务机会与互联网结合，让互联网成为线下交易的前台。O2O 模式可以把线上的消费者带到线下的实体店铺，既可以为消费者提供便利，又可以为产品和服务提供平台。我国 O2O 的主导者是 BAT（百度、阿里巴巴和腾讯）。我们经常叫外卖用的大众点评、美团等就是典型的线上下单购买、线下送货上门的模式。

4. 工具类互联网产品

工具类互联网产品主要解决用户在特定场景下的特定需求，产品形态较为简单，功能较为单一，如天气类应用、汇率换算工具、图片整理应用、搜题软件等。除此之外，用户也可以通过使用该类产品让设备的软件和硬件功能得到管理或强化，如手机助手、安全卫士等。

5. 金融类互联网产品

金融类互联网产品包括互联网理财、网上支付等，其中很大一部分是针对行业用户提供的各类应用，如手机银行等。金融类互联网产品就像传统银行网点的业务柜台，可以实现所有信息在金融机构与客户之间的交换，极大地提升了金融业务办理的便捷性和可得性。

三、互联网的价值

习近平总书记在中共中央政治局第十二次集体学习时指出："伴随着信息社会不断发展，新兴媒体影响越来越大。我国网民达到 8.02 亿，其中手机网民占比 98.3%。新闻客户端和各类社交媒体成为很多干部群众特别是年轻人的第一信息源，而且每个人都可能成为信息源。有人说，以前是'人找信息'，现在是'信息找人'。所以，推动媒体融合发展、建设全媒体就成为我们面临的一项紧迫课题……我多次说过，人在哪儿，宣传思想工作的重点就在哪儿，网络空间已经成为人们生产生活的新空间，那就也应该成为我们党凝聚共识的新空间。"

从这段讲话中我们可以看到，不管是个人生活、企业经营还是国家管理工作都离不开互联网，互联网已经变成了"人们生产生活的新空间"。

（一）满足个人信息需求

互联网使得资源的互联、互通和共享成为可能，在此基础上，每个用户都可以随时随地获得想要的任何信息。通过虚拟的空间，个人可以利用海量的信息资源去探索和研究现实生活中遇到的问题，并将其应用于实践，让自己的实践活动更加高效。例如，用户可以通过互联网去获得感兴趣产品的相关信息，包括产品基本信息、过往用户反馈、价格变化等，这些会影响用户的购物行为。除此之外，用户可以通过互联网去发展自己的兴趣爱好，促进自己能力和个性的发展。可以说，互联网对用户的工作方式、学习方式、交流手段以及生活习惯都产生了巨大影响。

（二）促进企业经营转向

伴随着互联网时代的浪潮，企业经营管理转向数字化。企业可以建立一系列数据管理库，例如：消费者行为数据库使得精准定位用户成为可能，并可以实现对用户行为的动态响应；员工管理数据库让人员管理变得更加高效，进一步降低了企业的管理成本。在此基础上，企业经营策略发生转变，营销策略围绕“消费者需求”开展生产和销售，营销手段变为线上线下相结合，企业品牌建设不断加强。通过数字化手段，过去的碎片信息得到有效整合，为企业经营策略提供有效指导。

（三）助力国家管理工作

互联网为国家治理提供了治理空间、治理技术和治理平台。基于开放多元和透明公开等特征，互联网构建了一个开放平等的公共空间。每一个人都可以通过各种媒介了解国家、世界发生的大小事，并通过互联网发表自己的观点和看法，甚至可以推动重大政策的决策，形成一种社会参与的“共治”模式。在技术加持下，国家治理效率也大大提高。政务新媒体、政府网站等搭建起了政府和民众之间沟通的桥梁，使得政府回应更加畅通，能够有效疏导社会情绪，引导社会舆论，凝聚社会共识。

四、市场营销发生的变化

“在线”互联网时代，以物联网、云计算、大数据等为代表的网络技术不断推陈出新，要让产品和服务更加有效地满足消费者个性化和多样化的需求，企业市场营销就必须做出调整。

（一）营销过程高效化

传统的市场营销环节较为复杂，其经营模式固定在生产者、批发商和消费者之间。传统营销理念关注的是生产者的利益最大化，而忽视了用户需求。用户在购买产品时只能选择已经生产出来的、固定样式的产品，选择有限；而企业要想获得用户的评价和反馈，就需要投入大量人力物力进行调研。营销过程中许多烦琐的环节增加了营销成本，并最终反映为商品价格的提高。

而在移动互联网时代，销售渠道被拓宽，线上线下实现了融合联动。基于网络通道的开放性，企业可以搜索到大量消费者的反馈，与消费者完成信息互换，并根据这些信息对自己的产品做出调整，营销环节被大大简化。阿里巴巴等电商平台甚至让用户可以通过网络渠道直接从厂家拿到产品，这有效节约了产品流通时间，降低了营销成本。

（二）营销模式多元化

传统的营销模式包括代理商、经销商和直营式营销，突出的是选准目标市场，确定营销策略，并且在传统市场营销下，企业营销手段局限于广播、电视、报纸等大众媒体，载体容量有限。

在互联网时代，企业一方面可以应用大数据、云计算等技术大量收集用户数据，并据此开展市场需求预测，站在用户的角度创新产品设计。另一方面，企业可以抓住消费者心理，运用多种营销手段，促使产品销量增长。现如今流行的直播带货就是通过主播和观众之间的互动打造一个线上的沉浸式购物空间。除此之外，企业还可以借助微博、微信等社交媒体平台进行产品的宣传、分享与反馈，并时刻与消费者保持互动，拉近与消费者之间的距离，深度了解消费者需要。新兴的 VR、AR 等技术让产品呈现形式更加多样化，电子银行、微信支付、支付宝等线上支付方式也在无形中提高了消费者的购物欲望，为企业的市场营销转型提供了良好契机。

（三）营销对象精确化

在传统市场营销中，通过消费者调查对消费者群体进行划分，归根结底属于一种比较泛化的分类方式。商品营销也主要靠产品包装、广告促销和人员营销等，没有从消费者的角度出发去“定制”产品。

在互联网时代，消费者成为市场营销体系的中心，也是营销服务的主要对象。因此，企业想要实现成功的营销，就必须将营销定位于吸引消费者眼球这一目标上，最终得到消费者的思想认同并完成实际购买行为。企业可以通过整理消费者的行为数据，利用大数据技术分析消费者的行为特征，从而精准掌握消费者的需求偏好，在此基础上制定相应的营销策略来吸引消费者的兴趣，做到精准营销。除此之外，还可以通过让消费者关注企业微信、微博等方式来推销企业的营销理念及产品，不断加深消费者对企业品牌文化的认同感，以此留存老客户并不断扩充新消费者群体，积淀目标明确的高稳定性消费者群体。

由此可见，用户在哪，经营工作就得做在哪，而企业经营需要的就是最大化地吸引消费者注意力。而要吸引消费者注意力，就要精准定位消费者群体并且实现多元化的营销内容投放，这就离不开流量和数据的支持。

第二节　互联网广告发展简史

互联网广告，又称在线广告，早已成为人们媒体生活中熟悉的一部分。随着互联网技术演进和广告市场发展，互联网广告形态也在不断变化。从最初的网页静止横幅，到视频广告、富媒体广告，投放的方式也从早期类似于传统媒体的合约形式，发展到广告网盟模式，再到广告交易平台模式，互联网广告的发展过程始终围绕着媒体形式和交易模式两大主题交织演变。

一、互联网广告概述

（一）互联网广告的定义

互联网广告是指通过网站、网页、互联网应用程序等互联网媒介，以文字、图片、音频、视频或者其他形式，直接或者间接地推销商品或者提供服务的商业广告。

1994 年 10 月，美国著名的《连线》杂志推出了网络版，并首次在网站上推出了网络广告，立即吸引了 14 个客户在其主页上发布广告。其中，美国通信巨头 AT&T 投放的一个 468 × 60 像素的横幅广告成为世界上第一个在线横幅广告，标志着互联网广告的正式诞生（见图 5-1）。这个广告花费 30 000 美元，得到了为期 3 个月的曝光，广告的点击率高达 44%，由此掀起了互联网广告革命的浪潮。

图 5-1　世界上第一个在线横幅广告

（二）互联网广告的类型

1. 按照目的分

按照广告的目的，可将互联网广告分为品牌广告和效果广告。

（1）品牌广告。品牌广告主要是为了创造独特良好的品牌或产品形象，以此提升产品的中长期购买率，提升公众对品牌的感知度与忠诚度。品牌广告在短时间内难以大幅提升产品销量，广告效果也难以用数据衡量。

（2）效果广告。效果广告在现实中更为常见，是指有短期内明确用户转化行为诉求的广告。它能在短时间内带来大量的购买或注册、投票、捐款及其他转化行为，能直接提升广告主营收。此类广告可以用点击量、转化率、销量等数据来衡量广告的效益。

2. 按广告表现形式分

互联网广告发展历程中贯穿着广告形式变化的主线。数字技术和媒介的发展和推广，不断催生出新的广告形式，而旧的广告形式并未被代替和淘汰，而是被兼容、继承和更新。如今的互联网广告呈现出形式丰富的特点，贴片广告、互动广告、原生广告、软广告等术语层出不穷。常见的广告表现形式有网页横幅广告、文字链广告、富媒体广告、视频广告、邮件营销广告（email direct marketing，EDM）等。

（1）网页横幅广告（banner，也称为网幅广告）。在互联网诞生和普及的初期，网站和邮件成为主要的媒体形式，吸引了很多用户。互联网经营者和广告代理商们便很快利用这些媒体流量开展广告活动。这时期的广告大多模仿纸媒的样式，所以也被称为展示广告（display advertising）。

网页横幅广告是最早的广告形式，是以 GIF、JPG、Flash 等格式建立的图像文件，定位在网页中用来表现广告内容，同时还可使用 Java、Javascript 等语言使其产生交互性，用 Shockwave、视频等工具增强表现力的网络广告形式。网页横幅广告包括三种类型：静态网页横幅广告，动态网页横幅广告，交互式网页横幅广告。1997 年，IBM 和 Intel 公司在 Chinabyte 网站发布了一个 468 × 60 像素的动画网页横幅广告，这是当时的标准尺寸[5]。中国第一个在线广告由此诞生，正式开启了我国的互联网广告时代。

（2）文字链广告。文字链广告是一种对浏览者干扰最少，但却最有效果的网络广告形式。文字链广告位的安排非常灵活，可以出现在页面的任何位置，可以竖排也可以横排，每一行就是一个广告，点击每一行都可以进入相应的广告页面。这种广告的优点是能根据浏览者的喜好提供相应的广告信息，这是其他的广告形式难以做到的。

（3）富媒体广告。富媒体广告在展示广告流行的早期就被大量应用了。富媒体是“rich media”的中文翻译，是指具有动画、声音、视频和/或交互性的信息传播方法，包含下列常见的形式之一或者几种的组合：流媒体、声音、Flash以及Java、Javascript、DHTML等程序设计语言。与静止的、固定的横幅广告不同，富媒体广告可以用Flash等动画来吸引注意，并且可以采用弹窗等方式而不占用固定的版面位置。这类广告在网站媒体十分常见，出现过大量滥用的情况，反而影响了用户体验和观感。常见的富媒体广告形式就是视频广告形式。

（4）视频广告。视频广告的流行与YouTube、Netflix、优酷、爱奇艺等在线视频媒体发展有关。2008年，YouTube推出了视频贴片广告。在视频流媒体播放过程中插入广告，成为常见的广告类型。根据插入位置的不同，可以分为前插片、暂停、后插片等类型。不同位置的广告效果不一样，前插片广告往往注意和记忆效果更好，但价格也会更贵。

（5）邮件营销广告。与网页横幅广告不同，邮件营销广告作为一种积极的营销方式被广泛使用。营销人员可以选择在合适的时间向合适的用户发送邮件广告，而不是像展示广告那样需要用户主动接触网站。但是，也因为它对于营销人员太过便利，很容易打扰到用户，后来大多被归类为垃圾邮件而被忽视。在互联网出现之前，便有用户通过邮件向其他人推广产品。第一个互联网商业化的邮件于1994年被发出。不过直到1996年全球首个网页邮件服务Hotmail出现后，大规模的邮件营销才被应用[6]。

（三）互联网广告的计费方式

互联网广告的计费方式多种多样，目前流行的计费方式包括CPT（cost per time）、CPM（cost per mille/cost per thousand impressions）、CPC（cost per click）、CPA（cost per action）和CPS（cost per sale）。CPT和CPM常用于展示广告，主要是针对品牌广告，而CPC和CPA则多应用于效果广告。早期的互联网广告市场以品牌广告为主，而随着定向流量价值的发掘，效果广告发展十分迅速，成为公开竞价的主体。在如今优质媒体流量交易中，品牌广告主仍然是重要客户，这类交易更重视品牌的曝光而非短期转化效果。

1. CPT

CPT是指按时长付费，是一种以时间来计费的广告。国内很多网站都是按照“一个星期多少钱”这种固定收费模式来收费，其特点是按用户使用时长或使用周期计费，可以从根本上杜绝刷流量、激活作弊，是最真实有效的营销方式之一。

2. CPM

CPM是指每千次展示费用，即广告每展现给1 000人所花费的成本，所以又叫千人展现成本。目前CPM在很多平台都是最主流的计费方式，按此付费的广告大多以品牌展示、产品发布为主，因为品牌广告目标是较长时间内的回报，很难通过短期数据反馈直接计算点击价值。

3. CPC

CPC 是指点击计费，即按照每次广告点击的价格计费。CPC 最早产生于搜索广告，如关键词广告一般采用这种定价模式，比较典型的有 Google 的 AdSense for Content、百度联盟的百度竞价广告以及淘宝的直通车广告。现在 CPC 多运用于效果广告。

4. CPA

CPA 是指按行动付费，即根据每个访问者对互联网广告所采取的行动收费的定价模式，这是一种按照广告投放实际效果计费的方式。这里的行动不是固定的，通常可以指问卷、表单、咨询、电话、注册、下载、加入购物车、下单等用户实际行动。广告主在投放广告前可以与媒体或者代理商约定好，只有在用户发生约定好的行动时，才会被收取广告费用。

5. CPS

CPS 是指以实际销售的产品数量来计算广告费用的广告，即根据每个订单 / 每次交易来收费的方式。广告主为规避广告费用风险，按照广告点击之后产生的实际销售笔数付给广告站点销售提成，例如，淘宝客通过推广赚取佣金。

二、互联网广告的发展

（一）按信息分发模式和其流行时期大致划分成四个时代

1. 分类索引—门户时代

互联网初期，主导信息分发的是基于超文本技术的分类索引。雅虎是其中最知名与成功的案例，它的主要商业模式就是出售网页横幅广告。这一阶段还出现了文字链广告、富媒体广告等形式。

2. 搜索引擎—搜索时代

Google 凭借搜索引擎技术打败了雅虎，带来了“搜索广告”的模式，其中关键词广告（ad words）被广泛应用，还出现了上下文广告（contextual ads）等形式，并创新了广告位和计价方式。

3. 订阅关注—SNS 时代

2004 年左右，全球网络用户的数量达到了 8 亿人。伴随大量用户的接入，Friendster、Facebook 等社交网络逐渐兴起，“社交广告”开始走进广告主视野。

4. 推荐算法—Feed 时代

2006 年，Facebook 发布了配备“推荐算法”的 NewsFeed 功能，但这一技术的广泛应用还要更晚。推荐算法是针对用户不知道自己应该浏览什么的场景，弥补了搜索的不足。相应地，这一技术带来了信息流广告、原生广告（native ads）等模式。

需要注意的是，上述信息分发模式并非完全的先后替代关系，更多的是新的信息分发模式向下兼容、叠加使用了早期的模式。伴随这些阶段出现的互联网广告形式也无绝对的先进、落后之分，各种形式现在仍得到广泛、混合应用。此外，还有定向邮件、视频贴片广告、移动广告等形式，也随着相应技术的更新而诞生。

(二) 互联网广告交易模式的变迁

1. 合约广告

早期的展示广告一般仿照纸媒的传统来进行交易。互联网媒体直接将广告位出售给广告主或广告代理，通过合同约定好特定的广告位置，在特定时间段为专门的广告主服务，这种交易模式被称为合约广告。广告的策略和创意内容由合同双方来确定，互联网媒体只需要将素材嵌入页面中便可投放。

合约广告对技术要求不高，只需用到简单的广告排期系统。售卖对象是“广告位”，计费模式主要是 CPT 或 CPM，前者按照展示时间的长短来计费，后者则根据网站访问流量计费，于 1995 年由网景公司推出。当时的互联网媒体流量增速很快，并且仍然以品牌广告为主，以广告展示时长或人次的计费模式是符合媒体和广告主需求的。

由于合约广告只是简单地投放广告，广告转化效率低，因此利用数据的、更加个性化的定向广告应运而生。

2. 定向投放广告

随着互联网在全球范围的普及，网络媒体流量迎来了高速增长，媒体广告位置曝光次数也随之提升，媒体可以通过逐渐提高广告位报价来获得更高的利润。而在媒体流量相对稳定后，盈利的需求和技术的支持继续推动互联网运营者寻找提升流量价值、增加广告收入的方法。互联网运营者很快发现，互联网与传统媒体的一大重要区别在于广告投放，即互联网广告可以向不同的用户投放不同的广告内容。原来网站一体式售卖的广告位展示时间和流量，可以拆分为不同的流量部分同时出售，如在同一广告位向不同地域的用户推广不同的商品。这极大地优化了媒体流量的使用效率，提升了媒体方的广告收入，也符合广告主对精准效果的期望。这种广告投放方式被称为定向广告，是一种双赢的策略。一方面，广告主可以用更低的成本获得与原来通投广告位一样的有效受众；另一方面，媒体的总收入也增加了，多出来的收入是数据变现的价值。

定向广告的产生和优化，离不开计算技术的支持，包括受众定向和实时投放两方面。首先，要根据用户信息（年龄、性别、职业、爱好、收入、地域等）标注和识别用户的标签。其次，利用网络广告配送技术，将广告投送由直接嵌入页面改为实时响应页面请求，并动态决策和返回合适的广告创意，向不同类别的用户发送内容不同的广告。

定向广告仍然以合约的方式进行，主要采用担保式投送 GD（guaranteed delivery），即约定好广告位、时间段和投放量，达不到就赔偿。定向广告的售卖对象为“广告位 + 人群”，主要用 CPM 广告计费模式。

与网页媒体相比，搜索引擎产品更早尝试定向广告的实践。原因在于，搜索引擎可以通过用户的即时兴趣和需求标签即搜索的关键词来投送广告，这便形成了付费搜索的变现方式。这种投放方式很容易达到精准的定向效果。1996 年，雅虎便运行了第一个搜索广告。Goto（后来被雅虎收购）、Google 也很快形成了自己的搜索广告模式[6]。这些广告大多采用文字链接的形式呈现在搜索结果页面中，而排序的位置成为影响广告注意和点击效果的关键因素。搜索广告的定向效果很快吸引了广告市场的关注。随着投放标签的精细化和广告主数量的增加，搜索广告很自然地演化出竞价的交易模式，对于互联网广告发展来说这个变化具有重要意义。

3. 竞价广告

（1）担保式投放模式的局限。在定向投放应用的早期阶段，互联网广告尤其是展示广告领域主要是选择担保式投放模式。担保式投放依然是以合约的方式进行。合约的关键条件在于媒体需要保证一定的广告投放数量，遵循 CPM 的计费方式。此时的市场客户仍多为品牌广告主，这种交易模式主要也是面向品牌广告的。

随着受众定向投放模式的不断成熟，互联网媒体的定向标签变得越来越精细，投放效果也愈加精准，并且更多的广告主开始涌入这片市场。标签的精细化和广告主数量的增长为合约交易模式带来了一些困难。一方面，对于细化标签组合流量的预估存在很多不确定性；另一方面，在合约框架下实现多位广告主投放量的需求变得越来越复杂，而在量的约束下的流量分配策略并不能满足供给方对广告位价格最优的期待[7]。在这样的条件下，担保式投放的合约交易无法简单地解决多个合约在线分配和价格最优化的难题，促使互联网经营者探索新的交易办法。

（2）竞价交易模式出现。面对不断繁荣的广告市场，对于更高收入的追求激励着互联网经营者发掘另一种交易思路，即竞价交易方式。在竞价广告模式下，流量供给方放弃了对投放量的保证，转而只向广告主展示单位流量的成本，广告主需要通过竞价来赢得展示的机会。竞价广告模式帮助供给方省去了投放量的约束，简化了如何在线分配的难题，并可以选择更高的广告价格。因此，竞价广告很快成为广告交易的新的流行模式。

值得一提的是，供给方在竞价交易中并不是以最高出价来收取费用，而是采取广义第二高价的策略，这更符合整个市场的最优收益。竞价广告使大量中小广告主参与在线广告的可能性和积极性大大提升。

4. 实时竞价广告

竞价广告虽然顺应了定向广告向精细化发展的趋势要求，也为无法用合约售卖的剩余流量找到了可能变现的渠道，但是并不能完全满足广告主的需求。例如，在竞价广告中，广告主只能在媒体定义好的标签组合中挑选，然后进行出价，而不能控制每一次展示的出价。此时，市场看起来像一个黑盒子——广告主只能靠选择合适的标签组合以及阶段性调整出价来间接控制效果。如果广告主希望对流失用户进行一次广告促销，或希望媒体帮助找到与现有用户类似的潜在用户，则难以通过竞价广告实现。因为是不是广告主的流失用户、潜在用户，都只能与广告主的数据库核对后才知道，媒体的标签库中没有这种类型的标签。

因此，实时竞价的交易形式应运而生。实时竞价（real time bidding，RTB）是一种利用第三方技术在数以百万计的网站上针对每一个用户展示的行为进行评估以及出价的竞价技术。RTB 可以让广告主按自己的人群定义来挑选流量，竞价过程由广告主预先出价，变成每次展示时实时出价，广告主能够更灵活地划分和选择自己的目标受众，也使得更广泛的数据使用和交易迅速发展起来。

实时竞价还进一步衍生出了广告交易平台 ADX（ad exchange）、需求方平台 DSP（demand side platform）。具体的流程将在本书的第六章进行详细介绍。

纵观整个互联网广告简史，我们可以洞悉数据、流量、广告三者的协同作用机制。流量或影响力是广告的基础，只要有流量的地方，或有较大的影响力的地方（如纽约广场的大屏幕）就有流量变现的潜力，自然就会有广告。利用好数据可以让广告更精准、更具个性化，从而使广告主以更低的成本找到目标用户，媒体也能通过同一个广告位来获得更多收入。因此，在本章接下来的小节，将进一步围绕流量和数据进行深入分析。

（三）互联网广告平台组织的发展

本质来说，广告的核心参与者包括广告主、媒体（用户）、中介。在互联网广告中，由于技术的发展以及获取数据的便捷，中介已逐步发展成一个非常有技术含量的中介，也相应地出现了一系列诸如媒体（media）、publisher、AN、ATD、ADX、DSP、SSP、RTB、DMP、程序化广告等让人眼花缭乱的各种专业名词。互联网广告平台组织的发展也历经从广告代理商（agency）模式、广告网络（ad network，ADN，也称网盟）模式阶段到广告交易平台（ad exchange，ADX）阶段的多重升级，互联网广告走向了精准营销时代。

1. 广告代理商模式

广告媒介代理制度的出现使得广告这一行业效率更高，分工更加明确。在互联网广告发展的初期，和传统广告一样，通常也采用广告代理商模式。广告代理商一般由创作人员和经营管理人员组成，设有许多职能和业务部门，能够为广告客户编制并实操完整的广告计划或商业宣传全案。

2. 广告网络模式

基于广告交易市场的扩大和定向投放的流行，广告主和媒体方需要一些中介平台来帮助整合和匹配市场的资源和需求，竞价机制的应用也催生了这类平台，广告网络（ad network，ADN）模式这一市场交易形态由此诞生。广告网络模式，即在线广告联盟，通过制定好的标准与方法联合一系列中小流量主，代表这些流量主直接与广告主进行谈判，确定双方都可以接受的价格。

ADN 平台承担着整合、维系各方的功能和职责，它运营着大批量的媒体广告位资源，按照流量标签或上下文标签出售给相应的需求方，并且采用竞价的机制在线分配流量。在过去，中小型媒体自行运营广告位面临着成本和管理的问题。而 ADN 平台的出现帮助很多中小型互联网媒体参与到广告市场中，得以更好地将流量变现。

ADN 平台提供流量展示和价格约定，而广告主对投放量的需求未得到保证，推动了代表需求方采买广告平台的产生，即交易终端（trading desk，TD）。交易终端通过对接多个

ADN 平台，基于人群标签或媒体类型和位置进行流量采买，一站式满足广告主对投放量的需要。

世界上最早的 ADN 平台是 Double Click，于 1995 年在美国成立。这是互联网广告出现的第二年，竞价模式还未成型，可见互联网广告市场发展之迅速。国内第一个 ADN 平台出现在 1998 年，由好耶公司建立，提供采购指定流量媒体的广告投放业务[8]。这是我国互联网广告市场探索前进的开端。

3. 广告交易平台

ADN 平台的出现促进了广告市场流通，但其竞价模式仍然是封闭的。当市场上存在大量的 ADN，而每个 ADN 拥有的流量主资源和广告主资源都是不同的，这就导致了广告市场被割裂成了多个小市场，每个小市场形成自己的价格体系，而 ADN 也会根据自身的情况，将手中的流量转卖给第三方 ADN，形成了中介套中介的情况，会出现很严重的延时问题，并导致整个价格体系相对混乱。

广告需求方只能在 ADN 定义好的流量标签内进行选择并且预先指定出价，而不能控制每一次展示机会的出价，只能依靠合适的标签组合和阶段性调整出价来间接控制投放效果。这一机制操作复杂且不透明，不符合需求方对精准控制投放的要求。开放的广告交易平台（ad exchange，ADX）应运而生。ADX 采用了实时竞价（real time bidding，RTB）的模式，需求方能够按照自己的标签定制来选择流量，并且可以在展示时实时出价。ADX 能够出现的原因是竞价在搜索类广告的商业化成功和大规模应用，展示类广告尝试引进竞价技术。ADX 相当于一个拍卖市场，联合了流量需求方与流量供给方，由流量供给方展示自己的广告位，流量需求方根据自身的情况需求进行购买，每个广告主都来交易市场交易，不会出现经过特别多层网络的情况，这样虽然需要给 ADX 付费，但是效率大幅提高了。

2005 年，世界上第一个广告交易平台 Right Media 成立，拉开了程序化交易的序幕。两年后，Right Media 被雅虎收购。同年，Google 和微软分别收购了 DoubleClick、Ad ECN，推动广告交易平台进入快速发展期[9]。国内程序化广告相对海外起步较晚。2011 年，阿里巴巴发布了国内首个 ADX 平台 Tanx。随后，Google 在我国推出 DoubleClick Ad Exchange 平台。腾讯、新浪、盛大、秒针、优酷土豆和百度等广告交易平台也纷纷涌现，加入程序化广告发展的大潮中[10]。2012 年，我国互联网广告正式走进程序化的时代。

互联网广告仍然是一个进行时的概念。它未来的交易模式和广告形态或许会有更多的有趣变化。技术、市场、法律等因素的发展，都有可能推动互联网广告的革新。对于其历史过程的回顾，将帮助我们更好地把握它的发展脉络。

第三节 互联网的商业本质

流量是讨论互联网市场营销绕不开的重要话题，也是互联网商业价值变现的核心手段。互联网的本质是流量，互联网的商业本质是流量买卖。目前，国内互联网产品行业竞争激烈，国家也加强了对行业的整治力度，以促进互联网经济产业的良性发展。

一、用户与流量

用户资源是互联网企业的价值核心。企业的用户群体规模直接反映了企业的市场规模。活跃用户越多，企业流量池越大，随之产生的利润和价值也越大。

（一）互联网产品的评价指标

互联网产品上线后，企业往往会通过收集大量数据来判断用户的黏性、稳定性以及核心用户的规模等。在流量时代下，互联网产品的评价指标一般包括活跃度指标、留存率指标以及其他用户反馈数据。其中，活跃度指标是衡量流量的质和量的核心指标。

1. 活跃度指标

活跃度指标包括 MAU（monthly active users，月活跃用户量）、WAU（weekly active users，周活跃用户量）、DAU（daily active users，日活跃用户量）、PCU（peak concurrent users，最高同时在线用户量）、ACU（average concurrent users，平均同时在线用户量）、AT（daily average online time，日均使用时长）等，这里我们主要讨论活跃用户指标。

DAU 是指当天启动产品的用户，包括初次下载并启动互联网产品的新用户，以及再次启动使用产品的老用户，其中用户重复登录记为 1。同理，WAU 和 MAU 是指去重后的周活跃用户量及月活跃用户量。

使用频次不同的产品，统计活跃用户量的周期也会不同，但有一点是不变的：对于流量主来说，活跃用户量越大，意味着可售卖的广告池越大；对于广告主来说，广告池越大，从里面找到目标用户的机会也越大。因此，在“流量 = 用户 = 金钱”的逻辑下，不管是流量主还是广告主，都会关心网站或 App 的活跃用户。例如，抖音发布的数据报告显示，抖音日活跃用户已经超过 6 亿人，可见流量巨头都极其关心活跃用户数据指标，因为这影响着广告效益，进一步会影响到企业收益。

2. 其他指标

除了活跃度指标外，互联网产品的竞争力也可以通过其他指标来衡量。如跳出率、转化率、留存率等。

跳出率是指浏览了一个页面就离开的数量与总访问数量的比率。

转化率是指用户完成了指定目标任务的次数与总访问量的比率。转化率过低则需要通过优化任务流程来提高。

留存率是指某段时间内的新增用户，经过一段时间后，仍继续使用的用户占当时新增用户的比率。该指标可以反映产品对于用户的吸引力。在移动互联网时代，每一个产品要获得新用户都是需要成本的，在已经付出成本的情况下，如何把用户留下来让其为企业创造价值就显得尤其重要。如果留存率过低，就需要根据客户需求改进产品。

除此之外，用户的反馈数据也可以很好地反映产品是否符合用户预期、是否需要改进、具体该朝哪个方向改进等问题。挖掘反馈数据体现了以用户为中心的互联网思维，能够有效帮助互联网产品改进，让产品获得更大流量。

（二）互联网产品的流量价值

用户在互联网中产生的每一次“网络通信”行为都会产生流量，无论是主动的搜索、浏览、点击、输入等行为，还是非主动的弹出窗口、页面的“浏览”等行为，都会以数字化形式被记录下来。

需要注意的是，上文中的流量不是我们日常说的手机上网消耗的流量，手机上网流量是指记录一台手机上的一个网页所耗的字节数，运营商会根据上网消耗的字节数流量向用户进行收费。此处的流量是指用户在网页或 App 上浏览信息时所产生的访问量，通常用 PV（page view）表示，也就是页面浏览量，是指在特定时间内访客进入 Web 网站或 App 应用时产生的浏览数。

流量反映了产品受用户欢迎的程度，用户使用产品的次数越多，浏览页面时间越长，流量就越大，产品就越受用户的欢迎。不管是线上还是线下，不管是 PC 时代还是移动互联网时代，企业经营都要获取流量，并使流量价值最大化。在线上，哪个 App 的流量大，广告主们自然就会选择哪个 App，而这个 App 的流量变现价值也会越来越大。

互联网商业的本质就是以买卖方式让“流量”这个商品进行流通的经济活动。基于“用户＝流量＝金钱”的逻辑，一个互联网产品能连接的用户数量决定了其流量的价值。因此，企业在互联网中的经营目标就是建立流量池，并把流量转换为销售机会，买卖双方各自的需求则分别是流量获取和流量变现。

二、流量变现

互联网时代是一个用户为王的时代，产品的用户规模是互联网企业的核心竞争力。有用户的产品就有流量，有流量的产品才能吸引广告主和合作伙伴，进行流量变现，进而去丰富产品内容，以优质的产品内容吸引更多客户，形成良性循环。其中，流量变现是关键的一环。

（一）流量的分类

对互联网公司来说，流量可以大致分为站内流量和站外流量两类。前者代表了公司最基础的流量实力，后者则为公司不断拓展流量，连接用户与广告主，两者都是流量变现的重要基础。

1. 站内流量

站内流量即互联网公司内部产品的流量，如字节跳动旗下的抖音、今日头条的流量池就是该企业的站内流量。

在移动互联网时代，流量演变为互联网产业的底层与核心发展逻辑。流量代表用户的注意力，站内流量越大，说明产品对用户的吸引力越强，公司的竞争力就越强，数据优势也越大。

在庞大的流量基础和数据支撑下，通过云计算、大数据等技术，平台可以对用户进行精准画像，广告主可以通过定位目标受众实现高效的广告投放，提高广告投放的转化率等。因此，广告主会更加倾向于选择流量大的互联网产品，站内流量成为衡量互联网公司是否成功的重要指标之一。

2. 站外流量

与站内流量对应，一家互联网公司外部产品的流量就是站外流量。公司在持有自己的站内流量后，也要不断去扩展外部流量，这些流量既可以为自己的互联网产品吸引用户，也可以二次贩卖给客户，扩大自己的广告主群体。

通常，互联网公司会通过建立广告联盟来整合外部流量。例如，字节跳动旗下的广告联盟会不断整合非体系内的产品流量。一方面，字节跳动自有的客户群体互相竞价，提高广告流量价格；另一方面，平台自身的数据标签可以帮助广告主在外部流量中精准定位到目标用户，这样就能实现一站式服务，让收益最大化。

互联网产品在没有固定的、规模化的客户群体之前，都会依附于较大的互联网公司的平台，加入它们的广告联盟去实现变现。而一旦形成一定规模，有了自己的数据优势后，公司便会建立自己的广告平台去吸引外部流量。

（二）流量变现的方式

流量是所有互联网商业模式存在的基础，足够的流量也是流量变现的基础。即使是流量卖方也是有买量需求的，特别是在它的互联网产品的起步阶段，同样需要通过“高效”获取“低成本的优质流量”来获取用户，并让用户留存下来，再通过高溢价进行流量变现。流量变现的方式包括直接变现和间接变现。

1. 直接变现

直接变现包括向用户收费，为其提供产品、增值服务等方式，如腾讯视频、爱奇艺等视频软件的会员充值，游戏中的游戏币充值、点卡充值等。

在短视频直播盛行的当下，直播打赏变现也是典型的直接变现方式之一。主播通过直播展示自己的技能、与粉丝聊天互动等，增强粉丝黏性，而粉丝用户为喜欢的主播刷礼物、打赏的大部分收益都由平台直接获得。

2. 间接变现

间接变现包括售卖广告、电商平台等方式。其中，售卖广告是最常用也是变现最高效的方式，实际上就是把用户的注意力贩卖给广告主。比如，一个 App 在最初投放到市场时，会先想办法从市场买量，先使自己的 DAU/MAU 等活跃用户指标有一定量级之后，再通过在 App 里面添加广告位，售卖广告位流量来获取收益。它用低成本获取用户流量，再通过高价格进行售卖，中间获得的差价则被称为广告收益。

像阿里巴巴、京东等电商变现，是通过平台搭建聚拢消费者进行商品销售。另一种常见的电商变现是把作品内容中出现过的产品放在商品橱窗，推荐给粉丝用户，通过粉丝的凝聚力实现购买，这种方式在直播带货成为行业新风口的当下变得越来越常见。

三、流量产品及广告平台

互联网的流量巨头，不管是国际上的 Google、Facebook，还是国内的字节跳动、腾讯、阿里巴巴、百度等，都在做流量生意。每个互联网公司在其流量产品形成规模之后都会搭建自己的广告平台。本小节将主要介绍字节跳动系、腾讯系、百度系和阿里巴巴系的流量产品及广告平台构成。

（一）字节跳动系

字节跳动旗下流量产品包括今日头条、抖音、西瓜视频、火山小视频、懂车帝、穿山甲联盟以及海外推广平台等。

其中，穿山甲联盟就是字节跳动对接外部流量的广告平台，其依托巨量引擎的技术和产品能力，可以为开发者提供用户增长、流量变现、LTV（用户终身价值）提升等全生命周期的服务和成长方案，覆盖活跃 DAU 超过 8 亿，日均广告请求量超过 630 亿，日均广告展示量超过 110 亿。

2021 年 4 月，字节跳动上线了巨量千川，这是巨量引擎旗下的电商广告平台，可以为商家和创作者提供抖音电商一体化营销方案。值得一提的是，短视频领域的另一典型代表快手，对标字节跳动的巨量引擎，推出的平台为磁力引擎，对标巨量千川的二类广告平台为磁力金牛，对标穿山甲联盟的广告平台为快手联盟。

（二）腾讯系

腾讯旗下的流量产品包括微信系的朋友圈和公众号等、QQ 系的 QQ 聊天窗口和 QQ 空间等，以及腾讯广告。

其中，腾讯广告（原名广点通）类似于穿山甲联盟，用于对接外部流量。该平台整合了腾讯内外数千家广告主及流量资源，提供多维度的精准定向方式及透明清晰的统计报告，广告主可以通过腾讯广告投放推广平台，聚合微信、QQ、腾讯联盟、应用宝、手机 QQ 浏览器等多种渠道，实现用户精准触达。

（三）百度系

百度旗下的流量产品包括百度搜索、百度信息流、百度视频、百度联盟等。

基于搜索引擎服务和百度推广，百度联盟挖掘并管理百度以外的整个互联网流量，这也是国内最具实力的广告联盟之一。百度联盟吸引了超过 80 万家广告主加入，合作伙伴覆盖全域流量，依托 AI 技术可以实现推广内容的高匹配。除此之外，该平台还匹配了全栈式团队及定制化服务，高效提升流量运营效益。

（四）阿里巴巴系

阿里巴巴旗下的流量产品包括淘宝站内广告、阿里妈妈联盟等。

阿里妈妈联盟是一个为联盟成员提供广告主，为广告主提供广告资源的交易和服务的第三方平台。在阿里妈妈的 C2C 模式下，中小网站作为媒体会将自己的广告位发布在阿里妈妈网站上，广告主筛选并购买合适的广告后会进行广告投放。

阿里巴巴一方面是媒体方，为其商家提供广告流量，另一方面它自己本身也是行业大广告主，需要在外部采购大量的流量，这也再次说明流量卖方同样也有买量需求。不止阿里巴巴，今日头条、腾讯、百度等都有买量需求，因为它们旗下也在不断孵化新产品、新业务，需要从外部采购大量的流量去丰富它们的流量池子。

四、流量产品行业现状

当下，互联网流量产品的发展越来越迅速，马太效应明显，市场竞争激烈，但也会有字节跳动这样的“黑马”出现。近年来，流量产品与广告平台“以用户为中心”的趋势越来越明显，在行业自律和政策他律的双重保障下，行业发展焕发出新生机。

（一）市场竞争激烈，字节跳动后来居上

图 5-2 是 Trustdata 发布的《2020 年 Q1 中国移动互联网行业分析发展报告》中列举的 2020 年 3 月中国移动互联网 Top20 应用 MAU 及同比，我们可以发现，这些头部产品大部分从属于腾讯系、字节跳动系、阿里巴巴系、百度系等。

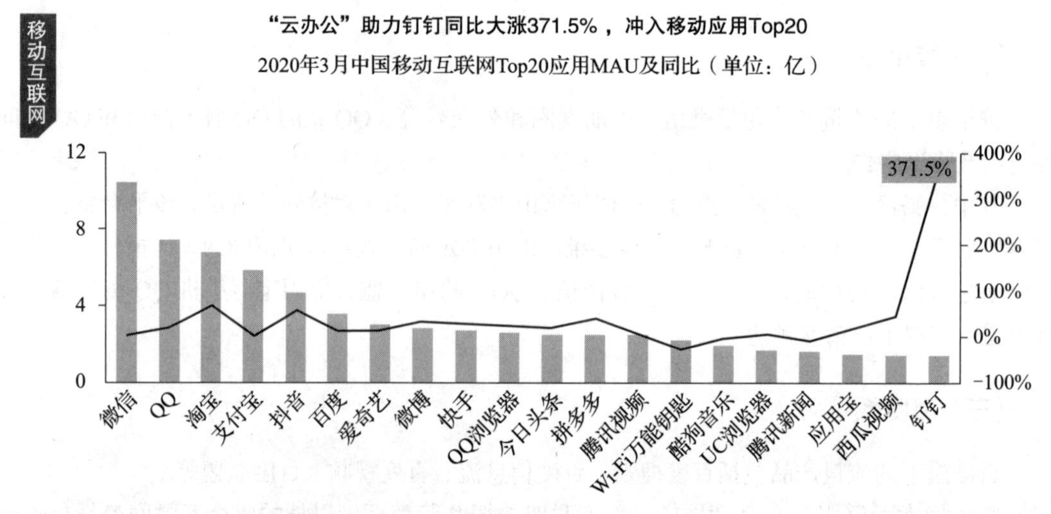

图 5-2 2020 年 3 月中国移动互联网 Top20 应用

从四大广告巨头目前的实力和地盘来看，对广告市场份额的抢夺主要在字节跳动、腾讯和百度三家中进行。阿里巴巴作为电商平台，媒体属性相对独立，加上本身是行业的大广告主，目前不太可能与腾讯、百度、字节跳动在广告领域产生直接冲突。

除了广告，再加上历史和产品定位的原因，字节跳动、百度和腾讯之间的竞争相当激烈。字节跳动的推荐信息流对百度搜索造成了一定威胁，而字节跳动的抖音和做社交的企图也引起了腾讯的警惕。

在诸多互联网巨头中，字节跳动后来居上，在数字广告领域已经变成行业领先者。《2021 中国互联网广告数据报告》显示，受市场监管与反垄断大势的影响，阿里巴巴的广告业务收入

增长步伐进一步放缓，字节跳动增速虽有减缓但市场份额仍进一步扩大，其 2021 年广告收入已破千亿，位居第二，正逐步缩小与阿里巴巴的差距，大有迎头赶超的趋势。

自成立闭环电商后，字节跳动的电商广告主要包括平台电商、引流电商与千川电商三类。得益于抖音电商的高速发展，2021 年，即使在游戏行业广告收入放缓、教育行业广告收入断崖式下跌等挑战性情况下，字节跳动广告营收第三季度的同比增速，相比其他互联网公司仍然较快。[11]

（二）“用户体验”为中心，国家政策不断完善

基于“用户 = 流量 = 金钱”的逻辑，互联网时代下的流量产品越来越注重用户体验，“用户”中心转向正在发生。只有以用户为中心设计的产品和内容，才能够真正击中用户痛点，被用户所接受，从而形成一定规模的活跃用户群体，带来真正的流量价值。

在设计产品之前，公司会结合大数据对用户进行调研，站在用户的角度上，结合用户需求去开发产品。在互联网产品的试点工作中，企业更多地关注用户因素，了解用户的使用体验和反馈，并在此基础上进行产品的改进。在产品的投放过程中，公司应精准定位目标受众，满足用户的个性化需求。

除此之外，伴随着互联网产业经济的高速增长，新的技术概念不断涌现，而其中很多新风口都存在着不规范的问题，例如流量造假、未经用户允许读取数据、隐私泄露等，造成了资本泡沫过度膨胀、劣币驱逐良币的现象。

当下，国家也开始大力整治互联网行业中的灰色地带，引导流量产品行业生态健康发展。例如，2021 年某直播数据平台因涉嫌用爬虫技术窃取直播相关数据受到了惩罚。2021 年 7 月，工信部启动互联网行业专项整治行动，聚焦扰乱市场秩序、侵害用户权益、威胁数据安全、违反资源和资质管理规定等问题进行整治。伴随着国家政策的不断完善，相关企业主体责任也在不断压实，多方协同共治下，才能实现流量产品经济良性持续增长。

第四节　流量市场现状

当下，优质流量竞争激烈，获客成本持续上升。面对多样化的信息，用户需求呈现碎片化和个性化趋势，对广告也越来越“挑剔”。而在流量和用户的双重压力下，企业的精细化运营转向正在发生。

一、优质流量竞争激烈

从流量的角度来看，中国流量市场目前由 BAT 等公司引领，这些互联网巨头为了巩固自己的垄断地位，高筑“围墙花园”，使得中小企业之间的竞争更为激烈。伴随着激烈的竞争，流量终端和广告形式逐渐多样化，但也带来了流量作弊等弊端。

（一）流量巨头高筑“围墙花园”

从 2015 年开始，中国互联网的流量红利就逐渐消失，绝大部分流量被字节跳动、腾讯、

阿里巴巴、百度和视频网站所垄断。头部的移动互联网巨头已经形成，进而大鱼吃小鱼，对剩余流量进行吞并。

平台媒介本身具有“二重性”，其既是一套以技术互用性为特征的底层控制系统，又是一套能够自我增长数据和连接的开放性计算中介网络。现实中，社交媒体平台不是分布式网络，而是平台范式下的中心化网络。在这种情况下，数据就是互联网领域竞争的核心资源，用户通过数字劳动生产流量，成为获取数据的源泉。各个流量巨头间高筑“围墙花园”，实际上就是以一种更加隐蔽的方式把流量、用户、数据等紧紧抓在手中，阻断资源从自身平台流向竞争者或者第三方平台。

线上流量增速持续放缓，加上买量竞争持续变大，导致企业获客成本持续上升。近两年，不管是效果广告主还是品牌广告主，都在追求效果。对于效果广告主来说，由于遇到了广告成本的瓶颈，其在实现增长方面没有实现很好的突破，因此在不断寻找优质渠道，对效果的要求变得更加严格。而对品牌广告主来说，它们过去在纯品牌广告上消耗大量预算，如今却不太清楚该如何定义效果的 KPI。品效协同是数据价值实现的终极目标，因此，打通和利用各个平台的数据、破拆“围墙花园”成为当务之急。

（二）流量终端和广告形式多样化

与此同时，流量终端和广告形式也变得多样化，从线下到线上，再到线下，再到线上线下打通。流量巨头开始开发和挖掘线下场景，出现了越来越多的“新奇”形式的广告。例如，传统的电梯广告可以变成投影后的动态广告位，在电梯内装上迷你投影仪，电梯门关闭的时候左右门就会出现动态播放的广告。商城的垃圾桶可以设置成广告屏幕用来播放视频广告，在用户场景切换恰当的情况下，这也是很好的广告位。一些超市和便利店的冰箱门可以变成广告屏幕播放动态视频，和消费者或用户进行“互动”。就连一些洗手盆旁边的镜子也可以内嵌视频广告位。广告主可以根据广告内容、产品定位等因素，选择多种媒介形式进行多元交互的同步投放。

不仅广告投放的场景越来越丰富，媒介终端的功能也逐渐多样化，单一传播方式无法满足定制化的受众需求，因此 H5 广告、短视频广告、实景广告、原生广告、数字化户外广告等新兴广告形式也应运而生。尤其在 5G 时代，VR、AR 等技术快速发展，消费者可以在虚拟出来的广告实景中观看、了解甚至使用商品。万物互联的时代正在到来，任何物体都可能作为广告投放的载体，广告内嵌于我们生活的各个场景之中，朝多样化、精准化、移动化、互动化趋势发展。

（三）流量作弊现象时有发生

流量是互联网经济的中心，因此大小平台都在使出浑身解数争夺用户和流量。当下，大平台可以依靠自身已有资本对用户进行补贴，以此留存用户，保持自己的垄断地位。而中小平台为了挤进市场，往往不惜采用灰色手段来增加自己的流量，例如强制跳转链接、假装抽奖诱使用户误触等。这种高点击率的虚假繁荣虽然会吸引广告主进行广告投放，但常常不能实现有效转化，不仅浪费了广告预算，还影响了媒介投放质量的有效评估。

优质流量少且贵，导致流量作弊现象时有发生，互联网广告的计费方式也为虚假流量提供了空间。据腾讯安全天御、腾讯防水墙和 InMobi 联合发布的《2020 中国移动广告反欺诈白皮书》，2020 年广告主因移动广告欺诈导致的损失约为 180 亿元人民币，机器人流量和“人肉流量”是欺诈的主要作弊手段。

品牌类广告由于接口和平台众多，缺乏完善的效果监测系统，成为移动广告欺诈的重灾区。例如，公司或 KOL 为了“补量”，雇佣刷量工作室刷量，产生大量无效广告流量，骗取广告费。与此同时，效果类广告因更为精准地直指流量转化效果，也成为流量黑产的重要目标。例如，有的平台会通过伪造点击量、安装量和活跃量或者窃取归因来误导广告主。

流量作弊、数据造假等现象使得劣质广告流量被包装成精准的广告位，抬高了获客成本，扰乱了数据市场，广告效率成为牺牲品。因此近几年，关于媒介透明的诉求也越来越强烈。

二、用户时间碎片化和需求个性化

从用户的角度来说，伴随着信息选择多样化、时间碎片化，用户需求也更加追求个性化，对广告越来越挑剔。只有抓住用户眼球的广告才可能让用户停留一会儿，因此，营销必须革新观念，用“活”标签来理解用户需求。

（一）移动环境信息选择多样化

当前，我们处于一个信息大爆炸的时代，每天接收到的信息量很大，获取信息的来源也很多。在移动环境下，占据我们时间的 App 各式各样，但我们每天的时间有限，只能在大量信息中快速做出判断，并且将感兴趣的东西随时分享给他人。

根据极光的《2021 年 Q3 移动互联网行业数据研究报告》，2021 年第三季度，中国移动网民手机中人均安装 App 的总量为 66 款。网民每日平均有 5.5 小时花费在手机 App 的使用上，网民正深入养成数字化生活习惯。[12]

互联网不仅让用户得以接触到大量不同形式和内容的信息，也让用户成为信息的生产者，加剧了信息的爆炸式增长。与此同时，信息的碎片化特征也越来越明显，无论是谁，都可以随时随地将碎片信息上传至网络。用户在选择信息时也会主动进行筛选，个性化信息更能满足受众需求，移动环境下的信息选择呈现多样化发展趋势。

（二）用户产品服务追求个性化

在选择多样化、时间碎片化的环境下，用户对营销内容、广告内容的态度更加理性，也更加挑剔，用户追求更加个性化的产品和服务，例如实时营销、实时响应、实时购买、实时配送等。

用户产品服务追求个性化这一点从广告创意的变化中也可见一斑。从当初的静态横幅图片创意到动态 GIF 图片创意再到动态 Flash 创意、视频创意，甚至到可玩创意等，用户不仅对创意形式的要求更高了，其审美要求和对创意内容本身的要求也越来越高了。所以，广告主购买流量并不等于拥有了用户，还必须开发能满足用户个性化需求的产品，吸引用户注意力，把广告流量的价值发挥到极致。

当下，"太像广告"的广告是无法吸引用户的。例如，视频信息流广告近两年爆火，就是因为它能够很好地整合媒体环境和广告环境，给用户一种"非广告"的广告体验。不过伴随着用户对视频广告内容的画质、剧情等要求的提高，吸引用户注意力的难度和挑战也越来越大了。

除了给用户营造良好的广告体验之外，广告产品本身的特点也要突出，能够快速抓住用户眼球，否则就会被浩如烟海的信息所淹没。例如，用户在刷抖音时都习惯快速划过屏幕，只有看到有兴趣的内容时才会停留，在观看过程中也可能随时划走。如果我们在抖音短视频中插入广告内容或者在视频流中插入广告视频，就必须考虑到广告的针对性和吸引力，力求匹配客户需求并在短时间内抓住用户眼球，否则，广告很可能会被用户顺手划走并淹没在视频流中。

（三）"活"标签理解用户需求

由于用户的个性化越来越强，营销已经无法再用简单的社会化属性定义用户，而是需要用"活"标签来更好地理解每个用户的兴趣爱好等。"活"包含两层含义：一是指用户数据标签是"活"的，是有生命周期的；二是指数据标签需要被灵活运用到营销全流程的各个节点中。

1. 数据标签的生命周期

面对海量数据和不断细分的受众，利用技术将数据进行筛选和分类，给用户打上特定标签，能够有效帮助广告主定位受众。受众定向中的广告主定制化标签技术是广告主实现精准投放的关键，需要对数据进行提取、分类，然后提取受众和广告主标签，从而实现一对一的定向投放。

用户心理和行为会不断发生变化，因此在广告投放过程中要随时监测用户行为变化，判断用户行为趋势，更改用户标签，不断更新标签的生命周期。比如，某用户有买空调的需求，系统可能会给用户打上"需要买空调"这个标签，但是这并不代表这个标签会一直跟随该用户，一旦用户完成"购买空调"的行为，此标签对应的生命周期也结束了。标签的生命周期是流动的、随时变化的，需要不断更新。

2. 数据标签的灵活运用

在对用户的静态基本数据和动态行为数据进行统计分析后，企业可以通过建模抽象出用户的数据标签，定位目标受众，制定精准化营销策略。然而，在消费者旅程中，从看到营销内容到点击、购买甚至复购等过程，所有"活"标签都需要被实时、灵活调用。

例如，系统通过分析某用户的行为数据发现其每隔 3 个月会买一支牙膏，那么，在该用户买完牙膏两个半月后，系统就可以开始通过广告提醒用户"你应该买牙膏了"，或者发布相关产品的促销信息，比如"你常买的牙膏降价了"之类的信息。这时，广告就不再只是广告，更多的是作为企业的客户运营通道以及售后服务窗口。在用户购买进程的不同阶段，广告主可以灵活运用标签，采取有针对性的拉新、留存、转化、促活等营销策略，提高营销效果。

三、企业精细化运营转向

中国企业已从过去的增量时代进入了存量时代，这就要求企业纵深发展、精耕细作。在流量成本上升和用户个性化的双重压力下，企业需要进行精细化运营。

（一）流量和用户的双重压力

一方面，互联网巨头高筑“围墙花园”封闭了流量生态，使得流量价格持续走高。流量作弊现象频发使得低质流量被层层包装为优质流量，也抬高了获客成本。因此，企业必须对已有流量进行更深的价值挖掘，盘活存量数据，对营销进行数字化升级。

另一方面，面对海量信息，用户需求更加个性化。企业营销不仅要做到拉新，还要做到留存，这就要求企业在进行广告投放时整合碎片数据，精准定位目标受众。同时动态监测用户反馈，做到即时回应，并在用户反馈数据的基础上对产品进行改进，提升用户对品牌的认可程度。

流量变贵和用户时间碎片化、需求个性化的双重压力对企业营销提出了更高的要求，企业如果想要精准触达目标用户以创造增量或激活存量，就需要进行精细化的运营，吸引用户产生转化，最好还要让用户提升品牌忠诚度，提升用户的留存率，降低流失门槛。

（二）营销和技术的快速结合

精细化的需求，同时推动着营销与技术的快速结合，数据赋能、技术加权、甲方去乙方化已成为大势所趋。近几年，行业充斥着 MarTech（营销技术）和 AdTech（广告技术），同时，也出现了越来越多的 Inhouse 私有化需求。

1. MarTech 营销技术

MarTech 是一种智慧营销概念，可以将割裂的营销（marketing）、技术（technology）与管理（management）联系在一起，使企业拥有沉淀数据资产和精细化运营的能力。MarTech 更多从广告主的角度出发，更加注重转化率、精准用户挖掘以及营销策略设置。

根据非凡产研的《2020 年中国营销科技行业研究报告》，2020 年中国 MarTech 行业投融资规模总额达 129.9 亿元，2020 年中国数字经济市场规模预计达到 41.4 万亿元，伴随着中国数字经济市场的成熟，MarTech 行业的刚需将进一步增加。[13]

MarTech 的核心目标是消费者体验，这种导向也使得对用户实现个性化、精准化的沟通成为可能。在流量红利不再明显时，企业必须盘活已有流量，MarTech 作为收集和运用数据的重要手段，可以帮助企业进行数据资产的构建和应用，有效增加存量用户黏性。其向下可以承接基于技术衍生的数据和信息，将数字资源进行整合，向上可以为营销团队赋能，保证运营的科学性。

2. AdTech 广告技术

AdTech 即 advertising technology，是指广告技术提供商或者广告平台提供的技术和能力，更多从供给侧的角度出发，注重广告策略本身的效率，DSP、SSP、Ad Exchange、DMP、Trading Desk 都是典型的 AdTech 相关的服务机构或平台。AdTech 以程序化广告相关技术为中心，可以用于广告的销售、采买、投放、定向，覆盖了网站、视频、社交、移动等各种媒体形式。

AdTech 的根本目的是串联起受众、媒体、广告主以及广告代理商各方，将合适的信息在合适的时间、合适的地点传达给合适的受众。目前，大中型公司已经拥有充足的 AdTech 能力，正在加紧布局 MarTech，AdTech 与 MarTech 的融合趋势也越来越明显。

3. Inhouse 私有化需求

在营销技术和广告技术领域，Inhouse 一般是指企业将产品和技术解决方案等部署在内部服务器中，企业拥有技术源码和数据的所有权。

近年来，越来越多的公司采用内部营销团队来完成原本由广告代理商负责的工作，企业工作重心由找到最合适的媒介代理转向营销全生态运营，权力被逐步收回到公司内部。企业精细化转型的过程推动了业务的高效整合，广告代理商的服务质量难以达到广告主要求，对媒介的透明化诉求也使得企业越来越注重自建 Inhouse 模式的广告投放技术系统。

Inhouse 模式使得企业在营销中的角色变得更为主动，而不仅仅是依赖代理商。除此之外，Inhouse 还可以帮助企业更好地积累数据和盘活数据，实现精细化运营，提升用户体验，最终实现营销效率和效果的双提升。率先使用 Inhouse 技术去建立自己的技术和数据壁垒的企业将获得领先优势，因为企业比代理商更加了解自身产品及业务，也更加了解媒体效果和消费者。如果企业能够把营销全流程数据都掌握在手中，就可以更直接地感知到消费者，更深入地理解消费者在营销触点上的行为和诉求，从而更灵活地影响消费者。

第五节　买量与卖量需求分析

互联网商业的两大核心问题即购买流量和流量变现。对于买量来说，广告主追求的是高质、高量、高效率、低成本；对于卖量来说，媒体平台追求的是高效率、高填充率、高溢价率。接下来我们就分别从买方和卖方角度来分析各自的需求。

一、买量需求

对于买量需求，主要可以从以下七个关键场景来分析：一是要形成大规模覆盖的流量池；二是要利用数据实现精细化运营；三是要能够通过标签精准定向目标用户；四是要以用户体验为中心；五是要对数据进行整合分析，提高工作效率；六是要能够实时查看数据结果；七是要能够验证广告投放的真实效果，避免预算浪费。

（一）流量池的大规模覆盖

流量分为头部媒体流量和中长尾流量，其中头部媒体流量一直是广告代理商和广告主关注的焦点。根据长尾理论，在存储和流通渠道足够大的情况下，需求不旺或销量不佳的产品所共同占据的市场份额可以和那些少数热销产品所占据的市场份额相匹敌甚至更大。中小型流量虽然单体价值没有头部媒体流量价值高，但是聚沙成塔，且流量可利用率高，有时甚至更加贴近用户，能够带来更加全面精准的服务。

在头部流量价格水涨船高的当下，中长尾流量成为规模更大、成本更低的营销渠道。近年来，除了头部资源外，有大量优质账号因为去中心化的分发方式获得流量扶持，海量中长尾流量正在被开发。而买方需要尽可能多地覆盖用户流量，最好能基本覆盖全中国或全球网民用户，这样从里面找到目标用户的机会和量级才能更大。因此，买方需要的不仅是头部媒体流量，更需要与中长尾流量连接起来，达到流量利用的最大化和最优化，让品牌实现用户增量。

（二）数据赋能精细化运营

从流量的角度来说，精细化运营可以让流量价值最大化。从用户的角度来说，精细化运营可以把产品服务和用户联系起来，并维持企业和用户之间的关系。而数据的监控、沉淀以及再营销无疑是企业实现精细化运营的基础。

在互联网巨头流量资费日益精贵的当下，广告主希望能够实时监控数据，将广告投放全流程的数据都能够沉淀下来，清晰识别到哪些用户看了广告，哪些用户点击了广告，点击的是哪些广告，哪些进入了落地页、官网或 App，哪些提交了订单等。通过对用户行为、市场、渠道等数据进行实时动态分析，企业可以针对不同人群、场景、流程进行差异化细分运营，激活现有流量价值，提高用户的留存率与转化率。

通过数据的实时监控识别，广告主能够清楚辨明用户是在哪个环节流失的，比如是看了三次广告都不点击，或是点击了广告没产生转化，还是在付款环节没成功付款，这样就能为每个用户的每个行为动作打上标签，精准定向每个环节的用户。之后，企业对比分析由 A/B 测试得出的数据，并在此基础上对产品和营销过程进行改进，使用户一步步进入下一个环节，最终形成转化，实现精细化运营。

（三）精准定向目标用户

广告投放分为拉新和留存。在用户增长中，找准目标用户是最重要的前提，因此，对于新用户，广告主需要平台有识别分析目标用户的能力。这就需要通过评估维度和模型算法对用户进行尽可能精确的画像，其中不仅要包括用户的基本属性，还要有用户的行为属性和认知属性等。从多个触点和时间段的大数据分析中找到关键点推动用户最终完成购买，使用户连接从过去的“经验主义”的模糊方式迈向“数据驱动”的精确方式，[14] 帮助广告主以最少的代价实现用户的拉新。

对于已存在的老用户，给用户打了标签之后，要能够精准识别出这个用户，并精准定向，展示广告，吸引用户注意力。企业与用户之间的关系不是一次性的，而是一种长期性的业务往来关系，每一次的业务结束都意味着下一次新的业务往来正在形成。企业希望与用户之间形成一种长期的、循环的、稳定的业务往来关系，因此需要及时更新用户的数据标签，在不断发生的业务往来中逐渐掌握用户的兴趣爱好，倾听用户反馈，形成有效互动并进行相应改进，在下一次业务开展时投放更适宜的内容，通过精细化运营促进用户回访，提高留存率。

（四）以用户体验为中心

企业要想实现高转化率、低转化成本，就得做好用户体验。转化决策权来自用户，所以企业营销需要做的是在合适的时间、合适的场景、合适的地方、向合适的人展示合适的内容。

合适的场景是指合适的环境，例如上班或下班时间段可能会影响用户的购买决策，再如在 Wi-Fi 流量还是在 3G、4G 或 5G 流量的情况下可能会影响用户是否愿意下载大的 App 安装包。合适的地方是指在合适的媒体广告位上，线上的广告位如微信朋友圈、视频网站广告、App 的开屏广告页等，线下的广告位有地铁广告位、电梯广告位、商超广告位等，不同的广告位适用于企业以不同目的投放的不同内容。合适的内容是指合适的广告素材和广告文案，在用户追求个性化服务的当下，广告素材和文案也要抓住用户痛点，满足用户的不同需求。

有鉴于此，公司应依托现代信息技术，以“用户需求”为导向，精准定位市场，为用户提供个性化产品服务，实现“一对一”营销，持续并超越满足用户需求，提高用户忠诚度，从而实现企业与用户共赢。

（五）整合数据高效工作

对于广告主，特别是对于广告投放预算大的广告主来说，每天穿梭在多个媒体平台、多个系统账号、多个广告投放活动之间是非常费力耗时的，它们需要一个平台能够将整个广告投放和数据分析进行整合，变得更加程序化、自动化甚至智能化，有效提高运营效率。前文提到的各大广告联盟就可以很好地整合站内流量与站外流量，并且为广告主提供一个一键管理的平台，实现数据的有效整合。

例如，腾讯广告整合了不同投放平台，这样，企业在对腾讯生态下的广告位进行投放时就有了统一入口，可以通过统一视角来制定腾讯系所有流量的投放策略，相应的数据也会在同一个平台上监控、呈现、沉淀和复用，过去需要在许多后台才能完成的工作如今可以在一个平台上就直观呈现出来并进行实时调整，广告主因此能够实现多方资源和数据的高效管理，大幅提升投放效率，降低投放成本。

（六）实时查看数据结果

实时广告数据的监测不仅可以分析广告投放的效果，还可以为后续广告素材的优化和精细化运营提供数据支撑。因此除了多方数据的整合之外，广告主还要求能够实时查看数据结果，能够随时按照各种维度、各种指标看到想看的数据，不仅要监测曝光数据，也要监测点击、激活、注册、留存、付费等数据。广告主通过各个营销渠道的数据报表，就可以实时查看、统计并分析用户行为的全链路数据，分析各渠道投放效果并进行相应优化。

除此之外，广告主还需要平台能够自动发现异常，做一些自动分析和提示预警。例如，通过技术手段和人工操作对虚假流量作弊现象进行排查，自动过滤无效流量，或者在投放过程中自动对投放效果好的渠道加大投放力度，对效果不好的渠道进行优化、改造甚至是淘汰，从而提升投放效果。基于算法的自动分析可以大大解放运营人员的双手，提高运营效率。

（七）广告投放真实效果验证

互联网广告中的作弊现象是非常普遍的，而制造异常流量是当前互联网广告行业中最主要的作弊方式。对于广告主来说，通过广告投放促使用户完成购买是其根本目标。而在流量造假成为行业潜规则、大量媒体通过刷量等方式完成投放目标的当下，很多以次充好的流量只能诱导用户点击，不能实现转化率和留存率的提升，实际上会浪费广告主的流量预算，影响广告的投放效果。

因此，在投放过程中，广告主需要平台借助反作弊工具通过算法规则识别筛选出异常流量，将虚假流量从效果数据中剔除，并在投放结束后将该流量来源拉入黑名单，保证下一次投放更加真实准确。

大品牌广告主投放时也会特别注意广告投放真实效果的验证，因为这可能还涉及品牌美誉度等问题。有些媒体平台凭借大量刺激眼球的低俗内容获得较高流量，但品牌如果将广告投放在色情或者政治敏感的媒体内容中，无疑会影响品牌形象，反而得不偿失。

二、卖量需求

卖量需求主要从以下六个关键场景来分析：一是要对流量进行统一管理和规划；二是要利用数据沉淀来进行流量变现；三是要对流量进行正确定价和售卖；四是要对流量进行正确的分发和竞拍；五是要保证用户的良好体验，实现三赢；六是要实时查看和分析数据，加强流量库存管理。

（一）统一管理和规划流量

买方希望在统一平台上管理数据，而卖方也需要有一个平台来统筹管理流量。流量卖方通过把自有的官方网站、App、小程序流量，以及与伙伴置换或购买的线上线下流量整合到统一平台进行管理，提高管理效率，加大平台的影响力。

通过对流量进行统一管理和规划，平台可以发挥旗下全流量价值，为用户提供全链路数据服务，使用户数据资产最大化。平台流量管理和规划越高效，越能充分利用好流量资源，不断吸引用户，随后在海量数据的基础上不断对用户进行画像的细化，以精准的用户标签和优质流量吸引广告主，增加平台价值和吸引力，形成良性循环。

（二）数据赋能流量变现

对于媒体平台来说，数据是极其重要的无形资产。用户在流量中的行为，从浏览、点击到转发、下载、充值、卸载等，都需要被标记下来并打上标签。即使是表面看上去无用的数据，在量级积累下也可以通过数据分析模型刻画出清晰的市场行为图景。这些数据经过沉淀后能够成为分析预判用户需求的基础，使广告主在全链路上保持连接和数据获取能力，并且在关键触点上实现交易转化，而平台正是通过帮助广告主实现广告的有效投放来实现流量溢价。

数据时代的广告投放越来越依赖于用户数据分析，对于媒体来说，精准的用户标签是吸引广告主在平台进行广告投放的重要因素。例如，抖音就是依托较为成熟的用户画像和算法推荐机制，将用户需要的广告推送到用户面前，抖音的流量投放价格也因此日益上涨。数据的监测、沉淀及再使用能够赋能流量变现，满足卖量的高溢价率需求。

（三）流量的合理定价和售卖

流量作为特殊产品，需要对其进行合理定价，才能促进其在市场上的流通。为了实现利益最大化，卖方需要将流量合理定价，通过划分头部优质流量、中长尾流量，分成不同的售卖模式，卖给不同类型客户。由于流量数据的特殊性，其定价涉及流量质量、流量使用率及其衍生价值等多方面内容。

在程序化交易模式下，广告主可以程序化采购媒体资源，而媒体可以程序化售卖媒体资源，并对广告流量分级，按不同地区、不同时间、不同终端设备、不同用户标签等标准进行差异化定价，比如：一线城市的可以定高一些，二线和三线城市可以定低一些；上网黄金时间定价高一些，其他时间段的价格低一些等。正确的流量定价可以帮助流量更好地售出，实现买方和卖方的双赢。

（四）流量的合理分发和竞拍

在经过数据沉淀后，精确的用户标签得以形成，平台可以结合用户的流量行为，洞察用户的购买需求和行为趋势，以此判断用户可能适配的广告。这样就可以将流量进行合理的分发，在竞拍决策时也可以更好控制预算的流向，使得合适的流量可以卖给合适的广告主，流量价值和预算价值都发挥到最大化。

如今，实时竞价机制（RTB）成为现代互联网广告行业中非常重要的一种流量交易方式。对于媒体来说，实时竞价可以给自己的广告位引入大量广告资源，尤其是中长尾流量；对于平台来说，其可以从流量购买价格和广告主出价中赚取中间差价；对于广告主来说，这样的结算方式可以提供合理曝光。而实时竞价的过程可以在极短的时间内完成，实现流量变现的高效率和多赢，同时避免流量的大库存浪费。

（五）保证用户的良好体验

用户体验始终是精细化运营的重心。如果广告体验不友好，可能会导致用户对平台和品牌公司都产生负面印象，不仅不能达到促使用户购买的目的，反而会导致用户流失。对平台来说，失去用户后相当于失去最基本的数据优势，就无法吸引广告主进行投放。对品牌公司来说，花钱进行流量投放，结果不仅没有得到正面反馈，反而流失潜在客户，实在是得不偿失。

因此，广告位形式和广告内容都应该设计得比较友好，应该结合用户所处场景进行广告推送。在互联网等技术的支持下，可以通过信息分析来捕捉消费者在不同场景下蕴含的产品和服务需求，从而发现营销机会和潜在市场，再通过实时渠道数据反馈，实现场景、用户和服务的深度适配[15]。微信朋友圈的原生信息流广告就可以让广告低调地出现在目标用户的朋友圈，在实现精准触达的同时给用户一种“不被打扰”的体验，从而更加有效地提升消费者对品牌的喜爱度和购买意愿。

至于广告内容则应该避免低俗、色情、暴力等元素，最好既能突出产品特点、符合用户需求，又可以传递品牌文化。这样才可以拉近与用户之间的距离，给用户带来比较好的广告体验。在用户满意的情况下，广告主才能实现比较好的转化效果，平台也可以吸引更多流量，很好地实现三赢。

（六）实时查看和分析数据

买量需求和卖量需求在很多方面都是共通的，在数据查看与分析层面也一样。不仅广告主希望实时查看流量数据，平台也希望不断开发广告主需要的功能，通过插入 SDK 和 API 等方式实现数据监测。除了整体数据的监测之外，还需要开发各种维度和指标对数据进行分类，方便广告主随时按需求查看数据，例如按预算消耗或按广告位收益来查看相应数据，这样才可以最大化吸引广告主在平台上进行广告投放。

除此之外，卖量还需要加强流量库存管理，通过广告排期系统对不同的广告主或者订单安排不同的优先级，按时间、按位置设定好投放计划，并提前设置打底广告，避免广告位因“开天窗”而被浪费，这样才能尽可能地提升填充率，降低库存。自动分析和提示预警也是平台需要实现的功能，用以自动发现异常，避免流量和预算的浪费。

本章小结

本章第一节在介绍了互联网的含义、互联网产品的分类以及互联网的价值的基础上，探讨了互联网“在线”时代市场营销发生的新变化，包括营销过程高效化、营销模式多元化、营销对象精确化等。第二节介绍了互联网广告发展简史。第三节进一步分析了互联网的商业本质，详细介绍了当前主要的流量产品及广告平台。第四节从用户、流量提供方和企业三个角度，分析了当前流量市场上，它们各自的需求、特点和面临的挑战。第五节围绕互联网商业的两大核心问题（购买流量和流量变现）分别从买方和卖方角度来分析各自的需求。其中买量需求的七个关键场景包括流量池的大规模覆盖、数据赋能精细化运营、精准定向目标用户、以用户体验为中心、整合数据高效工作、实时查看数据结果和广告投放真实效果验证。卖量需求的六个关键场景包括统一管理和规划流量、数据赋能流量变现、流量的合理定价和售卖、流量的合理分发和竞拍、保证用户的良好体验、实时查看和分析数据。

思考题

1. 互联网产品有哪些类型？
2. 互联网产品的评价指标有哪些？
3. 互联网广告的类型和计费方式有哪些？
4. 互联网广告的交易模式经历了哪些变迁？
5. 什么是 MarTech（营销技术）和 AdTech（广告技术）？
6. 买量需求分析有哪些关键场景？试简单陈述。

章后案例

阿里妈妈的数智经营

物联网、云计算、大数据……技术更新深刻影响着营销环境的改变，从主体到客体的全过程都在发生调整。品牌思维从过去的“投入思维”转变为“投资思维”，深入市场、靠近用户成为企业营销的必然需求，企业想要降低获客费用，就必须提高投放的精准度。针对企业经营痛点，阿里妈妈在2021年宣布了“数智化商业战略”，即要进行“品牌升级、技术创新和经营力重塑”三大计划，并发布了技术业务品牌万相台和经营方法体系Deeplink。

万相台以技术算法为驱动力，可以帮助经营者实现全域、智能、一站式营销，同时以消费者为中心的Deeplink（深链）数智经营指标体系为参考指引，为品牌、商家以及多元生态合作伙伴提供全链路的解决方案。通过万相台和Deeplink，阿里妈妈能够帮助商家重塑经营力。

阿里妈妈将从营销平台转向商家全链路经营合作伙伴，为其提供技术和方法论的全面支持，从而为品牌商家带来确定性回报与增长[16]。目前来看，阿里妈妈正在将其标语——“阿里妈妈，让每一份经营都算数”落实到实践中。

一、量体裁衣：不同商家，不同玩法

在移动互联网时代，市场营销发生巨大变化，个性化、多样化已经成为营销前端与后端的共同关键词，为不同商家量身定制不同玩法，也满足不同用户的不同需求。2021年“双十一”期间，阿里妈妈针对不同商家圈层，打造了数智经营王者引领计划、锋芒计划、百万新商扶持计划，给予巨量的红利与流量扶持，全面覆盖“双十一”参与商家及其经营的每一个环节。

针对头部商家，阿里妈妈发出定向VIP邀约，为其提前锁定稀缺资源，并为商家派发千万红包，提供超过一亿的曝光资源，巨量的营销流量反哺成为助力商家流量增长的强大推手。对于高潜力商家，阿里妈妈将其划分为新店、新锐、新品和新客四个赛道，进一步细分挖掘，并提供10亿元红包供商家成长。而对于百万新商，阿里妈妈则零门槛提供100亿元精准扶持流量，覆盖淘宝搜索、淘宝信息流以及淘宝互动等场景，长达30天的扶持周期能让新商家成功蜕变。

例如，2021年“双十一”期间，雅诗兰黛大幅度提升对万相台的投放预算，通过拉新快、上新快、货品加速、活动加速场景，扩大消费者触达范围，持续推广明星爆品，实现了破圈拉新。雅诗兰黛在拉新、货品、活动各场景的排名保持高增长，最终完成了庞大的消费者蓄水目标与复杂的广告计划优化频率。相较传统商业化营销模式，数智经营能够以更低的成本进行流量渠道的策略制定与实时模式的出价调整，解决了经营痛点[17]。

二、智能高效：选品定位，自有一套

产品为王，优质的产品与内容才是吸引用户与流量的核心，而忠诚的用户与优质的流量又将进一步反哺产品与内容，因此，高效选品成为良性循环中的重要开端。就货品而言，阿里妈妈帮助商家精选货品，从而引爆店铺销量。一方面，UD（UniDesk）今年推出了“购物车抄作业”项目，品牌只用投入站外达人的购物车货品“种草”，就可获得站内流量曝光补贴。另一方面，万相台测款快全新升级后，能够测评全店货品，并根据商家需求进行调控，

通过提升点击、收加、投产效率，帮助商家降低选品成本。针对潜力单品，测款快可以分析人群画像，快速识别商品的目标市场人群，缩短新品成长周期，实现人货精准联动，为商家带来高质量的确定性增长[18]。万相台货品加速则聚焦于货品所处生命阶段的特征，能够实现爆品的智能投放，帮助品牌实现赛道突围。

三、精准布局：统筹全局，兼顾细节

数据流量的获取成本越来越高，效果控制愈加复杂，企业布局流量池不仅需要大规模覆盖，更要精细化运营，能高效整合资源、智能处理数据的产品成为刚需。电商变现是现阶段流量变现的重要方式，品牌自播的发展被更多地纳入品牌规划版图，合理的工具利用将帮助品牌实现高效转化。2022 年的“6·18”，阿里妈妈提前布局，以帮助不同品牌迎来销售份额的爆发式增长。首先，官方集合平台资源，发布 2 亿元营销补贴红包。其次，阿里妈妈创意中心也推出多重创意补贴，助力商家冲刺“6·18”。除此之外，阿里妈妈引入人群方舟等淘内人群经营利器，帮助品牌吸引更多潜在客户进店，引导用户产生加购、入会等互动行为。超级互动城也推出超级任务和超级下单任务两种新玩法，加速实现人群流转。多管齐下，在降低品牌获客成本的同时提高了品牌获客效率和质量[19]。

阿里妈妈在超级直播的布局也在帮助商家提场观、增粉丝、促转化。例如，宝洁在 2022 年“6·18”期间重点布局超级直播，通过全域 360 度无死角布点、直播间装修提效拉满大促氛围，充分利用场景对品牌形象建构的作用。同时对看点投放进行了精细化设计，匹配多波段的营销策略，大大提升了公域流量。此外，超级直播智能且精细的产品能力全面扫清了品牌在直播域流量布局和运营的盲点，从而进一步提升了宝洁集团在直播生态乃至全域消费者的渗透率，为宝洁官方旗舰店在“6·18”期间的成交额再创新高提供了丰饶的土壤[20]。

【案例小结】

从最初的“三驾马车”时期，到爆发式创新时期，再到如今以万相台为代表的“全域自动驾驶”时期，“广告是点、营销是线、经营是面”已经成为业界共识。对于平台来说，更高效、更简单好用的营销工具，让阿里妈妈正在逐步打破电商行业的流量桎梏，重新拓宽商家对于市场的想象与边界，通过丰富多样的经营、营销手段，体验阿里妈妈的平台价值。

而对于电商行业来说，阿里妈妈推动行业数智经营力进行全面升级。依托各种应用技术和经营方法体系，阿里妈妈推动商家在经营决策上完成从流量运营到消费者运营的转变，帮助商家在经营思维上，完成从投入思维到投资思维的转变。同时在经营能力上，由工具驱动转向以技术为驱动核心，甚至在经营视角上，也正在历经从单一决策到智能决策的经营视角的变化，将商家运营全面带入数字化、智能化的经营时代[21]。

参考文献

[1] Baidu.Baidu announces first quarter 2022 results [EB/OL]. (2022-05-26) [2023-03-01]. https://ir.baidu.com/static-files/8fae9287-923a-41b5-b741-b79d0091a602.

[2] Twinkle. 看完这几个百度营销案例，才知道什么叫 AI 想象力 [EB/OL]. (2021-12-23) [2023-03-01]. https://mp.weixin.qq.com/s/luTVLoAO_G7iroozMkgPag.

[3] 兵法先生. 从百度 AI 营销创想季，看到下一个不可错过的营销风口 [EB/OL].

(2020-12-23)[2023-03-01]. https://mp.weixin.qq.com/s/lu TVLo AO_G7irooz MkgPag.

[4] 36氪. 为什么AI营销会是当下企业的“成长力引擎”[EB/OL].(2021-12-24)[2023-03-01]. https://mp.weixin.qq.com/s/0TSxOAtm_XpwOlnFqfRiNw.

[5] OBEROI A. The history of online advertising [EB/OL].(2013-07-03)[2023-03-01]. https://www.adpushup.com/blog/the-history-of-online-advertising/.

[6] 黄业忠. 在线广告发展历史(直到2022年)[EB/OL].(2021-04-13)[2023-03-01]. https://www.ichdata.com/online-advertising-history.html.

[7] 刘鹏,王超. 计算广告:互联网商业变现的市场与技术[M]. 北京:人民邮电出版社,2015:12.

[8] 同[6].

[9] 梁丽丽. 程序化广告:个性化精准投放实用手册[M]. 北京:人民邮电出版社,2017:4.

[10] 易观智库. 中国程序化购买广告市场专题研究报告[R]. 北京:易观智库,2015:17.

[11] 36氪. 字节跳动2021广告收入:上半年双位数增长,第三季度陷入停滞.[EB/OL].(2021-11-23)[2023-03-01]. https://baijiahao.baidu.com/s?id=1717196525191059700&wfr=spider&for=pc.

[12] 极光. 2021年Q3移动互联网行业数据研究报告[R]. 深圳:极光,2021:6.

[13] 非凡产研. 2020年中国营销科技行业研究[R]. 上海:非凡产研,2021:1.

[14] 许志强,徐瑾钰. 基于大数据的用户画像构建及用户体验优化策略[J]. 中国出版,2019(6):55.

[15] 段淳林,宋成. 用户需求、算法推荐与场景匹配:智能广告的理论逻辑与实践思考[J]. 现代传播(中国传媒大学学报),2020(8):119-128.

[16] 倪叔. 阿里妈妈进化史:为什么它始终被商家坚定选择?[EB/OL].(2021-09-03)[2023-03-01]. https://mp.weixin.qq.com/s/osLzId8wW0e7OlJ44Td5Tg.

[17] 阿里妈妈数字营销. 2021,从这10个品牌看懂阿里妈妈数智经营[EB/OL].(2021-12-18)[2023-03-01]. https://mp.weixin.qq.com/s/5MFn1uXiDiyZcdVy5A23sQ.

[18] 阿里妈妈数字营销. 选品不易?备货困难?“万相台—测款快”助力商家精选潜力爆品,迎接“6·18”开门红![EB/OL].(2022-05-27)[2023-03-01]. https://mp.weixin.qq.com/s/CDHIvI8fiwjhdB8Y-WNdCQ.

[19] 阿里妈妈数字营销. 一图读懂阿里妈妈“6·18”全力冲刺促收增长指南![EB/OL].(2022-05-19)[2023-03-01]. https://mp.weixin.qq.com/s/UyrX7rOS2_i2MDUhzVbXiw.

[20] 阿里妈妈数字营销. “6·18”店播高级玩家来了!宝洁、居然之家、Babycare、皇家、火星人、德施曼,用超级直播提场观、增粉丝、促转化![EB/OL].(2022-06-10)[2023-03-01]. https://mp.weixin.qq.com/s/QT04gpo8sw6uNTQkv3UO_A.

[21] BAT. 一张图看懂阿里妈妈“双11”补贴20亿[EB/OL].(2021-09-16)[2023-03-01]. https://mp.weixin.qq.com/s/jMxX_JFe2z7WQaDYa48cWA.

第六章
CHAPTER 6

计算广告的典型实践：程序化广告概述㊀

§ 学习目标

1. 了解程序化广告的概念及特点。
2. 掌握互联网广告投放模式的演变。
3. 区分程序化广告投放的参与者。
4. 掌握公开实时竞价的原理。
5. 掌握人工智能在程序化广告中的具体应用。
6. 掌握区块链在程序化广告中的应用。

§ 导入案例

杜蕾斯“PC+ 移动”双平台程序化购买案例

一、案例背景

利洁时集团下的杜蕾斯品牌在互联网上推广持久装产品（performax intense）。

二、营销目标

运用大数据分析，精确找出杜蕾斯持久装在互联网传播的受众，采用程序化购买的方式，基于“PC+ 移动”双平台，通过精准投放，突出杜蕾斯持久装的产品性能，并在投放过程中积累用户数据，实时优化，提升传播效果。

三、目标受众

（一）人群画像

本次杜蕾斯产品推广的主要挑战之一就是找对网络推广的目标受众。和以往通过小

㊀ 本章部分内容改编自“陈韵博，《程序化广告的道与术：数据技术时代的营销变革》，社会科学文献出版社，2020 年。”

样本调研确定目标受众所不同的是，本次推广中，将杜蕾斯官网收集到的访客数据和第三方大数据库（悠易、百度、秒针等）进行 cookie mapping，来确定网络推广的目标受众。根据 52 328 个匹配上的 cookies，确定杜蕾斯持久装的网络推广目标受众特征如下：

1. 人口属性

18 ～ 39 岁男性。

2. 兴趣属性

（1）和自然样本相比，杜蕾斯官网人群的兴趣集中在以下几个方面：影视、大型网络游戏、动漫、网络小说 / 文学、社交。这类兴趣被定义为目标人群的核心兴趣。

（2）杜蕾斯官网人群的兴趣还包括音乐、休闲游戏、汽车、娱乐、服饰、体育、家居等。这类兴趣被定义为备选属性，以便在优化中进行测试。

（二）人群扩散 / 找相似人群

在确定杜蕾斯官网人群特征后，结合第三方大数据进行人群扩散，并分别尝试使用人口属性标签（18 ～ 39 岁男性）和兴趣属性标签进行测试，来比较不同人群标签的推广效果。其中：根据人口属性标签扩散后，可投放 cookie 数量为 19 655 521 个；根据兴趣属性标签扩散后，可投放 cookie 数量为 53 692 608 个。

四、创意表达

本次推广中采用了创意递进策略，分别为产品创意、功能创意和促销创意。在投放初期采用产品创意，对所有目标受众进行投放。此版本的创意的着陆页（landing page）是杜蕾斯官网持久系列综述页面，目的在于加强产品认知。第二版创意为功能版，针对点击过第一版本的 cookie 进行定向投放，着陆页为杜蕾斯持久装的产品详情页，目的在于增加用户对产品的了解和偏好。第三版的创意为促销版，着陆页为杜蕾斯在一号店的电商平台，目的在于促进销售。

五、传播策略

同时采用页面关键词定向技术，实时对广告交易平台发出的竞价请求的页面进行语义分析，如果页面中包括杜蕾斯客户事先确定好的关键词（包括品牌 / 产品词、竞品词、通用词 / 品类词），则对该页面进行标记。当第二次收到广告交易平台发送的该页面的广告的竞价请求时，则会参与竞价，若竞价成功，杜蕾斯持久装的广告就会出现在该页面上。

六、执行过程

项目执行中，实时对数据进行监测、分析，并采用了以下四大手段进行优化，以提升本次推广的效果。

（一）人群标签优化

测试备选兴趣标签的效果。逐一测试增加备选兴趣后对点击率的影响，结果发现服饰兴趣的点击率较低，而体育和家居兴趣的点击率较高。

（二）页面关键词优化

测试不同类型关键词定向对点击率的影响。结果发现，包含相对较为宽泛的通用词/品类词的页面广告点击率较高，而仅有品牌词/产品词的页面广告点击率欠佳。

（三）时间优化

和通常互联网投放中暂停周末投放情况不同的是，在此次推广中，周末（周五到周日）的点击率要高于平时，这和产品本身的特点有关，反映了目标人群在周末对此类产品的兴趣较高。

（四）算法优化

使用悠易互通 DSP 特有的“自动试探 + 自动优化”的组合功能，用机器学习的方式来提高效果。自动试探针对之前没有投放过的广告位，以每个广告位最多 5 个 CPM 的投放测试效果，效果较好的广告位则进入自动出价系统，基于历史投放数据以及订单当前投放数据，由系统自动预估各广告位的合理出价，实现自动分广告位出不同价格的功能。

七、效果

（一）点击率稳步提升

在持续的优化过程中，点击率稳步提升，在第四周 CTR 达到 0.50%。第三方监测数据显示，在全周期的悠易 DSP 广告引流访客中，99% 为杜蕾斯官网的新访客，二跳率为 44.04%，平均停留时间为 95 秒。

（二）人群属性策略洞察

在本次推广中，人口属性标签在前端点击率效果较好，而兴趣属性标签在后端浏览和互动程度效果较好。在未来的广告投放中，杜蕾斯可以根据不同的营销目标，有针对性地选择人群策略。

（三）页面关键词策略洞察

在程序化购买中使用页面关键词定向，包含相对较为宽泛的通用词/品类词的页面广告点击率较高，而仅有品牌词/产品词的页面广告点击率欠佳。

（四）时间特点

此次投放中发现对于避孕套产品，周末（周五到周日）的点击率较平时高，这和产品本身的特点有关，反映了目标人群在周末对此类产品的兴趣较高。

（五）创意和落地页的优化

在推广单品时，三个创意版本递进的方式过于复杂，到电商平台的流失率较高，建议采用两个版本创意递进方式：第一个版本创意的着陆页为官网的产品详情页，让访客第一时间了解所推广产品，并收集用户 cookie 数据，以便进行人群洞察和人群扩散；第二个版本创意着陆页为电商平台，促进购买。

【案例小结】

此案例中杜蕾斯新产品推广面临的主要挑战之一是找对网络推广的目标受众。代理DSP平台悠易互通凭借多年的互联网广告投放经验，运用与以往小样本调研确定目标受众不同的方式，将杜蕾斯官网收集到的访客数据和第三方大数据库（悠易、百度、秒针等）进行精准匹配，来确定网络推广的目标受众，最终根据匹配上的用户行为数据，确定了杜蕾斯持久装的网络推广目标受众特征。在推广单品时，悠易互通为杜蕾斯采用了两个版本创意递进方式，很好地优化了广告投放的效果，使页面点击率稳步提升，并且在第四周时CTR达到了超预期的效果。

相较于传统的互联网广告投放，程序化广告抛弃了硬广时代的“大水漫灌”，瞄准广告主需要的目标受众实现精确触达，其实质就是受众购买，能够实现广告的优化投放。

第一节　程序化广告的概念及特点

“人类正从IT时代走向DT时代”，随着2014年3月大数据产业推介会上的一场演讲，“DT”成为热词，也为大数据时代的营销提出了新的挑战与机遇。IT时代以自我控制、自我管理为主，而DT（data technology）时代以服务大众、激发生产力为主。这两者之间看起来似乎是一种技术层面的差异，但实际上是思想观念层面的差异。最早提出“大数据”概念的全球知名咨询公司麦肯锡称：“数据，已经渗透到当今每一个行业和业务职能领域，成为重要的生产因素。对于海量数据的挖掘和运用，预示着新一波生产率增长和消费者盈余浪潮的到来。”

在碎片化的大数据营销时代，要真正实现以消费者为中心的营销，从观念上实现转变，抓住大数据带来的机遇，以适应DT时代的营销竞争，品牌主们面临着一系列的挑战：如何识别藏在各个屏幕后面的用户？如何把碎片化的用户聚拢在一起？面对众多新兴媒体，怎样合理地分配预算？传播的效果如何衡量？是否有新的理念、技术与平台，让品牌能打出一套“组合拳”？面对这些挑战，有两家传统企业走在了转型前列——宝洁和海尔。全球最大的广告主宝洁宣布以数字化营销作为其最主要的传播途径，在削减营销费用的情况下将70%的营销费用预算用于程序化购买。家电行业龙头企业海尔也在2014年宣布取消线下预算，以互联网为最主要的传播渠道，并成为最早试水程序化广告购买的家电企业。随着大数据从概念走向应用，程序化广告开始进入众多品牌主的视野，以数据和技术的组合拳改变着品牌创意传递方式，迅速推动着营销行业的变革。

一、程序化广告的概念

当我们讨论程序化广告的时候，往往还伴有其他一些类似的概念或提法，例如程序化购买、程序化交易、程序化投放等。当前关于程序化广告的两本专著中，对这一概念的定义，其侧重点也有所不同。梁丽丽将其定义为：“以人为本的精准广告定向；媒体资源的自动化、数字化售卖与采购。”[1]吴俊则认为：“程序化广告是利用大数据和技术对数字媒体广告的购买、投放、优化、报表追踪进行自动化、智能化、实时化，以不断提升媒介效率。”[2]前者的定义更侧重于广告的购买，后者则强调购买、投放和优化的过程。笔者认为，程序化广告的范围比程序化（广告）购买、程序化（广告）交易和程序化（广告）投放要更广泛，它包含了上述这些环节，同时还包括购买前的洞察、创意和购买后的优化等。因此本书对程序化广告的定义是：在基于大数据和技术的消费者洞察前提下，利用系统化的方式对数字广告媒介进行实时的分析、挑选、购买、投放、跟踪和优化。“程序化”是指通过编程建立规则或模型，使得计算集群能够对海量数据进行完全自动的实时分析和优化，这种手段贯穿程序化广告的每个环节。[3]

通过程序化广告，卖家可以自定义购买对特定人群的媒体展示，也可以按用户的不同行为展现不同广告，买家可以挑选它们需要的受众并进行竞价，竞价获胜者就可以将它们的广告在合适的时间推给合适的受众。[4]程序化广告大幅度解放了人力，借助大数据技术解决了广告投放效率的问题，实现了实时、精准的广告投放。对广告主而言，能够利用低成本实现对目标人群的展示和覆盖；对媒体来说，能够实现资源利用率最大化，尤其是对长尾流量的利用，这是程序化广告快速增长的关键所在。[5]

二、程序化广告的特点

和传统的媒介购买方式相比，程序化广告有以下特点。

（一）从购买广告位到购买受众

在程序化广告中，互联网平台可以通过分析用户在互联网中产生的相关数据，精准定位于不同类型的受众人群，再把这些人群常会浏览的广告位出售给不同的广告主。因此，广告主可以直接购买目标受众常会浏览的广告位置，进行与产品或服务相关的广告内容展示，进一步提高有效的曝光量。在传统的媒介购买中，广告主只能凭借过去经验或主观评估进行广告位置的购买，更像是“盲盒式”购买，这种传统的购买方式带来的广告效果具有不确定性与不稳定性，使广告主处于被动地位；而在程序化广告中，广告位可被精准匹配到目标人群，广告主根据广告位背后的用户类型和相关数据进行广告位的选择与购买，这种购买方式使广告主从购买广告位转变为直接购买目标受众，处于主动选择的地位。在这场交易中，广告主可把更多预算花在目标人群上，减少曝光浪费，而媒体也可以结合不同广告位的特点出售给多类型广告主，减少广告库存。对于广告主与媒体而言，这无疑是一场双赢的合作。

（二）目标精准

当下，大多数用户都有多台联网设备，多终端上网已成为一个主流趋势。在这种情况下，对单一用户端或单一设备的用户数据进行分析，难以建构出一个完整的、精准的用户画像。而程序化广告具有在海量数据中进行搜寻与分析的能力，程序化广告可以跨屏识别用户 ID，捕捉到多个终端背后同一个用户的数据，并将这些数据串联起来，进行深入的再分析，将用户人群标签化、数据化，绘制出清晰的用户画像，使得广告主能够面向目标人群进行精准化的广告投放与营销活动。

（三）消费者属性的挖掘更加立体

相较于传统广告，程序化广告的另一优势在于能对消费者的属性进行更加立体化的挖掘与分析，为广告主的营销活动提供更多具有参考价值的信息。在传统的媒介购买中，广告主只能根据媒体所面向的大多数受众的共同点，去把握目标消费者与广告内容的契合程度。而大数据技术下的程序化广告，可挖掘并抓取到海量用户数据，并通过精准的算法与算力绘制出立体化、动态化、全貌化的消费者属性画像，通过这样的画像，我们可以了解消费者的状态、兴趣、喜好、习惯等信息，并根据这些信息建立相应的模型来预测消费者的行为。

（四）实时优化调整

可实时进行广告投放的优化与调整也是程序化广告的一大特点。传统的广告投放需要提前与媒体方确定好排期，没有特殊情况的话，基本都需要严格按照排期走，广告主无法实时监测广告投放的效果，也无法实时对广告进行调整，整个数据反馈过程存在严重的滞后性。不同于传统广告，程序化广告既可以实时更新广告投放的效果数据，又允许广告投放方根据效果实时调控。广告主或广告代理商能直接参与投放与优化的操作中，随时随地登录广告投放的DSP，查看广告投放的实时情况，也可以下载相关报表做进一步的对比和分析，并根据实际情况对广告的出价、投放与否、素材、定向人群等进行及时调整，优化广告的整体效果，使整个广告的选择和投放过程变得更具灵活性与可控性。

第二节　互联网广告投放模式的演变

程序化广告的投放过程实际上是基于大数据和自动化技术，用自动化程序替代传统人工采购，对不同广告位的每一次展示进行管理的过程。程序化交易形式与传统投放形式最显著的差异点是媒体流量被拆分变现。一方面，广告主可以在特定的场景下针对特定的人群通过特定的广告策略实现广告投放。另一方面，媒体方的长尾流量发挥巨大的潜在价值，实现流量快速变现[6]。

程序化广告以全新的媒介思维和大数据技术作为推动力实现迅速发展，已成为广告市场中不可或缺的一员。互联网广告的投放模式经历了由单一模式到综合系统的转变，并在实践中得以不断完善，被应用于更丰富的广告形式当中。梳理这一演变逻辑，有助于我们更好地认识程序化广告投放的发展动因、运行原理以及重要价值。在第五章第二节中，我们已对互联网广告的交易模式做了详细的剖析，本节将简要回顾其变迁的过程，并重点分析在程序化广告中常见的实时竞价（以下简称“RTB”）模式和私有交易市场（private marketplace，以下简称“PMP”）模式。

一、互联网广告合约投放阶段

互联网广告市场的初期探索阶段是合约投放，互联网媒体被认为是一种与报纸、广播、电视等传统媒体并列的新的广告载体。广告投放模式继承了传统媒体的投放思维和逻辑，以类似媒介排期的形式，通过交易双方定制合约将媒体方某一时段的广告展示位整体出售给广告主。互联网广告合约投放只简单涉及“广告主—互联网媒体”两者之间的简单交易（见图 6-1），互联网的大数据和技术带来的潜在价值没有被挖掘，整个广告产业链仅有广告主、媒体、用户三方参与，相较于传统媒体，互联网媒体的优势没有得到凸显。而且与传统媒体发展类似，互联网媒体的优质流量竞争激烈，长尾市场所包含的大量碎片式剩余流量无法通过合约交易变现。

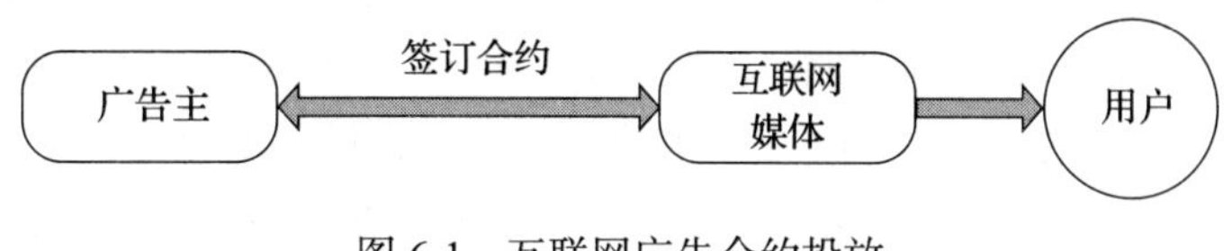

图 6-1 互联网广告合约投放

二、广告网络竞价投放阶段

随着互联网媒体不断增加，以及用户定向技术的发展，广告主和媒体方逐渐意识到互联网广告的潜在价值，互联网广告市场迅速扩大。一方面，与传统媒体发展类似，互联网广告优质流量竞争激烈，而长尾市场所包含的大量碎片式剩余流量则无法通过合约交易进行变现。另一方面，中小广告主参与互联网广告市场的需求日渐迫切，由此催生了竞价交易的新模式。网络竞价投放遵循“价高者得”的竞价规则，打破了广告投放中固定量的限制，有效地降低了广告主的投放成本，同时将媒体流量的价值进一步扩大。

互联网广告主除了大型网站等头部流量之外，还存在大量流量不大但质量不错的中小网站，这些小而美的流量叠加起来形成了巨大长尾流量市场。大型网站可以通过自主组建市场部或通过代理公司去实现广告位的售卖，而对于庞杂的中小媒体来说，大多数流量不具备合约售卖的条件，也不具备组建专门的广告营销团队的实力。由此催生出一种带有中介性质的流量交易平台——广告网络。

广告网络通过批量购买各个媒体的剩余流量，将流量聚合后按照用户行为标签或关键词进行拆分，发送给多个广告主进行需求匹配，由广告主决定是否参与竞价，价高者获得广告展示，由此实现流量变现。媒体方仅需要在流量上接入广告网络的投放代码或 SDK，就可自动完成变现，而无须关心每次展示的投放结果；广告主可以精准定位受众，在众多媒体平台投放广告从而扩大流量覆盖面，真正实现从购买广告位向购买人群的转变。广告网络形成了“广告主—广告网络—媒体”三方的广告竞价投放模式。与搜索广告投放不同，广告网络通常采用单纯的竞价模式，而无须考虑竞价排序等问题，技术优化只须关注估价系统的升级，从而大大减轻了广告网络的技术成本，提升了广告投放的效益。

当然，广告网络依然存在一定的局限。例如：多数广告网络仅能聚合部分互联网媒体和广告主，实际上将广告的定向投放限制在了特定资源当中；尽管广告网络受众定向技术已经较为完善，但只允许广告主按照已经划分好的用户标签进行选择，而无法针对广告主特定需求产生定制化的投放；广告网络的竞价过程也是不可见的，对于广告主和媒体来说，都无法获知广告投放的具体信息，从而使效果评估打上了问号。

三、实时竞价投放阶段

此处的实时竞价（RTB）是指公开实时竞价（open RTB）。广告投放的目标一直都是“在最合适的时间和地点，通过最合适的手段向最合适的人传达最合适的广告信息”。一方面，广告网络中有限的流量依然不足以满足需求，媒体方希望对接更多的广告主，通过一个更大更公开透明的平台来实现流量变现；另一方面，广告主期望对广告位的展示进行更为精确的掌控，并实现用户定制化的投放。在双重驱动力之下，互联网广告市场进一步发展，出现了以 RTB 作为主要交易形式，大量聚合流量和媒体资源的广告交易平台——ADX。通过 RTB 进行广告投放具有动态性，不再受限于广告位、媒介排期等，媒体保质而不保量，按照“价高者得”的原则进行竞价投放。RTB 使广告主可以对每一次广告投放进行评估和竞价决策，然后基于大数据算法分析最大化投放效率，将每一次广告展示精准匹配用户群体，将大量媒体方的剩余流量迅速变现，并实时反馈数据到广告主的后台。

随着互联网广告市场产业分工的不断细化，基于 RTB 模式的广告交易平台的参与者也逐渐增加，针对广告主的 DSP、媒体方的 SSP 和 DMP 等多种专业化平台也逐渐被架构起来，不断完善着互联网广告程序化投放的整个系统。

在实时竞价投放阶段，我们所说的 RTB 模式通常是指公开实时竞价（open RTB）模式，即广告主在完全公开的交易平台实时竞价，购买剩余流量。剩余流量是指媒体方大量的长尾流量，即通过传统合约售卖、优先售卖之后剩余的流量，这样的流量并不是劣质流量，而是相较于头部流量而言的剩余流量。RTB 颠覆了传统网络广告购买广告位的方式，以受众为购买对象进行实时竞价，实现千人千面的智能投放。

RTB 投放通常是“效果广告的主阵地”，满足预算有限的中小广告主的需求，在迅速定位、准确传达、降低投放成本等方面能够发挥极大优势。但对于品牌广告而言，剩余流量由于其质量不稳定、投放广告的不确定性等问题，往往不受大型品牌广告主的欢迎。

四、程序化私有交易阶段

对于品牌广告主而言，衡量广告效果不仅关注精准定向技术，还关注广告投放环境。因而，品牌广告主在程序化投放时，对广告投放环境、稳定性和安全性等有更高要求，它们不希望盲目地进行程序化购买，而是能够回归到广告的本质，以智能化的传播方式传达创新性的广告信息、有价值的品牌文化，从而深入品牌与消费者的情感链接。

因此，供应方和交易平台开始关注优质流量资源的整合，搭建私有交易市场（PMP）来谋求自身利益的最大化。从此，程序化购买进一步扩展至更适宜品牌广告主的 PMP 投放模式。

（一）PMP：私有交易市场

与 RTB 相对应，PMP 是在私有交易市场进行优质流量私有化购买，它结合传统合约式交易与程序化定向投放的优点，既为广告主提供了相对确定的媒体资源，又可以利用程序化手段提升投放效果。

1. PMP 的诞生：品牌广告的“Vip 交易室”

RTB 有其缺陷。首先，RTB 处在完全公开的流量池当中，一个显著的缺陷是它的不确定性。对于广告主而言，它们无法事先确定优质广告位在特定时刻能否为自己所用，也不能获得一个固定的成交价格。其次，RTB 市场的长尾流量质量参差不齐，流量池往往以大量剩余流量为主，优质广告资源稀缺，无法确保品牌曝光的安全性，对流量作弊的监控和管理难度大，流量质量可能在多环节掺水，对品牌形象的曝光产生负面影响。最后，RTB 的流量池存在很大比例的虚假流量，广告主难以辨别流量的真伪，导致广告预算的浪费。

而对于媒体方而言，头部流量是稳定收入的基础，流量市场供不应求，媒体大多抱有“宁肯不卖，也不能错卖”的心态。传统 RTB 模式的不确定性，使头部流量有可能被当作长尾流量而被低价交易，或由于价位偏高导致交易失败，加之 RTB 交易市场上各类广告鱼龙混杂，出于维护媒体自身形象和用户体验感的考虑，媒体大多不愿意将手中的头部资源投入竞价流量市场，而是通过传统媒介渠道销售。

随着程序化的影响力深度渗透，为了满足广告行业多方所需，诞生了私下交易的场所——PMP，它就像一个广告交易的“ Vip 室”，成为品牌广告主更理想的选择。它的出现将媒体头部流量纳入程序化交易中，改变了传统的交易模式，优质流量被自动释放给品牌广告主，在投入可控的情况下，获得精准匹配的广告展示机会。少数特定广告主可以对同一个优质广告位进行有底价的竞价，媒体的优质流量能够保证预期收益，潜在价值被充分挖掘和利用。同时，它又满足了品牌广告主对优质广告资源的需求，并可按 CPM 把控广告预算，保证广告展示的可见性和品牌形象的安全性，且能通过程序化技术定位精准人群，达到“千人千面”的定制性创意展示。PMP 集传统购买模式与程序化系统的优势于一身，能够同时满足大品牌广告主提升 ROI 和中小广告主打造品牌的需求，媒体方的收益和效率也得到充分保证[7]。

2. PMP 的优势：品牌广告主的“Vip”特权

（1）优先交易权。PMP 的交易对象是相对确定的，相当于一个 Vip 俱乐部，对进入的媒体流量和广告主进行严格甄选，确保双方都是优质资源。[8]通过 PMP 的优先级特权，少数广告主可以在流量进入公开竞价前优先挑选和交易，在选定的媒体上进行广告曝光。类似于会员福利制度，媒体也会定期打包特定的广告库存，用于满足广告主对特定营销活动需求。与 RTB 交易模式相比，PMP 平台更能保障品牌曝光安全和投放效果。

（2）良好的透明度。在程序化投放前，广告主会得到一份 PMP 平台提供的媒体流量表，广告展示均在品牌指定的媒体和点位范围之内，广告库存、投放位置、投放环境及价格完全透明可控，清晰地展现流量资源的质和量，广告主可以确保品牌曝光安全，并灵活地把控预算。

（3）程序化管理。借助程序化定向技术，广告主可以筛选目标受众，摆脱直接粗暴的 CPT 购买方式所造成的资源浪费，显著提升广告效率。

PMP 的出现使程序化广告投放的技术价值得以进一步凸显，在此之前的传统程序化广告更侧重于粗糙的前端展示，PMP 的出现则使程序化广告的自身价值产生质的飞跃。逐渐透明化的投放管理解决了购买过程中存在的安全隐患和广告主对虚假流量的担忧，对数据的充分利用和呈现驱散了广告效果的不可控等问题，精细化的广告投放形式使广告主可以实现以最低成本获取优质资源，并精准投放给最适宜的目标受众。

（二）PMP 交易方式

PMP 处于直接销售和公开竞价的平衡点，它既利用 RTB 的算法和数据分析技术实现高效精准投放，又具备流量资源的控制力，实现媒体覆盖和品牌安全。[9] 那么，PMP 是如何将传统广告购买与程序化交易结合起来的呢？具体有以下三种 PMP 交易方式：私有竞价（private auction，PA）、首选交易（preferred deals，PD）和程序化直接购买（programmatic direct buy，PDB）。这三种形式在出价方式、库存预留和流量采购等交易模式方面各不相同。

1. 私有竞价

互联网广告市场的优质媒体资源有限，而品牌广告主对于优质流量的需求很大。在供不应求的市场背景下，部分媒体为了使媒体收入最大化，希望将相对优质的流量卖个好价钱，它们会邀请一些符合条件的大型广告主组成一个 Vip 竞价俱乐部，由优质的广告主同台竞争较为优质的流量资源，这就是私有竞价模式的由来。[10] 这种私有竞价模式的流量处理优先级略高于公开竞价中的剩余流量，但由于它也遵循“价高者得”的竞价方式，因此不能完全保证广告主得到这些资源。总的来说，这种半公开的交易市场既保证了优质广告位与高质量广告素材匹配，也保证了媒体可观的收益。

2. 首选交易

对于预算充足、注重品牌形象的品牌广告主而言，获取优质流量比节约成本更为重要，因此保价不保量的首选交易模式出现了。在这种交易模式中，根据广告主的投放需求，买卖双方协商好固定的资源位和相对较高的固定价格，当用户在点击产生广告曝光机会时，ADX 会将流量信息优先发给首选交易方，需求方按照自己的意愿进行选择。首选交易是一种绕过竞价直接一对一交易的非公开实时竞价（non-RTB）模式。但首选交易模式下的广告资源具有一定的不确定性，即媒体不能预先保证广告位的展示量。[11]

例如，甲品牌与乙品牌在购买某一广告位时，都选择了 CPM 方式。但甲品牌在合同中明确写出确保 1 000 次 / 天的广告展示，而乙无此条款，那么乙公司就属于首选交易的交易方式，其每日广告展示量不做保证。

由此看出，媒体的广告资源质量优先级排序由高到低依次为首选交易、私有竞价、需要完全竞价的 RTB。

3. 程序化直接购买

由于首选交易模式无法保证流量的库存，而品牌广告主通常在投放前就规划好一个月甚至一年的媒介策略及排期，于是催生了保价又保量的程序化直接购买，即私有程序化购买。程序化直接购买作为程序化广告投放形式之一，保留了传统广告位购买的方式，原有代理方、广告主、媒体等各方广告协议不变。在此基础上，对投放的各个环节进一步优化，借助程序化投放的技术优势，实现广告的个性化展示以及针对性用户投放频次，从而更好保证了广告效果。

程序化直接购买最接近于传统的合约采买模式，当用户在访问媒体产生曝光机会时，ADX 根据广告主的预定量将广告请求发给单一需求方，需求方可以对流量进行筛选和退回，且无须竞价。[12] 程序化直接购买具有排他性优势，能够保证广告主的专属广告位，并以相对高昂的价格锁定排期，通常只有大型广告主才能负担。基于此，程序化直接购买也更有助于广告主完成传统广告购买到程序化购买的转化。程序化直接购买以大数据算法为核心基础，在投放过程中能进行人群细分定向、媒体跨屏覆盖，智能化调整广告素材，解决了传统粗放式广告购买带来的流量浪费。

程序化直接购买主要针对广告主买断的优质广告资源进行优化和分配，通常拥有多个子品牌或多种投放物料的大型广告主会买断高端的媒体资源，再运用程序化购买的方式进行对接和投放。程序化直接购买能够完成跨媒体优质资源整合，根据媒介预算对头部流量进行分割，实现广告资源的精准投放，因而也是品牌广告主更青睐的程序化投放模式。

五、综合比较

（一）程序化广告的四种交易模式对比

我们已经在前文详细介绍了实时竞价模式（RTB）以及私有交易模式的三种交易方式（包括 PDB、PD 和 PA）。下面我们对程序化广告的这四种交易模式做一个综合的对比，如表 6-1 所示。

表 6-1 程序化广告的四种交易模式对比

<table>
<tr><th colspan="2">交易方式</th><th>库存</th><th>出价方式</th><th>操作方式</th><th>流量路径</th><th>交易双方（卖方—买方）</th><th>成本 / 流量质量及优先权</th></tr>
<tr><td rowspan="3">私有市场交易（PMP）</td><td>程序化直接购买（PDB）</td><td>保质保价保量，广告位预留</td><td>协商固定价格</td><td>传统媒介谈判方式，程序化投放控制</td><td>在现有传统广告排期投放系统中先锁定流量，再将流量接入 PDB</td><td>1v1</td><td rowspan="4">高
↓
低</td></tr>
<tr><td>首选交易（PD）</td><td>保质保价，不保量，广告位不预留</td><td>事先出价</td><td>程序化购买中指定媒体</td><td rowspan="3">通过传统排期系统将剩余流量导入 ADX 系统进行管理</td><td>1v1</td></tr>
<tr><td>私有竞价（PA）</td><td>保质不保量，广告位不预留</td><td>实时竞价</td><td>在选定范围内参与竞价</td><td>1v 少量</td></tr>
<tr><td>实时竞价（RTB）</td><td>实时竞价（RTB）</td><td>不保质不保量，广告位不预留</td><td>实时竞价</td><td>媒体池中撒网竞价</td><td>1v 所有</td></tr>
</table>

1. 库存

在库存方面，除了 PDB 方式可以预留广告位，保证库存，其他三种方式都无法预留广告位，库存得不到保证。

2. 出价方式

从出价方式来看，RTB 和 PA 都采用实时竞价，PD 采用事先出价方式，而 PDB 则采用协商固定价格的方式。

3. 交易双方（卖方—买方）

在RTB中，买方面向公开市场上的所有竞拍者。在私有交易模式的三种交易方式中，PD和PDB这两种方式的买方都是唯一的，资源为广告主私有，PA的买方则是参与竞价的少量广告主。

通过对比，我们能够更为清晰地了解程序化投放中各种形式的差别，针对不同的需求，选择更为合适的投放形式。

PDB保质保价保量，PD模式保质保价不保量，PA保质不保量且在指定范围内参与竞价，由媒体预先选定广告主参与竞价。[13]综合程序化广告的四种交易模式，不难看出，在对流量的优先获取权和流量质量上，PDB>PD>PA>RTB，相应的交易成本也与之成正比，呈现出PDB>PD>PA>RTB。

（二）传统的互联网广告投放、RTB、PDB的差异

随着越来越多的广告主采用PDB的模式，这里也对传统的互联网广告投放、RTB以及PDB进行一个整体的对比总结（见表6-2）。

表6-2 传统的互联网广告投放、RTB、PDB的差异

模式	目标受众	广告位置	购买方式	广告创意	投放控制	效果评估
传统的互联网广告投放	根据媒体性质判断受众属性	固定的广告位和广告排期	事先谈好价格且价格不透明	通过投放后的数据分析进行阶段性的创意优化	取决于营销者的经验积累	定性分析为主，效果较难保证
RTB	实时分析流量背后的受众属性，判断其是否为目标人群	以受众为核心，实时判断广告位置、投放频次以及周期	根据受众价值，百毫秒内决定是否出价、出价多少，广告价格透明、真实	实时监测受众反馈，通过回头客定性，针对性营销，有效提升ROI	更多取决于系统的技术水平，如人群的价值判断及出价能力	定量分析为主，通过算法优化效果
PDB	精准的目标人群	高端媒体资源，黄金广告位	直接买断	人群标签化，精准投放广告	取决于目标消费者的属性	定量分析为主

传统的互联网广告投放是广告主与媒体事先谈好价格，安排固定的广告位和广告排期，广告的效果难以保证。不同于传统的互联网广告投放的线性模式，RTB将广告资源的买卖双方，即品牌方和媒体方连接起来，借助广告交易平台为双方提供了公开透明的交易市场。在互联网广告市场中，存在海量的广告主、媒体资源、用户等多方角色，RTB在聚合这些资源的同时，还能够将这些信息进行分析、挖掘、匹配，完成针对性的传播。PDB则是品牌广告主更理想的选择，直接买断优质媒体资源，再借助程序化投放形式完成广告精准投放。

六、私有部署程序化阶段："in-house"模式

IAB对"in-house"模式的定义是："将媒介策略、广告投放、优化、管理等程序化广告

投放的技术操作都在企业内部完成。”[14]简单来说，就是企业内部完全或部分地完成程序化购买过程。企业在自身的服务器上部署程序化广告购买程序，并掌握技术和数据所有权。

随着程序化广告形式日益成熟，广告主的投资力度不断上升，程序化购买已成为各品牌常见的营销手段之一。同时，广告主在交易中处于边缘地位，缺乏实际掌控力，外部程序化交易带来的数据欺诈、交易过程不透明等问题受到广告主的重点关注，成为企业程序化转型的主要驱动因素。IAB 发布的《2018 年程序化广告趋势报告》显示，程序化“in-house”模式发展迅猛，已成为品牌营销人员进行程序化购买的首选模式。

（一）企业采用“in-house”模式的原因

企业采用“in-house”模式的原因如下。

1. 增强程序化投放透明度

程序化广告代理商通常采用非公开的程序化购买方式，在为企业购买流量时并不公开实际的交易价格，从而隐藏代理商的利润和费用，广告主只能获知最终价格，而对代理商如何管理和支配广告预算并不了解。企业采用“in-house”模式，能够解决广告投放和交易过程的不透明问题，在品牌内部进行策略规划，媒介与平台支出完全透明，在有效减少广告浪费的同时保证触达量和广告效果。

2. 保证数据的完整性与安全性

外部程序化系统的主要问题来源于第三方代理机构的介入，内部数据必须提供给代理方，而广告代理商不受公司的控制，所获得的数据也不会提供给广告主。如果合同中没有明确规定，代理商对于部分数据资源被如何利用、转化率如何等可能也有不同的标准，从而引起企业数据安全、数据完整性等方面的问题。企业采用“in-house”模式使其从被动接受转向主动控制，完全掌握自身的数据资产，而无须向第三方提供数据资源，避免将公司的信息置于危险之中。通过建立企业独立的数据库，内部的运营人员可以直接控制公司数据，减少中间方对企业内部数据的介入，保障数据的完整性，降低安全风险。

3. 主导投放战略与控制决策

企业希望能在营销中担任战略规划性角色，而不仅限于辅助职能，完全依赖外部渠道实现营销效果。品牌营销人员往往对企业内部需求有更精准的认知，注意力更多聚焦自身品牌目标，更适宜担任决策者的角色。企业采用“in-house”模式使其内部直接掌控程序化交易的整体运作过程，营销人员自主把控实时数据，更为直接地感知消费者，洞察品牌目标受众的行为和诉求，并能够根据数据分析迅速调整和优化投放策略。营销人员通过参与全流程的程序化投放，内部独立进行用户画像分析和精准定向，能够自行控制广告竞价与创意表达，实现更为灵活和适宜的广告投放战略。“in-house”模式使企业不再受限于外部平台，数据的运用和投放战略的传递过程得到进一步精简，内部平台也可以根据品牌的需求不断升级完善，为企业的广告投放带来持续性发展空间。

4. 提升营销价值转化率

企业通过内部程序化实现精准营销，更能确保在品牌营销上减少代理商中间环节，节省营销成本。企业内部 DSP 对接媒体流量后，相关数据将发送到企业内部服务器上。企业接触的媒体数据越丰富，所掌握的数据越全面，其广告投放效果越能持续性地优化，从而促进企业 ROI 的实现。

美国广告主协会（ANA）发布的《程序化媒介购买现状》的研究报告显示，更多的市场营销人员开始偏爱“ in-house”模式，将广告代理机构逐渐推向执行者的角色。[15] 但并不是所有的企业都适宜采用“ in-house”模式，企业模式的转变需要经过谨慎考虑，搭建“ in-house”模式需要专业的配套服务器设施、专业的技术团队等，这些都需要有充足的资金和人才支持。另外，企业的产品性质也影响着“ in-house”模式的搭建，通常快消品、零售、教育等行业产品或服务更新频率高，用户数据丰富，对于程序化广告投放的需求量较大，“ in-house”模式能够发挥更大价值，为企业降低成本，提升投放效果。

（二）企业搭建“in-house”模式的流程

企业搭建“ in-house”模式的流程与一般的程序化购买运营原理一致，同样需要制定计划、人才招募或培养、系统搭建、数据准备、投放测试等步骤，必要时需要与外部代理机构和咨询公司进行合作。完整的搭建与技术对接的完成大致需要一年的部署，企业内部必然需要制定计划，做足准备。[16]

1. 企业内部评估

企业内部对“ in-house”模式进行媒体效果评估以及成本收益分析等，衡量私有部署对企业 KPI、内部运营 ROI 等指标的提升作用。

2. 技术与资金支撑

“ in-house”模式的架构及后期的运维需要专业技术团队做支撑，企业需要具备程序化购买过程中的数据运算、用户画像分析、实时竞价等技术能力，以保证在实时竞价阶段的数据快速分析与用户精准定向的实现。“ in-house”模式对企业的服务器资源提出更多要求，例如处理竞价请求、数据统计、确保广告信息回传速度等都需要升级或全新部署硬件设施。因此，除了技术能力，企业在筹备阶段也需要考虑是否有充足的资金预算用以维持各项硬件设施的运营和维护。

3. 整合数据以优化算法模型

想要充分发挥程序化的广告投放优势，智能算法模型是重要环节之一。依托算法模型，在实时竞价阶段能够对广告位信息和用户标签数据迅速进行匹配，并及时完成广告位竞价预估工作。优化算法模型是程序化购买保持竞争力的重要因素之一，必须依托大量的实时竞价数据、用户行为数据和消费数据等数据资源推动投放效果的提升。这要求企业在私有部署程序化的过程中，能够打通前端广告投放数据与内部自有数据，整合各部门数据资源，建立企业内部数据中心，以便营销人员充分把握营销数据所有权，将线上与线下的数据灵活运用，提升转换效率，盘活内部数据，进而实现价值转化。

4. 对接流量，完成广告投放

企业私有 DSP 平台通过程序化方式对接流量，对接的 ad exchange/SSP 平台需要承担相应的服务器成本、运维的人力成本等，因此会考虑 DSP 平台的消耗能力、投放规模等指标。企业需要充足的投放预算，较大的广告投放需求和购买频次，否则很难对接到期望的流量质量和量级规模。当然，企业也可以选择与供应商进行合作，由供应商将流量对接完成的 DSP 直接部署到企业内部并投入使用。

第三节 程序化广告投放的参与者

一、需求方平台

随着程序化广告交易市场的出现，大中小型的广告主需要新的中介平台代理自己进行竞价和投放，需求方平台（demand side platform，以下简称 DSP）的出现满足了这一需要。DSP 是实现受众精准定向的重要工具，能够对来自多渠道的媒体资源进行数据整合，并通过定向算法等技术手段，实现每次广告位展示机会与目标受众的精准匹配，满足广告主的需求。在程序化交易过程中，DSP 代表代理商和广告主的买方平台，通过满足其定制化用户划分需求，提升广告投放效果。除了数据处理和管理能力之外，衡量 DSP 竞争力的主要因素还包括竞价算法的自主研发力、产品使用的体验感、交易过程的反应能力以及对频次和预算的控制力等[17]。

根据数据掌握者的不同，DSP 可以分为独立第三方 DSP、媒体私有 DSP 和广告主私有 DSP 三类。

（一）独立第三方 DSP

独立第三方 DSP 不掌握广告资源和特殊的数据库，它本身既不是媒体方，也不是广告主，仅通过交易过程中产生的数据完成用户数据积累并优化用户定向。它提供 DSP 平台给广告主进行广告投放，即向媒体 ADX 采买流量，通过自身的技术优势等为广告主广告投放服务，向广告主收取技术服务费或者差价等。虽然独立 DSP（如舜飞、力美科技、品友互动等）不像媒体方和广告主那样拥有大量内部数据和广告资源，只通过交易过程中产生的数据进行用户数据积累和优化，但其通常拥有专业的技术团队和强大的数据分析工具，通过不断更新和优化服务来提升竞争力，并且在广告程序化购买中保持相对中立的立场。

（二）媒体私有 DSP

媒体方自身除了有 ADX（广告交易平台）外，还会自建 DSP（广告投放平台）提供给广告主开户、投放广告，并将流量预算到自己的媒体流量中，例如腾讯、新浪等流量方就建立了自己的DSP平台。媒体私有DSP的优势在于其本身掌握了大量的广告资源、用户数据或是强大的技术支持，但同时，这类DSP无法满足一些广告主对不同媒体的广告资源的需求和跨媒体联合品控的要求。

(三) 广告主私有DSP

出于对隐私数据的保护，大型广告主不能将业务数据应用于第三方DSP平台进行投放。为了积累和盘活内部数据，部分大预算广告主会选择自建DSP在媒体广告交易平台进行竞价投放，例如携程、银联智慧、车慧DSP。广告主私有DSP的优势在于能够利用广告主自身技术和业务数据进行投放，实现自运营，减少中间商赚差价，但要对接多家DSP平台或更换DMP时会受到一定限制。

二、供给方平台

流量的供给方平台（supply side platform，以下简称SSP），是指服务于程序化投放交易中的卖方，负责整合多种媒体渠道的广告资源，根据业务需求，完成用户的标签化处理，并将流量接入广告交易平台，在用户点击网页并产生广告曝光机会时，向交易平台发送竞价请求，参与广告投放竞价。通常使用的标签分类包括历史行为（历史浏览、购买等）、搜索点击、地理位置、人口统计学信息等，在此基础上进行用户定向与重定向。

供给方平台可以按照流量来源分为两种。一种是自有性SSP，即大型的门户网站、媒体方等自身具有大量流量，通过建立自身的SSP来实现剩余流量变现。另一种是聚合性SSP，即本身不具备广告资源，依靠聚合中小媒体的流量、大量长尾流量等对接交易平台。衡量一个SSP平台需要关注很多方面，包括整合媒体资源的能力、广告信息匹配能力、精细化管理能力，此外还需要对在竞价交易流程中的透明度和效率等进行全方位的比较。

三、广告交易平台

基于RTB的方式进行交易的平台就是广告交易平台（ad exchange，以下简称ADX）。ADX在媒体方与广告主之间起着重要的连接作用，采用类似于股票交易所的运作原理，将媒体的流量以拍卖的方式售卖给广告主。美国最初成立交易平台的目的是为广告代理公司大量的剩余流量提供一个交换的平台，使剩余流量在不同广告代理所掌握的不同用户人群中发挥更大的价值。这便是ADX的雏形，可以看作售卖流量的“跳蚤市场”。

相对于原有的广告网络来说，ADX中所有的广告竞价都是实时进行的，因此不再需要处理广告库存、检索流程以及复杂的竞价排序等问题。相应地，ADX需要在有限的时间内同时处理众多DSP的广告请求和用户信息带来的带宽和机器成本。

(一) ADX与DSP、SSP的对接

DSP、SSP想要通过ADX参与实时竞价购买流量，必须事先完成与ADX的数据对接。

双方通过相关的价值评估、技术匹配以及双方确认需求满足之后，进行技术与数据层面的对接，完成用户信息、广告位信息映射等。对接完成后，当用户触发广告展示位时，DSP 与 SSP 就可以参与 ADX 的广告竞价交易。在 ADX 系统中，双方可以对自身的基本信息、流量过滤、实时交易数据等信息进行编辑或修改，以优化投放结构从而进一步满足自身需求。

（二）ADX 与 DSP、SSP 的融合

随着程序化投放机制的不断完善，ADX 与 DSP、SSP 出现交叉和融合的形式。目前的融合主要出现在一些技术实力强的互联网企业、自身掌握大量广告资源的媒体方等。

1. ADX 与 DSP 的融合

一些自身消耗流量较大的 DSP 平台，为进一步扩大利润希望自己掌控流量，例如拥有一定的资源和技术支撑的大型媒体或互联网公司等，通过组建自身 ADX，直接对接流量市场。

2. ADX 与 SSP 的融合

SSP 先对接媒体流量，再接入 ADX 进行交易。但很多 SSP 或 ADX 为节省中间环节成本、提高竞争力以及实现利润最大化，纷纷扩展自身交易机制，进行业务融合以直接对接 DSP 平台，融合后 SSP 与 ADX 的功能基本统一。例如 Google 的 DoubleClick、百度、爱奇艺 PPS ADX、优酷土豆 ADX 等。

四、数据管理平台

自动化投放工具和大数据分析技术是程序化广告投放的两大关键。基于 RTB 竞价机制的 ADX 平台，实现了程序化投放。贯穿于交易过程中的受众精准定位，则是基于对大数据的分析，SSP、DSP、ADX 等平台都涉及数据分析与应用。在程序化投放的交易中，除了交易双方和交易平台之外，数据方也是重要的参与者，贯穿于交易的每一个环节。数据管理平台（data management platform，以下简称 DMP）对数据进行整合和加工，进行受众精准定向，通过满足交易过程中的数据需求来实现营销价值。DMP 既可以产生用户人群的通用标签，又可以针对特定需求对标签进一步加工，并对定向数据进行售卖。

（一）用户数据分类

按照数据归属，用户数据可以分为第一方数据、第二方数据和第三方数据。

1. 第一方数据

第一方数据是需求方即广告主自有用户数据，包括广告主数据（广告主网站、App、小程序等触点监测数据）和 CRM 数据（如个人信息、购买和售后数据等）等。这类数据通常数量少而质量高，内容精细。对于第一方数据，需求方保有使用权和控制权。

2. 第二方数据

第二方数据是需求方在广告投放过程中积累的业务数据（如广告投放中的用户浏览量、点击量、转化率等相关数据），由广告技术类公司等合作伙伴提供，往往会受到 DSP 等平台的标签润色。它收集的内容与第一方数据有重合之处，此外还包括了媒体方发送的用户设备号数据、媒体方 ADX 发送的流量日志数据等。

3. 第三方数据

非直接合作方提供的数据被称为第三方数据，有些是免费的置换数据，有些是付费的外部第三方 DMP 的数据，如运营商数据、百度的搜索人群数据、阿里的电商人群数据、腾讯的社交人群数据等。第三方数据的量级巨大且相对客观中立。

（二）DMP 分类

基于不同的参与者角度，DMP 数据管理平台通常也分为以下三类。

1. 第一方 DMP

第一方 DMP 是大型广告主自己搭建或者寻找外部技术提供商为自己搭建的内部 DMP，用于分析和管理用户数据，构建品牌的用户画像，为营销环节提供决策支撑和用户数据支撑，广泛应用于电商、游戏、旅游等行业。这一部分的数据内容较少，集中在企业内部，却是程序化投放中用户定位的核心。以第一方数据作为基础，可以使第二方和第三方的数据在用户的重定向和扩展中发挥更好的效果。

2. 第二方 DMP

第二方 DMP 是指需求方服务提供者搭建的 DMP，如 DSP 或 ADX 平台搭建的 DMP。第二方 DMP 对在广告投放过程中积累的用户数据进行管理，数据实时性强，能够迅速结合第一方数据对用户标签进行加工处理，优化用户画像和交易的决策机制，更好地为广告主提供服务，能够在提升效果的同时加大投放量，间接提升广告主在需求方平台的投放额度。

3. 第三方 DMP

第三方 DMP 是指非直接参与交易且掌握大量数据的服务方搭建的 DMP，可以为需求方提供数据交换、售卖等服务。第三方 DMP 对非交易双方拥有的数据（例如线下交通数据、腾讯社交数据、阿里巴巴电商数据等）进行管理，建立自身的数据标准，并通过与 DSP/ADX 平台的数据交易应用到广告投放过程中，实现数据变现。如果是 PC 端数据，DSP 与 DMP 之间还需要进行 cookie mapping（由 DSP 提供的平台 cookie 到 DSP cookie 的映射服务）。

需要注意的是，构建和运营 DMP 的主体的数据源基本与三方数据相对应，但也常常存在数据的交叉利用。虽然名称中都带有“第 n 方”，但第一方 DMP 和第一方数据、第二方 DMP 和第二方数据、第三方 DMP 和第三方数据之间不存在直接的关联关系。第一方 DMP 里面可以对接第一方、第二方和第三方数据，第二方 DMP 同样可以对接第一方、第二方和第三方数据。

（三）DSP 与 DMP 的对接

在程序化投放中，由于受众精准定向集中于 DSP 环节，因此 DSP 平台的投放效果往往会对数据的量和质产生依赖，通过与三方数据对接、整合和加工，形成用户标签并持续优化决策效率。

1. DSP 与第一方 DMP 的对接

DSP 与第一方 DMP 的对接即与广告主方的数据进行对接。DSP 既可以与广告主自有的 DMP 平台进行数据对接，也可以通过在官网、App 等添加 DSP 平台监测代码收集人群数据，获得第一手用户信息。

2. DSP 与第二方 DMP 的对接

DSP 平台在为新的广告主服务时，会先对自身已有的数据进行对接，即对内置 DMP 中积累的广告投放、曝光、点击、转化数据等进行整合与分析；对竞价过程中 ADX/SSP 方的 DMP 所提供的广告位相关信息、用户浏览历史、地理位置、客户端、设备品牌等信息数据进行接收、处理和转化。

3. DSP 与第三方 DMP 的对接

DSP 通过与第三方 DMP 开展数据交换的合作或付费交易，获得交易双方缺少的相关数据，用以丰富用户画像，更好地优化用户标签。

五、第三方监测机构

在程序化广告投放过程中，由于互联网本身所具有的不可见性，加之 DSP、ADX、SSP 等各个环节的参与者都对数据有一定的掌控能力，很有可能产生一些为了自身利益而数据造假的行为，这使广告主对投放数据的真实性产生一定的担忧。因此，第三方检测机构作为程序化投放中裁判者的角色出现，对广告投放的数据进行同步监测。广告主通过对比投放数据与第三方检测报告的一致性来评估广告投放平台的可靠性，并以此为依据进行广告结算。

至此，我们可以对程序化广告的主要参与者做一个小结（见图 6-2）。程序化广告投放有多方主体参与，每个主体扮演着不同的角色，主体之间有不同的联系并互相影响，共同推动广告投放的进程。在完整的程序化广告投放链路中，DSP 扮演着如同纽带一般的重要角色，它连接着多方主体——广告主代理商需要先向 DSP 请求数据，DSP 收到请求后马上响应并反馈相应的资源；SSP 与 Ad Exchange 也要向 DSP 发起资源接入的请求后，才能连接媒体方并为其提供广告位的售卖服务；数据管理平台 DMP 同样需要连接 DSP，将从第三方平台获取的数据导入 DSP，之后再由 DSP 实时反馈新的投放数据给 DMP 进行二次处理与统一管理。

除了 DSP 以外，Ad Exchange 也扮演着关键的中介作用。不管是广告需求方，还是广告供应方，DSP、SSP 想要通过 ADX 参与实时竞价购买流量，都必须提前与 ADX 平台完成数据对接并导入资源。媒体同样也需要接入 Ad Exchange 与 SSP，才能将流量以拍卖的方式售卖给广告主。

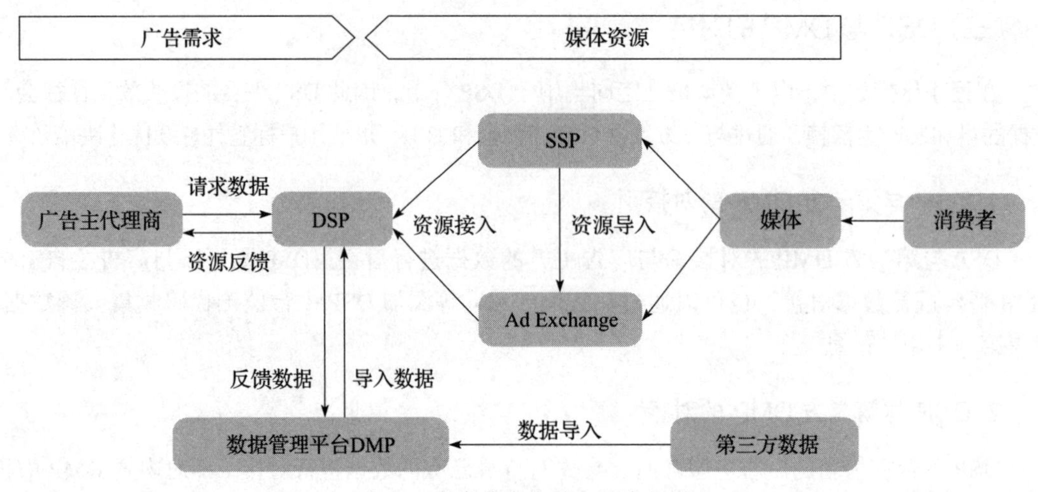

图 6-2　程序化广告的主要参与者

六、其他参与者

除了前面介绍的主要参与者之外，在程序化广告的生态链中还有以下一些参与者（见图 6-3）。

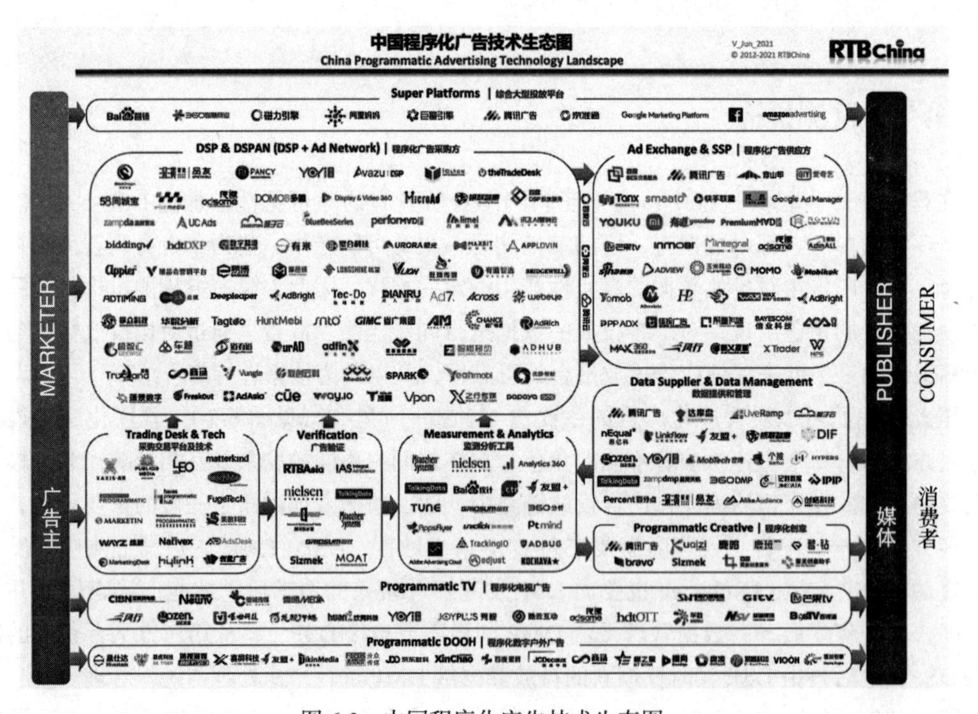

图 6-3　中国程序化广告技术生态图

（一）采购交易平台及技术

这类平台可提供一站式跨渠道的智能投放的采购交易服务或技术，提升广告投放效果，实现可持续的、由数据驱动的增长，赢得广告投放的更高回报。

（二）广告验证

广告验证公司与其所提供的服务，旨在对数字媒体的广告投放进行监测及验证，检测广告欺诈，分析无效流量，以此确保广告的可见性和品牌安全等。

（三）监测分析工具

在程序化广告投放过程中，往往会存在广告作弊、广告诈骗等不良现象。监测分析工具可进行数据分析和归因，排查异常流量，提升运营效率，为数字化营销提供更精准、更全面的监测服务。

（四）程序化创意

程序化创意公司通过大数据、人工智能、云计算等技术，可结合广告主的创意需求，规模化、批量化地产出创意素材，与广告产品或服务进行相应的精准匹配，大大提高了广告创意生产的效率。

（五）程序化电视广告

智能电视已逐渐普及，程序化广告也渗透到智能电视之中，常见的有 OTT（over the top）广告形式。它的投播模式是通过智能终端程序化购买，具有一定的市场前景。

（六）程序化数字户外广告

程序化数字户外广告是指广告主通过数字平台从受众匹配的角度，由平台自动化完成户外展示类广告的采买和投放，并实时反馈投放效果的一种广告投放方式，实现了整个广告投放流程的自动化。[18]

第四节　公开实时竞价的原理

通过梳理程序化广告投放模式由萌芽到完善的整体演变过程，我们可以对程序化广告发展的内在逻辑有所把握。那么程序化广告投放在具体的操作中如何实现？各交易环节的参与者是通过怎样的形式连接起来的？一个完整的程序化广告投放是如何开始和结束的？本节通过对一次公开实时竞价（open RTB）的流程展示来回答以上问题。

一、何时选择公开实时竞价

在选择何种程序化广告投放模式上，我们通常遵循以下步骤（见图 6-4）。

首先了解广告主是否需要流量存货竞价。如果需要，就参与实时竞价（real-time bidding，RTB)；如果不需要，就进行合约交易（guaranteed delivery，GD）。

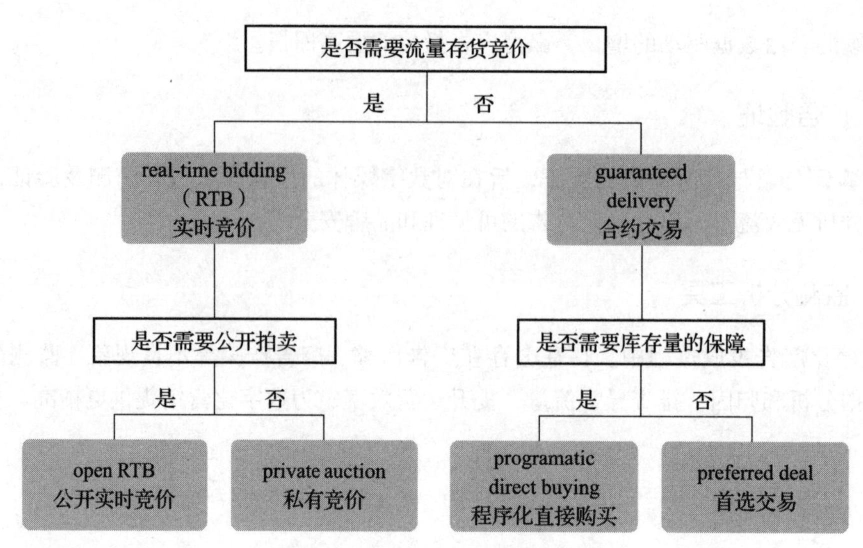

图 6-4 程序化广告投放模式的选择

RTB 允许广告主对每一次广告展示进行竞价，价高者得，广告主事先并不知道广告展示位置和价格。有公开实时竞价（open RTB，所有的广告主均可参与竞价）和私有竞价（private auction，只有受邀的广告主才可以参与竞价）两种方式。参与实时竞价的广告主需要明确是否需要公开拍卖，如果需要就进行公开实时竞价，反之则参与私有竞价。

如果广告主选择合约交易，则要考虑是否需要库存量的保障，如果需要保障就选择程序化直接购买（programmatic direct buying，PDB），反之则选择首选交易（preferred deal，PD）。

二、公开实时竞价的前期准备

（一）材料准备

1. 广告主投放资质确认

广告主投放程序化广告，需要向 DSP 平台提供必要的证明文件（例如营业执照、企业法人身份证等信息）用于证明自身的资质和合法性，并等待审核通过，允许进入程序化交易。

2. 广告素材上传与审核

广告主按照常用的广告位展示尺寸上传广告创意素材。DSP 平台筛除违规或不具备资质的广告主，以及含有违规内容、形式不当的广告素材等。

（二）技术对接测试

在确认准备阶段的工作完成后，DSP 平台与广告主之间的各项数据进行技术链接测试，例如放置统计监测代码、匹配用户 ID、确认数据回传等。供给方平台 SSP 将媒体方拥有的广告资源与 ADX 对接。需求方平台 DSP 向广告主网站发起 cookie 映射请求，针对广告主特定需求加工用户标签，并对接 ADX/SSP 完成 cookie 映射。

在技术对接阶段，涉及 DSP 与广告主的用户数据的匹配问题。程序化广告投放的首要目的是受众的精准定向，但实际情况是，用户在不同的设备或网站中有多重标签或者 ID，需要在技术对接阶段进行用户 ID 的唯一性识别，并将不同环境里的用户数据和标签综合起来，丰富单个用户画像。

移动端与 PC 端的用户识别稍有区别：PC 端的用户识别使用 cookie 作为主要 ID，cookie 是网站存储的用户本地数据，用来识别和跟踪用户。这一特性被应用于广告投放之中，成为用户定向时的可靠依据。在 PC 端中，不同浏览器的 cookie 各自独立，没有统一的命名规范，不同平台会使用不同的域名，因此，如果使用 PC 端，则必须进行关系映射（cookie mapping），实际上就是用户数据对接，将有着不同名称、ID、标签的用户通过数据互通，证明其为同一个用户。在浏览器中放置 cookie 的方式存在时间短，通常 3 个月就会过期或被电脑软件清理。

相较于 PC 端的用户 cookie，移动端的用户识别是通过设备 ID 确认，各技术平台的 ID 一致。安卓系统使用 Android-ID 或者 IMEI 号识别，iOS 系统使用 IDFA 号识别。移动端的用户 ID 生存周期更长、更稳定。

（三）投放策略制定及优化

根据技术对接后的数据分析，对不同的 ADX/SSP、广告位优先级进行划分，制定相应的投放策略。通过投放测试得到一定反馈数据，分析广告投放中制定的媒体策略是否合理、投放效果是否达到预期等，综合人群策略、创意物料形式等，持续优化广告投放策略，[19] 筛选最优组合。

（四）投放参数设置

根据测试阶段得到的最优策略，进入后台设置界面，对各类广告活动进行相应的投放参数设置，进行程序化投放。由于 RTB 模式中流量的质与量有明显的不确定性，投放阶段仍需要相关人员及时调整广告策略，或根据具体的投放反馈，随时对相关参数进行调整。

在程序化广告投放的过程中，用户精准定向是提升程序化广告效果的关键要素，其中，通过重定向和相似人群扩展（lookalike）定位目标用户、获取用户数据是效果较好的两种方法。

1. 针对老用户的重定向

重定向（retargeting）也称为再营销（remarketing），是指针对老用户进行召回的广告投放，其意义在于对用户进行二次营销，唤醒沉睡用户，找回流失用户。重定向一般针对不同用户划分不同人群标签，如访问过网站、注册过账号、购买过商品等，主要分为以下几种类型。

（1）普通重定向。普通重定向是指对站内不同行为人群标签展示差异化广告创意，进行用户召回。

（2）个性化重定向。个性化重定向即根据每个用户的不同行为推送个性化广告，以提升访客召回的效果。同时，这里面还包含“否定重定向”的概念，即不再向用户推送他们已经购买过的商品，减少广告主投放预算的浪费（并不是完全停止对已购买过商品的用户推送广告，而是在特定周期内对该类用户停止推送他们已经购买的那个商品的广告，改为推送相关的其他产品的广告）。

2. 针对新用户的定向

（1）基础定向。基础定向包括根据用户的地区、设备、客户端等信息进行定向。

（2）人群标签定向。人群标签定向分为预定义和自定义人群标签。预定义人群是指基于社会化属性、兴趣爱好、购买倾向等进行定向的人群，自定义人群是指根据广告主目标受众提炼出来的用户群体。

（3）相似人群扩展定向。相似人群扩展定向即将定向用户人群作为种子用户，基于这些种子用户，通过用户画像、算法模型等找到更多与种子用户拥有潜在关联性的用户的拓展技术。利用这种技术可以将种子用户购买的商品推荐给更大的意向人群。

（4）关键词用户定向。当用户有需求时，会通过搜索引擎主动查找信息。因此可以找供应商提供用户的搜索词，对用户进行投放。

三、公开实时竞价的流程

图 6-5 描述了一次公开实时竞价的流程，一共有 12 个步骤。假设用户小贝打算浏览一个网页，于是她点开了一个网页或使用一个媒体平台，这个举动便触发了媒体方广告位展示机会（步骤 1）。接着，媒体方就会携带广告位相关信息向 RTB 服务提供商发起竞价请求（步骤 2）。接收到媒体方竞价请求的 ADX，如同接过接力棒，又携带着广告位以及小贝的相关信息向多方 DSP 发起竞价（步骤 3）。RTB 竞价监听器将相关的用户 ID、广告位信息以及用户 IP 地址等传递给 RTB 竞价引擎（步骤 4）。由 RTB 竞价引擎再与 DSP 人群数据库中的数据进行匹配（步骤 5、步骤 6）。如果小贝的信息与广告主的投放需求是匹配的，则 RTB 竞价引擎做出参与竞价的决定，并把竞拍价格发送给 RTB 竞价监听器（步骤 7）。多个 DSP 出价后将价格返回给 ADX 平台，进行 RTB 比价（步骤 8）。ADX 将出价最高者的广告素材和成功竞价的价格返回给媒体方（步骤 9）。媒体方在向 DSP 请求广告物料后（步骤 10）获得返回的广告物料（步骤 11），从而将广告显示在小贝面前（步骤 12）。最终，小贝看到了与她的用户画像相匹配的个性化广告，竞价流程顺利完成，ADX 与 DSP 方进行本次广告曝光的费用统计。值得一提的是，DSP 从接收竞价请求到发送出价响应，全过程需要在 80 ～ 100ms 内完成，超时则被判定为自动放弃竞价。

程序化广告投放的竞价结果通常存在以下两种情况。

一种情况是广告位竞价成功，某广告主获得展示位并进行广告费用结算。基于 RTB 模式的 ADX 交易遵循“价高者得，次高价结算”的原则。通常情况下，ADX 会为每个广告位制定一个底价，出价高于这个底价的 DSP 平台获得竞价资格，最高出价的 DSP 获得广告曝光机会，广告费用按照比次高价加 0.01 元的价格进行结算。

另一种情况是广告位竞价失败，出现空白的情况。原因可能在于网络的卡顿，使广告位的竞价出现延迟，没有办法在 100ms 内展示广告，或出现某一广告位没有 DSP 竞价。为了防止出现广告位空白的情况，通常会设定一个默认广告或打底广告，一旦无人竞价则展示打底广告，以确保广告位百分之百的利用率。因此，打底广告的价格相对来说也是最便宜的，[20]但同样，其广告资源的质与量也无法获得保证，处于流量优先级的最末端。

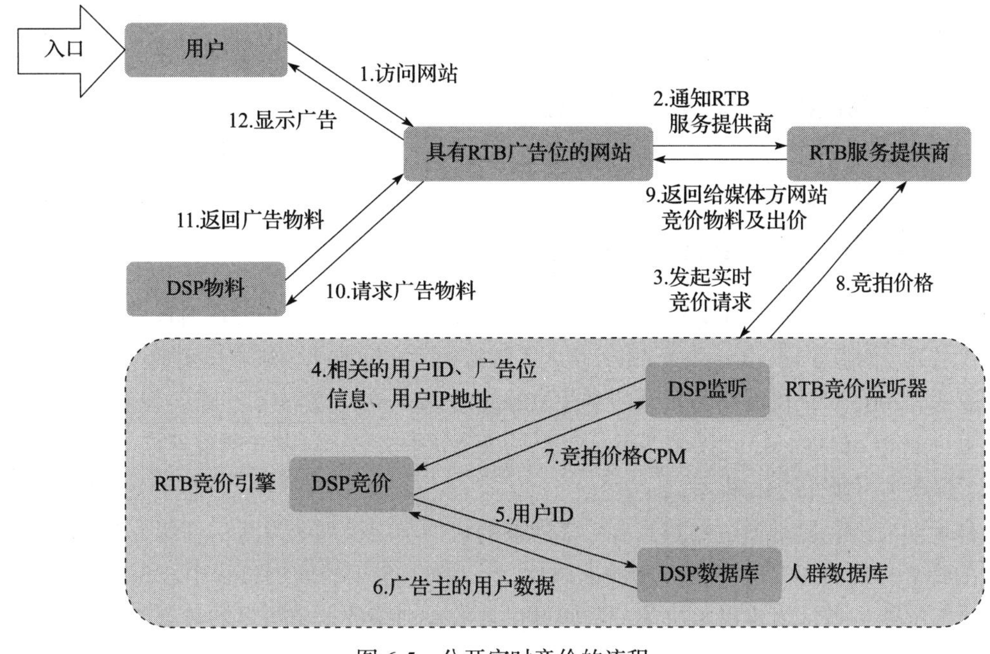

图 6-5　公开实时竞价的流程

第五节　人工智能：创造程序化广告的更多可能

程序化广告在发展之初，主要使用事先设定的固定算法匹配用户标签，实现广告位的自动购买和投放展示。人工智能的引入助推了程序化广告向计算广告、智能广告和智能营销传播的升级。在本节中我们将学习人工智能在程序化广告中的具体应用和未来前景。

一、背景：程序化广告面临日益复杂的需求

与传统广告投放方式相比，程序化广告大大提升了广告投放的精准性和效率，为广告主创造了巨大的价值，但日益复杂的外部环境和企业内部的现实需求不断对程序化广告提出新的要求。

一方面，广告主从未停止过提升投资回报率的追求。随着网民渗透率趋于稳定，人口红利逐渐褪去，企业越来越感到新客枯竭、运营乏力，广告投入难以再带来相应的回报。广告主迫切希望能够进一步提升广告投放的精准性和内容的针对性，优化决策，以最低的成本收获同等的广告效果，甚至期望程序化广告能带来更多新的可能。

另一方面，身处数字时代，企业越来越感到数字化转型迫在眉睫。分散在企业内部的数

据如何才能转化成企业的生产要素，程序化交易过程中产生和积累的大量数据能否发挥更大价值，有关数据如何驱动经济等问题，也迫切等待回答。

在此背景下，基础的程序化广告服务越来越难以适应时代的复杂需求，人工智能技术的引入为程序化广告带来了新的可能。

二、人工智能在程序化广告中的作用

（一）人工智能概述

1. 深度学习：人工智能技术的代表性算法

作为人工智能研究的重要领域，机器学习（machine learning）在很多时候已经成为人工智能的代名词。深度学习（deep learning）是人工智能技术在商业化领域中运用最广泛的一种机器学习算法。2006 年，机器学习领域的泰斗 Hinton 在 *Science* 上发表了一篇名为“Reducing the Dimensionality of Data with Neral Networks”的文章（中文名为《基于神经网络的数据降维》），掀起了深度学习研究的热潮。

深度学习的实质是通过构建具有很多隐层的机器学习模型和海量的训练数据，来学习更有用的特征，从而提升分类或预测的准确性。[21] 在十余年的发展过程中，深度学习克服了过去人工智能中被认为难以解决的一些问题，且随着训练数据集数量的显著增长以及芯片处理能力的剧增，在目标检测和计算机视觉、自然语言处理、语音识别和语义分析等领域成效卓然。[22]

2. 程序化广告：人工智能技术的良好应用场景

深度学习的相对成熟为人工智能技术在营销传播领域的应用奠定了一定的现实基础。同样重要的是，程序化广告本身非常适合作为人工智能技术的应用场景。程序化广告交易过程涉及大量用户数据的采集、分析和交换，广告投放后又将即时产生相应结果。这些海量而鲜活的数据需要借助复杂的模型深入挖掘其价值，反过来又能为模型的建立和优化提供足够的数据喂养。

（二）人工智能对程序化广告链路的升级

在第二章中，我们学习了人工智能、大数据、云计算、区块链、VR、AR、MR、XR、物联网等智能技术对营销传播各个流程的共同影响。在人工智能技术的驱动下，程序化广告实现了从投放前的营销洞察、投放中的人群匹配与内容分发到投放后的数据反馈优化三大环节的共同进化，随着数据闭环的更新迭代，不断为广告主创造新的价值。

1. 深入营销洞察

人工智能引擎能够对海量的用户数据进行理解、联结和分析，对目标客户群进行更为迅速和深入的洞察，为营销活动乃至企业运营提供理性的指导。除了第二方 DMP 平台，企业也纷纷向数据驱动型经济转型，开始建设自己的第一方数据管理平台（DMP）和客户数据平台（CDP），借力人工智能将数据信息转化为智能营销的驱动力。

2. 智能广告投放

（1）用户—内容—场景智能匹配。未来的程序化广告将借助程序化场景营销和程序化创意，进一步实现与用户的“互动”与“共鸣”。在人工智能的驱动下，系统对用户属性和场景数据两大要素的掌握将发生质的进步，在此基础上针对单个用户生成的个性化创意内容也将更具针对性。用户—内容—场景的多重智能匹配，为营销传播的“对谁说”和“说什么”同时提供更好的答案。

（2）自动化、智能化人群运营。用户—内容—场景的智能匹配不仅能够在单次投放中提升广告效果，还为实现人群运营的自动化和智能化奠定了基础。借助模型对用户价值评分、用户旅程和用户生命周期等的分析，自动向有价值的用户提供相应阶段的刺激，实现潜在用户的培育与转化以及已有用户的寻回。

3. 数据反馈优化

AI 技术的引入，让程序化广告投放的结果发挥了更大的价值。

一方面，系统不仅能根据投放结果对投放策略进行实时的优化，还能基于大量的反馈数据对模型和规则本身进行自动优化，提升程序化广告的自动化和智能化程度。另一方面，程序化广告投放的结果将重新进入企业的 DMP/CDP 中，用于对用户洞察和营销策略的优化。

在 AI 驱动下，数据将形成更有效的闭环并不断进行反馈迭代，使企业的营销决策越来越智能。

（三）人工智能技术在程序化广告中的具体应用

1. 理解多样化、非结构化的数据

身处数字时代，个人的社交、娱乐、购物、出行、运动等各类行为都以数据的形式被记录。国际数据公司（IDC）发布的报告《数据时代 2025》预测，2025 年，全世界每个联网的人每天平均有 4 909 次数据互动，相当于每 18 秒就会产生一次数据互动。

庞大的用户数据潜藏着海量的用户信息，程序化广告加以利用的还只是一小部分。当下的程序化广告主要还是基于用户的历史行为（历史浏览、购买等）、搜索点击、地理位置、人口统计学等信息对其进行标签化处理，对用户的理解和分类较为基础。

人工智能为机器提供了深入了解用户行为的可能。深度学习的成熟使自然语言处理、计算机视觉和语音识别等技术得以运用到广泛的场景之中。在这些技术的帮助下，机器将能更好地理解文字、图片、音频、视频等多种类型的数据，从多样化的、非结构化的数据中挖掘价值，使海量的用户数据得到更加充分的利用。

2. 形成深度用户画像

如果说对多样化、非结构化数据的理解能使系统收集到更多有关用户的信息，那么算法

对用户数据的智能关联，则能将这些信息碎片有效地串联起来，形成更加丰富详细的用户画像。移动终端设备号的唯一性为单个用户的多重数据关联提供了便利，通过人工智能对用户数据跨类别、跨渠道的整合，形成深度用户画像，能够实现数据洞察作用的最大化。

人工智能引擎对用户的深度画像既可用于投放前的目标用户洞察、投放中的流量匹配，又可用于投放后的数据反哺。在目标用户洞察阶段，能够帮助广告主和营销传播人员挖掘更多的用户共性，为营销传播策略的制定提供基础，为流量匹配提供更为丰富而准确的目标用户标签；在流量匹配过程中，能够瞬时生成更多用户标签，这些标签既能代表用户“当下”的状态，又包含了用户过去的“经历”，为用户、内容与场景的匹配提供依据；在广告投放后，人工智能引擎能够将用户的相应行为数据（是否浏览、点击、跳转和购买等）与其他数据（人口统计特征、用户生命周期、已曝光次数等）进行有效的关联，深化对用户的理解和画像，更好地预测用户的偏好与行为。

根据业务目标的不同，用户画像的维度导向也不同，常用的有以下三种。

（1）营销传播策略输出。“啤酒和纸尿裤”的故事让我们得以一窥用户数据中潜藏的巨大价值，借助大数据和人工智能，用户数据将大放异彩。面对激烈的市场竞争、复杂多变的媒介环境和日益专精的用户需求，企业也纷纷向数据驱动型经济转型，在自有数据的基础上接入第二方和第三方数据，借助人工智能引擎对投放前和投放后的海量用户数据进行理解、联结和聚类分析，挖掘企业目标用户兴趣、行为和人口统计特征等方面的共同点，对目标用户群进行更为迅速和深入的洞察，为营销活动乃至企业运营提供客观信息和理性指导。

（2）用户价值评分。即使同为企业的目标用户，也存在创利能力方面的差异。例如：对食品、饮料等快消品而言，消费频次高的用户具有较高的用户价值；对汽车、家电这类耐用品而言，既有用户很难在短期内继续为企业创造利润。借助人工智能技术能够建立用户价值评分模型，并对每个目标用户进行价值评估，系统可以根据预算和 KPI 选择用户价值在相应阈值以上的目标用户进行广告投放，实现智能营销。

（3）用户旅程分析。在达成最终决策之前，用户与品牌往往已经发生了多次接触。对既有用户的用户旅程的编织和聚类分析，有助于理解用户行为的“前因后果”，掌握用户沟通与转化的关键节点。在程序化广告投放过程中，对单个用户的用户旅程的判断将有助于分阶段向其传递针对性的信息，进行更为有效的沟通。

3. 实现创意内容的一人千面

随着数字时代的到来，企业的线上流量需求不断增长，网民渗透率却已经接近饱和。在此背景下，单一的人群优化或将面临天花板，难以再显著地提升投放效果，而创意内容将重新占据影响广告效果的核心地位。事实上，无论是创意内容的个性化还是人群运营的自动化，都以系统针对不同输入条件智能组合输出内容为技术基础。目前的输入条件主要包括用户数据和场景数据两类，人工智能技术的引入使得程序化创意系统能够处理更多的条件，输出更具针对性的内容，完成人群智能运营这样的复杂任务。

（1）针对更多场景属性输出内容。场景对于品牌和用户的沟通有着重要的影响。从位置、时间到天气、交通，物联网基础设施的普及将会让越来越多的场景数据得以接入程序化交易过程，而系统将在 AI 技术的帮助下最大限度地还原出用户所处的场景，发掘蕴藏其中的沟通机会，并匹配相应的创意内容。借助内容与场景的智能匹配，广告内容将能更加贴近用户的当下需求。

（2）针对更多用户属性输出内容。目前，程序化创意技术已经能够针对不同用户的差异化特征，实现广告创意的“千人千面”。随着人工智能技术对数据的深入挖掘，单个用户在不同时期的差异化特征也逐渐显现。基于用户的历史数据，系统既可以了解用户此前与品牌的接触情况，避免向其展示完全重复的内容，亦能知悉用户当下所处的用户旅程阶段，并针对性地给予相应阶段的刺激，让单次投放变成连续沟通的一环，通过品牌与用户不断进行的交互和对话，实现人群自动运营，发挥程序化营销的最大价值。

三、案例展示：全栈式 AI 决策平台的程序化营销解决方案

为了适应程序化广告全链智能进化的需求，产业链中各环节的企业都开始引入人工智能技术，深化和拓展自身业务。一些实力强大的公司开始搭建全栈式 AI 决策平台，为广告主提供从营销洞察、策略输出、内容创意、媒体投放、效果评估反馈的闭环式全链服务，如百度推出的全链 AI 营销平台“N.E.X.T.”、深演智能（原“品友互动”）推出的 AI 决策平台 MIP、阿里巴巴推出的 Uni Marketing 等。

这里我们以深演智能的 AI 决策平台 MIP 为例，结合美素佳儿的数智化营销实践，一窥行业内对 AI 技术的应用现状，以及 AI 技术在实践中如何为企业创造价值。

（一）深演智能的 AI 决策平台 MIP

深演智能的 AI 决策平台 MIP 主要由以下三款智能营销产品构成，通过产品间的协同工作帮助企业赋能程序化营销全链，实现价值增长。

1. AlphaData：一站式智能企业数据管理平台

AlphaData 兼具 DMP 和 CDP 的功能，能够借助“ID 智能 +”产品打通不同 ID 类型，系统地整合和管理第一方用户数据、第二方媒体数据和第三方数据；利用“福尔摩斯”AI 算法模型实现人群分类、媒体分析、创意分析；构建数据闭环，通过用户旅程分析集成营销触点，根据用户生命周期策划自动化营销。

2. CMP：智能内容引擎

深演智能 CMP 能够基于自然语言处理技术，进行批量化、智能化的素材管理、创意生成与创意洞察，对广告素材内容进行判断，选择最适合当前广告受众的广告元素。

3. AlphaDesk：一站式智能媒介管理平台

AlphaDesk 的智能服务贯穿营销活动的前、中、后全链，能用大数据来进行媒介计划和预测。在广告投放中激活使用广告主的第一方数据，实施自动优化各项流量使用策略；在投放后进行多维度数据交叉分析，并将由此获得的洞察影响下一轮的人群—内容—媒介策略。

（二）美素佳儿的数智化营销实践

以下将从背景与目标、智能营销解决方案两个方面介绍美素佳儿的数智化营销实践。[23]

1. 背景与目标

随着新生人口出生率下降，母婴行业增速变慢。市场涌现众多海外优质品牌，用户选择增多，市场竞争加剧。主要的电商平台流量增长到达瓶颈，品牌获取新客的难度加大。随着用户需求越来越个性化，沟通与购买渠道越来越多元化、碎片化，传统 CRM 粗放的沟通触点与沟通颗粒度已无法成为品牌业务增长关键引擎。

基于此背景，美素佳儿希望可以通过数字化赋能升级，构建新的 CRM 的服务半径和内容，触达潜在人群，拓宽获客渠道，提高转化效率，同时提高新会员购买率，更深度与精细化运营私域资产，增强老会员黏性，提升复购率，从而加强价值传递。

2. 智能营销解决方案

（1）整合用户数据。通过算法对现有的 CRM 会员体系进行梳理，采集并打通整合各渠道和平台的数据，建立立体的用户个体画像，实施全域全会员标签体系。

（2）用户分层运营。构建以美素佳儿母婴特性智能 CLV+ 行为活跃度模型，并利用算法对会员数据进行处理，将全会员分类，分层运营。输出九大用户人群立体画像，利用数据主导、数据赋能，融合用户的消费、行为特征以及生命周期实行千人千面的差异化传播，针对用户的决策路径从兴趣、认知、购买、复购环节进行精准的触点营销触达。

（3）数据监测与回填。监测并反馈用户的购买及其他行为数据，更新并丰富 CDP 与 CRM 内的数据和标签，回填每个渠道内的用户数据并加强其关联性，使其贯穿用户在全域的完整生命周期，并利用每一次投放的结果完善个体用户的画像。

四、冷思考：警惕陷入营销唯技术论的误区

必须肯定的是，技术为营销传播带来了巨大能量。在人工智能的驱动下，程序化广告实现了从营销洞察、广告投放到反馈利用的全链进化，不仅在提升投放的精准性和内容的个性化方面取得了较大进步，还实现了人群运营的自动化与智能化，为商业决策的制定提出理性的建议。激烈的市场竞争有如逆水行舟，无论是企业还是各类程序化广告公司，都不得不对技术采取积极接纳的态度，加快对技术的学习和部署，避免被飞速发展的行业所淘汰。

当人工智能的热浪刮过程序化广告领域时，整个行业都言必谈人工智能，甚至造成了一种技术至上的假象，就连营销传播从业人员也不禁思索，创意工作是否真的会被技术取代？

从表面来看，技术的确正在逐渐代替营销传播从业人员的一些工作。线上媒介的人工采买工作逐渐被程序化交易所取代，随着物联网基础设施的普及，更多媒介将接入网络实现程序化交易，因而这种取代必然将在更广范围内发生。与人工的市场调查工作相比，基于人工智能和大数据技术的用户行为分析与程序化市场调研耗时短，准确度高。创意人员似乎也不必再苦思哪一个创意是那个“最好的创意”，因为“一个”创意无法满足不同的用户在不同的场景甚

至不同时期内的需求，而技术能针对一千组不同的条件组合出一千个“最好的创意”……

而实际上，与其说是技术替代了人，不如说是技术将营销传播人员从一些烦琐而缺乏创造力的工作中解放出来，以更好地投入创意生产和整体性决策制定这样高级的工作中，甚至，技术为这些工作的完成提供了理性的洞察和丰富的建议。

在迈入人工智能时代时，我们应该警惕技术与人、技术与创意的二元对立，避免陷入唯技术论的误区。无论是企业还是行业内部，在加快技术部署的同时，也应重视人员的重要作用。对于营销传播从业者而言，一方面应对技术保持积极接纳的态度，让技术更好地辅助个人的工作，另一方面也应重点提升个人在整体策略制定、创意生产等更高级工作中的能力。

第六节　区块链：程序化广告发展的机遇与挑战

一、程序化广告的困局

随着程序化广告市场的发展，虚假流量、可见性问题以及生态链中复杂的多方利益平衡问题越来越受到重视。由于媒介供应链中的暗箱操作会导致广告主预算的浪费，广告透明度和可见性逐渐成为业界最为关心的议题。真实、透明和安全是实现高效程序化广告的关键。在这种趋势下，流量作弊、广告透明、品牌安全、个人信息保护等方面的问题共同构成了当前程序化广告行业的困局。

（一）流量作弊

流量的真实度往往决定了程序化广告效果的优劣。作为数字营销传播的“行业幽灵”，流量作弊已经成为困扰全球数字营销产业的顽疾之一。使用流量作弊的原因各不相同，有些与利益、广告收入相关（如提高融资、增强广告变现或导流能力），有些是出于对行业排名的需求，有些则出于以亮眼的数据吸引投资者。

参与流量作弊的主体是网站和程序化购买公司。网站的流量作弊，主要是为了提升网站的影响力、热度和经济效益，谎报浏览量和到达率，这必然直接影响广告主的利益。除外部竞争外，网站中不同部门、不同频道之间都会有竞争，激烈角逐流量排行。[24]对于程序化购买公司而言，数据流量是核心资源，也是核心竞争力，一旦发生作弊行为，会导致广告主的投入与产出严重失衡，造成信任危机，这对整个行业的发展非常不利。

（二）广告透明

数字营销行业开展的透明度运动是对程序化广告以及“数据围墙花园”的一种纠偏，目前，学界尚未对“广告透明”做出概念上的界定，该词语主要为业界所用。

Forrester 与 ANA 共同发布的《一项关于程序化购买的新调查结果》以及 ANA 独家发布的《2016 年媒介透明度指南》对“广告透明”的概念总结如下。

1. 投放透明

从广告创意的生成到媒体采买、投放、展示、点击、转化，整个流程透明。

2. 结算透明

创意、媒体、技术、数据、监测等供应链方成本和收费模式清晰、透明，具备规范的记录，并支持审计。

3. 媒介数据透明

数据来源、使用和回传的透明，其中涉及第二方投放方数据、第三方媒体数据，以及监测方数据。[25]

随着移动营销的爆发式增长，国内媒体环境愈加复杂，广告透明度问题日渐突出，主要体现在以下几个方面。

（1）合同保护缺失，审计权弱化，交易透明受阻。

（2）机构暗箱获利，审计数据访问权受限。

（3）返点未给广告主，“媒体利益”的蛋糕被他人瓜分。

近年来，广告透明问题开始受到业界重视。为打击互联网广告数据造假和作弊行为，营造透明、真实、绿色的互联网广告生态环境，落实国家数字经济产业生态建设工作布局，2022年3月14日，中国信息通信研究院、中国广告协会、中国互联网协会联合47家高校、科研院所与企事业单位共同发起了“数字营销质量与透明度提升计划”，共同推进我国数字营销业态高质量发展。[26]

（三）品牌安全

品牌安全的本质其实也与广告透明相关，广告主不知道广告实际投放到了何处是症结所在。品牌安全对品牌，特别是对大品牌而言至关重要。在程序化广告或者数字营销传播媒介购买中，广告的实际出现场景与周边内容对广告主来说属于难以控制的盲区。若广告出现在与品牌调性不符或不好的内容旁边，可能对品牌造成极大危害。广告主想要确保品牌安全与广告投放结果的真正落实，这不仅催生了整个品牌安全产业，也促使品牌安全成为广告数字化购买的前置需求。

（四）个人信息保护

程序化广告应用需要收集大量的用户数据，以便更为精准地投放广告。然而，一方面，精准营销所需的用户数据获取困难，需要耗费大量的金钱、时间和精力成本；另一方面，用户数据的收集和使用存在侵犯用户隐私的风险。隐私权的侵犯在数字营销时代已成为饱受用户诟病的问题，用户体验与用户个人信息保护之间的决策始终难以权衡。程序化广告的快速普及和发展给个人信息保护带来了不少问题与挑战，而我国当前的广告监管体制发展具有滞后性。如果对个人信息的使用乱象不加以重视，甚至会出现影响经济安全和社会稳定等严重后果。

二、区块链在程序化广告中的应用

区块链技术的应用需求已经从最初的数字货币扩展到社会领域的各个方面，对于解决中心平台垄断、信息不对称等难题具有重要意义。区块链的底层技术像互联网一样可以有非常多的应用场景，程序化广告正是其中之一。

（一）公开透明的交易机制

区块链技术是一种分布式记账，采用一种协商和公开一致的规范进行数据交易，区块链系统上的交易数据，一旦经过确认，会进入全节点监督，不支持单个节点的数据修改，[27]理论上能够使程序化广告的交易机制更加公开透明。广告主在进行程序化广告购买时，可以避开广告公司，直接通过区块链与媒体及用户对接。即使是通过广告公司进行购买，每一笔交易也均记录在区块链上，广告的内容、时段以及受众圈层更能得到保证。此外，通过区块链及附加技术的应用，可以识别和追溯网站或应用程序的历史作弊记录，这些记录不可篡改与撤销，能够有效避免广告作弊行为，保证流量与数据的真实性。区块链技术并不意味着广告欺诈行为的清除，而是以最低成本解决广告传播中各方的信任问题。[28]区块链技术在个人信任和制度信任之外提供了机器信任的解决方案。无论是从可信度还是可靠性上看，都可能帮助程序化广告创建整个行业的网络信任共识机制。

（二）减少广告欺诈

区块链利用数据追溯透明的技术特性，使得批量生产、篡改虚假 IP 地址变得艰难，广告主可以通过观看者和点击者的数字身份来验证广告的真实投放效果，降低因广告作弊损失的成本。[29]这不仅解决了广告欺诈问题，还降低了第三方数据监控的复杂性，简化了投放流程。在增强广告主和媒体资源交易双方信任的同时，实现广告效果监测，杜绝数据造假的可能性。

（三）提高投放精准度

由于区块链加密和不可篡改的技术特性，每一位链上用户都有自己精确描述的配置文件，广告主可以直接从用户处构建用户画像，并使用用户愿意分享的信息，从而使画像更加精准，降低试错成本。此外，通过区块链智能交易平台，广告主可以购买用户授权等级，定位消费意愿最强烈的用户群体，精准进行广告投放。对具有用户激励性质的广告而言，由于投放的精准度，基于区块链技术的安全授权作用显著，能很好地提升用户转化效果，最终提高 ROI。

（四）用户隐私保护

程序化广告的挑战之一是如何在保护消费者个人信息和隐私的前提下开放和使用数据。基于区块链的加密算法可以对一些数据进行脱敏，在保护隐私的同时为数据开放提供解决方案。[30]

正如比特币的数字签名所建立的用户身份验证机制，程序化广告也可以通过区块链技术实现用户隐私的保护。用户可以通过区块链安全存储数字身份，保护隐私。依据自我需求及意愿，用户可以自主选择自己的数字身份公开和使用权限，在与设备、应用进行交互的过程中，获得更大的安全性和自主权。隐私保护机制将有望提升用户在营销过程中的体验，使广告主、媒体和用户处于更加平等的位置。

（五）智能合约竞价

在程序化广告应用场景中，区块链能够基于动态变化的条件和预先设置的用户配置文件、权限和竞价功能，自动处理统一打包的数据资源。[31] 区块链的智能合约与程序化广告的竞价模式相结合，可以提升交易过程的流畅性、可靠性与高效性。广告主即程序化买家通过区块链广告平台与媒介或流量方直接对接出价，而预先设置的智能合约能在竞价完成后自动确认，并依据预先指定的时段、点位和用户圈层自动进行广告的精准投放。智能合约具有更高的安全性与可靠性，能够优化程序化广告的竞价与采买流程，并为交易双方提供信任保障，在没有第三方监控和参与的机制下，智能完成广告交易和流量购买，为双方提供信任保障并提升交易平台的整体完善性（见图 6-6）。

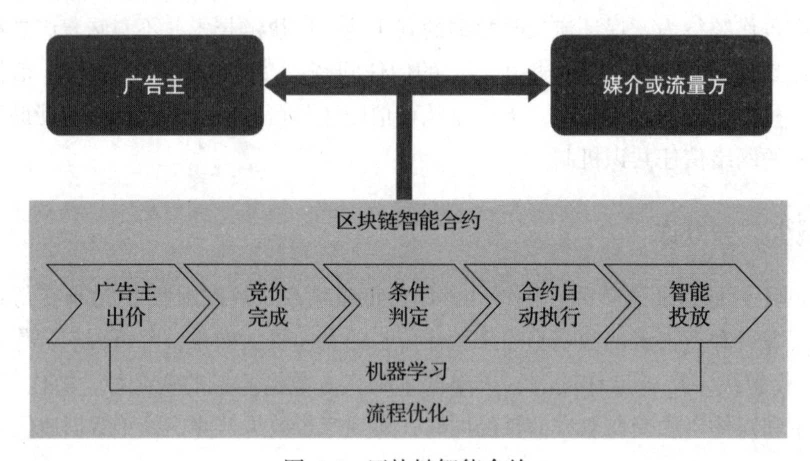

图 6-6　区块链智能合约

（六）自动化的数据预测

作为分布式存储的数据结构和数据接口，区块链的应用有效地打破了数据孤岛现象，在这一基础上，区块链技术能与大数据协同运作，实现程序化广告的数据预测过程自动化。

大数据可以处理和分析庞大的用户数据，在营销环节中发挥个性化定制和精准投放的作用。但如何在保护个人隐私的情况下开放数据，是其应用的一个难点。区块链的数据加密算法则能够帮助实现在不访问原始数据的情况下对数据进行运算，从而有效地为这一问题提供解决方案。通过将大数据的收集、分析及预测与智能合约的自动执行相结合，形成自动化的数据处理与预测机制，在技术融合的基础上共建新的体系架构，能够减轻营销人员在数据收集和处理负担的同时，形成更为可靠的用户沟通服务体系。

（七）行业生态的转型升级

区块链技术对程序化广告带来的最重要影响，是其去中心化的共识机制为整个行业带来的全新的概念与思路。在安全、透明和高效的优势之下，整个程序化广告行业将迎来行业生态的重构与转型。

1. 行业协作及优势共享

在去中心化的交易模式下，安全透明的交易机制和更加对等的角色地位能够帮助企业之间更好地进行协作与优势共享。行业协作一方面体现在数据维度，在区块链应用环境下，数据泄露、数据孤岛现象得以消减，参与方之间能够在彼此信任的基础上，合法共享与交换更为全面的数据信息；行业协作另一方面体现在资源维度，不同企业之间能够通过点与点的对接实现资源能力的优势互补，使程序化广告行业朝着真正的万物互联方向发展。

2. 利益分配模式的重塑

技术基础模式的转变改变了行业内部的配置，也将重塑现有的利益分配模式。在原有程序化广告产业中，中心化的广告公司和广告平台持有用户数据优势资源，能够获取大量利益。而在区块链范式下，企业能够直接通过链条与用户进行点对点的接入，形成了去中间化的两端对接模式，这使得广告主、用户、媒体、技术与互联网公司都能够获得更高效的利益分配。广告主通过去中间化模式，降低广告成本，优化营销效率；用户可以自由选择是否接收广告信息，并能通过接收与阅读广告获取利益分成，得到更好的用户体验与用户激励；区块链广告平台企业则通过平台的搭建，从交易中获取利益回报。

区块链在程序化广告中的应用，也是在技术高速发展时代，程序化广告及整个数字营销领域技术发展的新探索。要实现行业生态的转型升级，仍需要多方努力，协同共建。

三、区块链营销面临的变革与挑战

与区块链技术在其他应用领域相比，区块链营销在程序化广告领域的发展速度要落后很多。这关乎技术本身，也与区块链在程序化广告行业的基础结构层面上带来的巨大变革与挑战有着密切的关联。

（一）技术挑战

区块链技术在为程序化广告行业带来巨大的技术变迁的同时，也带来了蓬勃的技术发展前景。技术挑战是区块链广告在底层设计方面面临的最基础问题。

1. 有待发展的技术水平

区块链发展目前仍处于2.0模式初期，相对成熟的应用主要在加密货币与金融市场方面，而程序化广告领域的技术开发仍处于基础阶段，有待进一步迭代升级。从比特币的应用中，也能看到区块链自身存在的一些技术性问题，如算法选择、带宽控制、冗余和数据延迟等，这些在建立区块链广告应用时，都需要考虑如何通过技术方案来改善与解决，以适应行业标准与行业需求，从而提供可规模化应用的切实可行的方案。此外，资本与人才的匮乏也是技术发展不得不考虑的问题。一方面，区块链广告技术的开发应用需要大量的资金和资源支持；另一方面，企业急需真正理解区块链技术原理与应用，并具有预见性思想的复合型人才，以适应技术发展的要求。

2. 技术体系的生态融合

未来，区块链可以与云服务、大数据、5G、人工智能等前沿技术融合，共建新的技术架构和体系，实现技术的生态融合。任何技术上形成的核心竞争力都需要系统性的新组织体系支撑，技术体系的融合也将伴随着行业之间的融合与合作，技术优势公司虽然拥有技术研发与创新能力，但在对广告行业和营销应用的发展趋势的理解上可能存在不足。在技术开发的道路上，对未来目标的先见和预测需要发挥出引导作用。

（二）价值重构：企业定位的重新探索

从宏观来看，区块链对于程序化广告以及整个数字营销领域带来的最大变革在于去中心化体系带来的价值重构。企业之间需要形成全新的共识机制，制定并遵循新的市场规则。无论是企业能力、价值定位角度，还是利益分配、行业分工，都对程序化广告行业现有生态体系产生了冲击与挑战。

1. 企业定位的探索转型

为应对技术结构变革带来的行业变化，企业需要及时调整与转变自身定位，在新的行业生态中解决价值痛点，在技术变革的浪潮中抢夺先机。

一方面，企业需要重视自身的技术适配能力，及时接入并适应区块链体系，积极发掘新的应用。互联网公司、技术公司等技术优势企业将可能替代传统广告公司的中介地位，成为区块链交易平台的构建者；资本雄厚的行业巨头则可能依托自身持有的大量用户数据资源优势，以吞并、收购技术公司等方式开拓区块链营销市场。未来，技术的可持续发展与创新能力将越来越成为程序化广告企业在业内的制胜关键。

另一方面，技术薄弱的传统广告代理公司与媒介代理公司需要重新评估自身能力和优势，向内容和社交生态等方向转型，找到能够立足于市场的新的价值定位。无法适应变革的企业，则将被竞争和市场无情淘汰。

2. 利益链条的重置

区块链营销推进的另一个难点在于产业链的自我保护。行业价值的重构会打破已有的市场规则，无论是去中间化的结构变动还是反作弊的机制，短期来看都会触动原有程序化广告产业链的利益分配和原有程序化广告优势企业的地位。与所有新技术、新应用出现初期面临的问题相同，区块链也有着不少行业内外的反对声音。对企业来说，能否跳出旧思维与眼前利益的桎梏，取决于其是否从更高的俯视角度，以发展的眼光看待整个行业的生态变革与发展趋势。区块链的应用意味着新的利益分配机制的设定，如何克服营销圈的“自我保护”，[32]有效连接不同的企业，谁来制定以及如何设计新的利益分配规则等，是需要思考的关键问题。若处理不好，可能会对行业造成巨大冲击。

（三）实际执行障碍

区块链作为技术架构，只是从技术层面上为程序化广告提出了新的思路，其概念目标的实现程度与实际执行效果，还有待时间和实践的检验。

1. 投放质量与流量间的冲突

区块链的数字身份提高了用户对提供数据及接收广告的自主权，有效地保护了用户隐私，也提升了用户的广告体验以及用户在广告中投入的注意力。但是，自主选择权从一定程度上限制了流量的自由流动，这与数字营销行业流量经营的目的相悖。企业在采取营销策略与制定营销目标时，需要在投放的质量与流量之间进行权衡。

2. 中心化与去中心化的博弈

虽然区块链技术的优势和意义在于去中心化，在程序化广告行业的实践中，仍然存在中心化与去中心化之间的对抗。一方面，在程序化广告区块链平台的构建上，仍可能出现企业集中化占有区块链技术资源优势、中心化发展区块链链条的情况；另一方面，在用户数据的挖掘与处理上，拥有用户数据资源优势的企业也将具有更高的中心化地位。现有中心化的市场规则难以短期内被打破，因此在很长一段时间内，中心化与去中心化共生共存的局面仍将持续。通过中心化实现的经济效率和通过去中心化实现的无信任交易之间将如何达成平衡，还有待观察。[33] 此外，去中心化实质上是用巨大的冗余换取风险的降低，那么在风险本来不大的领域利用去中心化方法则可能造成效率削减。

3. 难辨真伪的数据源

虽然区块链技术能够保障信息的记账不可篡改与伪造，但不能确保信息源的真伪，亦即交易的记账真实和交易本身的标的是否真实存在是两回事。[34] 如果数据源造假，即便记账再准确安全、交易或数据传递及使用过程再无法篡改都无济于事。从这个角度来讲，区块链是否能解决作弊问题其实没有理论上设想得那么完美。

（四）制度生态：行业规范的制定与监管

目前，国内的区块链产业仍处于发展初期，行业内部鱼龙混杂。不少企业并不是真心实意在做区块链广告应用，而只是打着“区块链”的名号，其实际业务却与区块链毫无关联，甚至涉及传销诈骗行为。这不仅破坏了区块链广告行业的稳定，还影响了区块链在未完全普及阶段的声誉。区块链的制度体系还不太健全。一方面，行业规范与行业标准体系尚未完善；另一方面，去中心化的分布机制与匿名化特征也为政府机构的监管带来了巨大的困难。为规范区块链程序化广告市场，需要从政府和行业两个方面制定内外标准，建立专门的监管机构，促进行业制度生态的建立，从而实现规范化健康发展。

本章小结

本章基于杜蕾斯“PC+ 移动”双平台程序化购买实战的导入案例，介绍了程序化广告的概念及其相较于传统互联网广告形式而具有的特点和优势：从购买广告位到购买受众，目标精准，消费者属性的挖掘更加立体，实时优化调整。本章第二节总结了互联网广告投放模式的演变——互联网广告合约投放阶段、广告网络竞价投放阶段、实时竞价投放阶段、程序化私有交易阶段，并对传统的互联网广告投放、RTB、PDB的差异以及RTB与PMP的差异进行了综合比较。第三节介绍了程序化广告投放的参与者，包括需求方平台、供给方平台、广告交易平台、数据管理平台、第三方监测机构等。第四节介绍了公开实时竞价的原理，即介绍程序化广告投放在具体的操作中如何实现，各交易环节的参与者是通过怎样的形式连接起来的，一个完整的程序化广告投放是如何开始和结束的。第五节和第六节探讨了人工智能技术和区块链技术对程序化广告的促进和影响，并对其作用进行了冷思考。本章最后通过蒂芙尼中国的程序化直接购买案例再次加深读者对程序化合约模式的理解。

思考题

1. 和传统的媒介购买方式相比，程序化广告有哪些独特的优势？
2. 传统的互联网广告投放、RTB、PDB的差异是什么？
3. 程序化广告投放的参与者有哪些？
4. 程序化广告投放模式经历了哪些演变阶段？各自有什么特点？
5. 人工智能技术对程序化广告投放的前、中、后期分别有何帮助？
6. 你认为营销传播从业者应该如何与人工智能技术共处？
7. 区块链技术对程序化广告行业生态的转型升级有哪些影响？
8. 区块链营销面临哪些变革与挑战？

章后案例

蒂芙尼中国的程序化直接购买尝试

本章的重点之一是要理解RTB和PDB这两种程序化广告投放模式的差异。以下将介绍蒂芙尼中国的一次程序化直接购买实战。

一、研究背景

在中国，很多奢侈品牌都认为RTB平台提供的库存质量不高，定价和数量很不稳定，因此担心RTB会影响品牌形象，从而并不愿意在媒体计划中尝试程序化购买。与此同时，非RTB购买为他们提供了新的解决方案。奢侈品牌主们可以利用这一方法坐享程序化购买的便利，即覆盖更广泛的目标受众，执行定制程度更高的数字战略，非RTB购买也因此越来越受欢迎。其中，尚扬媒介和邑策中国联手为奢侈品牌蒂芙尼制订程序化直接购买方法以提升在线视频（OTV）广告实效就是一个成功的实例。

在此次OTV广告活动中，蒂芙尼制定了非常严苛的条件：只考虑第一层级的媒体OTV库存，需要60秒的片头广告库存，不允许在不相关的渠道出现广告，要针对男女用户实施不同的、定制化的沟通战略。

二、执行

尚扬媒介和邑策中国使用了一个名为 Luxury Audience Buying Framework 的平台制定了解决方案。它们首先确保了所有库存均来自第一层级的媒体，比如爱奇艺、优酷和腾讯等，以此为基础为蒂芙尼投放 60 秒的 OTV 广告。此外，大部分的投放都进入了特定的频道（美剧、英剧、韩剧、浪漫电影、金融等），并屏蔽了不合适的渠道（战争片、儿童内容、古装剧等），进一步保护品牌形象。

此次广告投放包括两部视频：*Craftsmanship* 展示了蒂芙尼的历史传承，*Modern Love* 旨在引发观众的情感共鸣。通过邑策中国的受众数据分析手段，执行团队成功地在投放广告之前识别了受众性别以及此前的广告观看数量。女性观众会先看到 *Modern Love*，强化蒂芙尼的品牌概念，品牌通过熟识度与女性观众建立联系。在 *Modern Love* 播放三次后，女性观众就会看到 *Craftsmanship*，开始了解品牌的历史传承与品质信息。而男性观众自始至终看到的都是 *Craftsmanship*。

三、效果

活动结束后的品牌影响力研究发现，这一定制化的、循序渐进的战略大幅提升了蒂芙尼品牌在女性观众心目中的形象。在观看了 *Modern Love* 和 *Craftsmanship* 两个视频的女性观众中，经提示的品牌知名度有所提升，而她们对于“工艺”和“高端”两个品牌信息的认可度大幅提升。在广告互动方面，点进率指标比蒂芙尼 2015 年使用普通购买方式的 60 秒 OTV 广告高出 54%。而且，观看了 *Modern Love* 后的女性观众与接下来播放的 *Craftsmanship* 视频互动程度更高。综合各种设备和媒体的平均数据，接下来观看 *Craftsmanship* 的点进率比只观看 *Modern Love* 的点进率提升了 39%[35]。

【案例小结】

对奢侈品客户而言，PDB（程序化直接购买，即对预留的优质媒介资源，以固定价格进行程序化投放的购买方式）是更好的选择，以保证优质资源以及更精准灵活的受众定向。蒂芙尼的成功投放案例，证明了 PDB 带来的广告效果。该案例带来了以下启示：首先，强大可靠的媒介代理伙伴十分重要，它可以帮助广告主筛选高质量的媒体资源，以达到不同品牌对传播渠道的严格要求；其次，PDB 可帮助奢侈品牌在更精细的受众分类中精准定位，以不同的广告创意吸引目标受众；最后，品牌影响力研究可以更深入地了解广告影响力，为未来的品牌传播提供有价值的指导建议。

参考文献

[1] 梁丽丽．程序化广告：个性化精准投放实用手册［M］．北京：人民邮电出版社，2017：6.

[2] 吴俊．程序化广告实战［M］．北京：机械工业出版社，2017：17.

[3] 杨炯玮．解谜程序化购买［J］．声屏世界·广告人，2014（3）：157.

[4] 中国广告．程序化购买知多少［EB/OL］．（2014-12-01）［2023-03-01］．http://www.ad-cn.net/read/3108.html.

[5] 华扬联众．2015 中国数字营销行动报告［R/OL］．（2015-03-31）［2023-03-01］．http://

www.199it.com/archives/354649.html.
[6] 吴俊．程序化广告实战［M］．北京：机械工业出版社，2017：20.
[7] 第一头条网．PMP 能否成为拯救程序化展示广告的“拆弹专家”［EB/OL］.（2017-05-11）［2023-03-01］. https://www.sohu.com/a/139727144_514641.
[8] Adexchanger．技术流公司程序化广告购买的新趋势：私有交易市场 PMP［EB/OL］.（2016-11-15）［2023-03-01］. https://www.baidu.com/link?url=FWdUXWMi2imjTPSZ3MaRDdQ5rLT2a8nsD1y5WQRfG6M-Nj-2lmcV2shDVQ6uhg71iUql4OM1L2QAvM6DL5H4-pH8KTp-1_qsp_-lHLINPrq&wd=&eqid=d47aa3d90004a233000000055ef9ad46.
[9] 广告主杂志．传漾科技王跃：程序化私有广告交易将会在 2017 年逐步超越公开交易［J］．广告主，2015（12）：62.
[10] 小马过河．互联网广告行业初解密［EB/OL］.（2018-11-19）［2023-03-01］. https://zhuanlan.zhihu.com/p/50297583.
[11] 易观智库．中国程序化购买广告市场专题研究报告 2015［R］．北京：易观智库，2020：3.
[12] AdBright 皓量科技．PMP 和 PDB 是两种独立的购买方式吗？并存情况下如何划分流量层级［EB/OL］.（2020-02-22）［2023-03-01］. https://www.zhihu.com/question/53114106.
[13] 王跃．传漾科技王跃：程序化市场下的流量金字塔［EB/OL］.（2015-10-29）［2023-03-01］. https://www.rtbchina.com/adsame-on-programmatic-and-private-deal.html.
[14] IAB. Programmatic in-housing: benefits，challenges and key steps to building internet capabilities［R/OL］.（2018-05-01）［2023-03-01］. https：//www.iab.com/wp-content/uploads/2018/os/IAB_Programmatic-In-Housing-Whitepaper-v7a.pdf.
[15] Adexchanger. ANA 报告：为了广告“透明度”，更多营销人尝试 In-house 程序化购买［EB/OL］.（2017-12-19）［2023-03-01］. http://www.adexchanger.cn/media-agency/28162.html.
[16] 同［14］.
[17] 董征艺．程序化网络自动化拍卖技术的理论研究与应用［D］．北京：北京邮电大学，2015：39-40.
[18] 百川引擎．3 分钟读懂户外广告程序化：户外广告行业变革时代，程序化成为发展新势能［EB/OL］.（2021-07-23）［2023-03-01］. https://www.sohu.com/a/479100996_120881565.
[19] 舜飞科技．如何持续优化广告投放策略［EB/OL］.（2018-12-26）［2023-03-01］. https://www.zhihu.com/question/58153488/answer/559905183?utm_source=wechat_session.
[20] 梁丽丽．程序化广告交易模式［EB/OL］.（2017-01-11）［2023-03-01］. https://www.queentm.com/blog/2017/01/11/jiaoyimoshi/.
[21] 余凯，贾磊，陈雨强，等．深度学习的昨天、今天和明天［J］．计算机研究与发展，2013，50（9）：1801.
[22] 周飞燕，金林鹏，董军．卷积神经网络研究综述［J］．计算机学报，2017，40（6）：1229.
[23] ECI Academy. ECI@ 创新案例：美素佳儿全域全会员营销赋能私域增长［EB/OL］.（2022-04-07）［2023-03-01］. https://mp.weixin.qq.com/s/bUB_K8btoT764pTcdLuv3g.
[24] 卢义杰，罗旻，王海萍，等．互联网流量暗战［N/OL］．中国青年报，（2014-11-10）

[2023-03-01]. http://zqb.cyol.com/html/2014-11/10/nw.D110000zgqnb_20141110_1-07.htm.

[25] AdGeek. 大家都在谈的广告透明，到底是怎么回事［EB/OL］.（2016-12-19）[2023-03-01]. https://www.meihua.info/a/68415.

[26] 中国互联网协会. 透明、真实、绿色：“数字营销质量与透明度提升计划”正式启动［EB/OL］.（2022-03-14）[2023-03-01]. https://www.isc.org.cn/article/11766602920620032.html.

[27] RTB China. 区块链技术将如何重构广告平台营销“逻辑”［EB/OL］.（2018-06-01）[2023-03-01]. https://www.sohu.com/a/235636820_208076.

[28] 李海华. 区块链技术在广告传播中的应用［J］. 青年记者，2019（2）：99.

[29] 沂蒙阿力耶. 区块链离程序化购买数字广告还有多远［EB/OL］.（2019-02-26）[2023-03-01]. https://www.jinse.com/blockchain/321018.html.

[30] 董慧，张成岩，严斌峰. 区块链技术应用研究与展望［J］. 互联网天地，2016（11）：17.

[31] SWAN M. Blockchain: blueprint for a new economy［M］. O’Reilly Media，2015：25-26.

[32] 栗建. 迟到的区块链营销［J］. IT 经理世界，2018（Z3）：49.

[33] 同［31］.

[34] 宋星. 利用区块链做互联网营销，真有价值还是故意忽悠?［EB/OL］.（2018-02-01）[2023-03-01]. https://zhuanlan.zhihu.com/p/33494317.

[35] 田科迪. 程序化广告在高端品牌中的应用：以蒂芙尼为例［D］. 开封：河南大学，2018：60.

第七章
CHAPTER 7

程序化广告系统与投放实例㊀

§ 学习目标

1. 了解程序化广告系统中各参与者的原理与价值。
2. 能结合投放示例掌握程序化广告的运作流程。

本章基于第六章对程序化广告的初要概述，进一步对需求方平台 DSP、程序化广告采购交易平台 TD、广告交易平台 ADX/ 供应方管理平台 SSP、数据管理平台 DMP、动态创意优化平台 DCOP 以及程序化广告相关 API 接口进行了更详细的介绍，以期梳理程序化广告系统各参与者的原理与价值。

§ 导入案例

CTDA 法案向 Google 程序化广告帝国发起挑战[1]

美国东部时间 2022 年 5 月 19 日，犹他州共和党参议员麦克·李（Mike Lee）代表其与得州共和党参议员泰德·克鲁兹（Ted Cruz）以及民主党参议员埃米·克洛布彻（Amy Klobuchar）和理查德·布卢门撒尔（Richard Blumenthal），向参议院提出了“The Competition and Transparency in Digital Advertising”，中文名为《数字广告竞争和透明度法案》，以下简称“CTDA 法案”。

该法案禁止数字广告年交易额超过 200 亿美元的大型数字广告公司拥有数字广告生态系统超过一个以上的组成部分，并要求处理超过 50 亿美元数字广告交易的中型和大型数字广告公司遵守多项义务，包括以客户的最佳利益为出发点，为客户寻求最有利的条件，制定透明度要求，并在数据共享方面设置防火墙等，以保护其客户和竞争秩序。

如果该法案获得通过，Google、Meta 和亚马逊可能不得不剥离大部分广告业务，例如推出工具帮助企业买卖广告、广告竞价等所有程序化广告相关业务。Google 作为程序化广告市场的最大参与者，其受到的影响可能最大。

㊀ 本章部分内容改编自慕课《智能营销与计算广告》的讲稿和《程序化广告的道与术：数据技术时代的营销变革》(陈韵博著，社会科学文献出版社，2020 年)。

一、缘起：以 Google 为首的互联网平台何以成为程序化广告市场中的主角

在互联网平台的零定价模式下，消费者只需付出注意力，即可享受优质产品和便捷服务，免费社交平台、支付平台、视频网站、新闻媒体等已经成为现代人日常生活中不可或缺的部分，人们对互联网平台具有高度依赖性。广告商则依赖平台所持有的庞大用户基数，通过平台获取消费者的个人信息以了解其消费偏好，从而对消费者进行精准的广告投放，并向平台支付费用，大大提高了交易效率和商业机会。可以说，数字广告市场为互联网经济的发展注入了强大动力。

以搜索引擎起家的 Google 作为互联网巨头之一，拥有庞大的用户基数，掌握着大量用户个人数据，对广告商的吸引力比其他平台更大。除了可以直接提供自有平台的广告投放服务，Google 还利用其在双边市场上的中间地位，提供广告购买与销售的中介服务。一名 Google 员工甚至将 Google 的广告业务描述为"高盛或花旗银行拥有纽约证券交易所"，意指 Google 拥有的程序化广告生态系统具有强大的力量，进而能掌控对数字广告市场的控制权，从而对这一市场的竞争产生负面影响。

在 Google 一家独大的情况下，广告商对 Google 高度依赖，在挤压了其他的广告投放平台的生存空间的同时，Google 对广告商也拥有了较大的自主定价权，损害了广告市场的公平竞争。

二、Google 的程序化广告系统帝国

Google 在程序化广告市场上的优势十分显著，可以说任何一家企业都难望其项背。财报显示，2022 年第一季度 Google 收入约 680 亿美元，其中广告收入超过 546 亿美元，超预期同比增长 22%，约为另一数字广告巨头——Facebook 母公司 Meta 当季广告收入 270 亿美元的两倍，这还是 Google 广告收入增速较 2021 年第四季度明显放缓的成绩。

那么 Google 的程序化广告业务是如何开展的？根据法国竞争管理局（ADLC）[2] 和澳大利亚竞争和消费者协会（ACCC）[3] 等机构相关调查报告可知，Google 的广告供应链参与包括买方广告服务、需求方平台、供应方平台、广告联盟和卖方广告服务。

其中，Google 的需求方平台（DSP）包括 Google DV360 和 Google Ads（前 Google Adwords），Google Ads 主要背靠 Google 本身及广告网络的广告资源，以提供搜索广告、展示广告、视频广告、购物广告等服务为主。而 Google DV360 嵌入 Google Marketing Platform 的一站式营销平台中，能够接入第三方数据，帮助使用第三方数据的广告主匹配到适合的用户，两个平台间账户通过关联可以进行营销数据的分析优化。卖方（publisher）广告服务中主要由 Google DFP 参与。Google 的广告交易平台 ADX/ 供应方管理平台 SSP——Google AdX 作为其程序化广告体系的中心，为广告主买方和媒体等卖方构建了一个数字化广告交易平台。交易既可以通过第三方平台对接，也可以由 Google DV360 和 Google DFP 与 Google AdX 对接完成。不难想象，Google DV360 与 Google DFP 在和第三方平台竞争的过程中，能够从同体系的中间商 Google AdX 手上获得很多竞争便利。除此之外，Google Marketing Platform 这一集成平台中还包括数据洞察分析、跟踪代码管理、网站优化等营销工具，足以发挥数据管理平台（DMP）的作用。Google 还提供广告联盟 AdSense、广告库存管理平台 Ad Manager 或 AdMob 等平台，应用开发

商可以通过这些平台向广告商（媒体）提供广告位并进行广告管理，获得的收益需要与Google进行分成。由于Google在产业链多个环节上具备绝对优势，几乎没有什么企业能够威胁到Google在程序化广告领域的利益。

可以看出，Google体量庞大的数字广告业务以其持有的大量用户和用户数据为基础，以强大的机器学习、算法分析能力为依托，让大数据在广告营销中发挥最大的价值。

基于互联网核心业务的经济和技术，Google已经围绕广告业务，结合以Google社交平台、购物平台以及网络出版平台相互形成的利益链条，形成其平台生态系统，并持续带来收益。

需要注意的是，Google基于广告业务的强大生态系统带来的影响力可能不仅仅局限于市场经济领域，还能够进一步影响舆论，给Google带来政治影响力。Google在程序化广告市场上的绝对优势地位和其日渐强大的经济政治影响力，引起了政客们的担忧。但是，该法案能否通过、通过后如何实施、实施效果将如何，还有待实践检验。

【案例小结】

长久以来，Google为首的互联网平台占据了程序化广告市场的半壁江山。Google以搜索引擎起家，以收购DoubleClick为里程碑，踏上了搭建其广告生态帝国的征途。凭借其得天独厚的用户资源、技术能力和平台特性，Google入场程序化广告的各个系统，在DSP、ADX/SSP、DMP等赛道的竞争中皆占据一席之地，完备的广告系统供应链参与使其成为当之无愧的超级平台（super platform），广告业务也成为Google互联网版图中收入最高的部分。

然而近年来，Google在程序化广告生态中的突出表现，被各国以反垄断为由处以罚款。2017年6月，欧盟委员会就曾裁定Google滥用其在欧盟经济区13个国家的搜索引擎市场的支配地位，非法操纵购物广告搜索，开出24.2亿欧元罚单。2018年7月，欧盟委员会又判定Google采取“非法限制措施”以加强其在搜索引擎方面的主导地位，对其处以43.4亿欧元罚款。2019年3月，欧盟委员会指责Google通过技术手段偏袒其自有的在线广告展示技术服务，扭曲市场竞争，判罚其17亿美元。加上此次CTDA的提出，都反映出欧美程序化广告市场对巨头们非公平竞争的警惕。如何在发展自身竞争力与合乎市场规范中寻找平衡点，也成为行业领头者需要思考的重要问题。

本案例通过对CTDA法案的引入，回顾了Google这一特殊行业参与者在程序化广告生态中的各环节触角，让读者对程序化广告系统有一个初步的认识。尽管在程序化广告生态中一些服务商决心深耕某一领域，但在市场的竞争发展下，也有更多服务商从横向扩充服务种类，以期成为更加整合的广告技术服务平台，从更多供应环节中获取利益。Google的案例亦告诉我们，自带广告资源的互联网平台入场程序化广告生态具有得天独厚的优势，是程序化广告系统的强大行业进入者。

第一节　需求方平台

本节对需求方平台（DSP）的行业进入者、决策优化原理、开发运营门槛、团队职能以及应用场景进行梳理，并以腾讯广告DSP为例展示了DSP的通用功能。

一、需求方平台的行业进入者

（一）广告代理或广告网盟公司转型 DSP

由于广告代理或广告网盟公司握有大量广告主资源，因而可以直接切入 DSP。它们的进入方式可以是组建技术团队开发 DSP，或者购买 DSP 技术解决方案为其私有化部署 DSP，又或者直接收购 DSP 公司。

（二）媒体方 ADX 或 SSP 公司布局 DSP

媒体方 ADX 或 SSP 公司掌握了大量流量资源，希望可以直接对接广告主资源。由于已经具备足够的技术能力，其进入方式一般是组建团队开发 DSP。

（三）纯技术出身的公司切入 DSP

纯技术出身的公司纯靠技术起家，由于看好程序化广告领域，利用技术优势快速切入 DSP 行业。

（四）大预算广告主自建 DSP

大预算广告主的投放预算充足。一方面，它们希望高效利用自有数据，提升投放效果；另一方面，它们希望可以掌握流量，让投放更透明。它们的进入方式可以是组建技术团队开发 DSP，或者购买 DSP 技术解决方案为其私有化部署 DSP。

二、需求方平台的决策流程和优化原理

（一）DSP 的决策流程

DSP 的决策流程始于 DSP 对 ADX 转发的广告请求的接受，接到请求后，DSP 会根据 ADX 上的各种定向标签（一般包括人群、媒体、时间、地域、创意类型和规格、历史路径等）来判断本次广告展示机会是否符合需求。如果符合需求，则在广告库中检索进行广告选择，代表广告主利益与 ADX 或供给方平台进行交易，面向广告主定价的同时面向 ADX 出价，最终以 RTB 的形式完成广告购买行为（见图 7-1）。

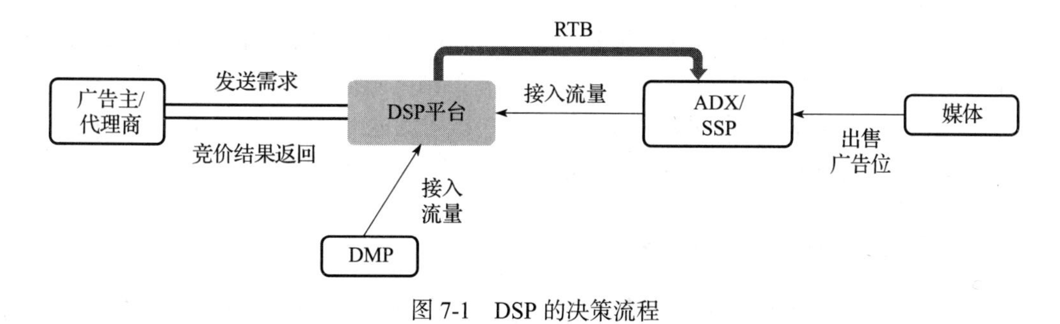

图 7-1　DSP 的决策流程

（二）DSP 的持续优化过程

DSP 的持续优化过程从参与竞价开始，竞价后广告被展示给用户，而后 DSP 会根据所回收的广告投放数据（曝光、点击、后续转化等）进行闭环优化（见图 7-2）。无论是 DSP 还是 DMP、SSP、广告主第一方数据库等数据掌握者，都需要通过数据分析实现用户定向，达到更精准的投放。对这些平台来说，持续优化用户定向模型的算法是其竞争力的体现，算法的优化程度影响着广告投放的精准性和效率。广告投放过程中产生的数据不断累积，成为模型能够持续优化的原动力。通过将这些累积起来的新数据整合起来并导入模型进行分析，DSP 能够不断完善和更新自身的标签体系，以求在下一次广告展示中达到更好的效果。

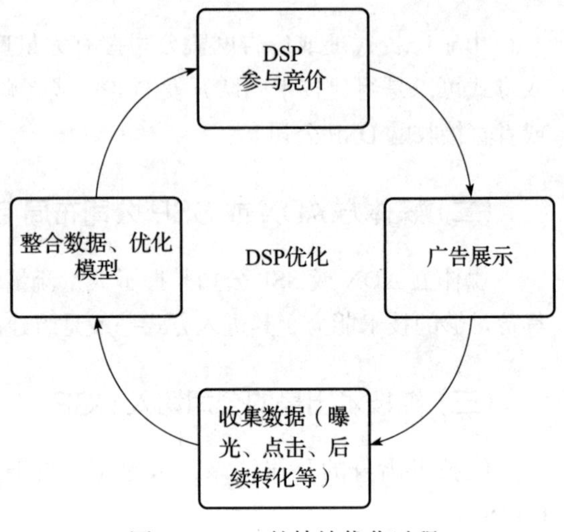

图 7-2　DSP 的持续优化过程

三、需求方平台的开发及运营门槛

（一）技术、数据分析和用户定向能力

DSP 系统在技术架构上涉及投放平台、投放设置用户交互模块、报表、算法引擎等模块[4]，这些技术构成了 DSP 的关键竞争力，直接或间接地影响广告投放效果。

DSP 尤其需要有强大的实时竞价能力以及快速的大数据处理能力。在整个竞价环境中，每时每刻都有大规模的流量信息需要分析处理，在收到高并发的竞价请求时，假设目前每天收到的竞价流量有 500 亿次，1 秒内可能要同时处理几万至几十万次的流量，需要快速分析流量是否符合投放需求，确保在 100 毫秒内做出响应，同时还需要对大规模日志数据进行实时统计和离线统计。另外，由于程序化广告的核心在于精准定向，DSP 须具备很高的用户识别能力和定向能力。

（二）资金基础

一个完整的 DSP 的搭建需要足够的资本来维持服务器等基础设施的正常运作，以处理平台竞价、曝光和点击统计、缓存服务等日常业务。DSP 运作的硬件（如服务器资源）成本和其可竞价流量及广告投放的规模等息息相关，当出现 DSP 对接了大量流量而消耗较少的情况，则会造成大量硬件成本的浪费。另外，为了保证用户的浏览体验，还要确保广告加载速度，这就涉及 CDN 服务（即内容分发网络，可以解决用户访问量过大导致的服务器过载问题）等成本。因此，具备一定的资金是维持 DSP 系统正常、高效运作的基础。

（三）广告投放预算和客户资源

由于 ADX 对接 DSP 也需要付出人力成本进行运营维护，同时还需要负担因发送竞价请求而消耗的服务器成本等，因此如果DSP没有足够的广告预算，无法对流量进行相对充分的消耗，那么ADX将无法获取效益，甚至可能会产生亏损。因此，它们对接DSP之前也会考虑其广告预算、技术平台的成熟度等因素。

（四）专业技术人才和运营人才

中国的DSP市场从2012年发展至今，有不少DSP在开发过程中因为缺少经验遭遇过不少难题，走过许多弯路。因此，寻找具有相关行业经验的技术人才可以更高效地开发和维护DSP系统。数据和算法对于DSP而言不可或缺，掌握数据和算法相关的专业技术人才更显得弥足珍贵。

另外，广告投放的全程都需要有专业运营人员的把控，如投放前期的策略制定、投放过程中的策略调整，需要运营人才在数据分析的基础上，参照投放经验，及时调整投放过程中的各项决策。

四、需求方平台团队的组成和职能

虽然每个公司在岗位设置和具体分工上略有差别，但常规分工大致相同。从前面的内容可以看出，DSP的搭建和管理具备一定的门槛，那么DSP团队有哪些岗位？各个岗位分别负责什么样的工作呢？

（一）DSP团队的组成

借鉴菲利普·科特勒提出的A-F创新模型，我们可以从以下几个方面来分析DSP团队的组成。

1. 推动者

推动者（activators）是指公司老板、CEO/CMO/CXO、营销管理者等发起和推动者。

2. 观察者

观察者（browsers）是指为“推动者”提出的雏形状态的想法、创意提供论证的角色，需要搜集资料来帮助、启发、激励创新，通常包括数据观察与分析人员。他们的任务不是简单的信息收集，而是将观点和想法纳入商业趋势范畴内，进行技术和商业等多维度的预测检验。

3. 创意者

创意者（creators）包括创意设计及制作人员，他们主要负责根据投放方案进行创意策划、后台操作、执行计划并实施。

4. 开发者

开发者（developers）是指DSP团队中为客户研发提供底层软件支持的技术研发及系统设计等人员。

5. 执行者

执行者（executors）是指 DSP 团队中进行程序化广告投放执行的人员，包括广告优化师、媒介人员等。

6. 资金管理者

资金管理者（financiers）是指 DSP 团队中负责资金管理和操作的财务人员。

（二）DSP 团队的职能

通过图 7-3 的广告投放工作流程，我们可以更清晰地知道 DSP 团队的各个职能之间是如何进行协作、共同促进广告投放工作的。

1. 管理层

管理层从宏观、大局的视角看待广告投放战略，它更加关心战略目标完成了多少、花了多少成本、回收了多少、升了还是降了、用户增长了多少。CMO 或市场负责人还会关心投放效率和效果，这关系到代理商、媒体资源、数据资源等的效果评估，以及下面执行层人员的工作完成情况和 KPI 考核。

2. 投放执行

投放执行直指目标完成情况，主要是广告投放效果的保证，具体涉及投放策略的制定、投放效果分析和优化调整，推广组和推广活动的添加和管理，以及快速查看各推广组、推广活动、不同投放策略的数据等。

投放执行里面还有一个很重要的媒介角色，需要深入了解广告投放业务发展需求，进行高质量的媒体资源拓展、谈判和对接工作。在品牌程序化广告中，除了 RTB 投放模式外，对 PDB 模式的需求也很大。在此情况下，媒介的工作主要是与各大 ADX 洽谈 PDB 流量对接，以及进行订单的价格、投放量等商务谈判。

3. 创意设计

创意设计主要负责广告创意内容和页面的设计，需要快速制作素材，对落地页、官网和 App 创意进行多版本测试，验证效果并不断优化。

4. 数据运营

数据运营人员需要确保数据收集的完整度、统计口径的一致性，根据广告投放需求进行目标人群分析，输出完整的用户画像，为广告运营提供人群策略指导或投放建议。人群策略的数据来源包括内部数据和外部数据。通过内部数据分析，可以深入分析竞价请求日志和广告投放数据，从中提炼用户标签数据；外部数据则涉及数据供应商拓展，需要进行合作谈判及关系维护。运营人员必须具备很强的逻辑思维和数据分析思维，才能快速定位出问题的根源。有些公司还会设置专门的数据分析岗位。

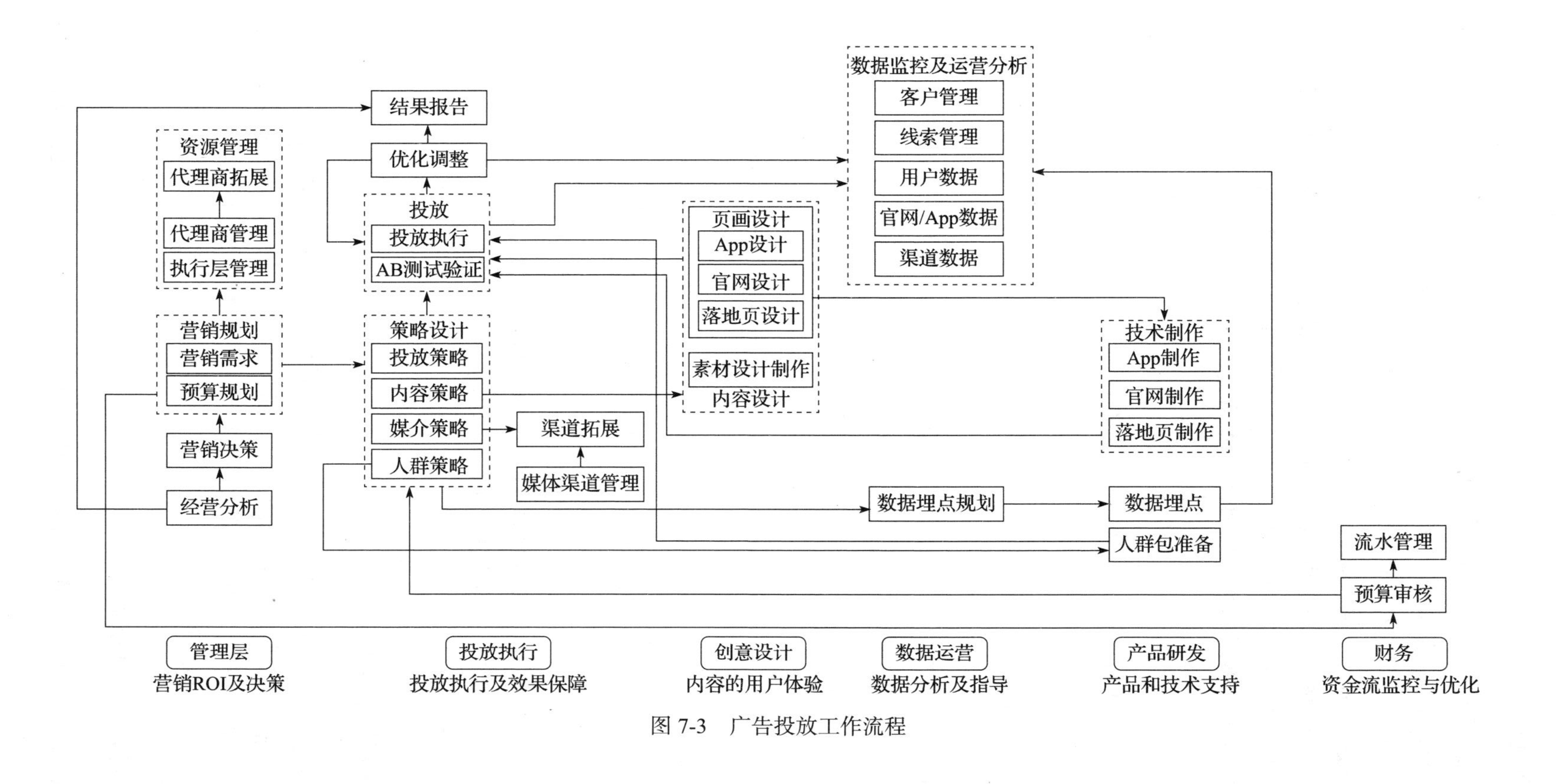

图 7-3　广告投放工作流程

5. 产品研发

产品研发包含产品、技术和算法方面的工作。

产品主要负责系统功能和业务逻辑的设计工作，包括投放设置、财务模块、报表模块等。另外，产品设计人员还要深入了解业务，分析投放过程中遇到的各种运营问题，比如投放量为什么变少了、效果为什么变差了等。

技术部分主要针对程序化广告系统的功能开发，如前端界面和后端业务代码的撰写、大数据处理等。算法是程序化广告中的“大脑”部门，需要对广告投放全流程进行数据分析与挖掘，协助广告运营及客户服务团队进行广告投放前的数据预估、自动优化广告投放策略等工作。

6. 财务

财务主要考虑广告需要多少投放预算、需要多少现金流以及如何实现现金流的收益最大化等。

五、需求方平台的应用场景

基于大量数据的赋能，DSP 平台可以不断进行优化，完成人群精准定向、跨媒体的频次控制和数据沉淀管理及实时应用，提升广告投放的效果。

（一）人群精准定向

人群精准定向可以利用内外部数据及模型进行人群过滤、重定向和新客推荐等，主要通过定制化标签的筛选完成。重定向主要针对已经购买过或曾有意向购买（例如点击过相关广告但未完成最终转化）品牌产品和服务的人群，即熟客留存或促活。新客推荐则是在获取和整合多方数据后，通过一定技术手段向那些没有关注品牌但有可能对品牌产品服务感兴趣的人群投放广告。

针对拉新，可以过滤已有客户，防止重复，也可以过滤黑名单用户、虚假曝光或点击用户设备号等，还可以使用内部积累数据或对接三方数据，从而精准定向潜在用户。针对留存和促活，可以召回流失用户、盘活沉默用户。针对品牌投放和用户忠诚度，可以精细运营高质量、高价值用户，从而锁住用户。

（二）跨媒体的频次控制

跨媒体进行频次控制能够减少重复曝光或无效曝光，避免广告浪费。针对新用户，能够避免同一用户的多次重复曝光。重复曝光不仅浪费广告，还可能导致用户对该广告甚至该公司品牌产生厌恶心理。针对已有用户，能够避免对已在某媒体成功转化了的用户，因为在另一媒体无法识别曝光用户 ID，导致把该用户当新用户重复曝光或者使用了错误的创意内容。

（三）数据沉淀管理及实时应用

DSP 可以对媒体与内部业务数据进行积累及实时应用。ADX 在发送流量请求数据给 DSP

的时候，DSP 等于拥有了这些 ADX 中媒体网民的用户数据。

比如，晚上 8 点整，在优酷的电视剧频道的前贴片广告位上，一位男性用户出现了，DSP 收到请求为其展示广告，可以看到该用户的手机型号是华为 Mate30 pro、地区是广州等个人信息。当收到各大 ADX 的网站或 App 竞价请求后，DSP 可以将这些数据进行综合分析，知道同一个用户设备 ID 在哪些 App 上发起过竞价请求，就知道这个用户手机上安装了哪些 App，同时这个用户的手机型号、上网爱看的内容、常规上网时间等信息也能被综合统计并据此为用户打上特定标签。

除此之外，DSP 可以实现全流程数据沉淀，流量日志有网民的浏览行为，以及广告全流程行为，可以对用户进行分层、分群，精细化打标签，再精细化运营。在数据沉淀基础上，可以反作弊，可以精细化运营，对不同用户展现不同创意。因此，DSP 在数据沉淀管理应用上，可以实现媒体流量数据的积累（包括竞价请求、曝光、点击数据等数据的积累）、实时性数据应用管理（不需要频繁更新和上传 DMP 人群包到媒体）、实时竞价决策（基于自有数据标签和算法模型判断出价）等。

六、需求方平台功能演示：以腾讯广告投放平台为例

假设现在需要为招商银行金卡信用卡投放朋友圈信息流广告，在腾讯广告平台的操作演示遵循如下步骤。

（一）开通账户，进入投放平台

在腾讯广告官网注册并开通账户后，进入工作台首页即广告账户概览（见图 7-4）。这里可以查看所管理的所有广告账号，对核心数据进行汇总分析（如控制消耗上限）或进入投放平台。账户的结构逻辑为账户—计划—广告—创意四个层级，一个账户最多可创建 1.5 万个计划，可创建最多 2 万条广告和 10 万个创意。通过该账户进入广告投放平台，主要有推广计划、广告、创意、商品和关键词这几个大的板块可以操作。点击所开账户“投放平台”按钮，进入投放平台。

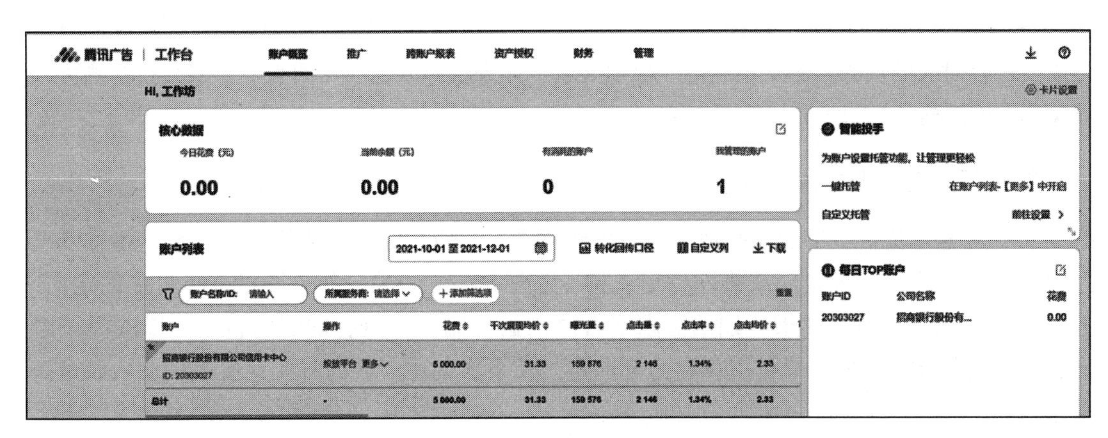

图 7-4　工作台首页

（二）新建推广计划

新建推广计划需要对计划类型、推广目标、投放方式、日预算和总预算、计划名称进行设置（见图 7-5）。如果是为银行卡投放信息流广告，由于最后的落地页为表单预约和转化，因此可以选择以销售线索收集为目标的展示广告计划。注意设置日预算和总预算，避免投放过程中设置不当导致预算被过早消耗光。

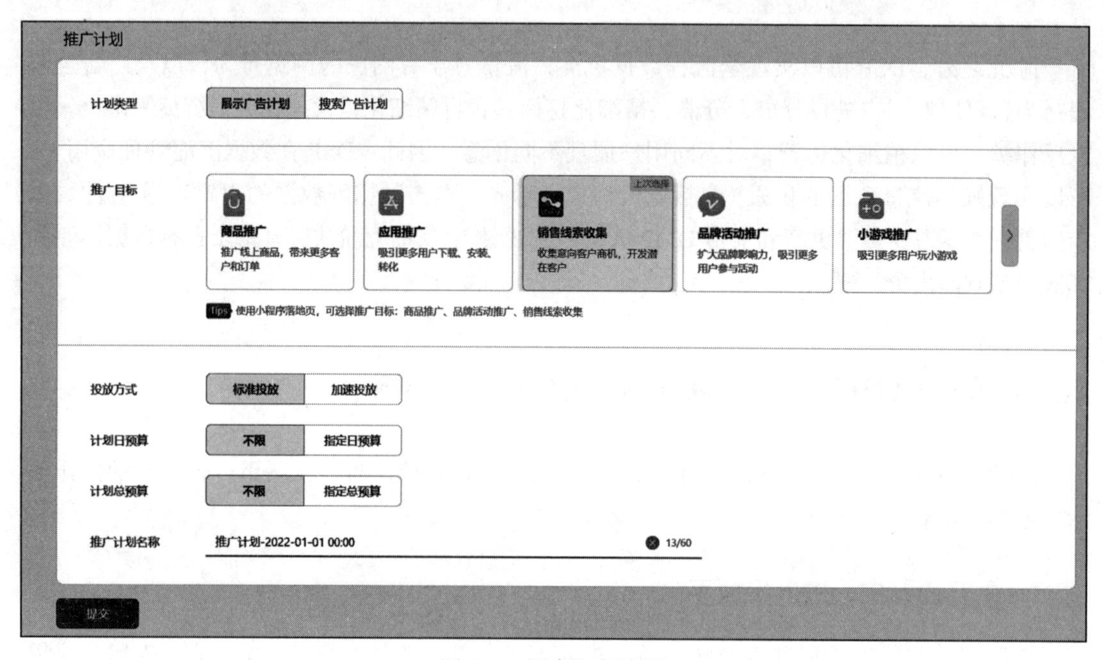

图 7-5　新建推广计划

（三）新建广告

1. 选择归因模式并添加商品，而后选择广告形式（展示广告 / 动态创意广告）和广告版位

我们选版位时，可以单独选择某类广告资源，也可以同时选择多类资源进行投放，但广告需要符合对应的资源类的审核规范。根据要求，如果选择微信朋友圈版位，那么在右侧可以预览朋友圈广告的效果卡片（见图 7-6）。

2. 进行定向（即人群）选择

可以对地理位置、年龄、性别、行为兴趣意向、学历、联网方式等进行设置，还可以选择自定义人群进行精准定向或排除特定人群（见图 7-7）。当然，如果同时选择过多的定向，有可能会影响曝光量。如果有别的需求或者之前已经制作了符合的定向包，可以选择该定向包。本次新建的定向结果可以保存为定向包，在下次创建广告的时候直接使用，从而提高效率。

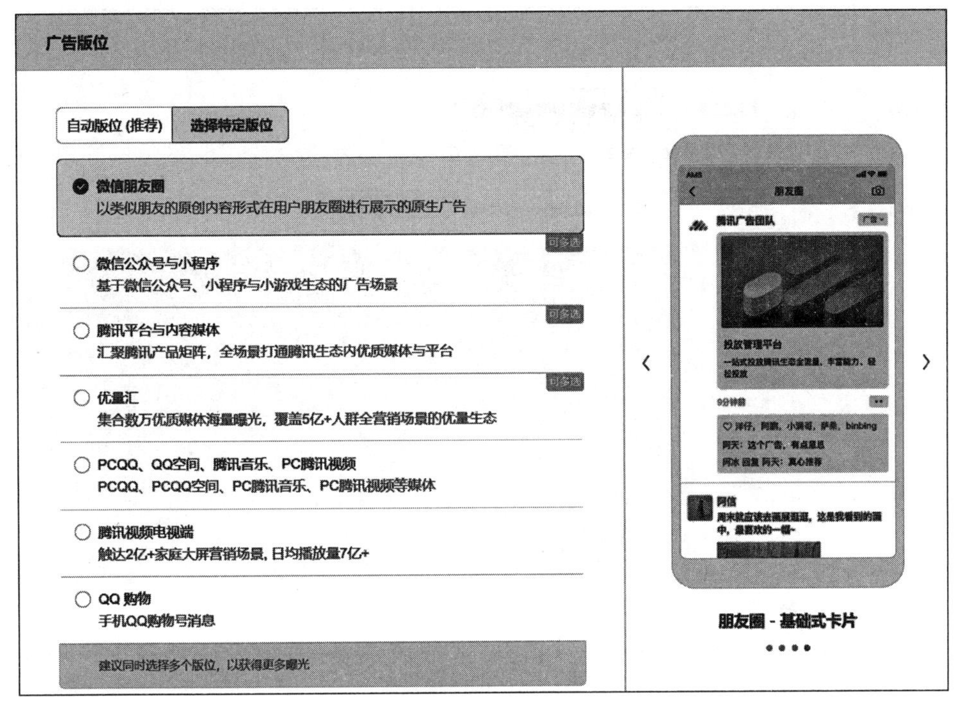

图 7-6　版位设置

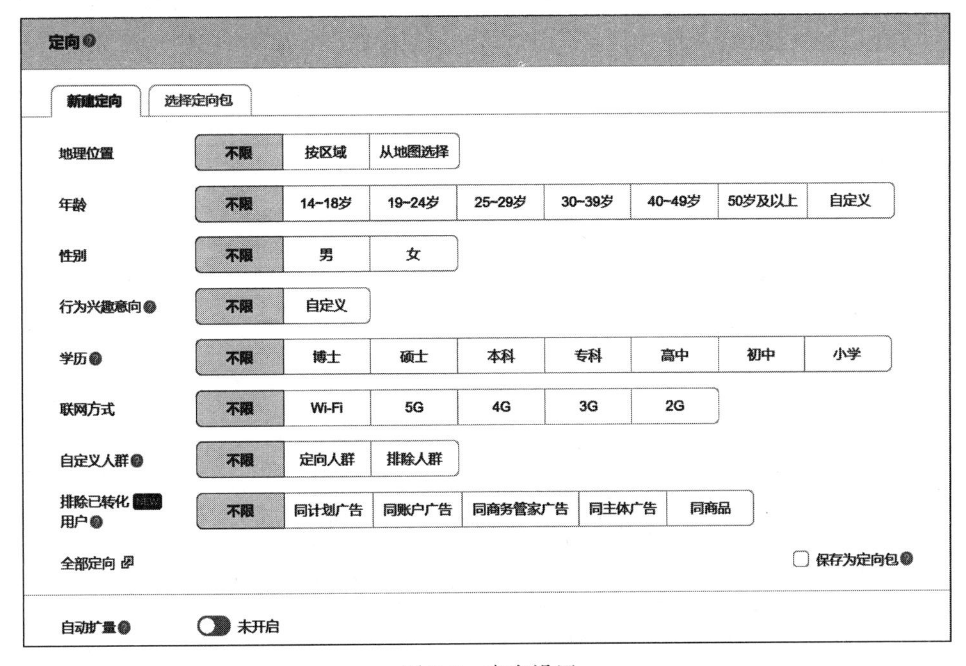

图 7-7　定向设置

3. 选择投放时间及出价方式

投放日期和时间都可以自定义，时段以半小时为粒度，可以根据需求在曝光可能性较大的多个时段进行投放（见图 7-8）。

排期与出价
投放日期
长期投放
指定开始日期和结束日期
2022-03-26 至 2022-03-28
投放时间
全天
指定开始时间和结束时间
指定多个时段
星期\时间
00:00 - 12:00
12:00 - 24:00
0 1 2 3 4 5 6 7 8 9 10 11 12 13 14 15 16 17 18 19 20 21 22 23
星期一
星期二
星期三
星期四
星期五
星期六
星期日
已选
未选
可拖动鼠标选择时间段
清空
指定首日开始时间

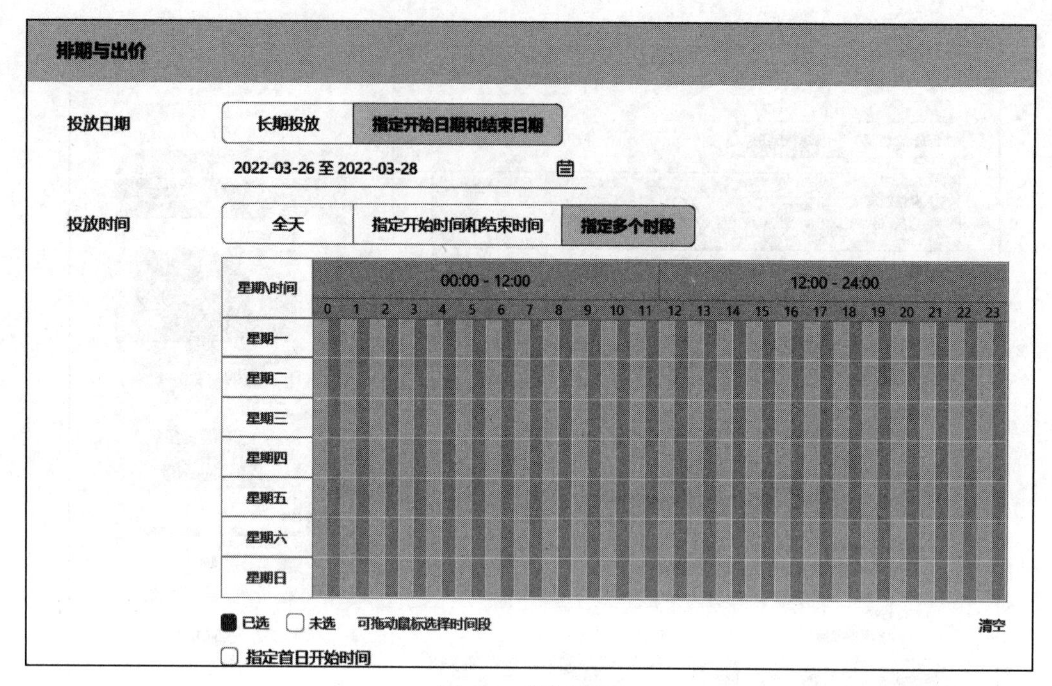

图 7-8　排期设置

出价方式选择 oCPM（按转化目标出价，按点击 / 曝光收费），优化目标按需求选择表单预约，后台会根据选择的定向条件给出建议出价，一般建议新广告出中价 30 ～ 40 元以提高竞争力（见图 7-9）。

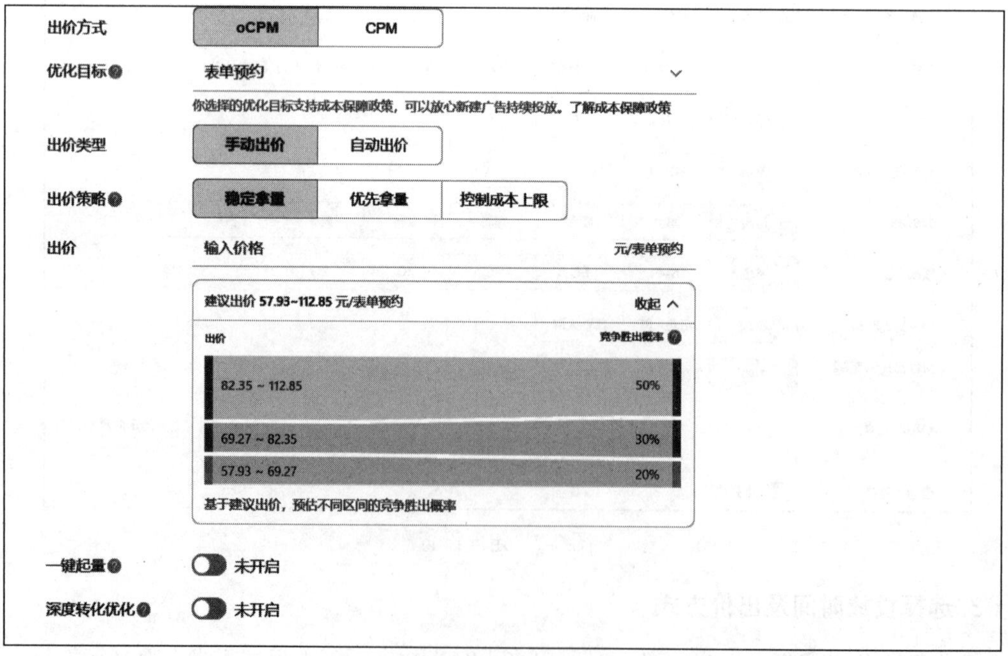

出价方式
oCPM
CPM
优化目标
表单预约
你选择的优化目标支持成本保障政策，可以放心新建广告持续投放。了解成本保障政策
出价类型
手动出价
自动出价
出价策略
稳定拿量
优先拿量
控制成本上限
出价
输入价格
元/表单预约
建议出价 57.93~112.85 元/表单预约
收起
出价
竞争胜出概率
82.35 ~ 112.85
50%
69.27 ~ 82.35
30%
57.93 ~ 69.27
20%
基于建议出价，预估不同区间的竞争胜出概率
一键起量
未开启
深度转化优化
未开启

图 7-9　出价设置

4. 设定广告日预算及名称

设定广告日预算旨在控制成本上限，现在仅手动出价可用，系统会尽可能下探实际成本，使其在不超过出价上限的基础上获取更多转化（见图 7-10）。

图 7-10　广告日预算设置

（四）新建创意

一个广告可创建多个创意，每个创意都是单独审核、单独呈现数据。在对创意进行设置前，平台会提供所筛选行业的 Top 6 创意参考。这一 Top 6 创意参考根据曝光转化率排序所得，用户还可以按照曝光量、点击率等其他方式排序查看创意参考。

1. 选择创意形式

根据需求对常规大图、常规多图、竖版视频、横板视频、常规视频（4∶3）、卡片广告等九种规格进行设置，然后根据要求上传素材图片 / 视频，页面右侧可以生成预览（见图 7-11）。

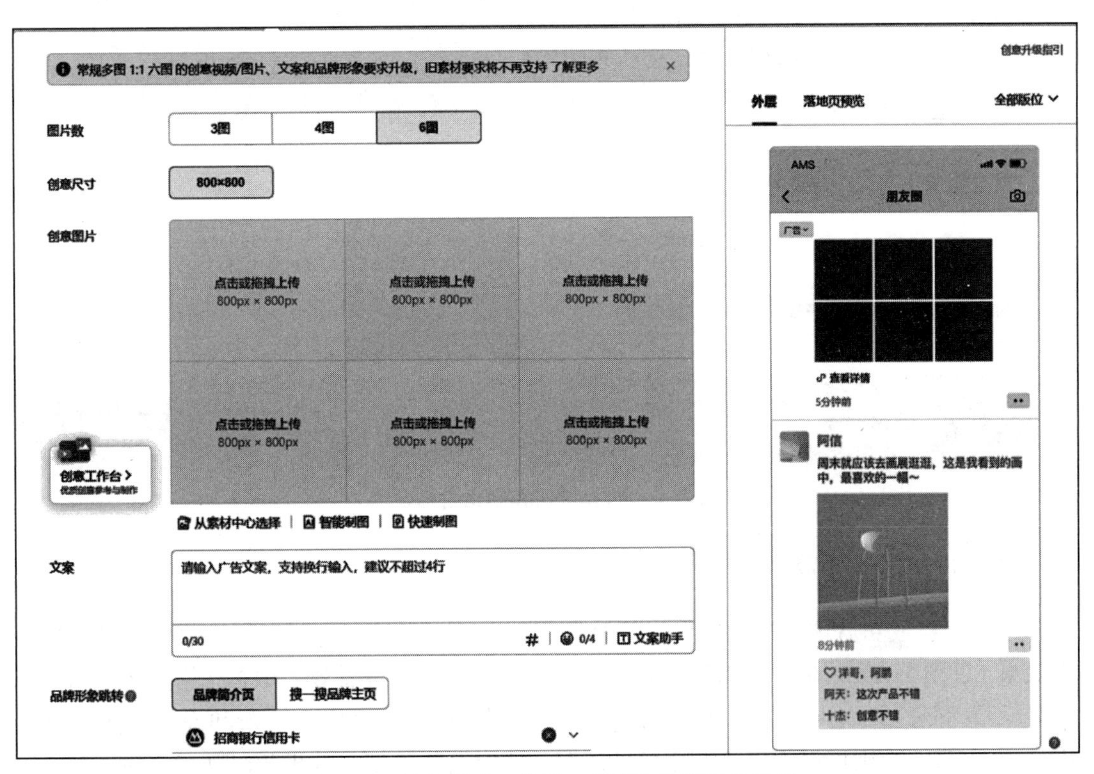

图 7-11　创意形式、素材、文案和品牌形象设置

2. 设置相关文案、广告描述

根据需求撰写文案，可以启用文案助手输入关键词自动生成参考文案，可以插入城市 / 性别 / 日期 / 星期词包。

3. 品牌形象

部分广告位须上传 logo。品牌形象将在各流量版位下的广告外层进行创意展示。此外，朋友圈广告在此基础上支持跳转，点击品牌形象可跳转到品牌简介页或搜一搜品牌主页（可通过输入公众号 App ID 关联品牌主页）。

4. 补充落地页设置并填写创意名称

可点击“创意检测”进行创意风险点检测，提交后显示设置详情，确认后再次提交，进入广告审核（见图 7-12）。

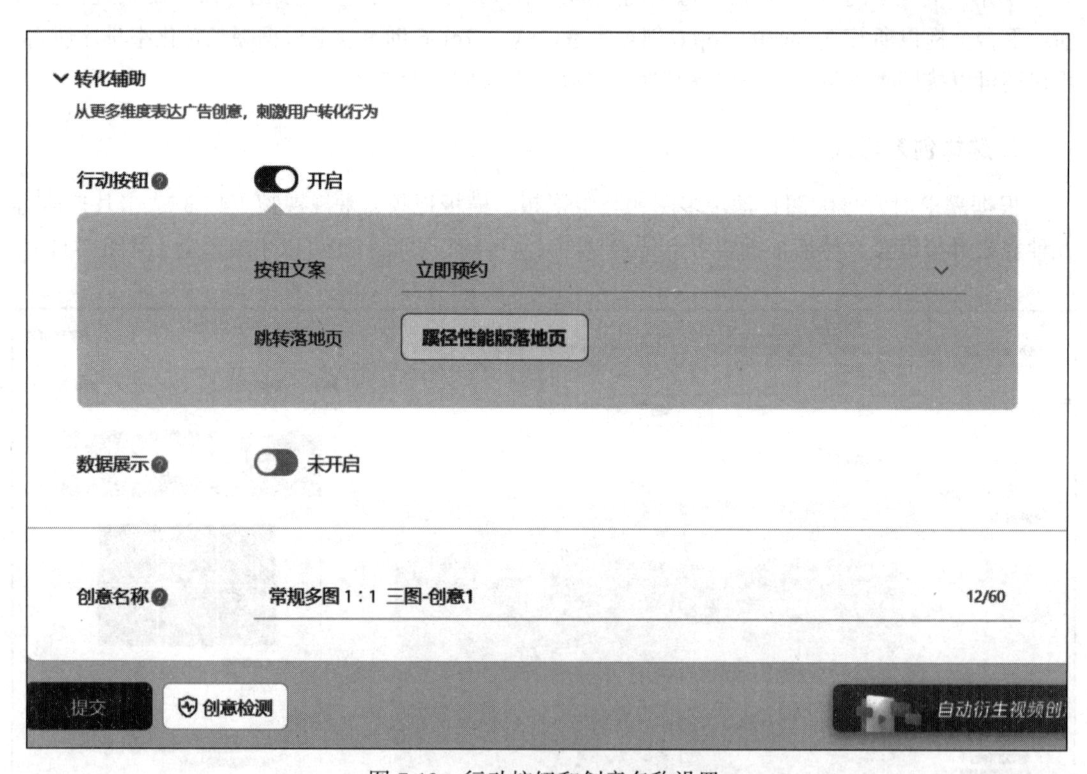

图 7-12　行动按钮和创意名称设置

（五）投放及效果监测

广告审核成功后进入投放，可以通过推广计划、广告和广告创意板块数据实时监测广告效果（见图 7-13）。在广告创意层面，每一条创意都可以查看效果数据（包括趋势和详细报表）、人群分析（地域分析、年龄分析、性别分析和报表）、广告诊断和操作记录（30 天内）。在广告层面则可以根据不同创意的表现，实时调整各创意的投放时间、定向、出价等设置。

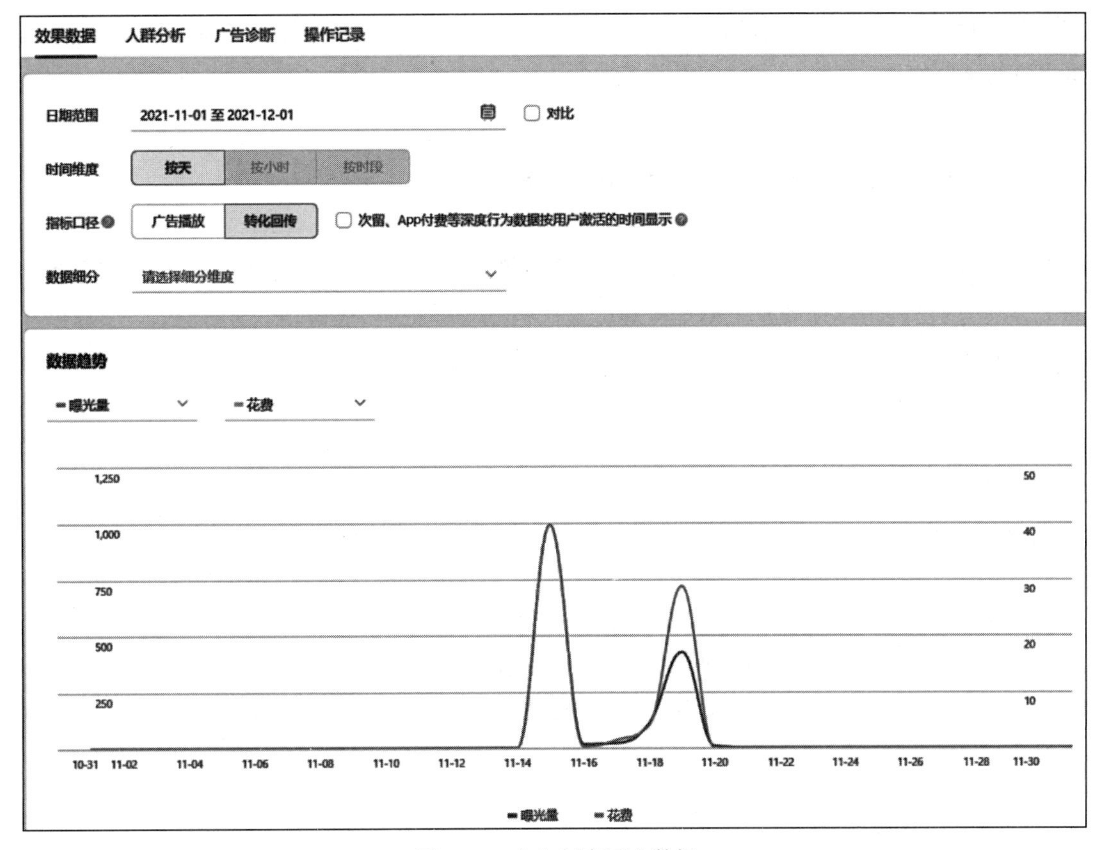

图 7-13　广告创意可查数据

数据也可以直接通过投放管理平台的“报表”一栏查看。报表针对效果数据（可选择账户、计划、广告、创意进行查看）、人群分析、推广目标、创意形式、素材分析、人群包，以及商品分析和视频分析进行数据汇总，提供丰富的分析维度，方便投放者调整各层级广告投放设置。

第二节　程序化广告采购交易平台

一、程序化广告采购交易平台的概念

程序化广告采购交易平台（trading desk，TD）是类似 DSP 的需求方平台。广告主通常会在多个媒体私有 DSP 平台或者独立第三方 DSP 平台上进行投放，甚至会在每家 DSP 平台开设多个账号为了管理多个产品或者业务线。DSP 平台和账号的分散，不易于分配整体预算以及对投放数据、投放活动进行统一管理，TD 的出现正是为了满足这一需求。TD 可以为广告主整合对接多个 DSP 平台，提供包括分配投放预算、制定和调整投放策略、查看数据报告在内的投放管理服务，其盈利主要来自技术服务费。

如何简单理解 TD 和 DSP 的区别呢？虽然二者都属于需求方平台，但 TD 本质上是 DSP 越来越多而催生的产物。好比一个品牌在淘宝、京东、唯品会都开有店铺，但各个渠道后台管理并不互通，逐个打理较为耗时，这时出现了一个平台可以整合资源统一管理这些后台，这就是 TD 的主要作用。

二、程序化广告采购交易平台的发展演进

从最初的概念级服务到高度集成、高度自动化的一站式智能程序化广告管理优化系统和操作系统，TD 的发展伴随着中国程序化广告业的成熟之路而不断进步。总的来说，TD 的发展可以归结为三个阶段[5]。

（一）TD 1.0 阶段

程序化广告的逐渐成熟和细分让不同领域的第三方平台走上舞台，在为营销人员提供更多选择的同时，也增加了其工作的挑战。发展初期的 TD 具备其最基本的功能——连接，得以满足广告主的迫切需要，一些大预算广告主甚至建立了内部 BTD（brand trading desk，品牌广告主内部采购交易平台），加强对广告投放的控制和对数据的利用。在这一阶段，TD 平台能够对接市场上大大小小的 DSP 和媒体，解决程序化广告的交易效率问题，但产品和技术内核均依托于 RTB 框架，对接中长尾的流量，大型媒体平台的流量购买仍更多依靠人工操作。

（二）TD 2.0 阶段

尽管传统 TD 已初显亮点，但也存在诸多问题，例如缺乏平台间自动化连通协作、数据无法有效协调激活、人工运营效率低下、部分 ATD（agency trading desk，代理商采购交易平台）因商业模式带来媒体差价等[6]。与此同时，巨头垄断的媒体格局逐渐形成，纯 RTB 程序化广告流量的占比不断缩小，TD 2.0 阶段应运而生，进行产品化与系统化升级。

在 TD 2.0 阶段，需求方更拥抱智能化投放，实现大媒体的广告资源采购，从相对传统和低效的人工操作，向更智能化的 marketing API 投放演进。而对于网红营销等新兴的媒体和广告玩法，在市场上也逐步有对应的标准化方案来统一管理整个广告投放和交易过程。

（三）TD 3.0 阶段

TD 3.0 阶段主要围绕实现传统广告渠道的程序化改造，联网电视（CTV）和程序化音频（programmatic audio）是典型。例如：TD 可以在业务平台及产品服务优化的基础上，一方面加强与媒体方合作，丰富 CTV 广告库存以获取并拓展 CTV 广告服务能力；另一方面也可以不断拓展与数据商的合作，提升 CTV 广告的数据监测及分析能力。

三、程序化广告采购交易平台的分类

根据所有者的不同，TD 可以分为 ATD、ITD 和 BTD 三类。

（一）ATD

ATD（agency trading desk）即代理商采购交易平台，一般是4A代理公司自己建立的用于服务多个品牌广告主的广告投放的整合平台，方便他们为广告主统筹管理各DSP的投放预算和输出投放报告。

（二）ITD

ITD（independent trading desk）即独立采购交易平台。ITD和ATD类似，但是ITD可以服务多家广告代理公司或者直客，部分ITD供应商提供广告投放产品，广告主有投放DSP的需求都可以通过ITD来投放，将广告预算充值到该ITD。也有些ITD单纯提供广告技术服务，一般不走广告投放流水，只收取技术服务费。

（三）BTD

BTD（brand trading desk）是品牌广告主内部采购交易平台，顾名思义，是由大广告主自己搭建或由技术提供商搭建的私有部署到广告主内部服务器的TD平台。

四、程序化广告采购交易平台的原理

（一）TD的平台基础

TD的平台基础是通过marketing API接口与DSP对接。前几年的TD一般是为品牌广告主服务的，但是近几年，当各大媒体私有DSP平台推出marketing API后，越来越多的效果广告主用这套API去建立TD平台，从而管理投放数据和投放操作。目前DSP方提供的API接口分为数据接口（report）和投放接口（operation）。早几年，DSP主要提供数据接口，现在投放接口也比较普遍。

（二）TD的三个对接场景

如图7-14所示，企业利用TD对接的程序化资源包括头部广告平台、独立第三方DSP平台和自建DSP平台[7]。这三者各有优劣，企业可以根据需求选择对接方式。

1. 对接头部广告平台（直投）API

这种方式可控性较低，受限于API支持程度，且由于数据一般不会同步给媒体平台，在精细化运营上程度较低。其好处是直投中常用投放功能与API中一致，可以维持直投效果。

2. 对接独立第三方DSP平台API

这种方式可以实现一定程度的精细化运营，在PDB或PD模式比直投效果更好的情况下，可以替代对接头部媒体直投方式；否则可以二者结合投放，将第三方DSP投放更多运用于结合内部数据的精细化运营。

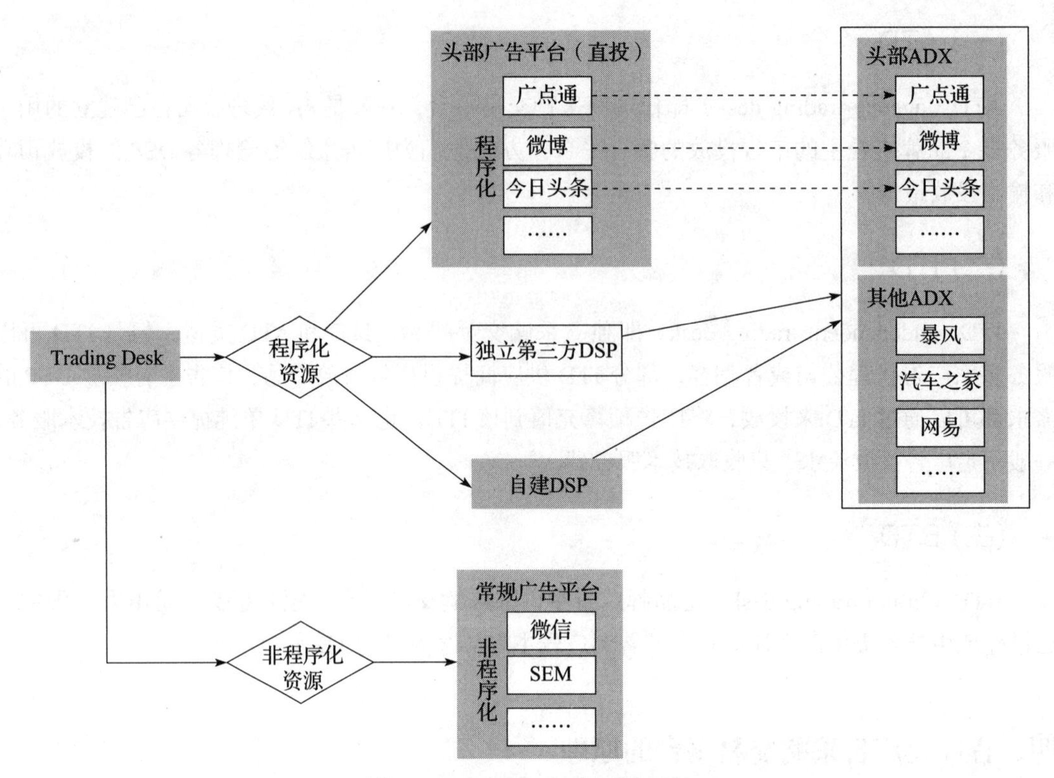

图 7-14　企业级 TD 的对接场景

3. 对接自建 DSP 平台 API

这种方式的可控性最高，由于内部数据质量和规模高，可以直接替代头部媒体直投方式，做到精细化运营。但这种方式对成本和技术人才投入要求较高，如果企业能力不足，可寻求第三方供应商帮助。

五、程序化广告采购交易平台的开发及运营门槛

（一）自建 TD

自建 TD 是提升营销效果的最佳方式，但在专业团队组建、平台搭建时间、资金投入等方面成本很大，会导致在战略和业务发展上分散精力[8]。在组建团队上，自建 TD 会面临工资高、人难招、技术水平良莠不齐等问题；在资金投入上，需要带宽 400 兆起、服务器 50 台起；在平台搭建及资源对接周期上，越来越多的媒体加入公开程序化交易市场，还有一些已经搭建了私有的广告交易平台。对于需求方来说，一家一家去对接第三方应用及第三方数据耗时耗精力。

（二）第三方 TD

相比品牌自建 TD 来说，第三方 TD 具有专业、低廉等优势。第三方技术提供商须具备的条件如下。

1. 整合能力

整合能力即提供企业级程序化交易的能力，能够支持多种交易方式，提供丰富的 API、SDK、JS 接口，容纳更多的流量接入，实现生态圈全对接。

2. 技术平台

技术平台是指能够提供基于 SaaS 服务的云计算平台，集合程序化买卖的完整功能，不仅要能够统一管理流量采买和投放，自身也拥有程序化投放和流量支配能力。

3. 品牌安全能力

第三方技术提供商需要在预竞价（pre-bid）阶段就能够采取预防措施，避免浪费和既成伤害。

4. 监测能力

第三方技术提供商应该能够提供随时监测广告投放环境的截图功能。

六、程序化广告采购交易平台的应用场景

广告主通常会同时在多家媒体渠道进行广告投放，甚至在同一家媒体渠道开多个账户用于投放不同业务的广告，这就涉及多媒体渠道间的投放预算、频次控制、全流程数据监测、效果对比分析以及投放操作的统一管理等。然而，各家媒体平台都是独立的，操作界面不一致，投放活动和查看数据要在多个平台间穿梭，再通过人工对一些数据整合，效率低且不实时。

TD 的出现恰好满足了这一需求。它能够统一媒介渠道，一站式管理广告投放数据；它还能通过数据驱动投放策略的优化调整，程序化分配投放预算，有效解决目前跨多渠道后台操作管理并且需要耗时耗力整合多方数据的问题，实现多渠道多业务的统一规范管理。

（一）全流程数据监测

跨媒体 DSP 平台、跨账号的数据打通，使得广告主可以通过一个报表同时看到多家媒体、多个账号的数据，打通媒体平台的广告端数据、广告主的落地页端数据和销售业务端数据，清晰看到不同广告活动所带来的曝光、点击、转化等结果，实现报表统一呈现和投放数据全流程监测。

（二）多媒体多账户统一管理

TD 可以对接媒体平台，统一管理全部账户信息，包括投放预算、账户余额等，还可以做充值提醒、余额闲置提醒，帮助广告主合理控制好预算。

（三）跨媒体跨账户投放控制

TD 能够实现跨媒体跨账户投放控制，从而避免频繁切换账户来查看报表、趋势、转化率、成本等。

（四）批量处理广告投放

TD 可以批量新建和修改广告投放活动，设定一些自定义投放规则，由系统自动根据规则调整预算、出价、关闭或开启广告活动等。

（五）实时回传转化数据

通过 TD，可以实现数据实时回传到媒体平台，提高 OCPX 和人群包更新效率。如果需要上传人群包到 DSP 平台时，需要人工打包并上传，通过 API 接口则可以实时回传数据到 DSP 平台。

（六）投放资源的统一管理

TD 便于广告素材、应用包、人群包、落地页链接等投放资源的统一管理，上传后可以用于多个媒体平台的多个账号，避免多次上传操作。此外还可以综合分析同一广告素材或同一应用包等在不同媒体、广告账号、不同广告活动的投放数据表现。

七、程序化广告采购交易平台的局限性

尽管 TD 的应用场景众多，但其功能的实现具有一定的局限性，主要来自媒体平台和广告主的数据、技术等因素的影响[9]。表 7-1 中总结了 TD 的功能及局限性影响因素。

表 7-1　TD 的功能及局限性影响因素㊀

TD 的功能	局限性影响因素
多媒体平台和多账户的一站式统一管理	媒体平台是否支持 API 对接方式
全流程数据的实时跟踪监测、更好的数据分析及调整投放策略	媒体平台是否支持数据回传、数据回传的时间周期
广告投放设置的规范化管理	媒体平台 API 是否支持策略下发
跨渠道的预算频次创意控制	媒体平台的策略下发接口是否支持预算控制、频次控制、动态创意代码投放以及可调整控制的次数限制等
用户数据沉淀和营销数据积累	媒体平台是否支持回传曝光用户 ID 或点击用户 ID 等
使用企业内部数据和用户标签，更好地进行用户识别和精准定向	媒体平台是否支持企业内部 DMP 数据的投放决策和是否支持 deeplink 投放
营销智能化	可用于智能决策的数据、操作权限的完整度以及广告主内部的技术实力

㊀ 改编自“梁丽丽．Trading Desk 指南（1）：Trading Desk 能带来什么价值？”，https://www.energypie.cn/article/1，2018 年 8 月 4 日。

第三节 广告交易平台 / 供应方管理平台

一、广告交易平台 / 供应方管理平台的原理

(一) ADX/SSP 的概念

ADX 类似于股票交易平台，可作为发布商、广告商和其他方通过自动竞价逐次展示、销售和购买广告的技术平台和开放市场，而非一个中介。最初 ADX 是为解决 ADN 人工销售效率低、广告库存难消耗的问题而生，通过更自动化的手段，ADX 减轻了将广告商手动连接到所需广告来源的负担。另外，ADX 以实时竞价方式撮合广告主与媒体进行交易，交易相比 ADN 更加公平公正，能够避免广告主和媒体对价格的不满。

SSP（供应方平台）理论上在交易中处于与 DSP 相对的卖方位置，代表媒体利益。它将管理的媒体流量对接进 ADX，帮助媒体管理广告位，使媒体的利益最大化。由于 DSP 可以通过 API 接口对接 ADX 或 SSP，实时竞价购买其流量，随着 ADN 的淘汰和 DSP 平台的增加，ADX 和 SSP 功能趋于一致，都属于流量方服务，因此本节将 ADX 和 SSP 并为一体，统称为广告交易平台。

(二) ADX/SSP 的分类

根据所有者的不同，ADX/SSP 分成以下三种。

1. 大型媒体私有 ADX/SSP

大型媒体私有 ADX/SSP 是指拥有自有流量的大型媒体建立的 ADX/SSP，如腾讯广告实时交易平台、优酷 YES 广告交易平台等。

2. 大型广告主私有 ADX/SSP

一些本身有网站或者 App 的广告主也可以将流量进行程序化方式售卖。

3. 独立第三方 ADX/SSP

独立第三方 ADX/SSP 是指没有自有流量的企业通过聚合各类大中小媒体的流量进行变现，包括优质流量或者长尾流量资源，如灵集 ADX。

(三) ADX/SSP 的交易流程

ADX/SSP 的交易流程如图 7-15 所示。当一名用户访问浏览器或 App 时，ADX/SSP 会收到为该用户展示广告的请求。用户数据中心向竞价发起服务返回用户信息后，ADX/SSP 会根据发起的请求组织竞价。由竞价发起服务向各 DSP 平台发送竞价请求，询问是否需要竞价，并传输用户 ID（ADX 的用户 cookie 或者移动设备 ID 等）及其他用户信息、广告位信息（页面 URL、广告位置等）。

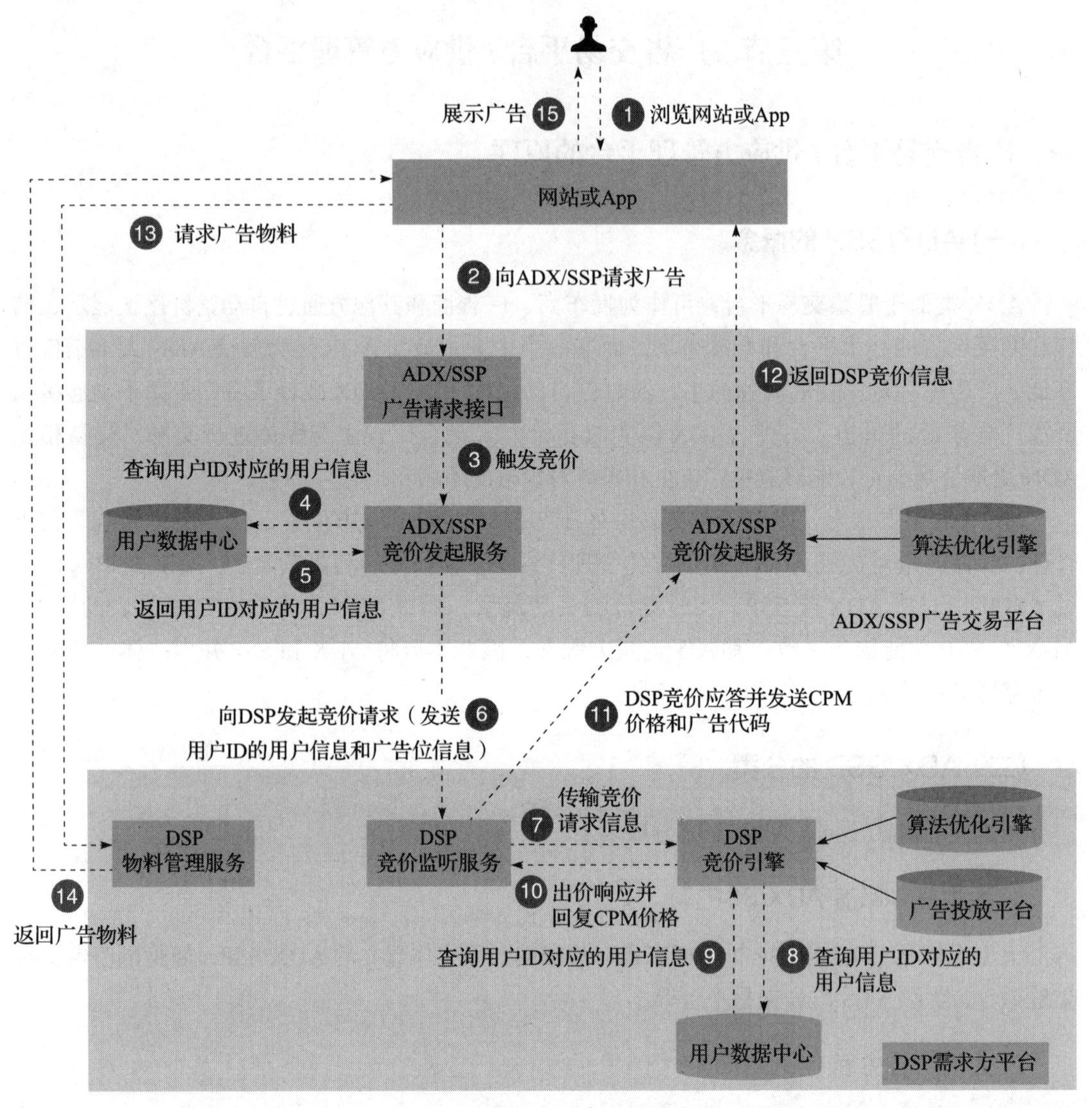

图 7-15　ADX/SSP 的交易流程

资料来源：梁丽丽，《程序化广告：个性化精准投放实用手册》。

DSP 竞价监听服务接收到竞价请求后，将请求信息传输给竞价引擎。竞价引擎根据 ADX/SSP 平台的用户 ID 向用户数据中心查询用户相关信息。如果是 PC 端，竞价引擎需要查询 cookie mapping 数据库，得出用户在需求方系统的 cookie ID（如果需求方对应的 cookie 不存在，则向 ADX/SSP 发起 cookie mapping 请求）。

用户数据中心向竞价引擎返回用户的信息，如性别、年龄、兴趣爱好等，具体返回的信息依照 DSP 用户数据中心的信息维度而定。竞价引擎将用户数据和投放需求进行匹配，决定是否参与出价以及 CPM 出价多少合适。

DSP 竞价监听服务向 ADX/SSP 发送出价响应（bid response），并发送 CPM 价格和广告代码（ad tag）。如果不参与竞价，则不响应。请注意，DSP 从接收竞价请求到发送出价响应，这个过程必须在 80 ～ 100ms 内完成（不同 ADX/SSP 的出价响应时长要求会有些区别）。如果网络发生错误或者出价响应超过该时间要求，则会被 ADX/SSP 判定为 DSP 自动放弃此次竞价。

ADX/SSP 接收到所有 DSP 的出价响应后由竞价决策服务进行竞拍。“价高者得，次高价结算”，即出价最高的 DSP 赢得本次展示，并以第二高的投标价格（通常比第二高多 1 分钱）跟 ADX/SSP 结算。同时，竞价决策服务需要为流量供应方返回赢得本次竞价的 DSP 的竞价信息（CPM 价格和广告代码）。

Web 浏览器向 DSP 请求广告物料的展示。需要注意的是，部分 ADX/SSP 平台提供物料服务，即 DSP 事先将广告物料上传到 ADX/SSP，特别是视频贴片创意（如需要投放优酷 ADX 的前贴片位置，则需要将视频物料事先上传到优酷获取优酷物料 URL 进行投放）。在这种情况下，Web 浏览器是向 ADX/SSP 请求广告物料的展示。

DSP 物料管理服务返回对应的广告物料。需要说明的是，广告物料必须先经过 CDN 服务（content delivery network，内容分发网络）再呈现在广告位。另外，DSP 还会收到 ADX/SSP 发送的成功竞价消息（win notice），表示该次展示已经竞价成功。

用户看到广告时，竞价流程就结束了，ADX/SSP 方和 DSP 方根据广告监测数据对费用进行统计。一般 ADX/SSP 会为 DSP 提供 1 ～ 2 个月的账期，双方在次月初进行对账操作。双方数据会有差异，正常差异值在 3% 以内。对于 DSP 来说，消耗量大的 ADX/SSP 渠道，假设 500 万元 / 月，即使是 1% 的差异，都会造成 5 万元的差距。因此，DSP 方需要密切关注该差异值，尽可能降低网络损耗。

（四）ADX/SSP 的功能

1. 实现实时竞价

竞价是 ADX/SSP 最重要的功能，因为 ADX 最初诞生正是由于出现了多个 DSP 和 SSP 对接的情况，需要竞争以获得流量。ADX 采用实时竞价的方式，媒体将自己的广告位接入 ADX 后，广告主按自己的人群定义来挑选流量，并在展示时实时出价，ADX 会选出价最高的广告主，并将这位广告主的广告素材传给媒体让媒体进行展示，从而促成一次交易。

2. 流量对接

ADX/SSP 的日常工作就是对接 DSP 的流量。对于对接和升级工作庞大的大型 DSP 来说，对接 ADX/SSP 之前，需要先评估其流量质量、流量规模、技术成熟度等。升级 ADX/SSP 前，同样需要评估其流量质量和规模，确保对接工作完成后能够有助于提升 DSP 广告主的投放。

另外，在 DSP 与 ADX/SSP 对接前应先确认基本情况，如计费模式、广告位类型及占比等，然后确认竞价接口（如是否支持设备品牌、型号等定向，是否支持 RTB 等），创意、资质及审核接口，以及流量日志字段。

3. 流量分配管理

ADX/SSP 帮助媒体进行流量分配管理、资源定价、广告请求筛选，使媒体更好地管理自身资源和定价，最终优化营收。

二、广告交易平台 / 供应方管理平台的行业进入者

（一）大型媒体自建 ADX/SSP

由于大型媒体拥有独占的自有流量，而传统售卖方式又会产生不同量级的剩余流量，因此它们希望通过建立 ADX/SSP 来提升广告填充率、售卖单价和售卖效率。大型媒体的进入方式可以是组建技术团队开发 ADX/SSP，或者直接购买 ADX/SSP 技术解决方案。

（二）广告网盟 ADN 转型 ADX/SSP

由于 ADN 已经掌握大量的流量资源且看好程序化广告购买的发展趋势，因而希望通过建立 ADX/SSP 提升广告填充率和售卖单价。它们的进入方式也可以是组建技术团队开发 ADX/SSP，或者直接购买 ADX/SSP 技术解决方案。

（三）DSP 布局 ADX/SSP

如果 DSP 有充足的消耗量，则希望自己掌握流量，通过自建 ADX/SSP 或者网盟的方式快速切入流量市场。由于已经具备足够的技术能力，DSP 的进入方式一般是自己开发 ADX/SSP。

三、广告交易平台 / 供应方管理平台的开发及运营门槛

开发与运营 ADX/SSP 的基本门槛是技术完整性、运营规范化以及足够的填充率。其中，填充率依赖于 ADX/SSP 的流量质量和规模、价格政策以及数据开放性。

（一）技术完整性

搭建 ADX/SSP 需要有完整的流量管理、竞价规则、审核管理等技术机制。

（二）运营规范化

与 DSP 之间的技术对接文档、后续运营配合等需要有规范的流程，否则会影响双方的工作效率，还会让 DSP 对该 ADX/SSP 团队丧失信心。

（三）足够的填充率

不管是大媒体还是中小媒体资源，运营 ADX/SSP 都需要确保足够的填充率来维持技术成本和团队成本等。独立第三方 ADX/SSP 的运营模式是与开发者进行收益分成，填充率不足会导致开发者收益过低，开发者有可能退出合作（ADN 一般是以 CPT 方式包断广告位，通过拆分售卖赚取差价，没有足够的填充率有可能会导致亏本）。

填充率一般受以下因素的影响。

1. 流量质量和规模

如果有优质或独有的广告资源是最好的，大媒体一般不需要担心此问题。

2. 价格政策

除了价格设置要合理之外，还可以根据 DSP 消耗大小提供相应的优惠政策，刺激 DSP 加大投放。当两家 ADX/SSP 的媒体质量差不多时，如果其中一家比另一家具有更好的价格优惠政策，则 DSP 会倾向于鼓励广告主将广告预算投放到优惠政策力度更大的 ADX/SSP。

3. 数据开放性

DSP 广告投放的核心在于用户的精准定向。因此，ADX/SSP 传输的数据越完整，DSP 能够获得的可分析数据就会越多，其在 ADX/SSP 中加大投放的可能性就会越大。比如 ADX/SSP 在发送竞价请求的时候携带页面 URL 信息，则 DSP 可以利用这些数据将广告优化粒度细分到 URL 级别。又比如视频网站提供 URL 信息或频道信息，则 DSP 可以利用这些信息分析具体 URL 对应的视频标题或页面关键词等信息，从用户的观看行为分析用户的兴趣爱好。当然，如果可以提供精准的用户标签数据的话，DSP 优化广告投放数据的可能性就越大，投放效果提升之后，在该 ADX/SSP 的消耗自然也会相应提升。

四、广告交易平台 / 供应方管理平台的应用场景

ADX/SSP 的主要功用在于提升流量填充率和 eCPM（eCPM 是指售卖出去的有效 CPM 单价，一般是从媒体方角度来说的）。

（一）对接多家 DSP，获取更多的广告主和广告预算

通过跟广告主资源或者广告预算比较充足的 DSP 对接，可以快速提升流量填充率。

（二）多种售卖模式结合，实现流量收益最大化

一方面可以通过直售、PDB 订单或 PD 订单高价售卖优质流量；另一方面可以通过公开竞价或私有竞价方式售卖剩余流量。竞价售卖时需要设置一个底价，DSP 出价必须高于这个底价才有资格参与竞价。

剩余流量还可以通过补余订单售卖。为了避免广告位出现空白情况，通常需要设定一个默认广告 / 打底广告（default ad）用于确保 100% 填充率，这就是补余订单。程序化交易市场下的流量进行的是实时售卖，在无人竞价时，为了避免广告位的浪费，一般展示默认广告。它的价格相对来说是最便宜的，可以用 CPM、CPC 甚至 CPA 计费方式售卖。一些媒体也会选择用百度网盟或者阿里妈妈网盟的广告进行打底。

（三）用数据提升流量溢价空间

流量可以根据时段定向、地区定向、设备定向、人群标签定向等进行流量切割，针对受

众将切割后的流量高价卖给匹配的广告主。正如前面所提到的，如果是高付费人群的流量，可以进行溢价售卖，因为这部分人群所带来的广告转化也是比较优质的。

第四节　数据管理平台

一、数据管理平台的发展背景：程序化广告的运营发展

（一）2012～2013年：粗放运营

2012年被称为程序化广告元年，程序化广告行业刚刚兴起，竞争的激烈程度不高，只需要从海量媒体里面简单筛选，找到优质媒体进行泛投即可。

（二）2014～2015年：精细运营

这一阶段可以说是程序化广告最鼎盛的时代，市场的进入者和竞争者不断增加，广告投放除了媒体筛选之外，还要有各种定向条件、出价策略优化以及创意内容的优化。

（三）2016年至今：大数据运营

2016年至今，市场竞争进入白热化阶段，国内资本市场对营销技术（MarTech）的关注度持续提升，加上作弊流量的伤害，企业必须用数据和算法来更好地甄别优质流量，建立自己的竞争优势。企业需求方持续推进数字化转型，整个营销技术行业迎来发展机遇。

在当前大数据运营阶段，程序化广告的工作内容可以参考以下公式：

程序化广告工作量＝1%战略＋99%运营

其中，数据是贯穿战略决策到精细化运营的主线，运营需要有精细的数据支撑，才能更好地进行精准定向和投放效果分析，将广告投放的制定策略、广告投放、数据分析、效果优化的整个过程以数据为中心形成一个闭环。而作为整合、标准化和细分多源数据的技术平台，DMP正在持续广泛地发挥其价值，输出支持营销和运营决策的平台化产品。

二、数据管理平台的原理

（一）DMP数据管理流程

DMP最初作为专业的数据管理产品诞生，是数据整合、处理、分析、应用的一个完整的综合处理系统。随着定制化需求猛增，DMP平台也不断完善针对广告主特定营销需求的业务板块，向更精细的综合服务平台转变。

DMP主要负责为程序化广告投放提供数据支撑，规范管理从底层架构到应用层的数据输入、处理和输出，实现数据价值的最大化。图7-16呈现的是DMP数据管理流程，将DMP数据管理流程分成三大块，分别负责数据输入、处理和输出。图7-17呈现的是DMP平台持续优化过程。

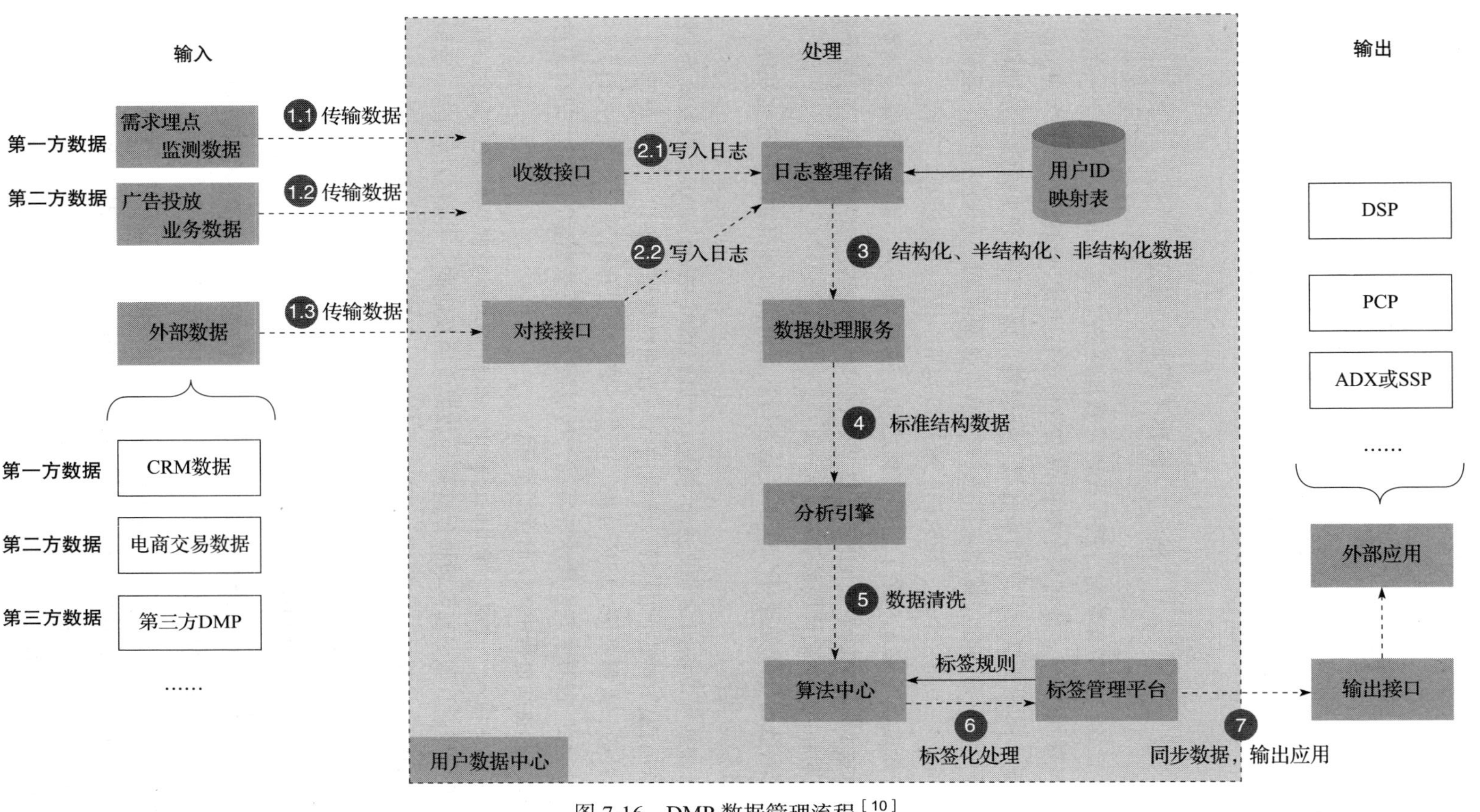

图 7-16　DMP 数据管理流程[10]

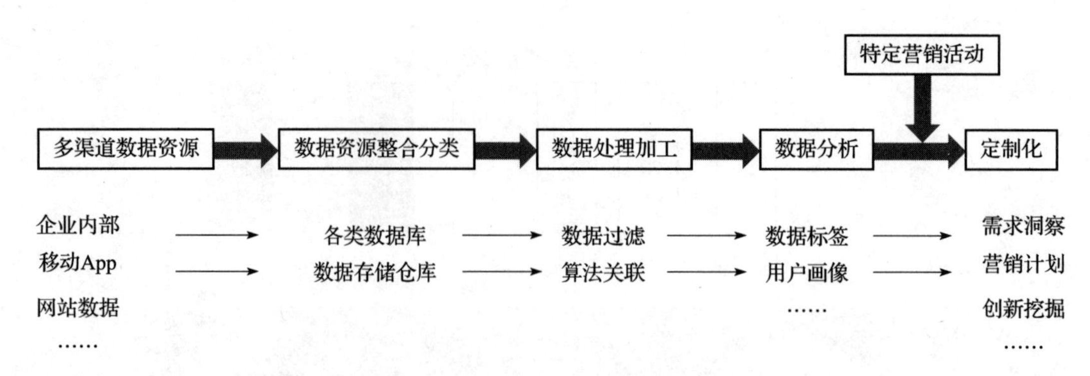

图 7-17 DMP 平台持续优化过程

首先要有数据。要有数据，就得先做好数据链路监测，而且必须有统一的数据口径。如果数据统计口径不一致，会对整个数据报表分析造成干扰。即使同样的 PV（page view，页面浏览量）指标，如果加统计代码时没有统一好规范，那么有的在页面刚开始加载时就算作一个 PV，有的等全部页面内容加载完才算是一个 PV。如果在同一个表格里面，我们看到两个页面的 PV 数不同，一个高一个低，而它们的统计口径不一致，那就没有可比性。

然后将数据统一输入。除了监测数据之外，还有第一方、第二方和第三方数据。平台要做 ID mapping（识别不同来源的同一用户的数据）以确保用户的唯一性，并基于唯一 ID 进行用户生命周期和产品生命周期的管理。

接着进入数据生产处理环节，主要是进行数据清洗、标准化及标签化处理，便于程序化广告中的 AI 算法建模。

最后把数据规范输出给相关系统使用，包括 DSP、私有 ADX，以及动态创意优化平台 DCOP（本章后面会详细介绍）等。输出内容一方面是数据标签以进行人群筛选，还有一方面是提供数据看板、人群画像、归因分析、业务预警及效果预测等，为运营执行人员提供决策支持。因为程序化广告对实效性要求非常高，所以需要规范数据输出接口，进行毫秒级的数据输出，实现拉新和盘活过程中的实时竞价决策。

在这一数据输入—处理—输出的过程中，很重要的一点是保障数据安全。在外部合作过程中，便于合作商、服务商及数据供应商的数据应用及协同，并将数据加密、脱敏，防止数据泄露。在内部管理过程中，方便内部相关部门的审计及权限管理，确保内部数据使用流程的合规性。

（二）用户标签生成流程

用户画像是程序化广告投放的核心技术之一，是实现精准匹配的关键环节。最早提出“用户画像”概念的阿兰·库珀（Alan Cooper）认为，用户画像是真实人群的虚拟代表，是建立在一系列属性数据之上的目标用户模型。DMP 平台在数据处理过程中，利用不同的标签体系划分用户人群，同一用户群体可以有多个标签，并根据用户特征实时更新，以还原出清晰的用户形象，满足不同广告主营销需求的检索和选择。

对于常规的用户属性标签，可以进行预先设置。但是对于一些特殊行业的定制人群标签，则需要事先分析好目标群体特性，并描述其在网络的行为表现。因此，生成人群标签需要经过用户定义、筛选条件、打标签、生成人群数据包、广告投放、数据收集 / 更新这几大步骤。比如，目前有个机票预订的广告投放需求，我们要怎么找到相应人群并打上标签呢?

1. 定义用户

定义用户是根据广告投放需求，分析并清晰定义目标人群的特征。比如，机票预订的目标人群是需要出行的人群，这些人群可能是出差或旅游人群，又或者是由于其他原因需要出行的人群。对于经常出差的人来说，他们的特征可能是用户坐标会经常出现在几个特定的城市中，比如北京、上海、广州、深圳等。对于经常旅游的人来说，他们的特征可能是用户坐标每年都在特定的时间范围内出现经纬度在不同城市或国家间移动的情况，比如，每年 3 月和 10 月都喜欢外出旅游。另外，这部分人可能还会经常上网浏览 / 关注旅游攻略或机票优惠等信息。对于由于其他原因需要出行的人群，一般也会有机票、酒店信息预告查询等行为。

2. 筛选条件

这一步需要通过可用的用户属性字段，将人群特征用筛选条件表示出来。比如在机票预订的目标人群特征中，关注的是用户坐标的移动轨迹，以及网络上信息浏览的兴趣爱好、关键词等。因此，移动轨迹可以通过用户经纬度或 IP 信息，甚至是机场 Wi-Fi 信息等来解读。另外，也可以根据用户是否浏览旅游相关网站、搜索旅游相关的关键词等进行用户需求的预测。

3. 设置标签

在这一步中，需要将符合筛选条件的人群打上用户标签和对应的用户质量信息。对于有出行需求的人群，根据其出行频率、消费金额等维度划分出不同的用户质量级别，并用权重表示。标签和对应权重可以使广告主在后续广告投放中，能够针对不同权重的用户设置不同的投放策略。比如：对于低消费水平的旅游人群，可以推荐东南亚国家的机票，并尽可能地推送一些机票优惠信息等；对于高消费水平的旅游人群，可以推荐欧洲国家的机票，并在创意中彰显高端品味。按照步骤 2 的条件筛选出来的人群，需要为这些用户都打上标签（比如命名为出行人群）和对应权重（一般用数字表示）。

4. 生成人群数据包

将同一标签的人群生成人群数据包。按照步骤 3 得出来一批带有“出行人群”标签和不同权重数字标识的人群，将这些人群统一成人群数据包“出行人群”。

5. 将标签用于广告投放

在投放机票预订广告时，在活动设置条件中选择人群标签为“出行人群”。在打标签和广告投放过程中要保持数据更新，收集广告投放过程中的数据，并根据投放效果等进行数据更新，不断扩大“出行人群”标签的人群数据量以及不断优化他们的权重，这样标签人群才能越来越精确。

DMP 搭建用户画像具有一定的目的性，为了适应需求，不同 DMP 有自身独特的标签体系，不同标签权重的把控也十分重要，标签划分的精细程度与用户覆盖面都需要根据不同活动性质灵活反应。用户数据进行标签化处理后，就可以进行用户模型的搭建，常用的模型算法包括关联性算法、归类分析、RFM 模型等[11]。模型可以对用户标签的精确性进行验证，实现持续效果反馈和优化。

三、数据管理平台的开发及运营门槛

（一）资金与管理

DMP 作为平台级系统，建设周期较长，而且确定选型后难以更改，在搭建、使用和运营维护上费用高昂，远非普通应用系统级开发可比。如果定制开发，光是建设 DMP 的成本就可能高达数百万人民币，并且还不包括未来的维护费用[12]。广告主需要理性预期成本，避免认知问题导致的失败。尤其是私人 DMP，由于操作定制化以精准匹配内部业务需求，需要连接更多系统和数据，可能导致系统规模庞大、涉及环节繁多等问题。此外因为涉及高层、业务、运营等部门的跨部门合作，也对公司数据管理能力提出较高的要求。

（二）人才与技术

DMP 的开发需要建立完备的大数据系统，需要扎实完善、高处理效率、高安全性、高稳定性、易扩容、海量存储的技术架构。[13]对于广告主来说，自建 DMP 除了考虑费用，技术人才也是一个高门槛。除了持续整合线上线下多方数据，还需要具备行业洞察、分析建模、算法挖掘等能力，根据业务发展提供适配服务。如有 DMP 服务商，企业内部也要搭建专门的数字化团队，招揽具备数据分析和运维能力的技术人才，对数据进行长期的监测和优化。

四、数据管理平台的应用场景

根据 DMP 的功能和价值，其应用场景可以分为基础数据管理、定义人群、开拓 / 挽回 / 挖掘客户、营销活动优化以及效果跟踪等。

（一）跨平台数据管理：one ID 体系打通营销和运营

由于企业的数据分布在各类业务系统之中，这些系统中的数据具有不同的数据类型、格式等，无法直接整合使用。因此，数据的整合、规范成为数据分析的基本需求。DMP 可将多个渠道来源的数据进行汇总，对这些原始数据进行清洗和标准化处理工作，提供多种基础框架服务，如多源数据采集与整合、数据清洗、用户分群管理等。[14]

这一功能构成了 DMP 的一个核心价值——能够识别在多个渠道数据源出现的同一用户。以前，当出现曝光或点击的时候，企业无法知道同一个用户出现的次数。而 DMP 能够通过收集到的不同数据源的用户数据对用户进行分析，这样一来，企业能够对用户进行更深层次的数据分析和投放，减少无效工作。

（二）媒介投放：人群的洞察、开拓、挽留和挖掘

DMP是以支持广告投放中对人群标签进行精准定向为核心功能的数据管理平台。通过收集到的不同数据源的用户标签数据，DMP能够了解和比较目标客户的基本特征，包括年龄、所在城市、兴趣偏好等，以便营销人员对其进行精准投放。

基于企业自身数据，DMP能够分析出高价值种子用户的特征，同时通过补充第三方的数据，发现与这类种子用户具备相似特征的潜在用户；结合用户分群功能，通过分析算法，为业务人员提供广告投放人群备选名单，挖掘潜在客户。

同样地，DMP也可以通过梳理用户特征挽留流失顾客，针对不同的人群设置不同的刺激召回措施，针对正在流失的点击、转化减少的用户，通过促销、积分兑换、产品改进等措施来唤回和强化其转化行为。

（三）终端营销：精准化线下服务

除了赋能线上广告投放，DMP还能够支持品牌精准化线下门店营销，这一应用主要通过导购这一桥梁完成。DMP将数据处理同步后，门店的导购可以通过移动端应用获取营销目标、产品以及活动信息，选择性地把活动转发给老顾客，这样一来，导购的推广活动和消费者互动信息也可以被洞悉。更重要的是，导购可以了解到消费者画像、购买记录以及产品偏好等信息，方便其为消费者提供更有针对性的个性化服务。

（四）营销效果：跟踪优化，准确决策

DMP可将营销活动投放用户群传输至内部或外部营销活动平台，同时收集推送、触达、点击、转化等营销效果数据，实现对营销效果的跟踪。广告投放后，业务人员可以在DMP平台上查看活动参与人数，掌握点击和转化人群的画像，了解这类人群有哪些显著特征。基于人群特征，业务人员能够找出类似用户，针对其设计或改进后续的营销活动内容，不断提升营销活动效果。基于对数据的跟踪和优化，可以避免大范围的广告覆盖，大幅提高投放精准度，降低营销成本，支持企业做出更有效的营销和运营决策。

第五节　程序化广告相关应用程序接口

本节主要介绍实时竞价接口、营销系统接口、实时预竞价接口，以及三者之间的关系与区别。

一、实时竞价接口

（一）实时竞价接口简介

应用程序接口，全称application programmatic interfaces，简写为API，它是一组定义、程序及协议的集合。API成了不同网站、App、系统之间的连接通道，通过API可以调用其背后

的源代码或数据等。

实时竞价接口，即 real-time bidding API，简称 RTB API，但是通常会跟 RTB 竞价模式一样，简称为 RTB。RTB 诞生于美国程序化广告市场，在 2009 年第一次被应用于 DSP 与 ADX 的交易中，改变了过去的固定价值与先到先得的广告售卖原则，实现了在线展示广告的实时买卖。在 RTB 实时竞价中，最高出价者赢得展示机会，其相关广告素材则展现在相应广告位置。2010 年，美国互动广告局（IAB）发布 open RTB 协议，并于每年陆续更新接口，目前最新版本已发布到了 3.0。Open RTB 3.0 版本是自 2010 年以来最大的更新版本，主要聚焦于竞价过程中的透明度问题，旨在提高程序化广告供应链上的安全与信任。

在 RTB 竞价中，DSP 会先从内部挑选出最高的价格与外部 DSP 竞争，ADX 综合各家 DSP 提交的价格进行拍卖，把广告展示给出价最高的 DSP。按照 IAB 的 RTB 标准协议规定，RTB 竞价模式一般为广义第二价格（generalized second-price，GSP），即出价最高的 DSP 赢得竞价，用比次高价多 0.01 元（即 1 分钱）的价格进行结算。虽然 IAB 的标准是“价高者得，次高价多一分结算”，但是并不代表 ADX 都是完全按照这个标准。是否比次高价多一分结算，或者是否采用 GSP 模式，具体取决于各家 ADX。有些 ADX 可能是比次高价多一定比例结算，或者采用最高价 GFP 模式（例如谷歌的 Adsense）。

另外，有一些竞价请求会同时携带多个竞价流量。比如，60s 的视频贴片可能会切割成 4 个 15s 的竞价请求；又如，信息流位置随着用户刷新或者滚动屏幕，都会请求相应的广告展示……这种情况下，DSP 可以针对一个请求进行多个出价响应（一般会对创意进行排重）。

现在常见的腾讯或今日头条等媒体直投平台，本质上是媒体私有 DSP 平台，即部分媒体在做私有 ADX 的同时，也在做私有 DSP，并将自身 DSP 通过 RTB 接口，与自身 ADX 对接。而 ADX 也不只是对接自身 DSP，它还会对接多家外部 DSP，由多家 DSP 来共同竞价同一个用户的流量。

（二）实时竞价具体流程

当用户 A 打开媒体网站，比如今日头条 App，今日头条向 ADX 请求将广告展示给该用户，广告位在首页右上角 250×250 像素的位置。此时会触发今日头条 ADX 向各家已对接的 DSP 发起竞价，并传输一定的用户信息，包括竞价时间、用户 ID、广告位 ID、广告位长和宽等信息。DSP 竞价监听服务接收到 ADX/SSP 发来的竞价请求后，将竞价请求信息传输给竞价引擎。竞价引擎根据用户 ID 去查询 DMP，将用户数据和投放需求进行匹配，决定是否参与出价以及 CPM 出价多少合适。

DSP 竞价监听服务向 ADX 发送出价响应，并发送 CPM 价格和广告代码。如果不参与竞价，则不响应。DSP 从接收竞价请求到发送出价响应，这个过程必须在 80 ～ 100ms 内完成。不同 ADX 的出价响应时长要求会存在区别，如果网络发生错误或者出价响应超过该时间要求，则会被 ADX 判定为 DSP 自动放弃此次竞价。

ADX 接收到所有 DSP 的出价响应后由竞价决策服务进行竞拍，“价高者得，次高价结算”。等用户 A 看到广告后，当前竞价流程结束。ADX/SSP 方和 DSP 方进行广告费用结算和统计。

以 IAB 的 open RTB 协议为例，这里分为两种情况：ADX 发起竞价请求（bid request）和 DSP 响应竞价请求（bid response）。ADX 发起竞价请求，ADX 向 DSP 发起竞价请求时携带的相关信息，包括竞拍价、广告位所在的站点信息、用户设备信息等；DSP 响应竞价请求，DSP 向 ADX 返回竞价应答时传递的信息，包括竞拍价、广告活动 ID、创意 ID 等。

二、营销系统接口

（一）营销系统接口简介

1. 营销系统接口的功能

营销系统接口（marketing API，mkt API），即营销 API，是媒体基于其 DSP 广告投放平台的功能而对外输出的一套接口服务，适用于具备一定技术能力的需求方，如广告主、代理商、第三方服务商等。这些需求方借助这套接口服务搭建满足个性化需求的、整合打通多家 DSP 的广告投放平台，或者建立同一 DSP 广告投放平台的多个账号的营销平台或工具，主要用于传输投放数据、提升投放工作效率。营销 API 如果使用得当的话，能在一定程度上提升广告投放的效果。

营销 API 的产品形态一般称为采购交易平台（trading desk，TD），只要具备一定技术能力都可以通过 TD 对接营销 API。需求方可以自建技术团队或者使用外部技术服务搭建 TD，也可以直接使用 SaaS 方式的 TD。

中国的营销 API 于 2017 年兴起，腾讯、字节跳动、微博等各平台相继推出营销 API 并逐步完善。目前腾讯、字节跳动、百度（包含百度信息流及百度 SEM 搜索广告）的营销 API 比较常用，微博的营销 API 还处于待完善状态，快手和知乎两家的 API 则是于 2019 年新上线的。整体而言，各平台都在使用各自的接口标准，整个行业缺少统一规范。

2. 营销系统接口的不足

营销 API 的本质是媒体将其 DSP 平台的底层能力对外输出和赋能。当下，营销 API 主要有两个不足之处。

一是功能实时性不足。目前在各大平台中，针对同一个功能，营销 API 的支持程序一定是晚于平台侧的，即存在滞后性，但未来不排除营销 API 先行的情况。

二是功能完整性有所欠缺。不管是出于安全角度还是商业布局角度，营销 API 无法涵盖平台侧的所有功能，目前，媒体的营销 API 功能可能会小于媒体广告投放平台的功能，营销 API 仍在不断完善中。因此，现阶段广告主需要评估已有功能是否能满足自身需求。[15]

在理想情况下，营销 API 的功能应该等于甚至大于广告投放平台，要鼓励有技术的需求方对接营销 API，并利用这些接口去创新应用，减少媒体内部的运营成本及提升广告主的广告消耗预算。毕竟不同行业、不同规模的广告主的投放需求是不一样的，操作习惯也是不一样的，媒体方难以满足广告主的所有要求。

（二）腾讯与巨量引擎的营销 API 介绍

由于腾讯和巨量引擎两大渠道吸引了大量的广告预算，因此下文将介绍其营销 API。

1. 腾讯的营销 API

腾讯广告系统账号的层级结构是——推广计划管理：介绍推广计划属性，以及与之关联的标的物属性；广告组管理：介绍广告组属性，以及与之关联的站点、出价、定向属性；广告创意管理：介绍广告创意属性，以及应用直达（即深度链接的使用）；广告管理：介绍广告属性，以及第三方监控的使用。而新建广告需要分成三步：第一步设置推广计划，第二步设置广告组，第三步设置广告创意。

腾讯的营销 API 的广告接口早期分为广点通营销接口和微信广告接口。前者的广告应用范畴为腾讯整个广告生态，包括 QQ 系广告、微信广告、腾讯视频广告、腾讯新闻广告、腾讯音乐广告、腾讯联盟广告等；后者的广告应用范畴为微信广告，微信广告资源包括微信朋友圈、公众号、小程序的广告位流量。在广点通营销接口的升级过程中，陆续整合了微信广告系统的各种广告位资源，后面正式成为了腾讯社交广告营销接口，支持使用腾讯社交广告全流量的广告位。也就是说，腾讯的营销 API 包含了腾讯所有流量，而微信广告接口主要还是微信系广告流量。微信广告接口除了微信系广告接口，还有基于微信的网站应用开发和微信公众号服务开发等。由于广点通营销接口在腾讯系流量覆盖范围及接口功能的支持程度都优于微信广告接口，因此一般会优先选择广点通营销接口。

2. 巨量引擎的营销 API

巨量引擎（ocean engine）是字节跳动旗下的营销服务品牌。巨量引擎资源包括今日头条、抖音短视频、火山小视频、西瓜视频、穿山甲资源等。

巨量引擎广告系统账号的层级结构是——广告组管理：相当于腾讯广告的推广计划管理，包含了广告推广目的和广告组预算的设置；计划管理：相当于腾讯广告的广告组管理，包含受众定向、出价、计划预算等内容的设置；广告创意管理：包括广告投放位置、创意素材、标题等物料信息的设置，对于应用下载类的创意，广告的详情页 URL 也是在创意部分设置。

2018 年 9 月，巨量引擎广告投放平台正式宣布全面对外开放营销 API。巨量引擎的营销 API 将原本投放平台的功能拆解为一个个独立的 API 接口，每个 API 接口都能完成独立的操作。例如，创建计划的接口、获取技术的数据接口等。巨量引擎将其划分为四个模块的权限：账户服务、广告投放、DMP 人群管理和数据报表。这种打包模式，更加便于客户申请使用。[16]

（三）直投模式

广告主也可以选择不使用营销 API 而采用直投模式，在直投 DSP 上自主开户并进行自主投放。大部分品牌广告主或者预算充足的广告主都是通过营销服务商及代理商进行投放的，代理商在中间为广告主提供创意策略和投放执行的服务，同时还充当媒体代理角色。一般情况下，先由代理商直接付广告投放费用给媒体，再由广告主把这部分广告投放费用支付给代理商，等于代理商帮广告主垫款。因为大广告主公司内部付款流程一般比较长，而且因为投放预算大，会跟代理商谈判一个月以上的账期。比如广告主 1 月份投放了 100 万元，账期 1 个月，那么就由代理商先付 100 万元给媒体，广告主可能在 2 月份才发起公司内部流程申请付款，所以代理商很可能 3 月份才能收到款项。

直投的数据主要通过 Excel 方式，由代理商提交给广告主，广告主根据 Excel 数据，整合数据卖点、业务数据。但是这种通过人工整合广告端数据和业务端数据的方法属于低效的重复劳动，有可能会人为出错。而且数据查看和分析的时效性不高，通常还需要隔一天。

而有了营销 API 后，就可以建立 TD 统一管理直投平台投放。广告主可以自主通过 TD 去查看投放数据。如果是广告主的私有 TD，还可以打通广告端数据和业务端数据，实时看到广告播放效果，代理商也能通过这个 TD 进行投放操作和查看数据报表。在 TD 模式下，广告主能看到所有代理商的直投投放数据，不再需要一家家去接收 Excel 文档并进行人工整理，数据时效性也基本可以达到实时。

三、实时预竞价接口

（一）实时预竞价接口的概念

实时预竞价接口（real-time API，RT API/RTA），即实时 API 接口，是媒体为广告主提供的基于广告主数据进行优选投放的一套接口服务。RTA 适用于广告消耗预算大、内部数据量大并且具备一定技术能力和数据能力的广告主，可以帮助广告主利用内部数据实时进行投放前判断，并结合媒体优势，双方优选流量，提升投放效果。腾讯或今日头条等媒体直投平台，本质上就是媒体私有 DSP 平台。当广告主通过 RTA 对接媒体私有 DSP 平台，媒体会在发起每次竞价请求时发送用户设备号 ID 给广告主，询问其是否出价，媒体私有 DSP 平台接收到广告主的出价应答后，再走常规直投流程，通过媒体私有 DMP 数据和 DSP 算法，最终判断是否出价，并把出价结果返回给媒体私有 ADX。

（二）预竞价引擎

RTA 的产品形态一般称为预竞价引擎（pre-bid），它可以是独立的流量过滤设置模块，也可以是 TD 上的一个流量过滤设置功能模块。当 TD 和 pre-bid 结合起来之后，类似于简单版的 DSP，只不过 pre-bid 的 RTA 接口只能拿到媒体发送的设备号 ID，而 DSP 的 RTB 接口除了能拿到媒体发送的设备号之外，还有更多日志级的数据，包括广告位 ID、广告位长和宽、用户 IP、地区，甚至用户标签等更明细的数据。

需要注意的是，RTA 是预竞价，它实际并不负责出价，只是根据自己的判断去决策要不要出价，并把出价想法传达给 DSP，由 DSP 根据原有的投放流程综合判断是否出价。一般来说，如果 pre-bid 决策不出价，DSP 也不会出价；但是 pre-bid 决策后要出价，DSP 可能出价也可能不出价，因为 DSP 会根据自己的 DMP 和算法综合判断该用户流量是否适合当前的广告主。所以 pre-bid 的方式，等于综合利用了广告主自身的数据和算法，以及媒体方的数据和算法，双重竞价判断后再决策是否出价，以及应该出多少价格。

此外还有 TD + pre-bid 的情况，即对接了媒体营销 API 和 RTA。如果没有 TD 或者不需要 TD 的话，把 TD 替换回直投平台即可。RTA 的原理是，媒体 RTA 接口负责在 DSP 出价前将流量转发给 TD 询问是否出价，广告主的 TD 和 pre-bid 结合投放策略设置及自有 DMP 数据进行出价决策，并将决策结果返回给 DSP。如果 TD 用 pre-bid 的方式同时对接了多家 DSP 平台和 RTA，就可以横跨多家 DSP 平台实现预算控制、频次控制等。例如，如果预算 10 万元投放到 DSP A 和 DSP B 平台，则两家 DSP 总共投放到 10 万元后就停止投放，不须具体指定 A 或 B 各投放了多少钱。又如，预设的频次为每天 9 次，只要 A 和 B 两家 DSP 平台对同一用户曝光次数累加起来达到 9 次，则停止继续对该用户进行竞价。

（三）实时预竞价接口的适用对象和场景

RTA 的适用对象包括两类广告主：一是有 DSP，但是 DSP 算法能力较弱，或者想同时使用自身内部数据和媒体数据进行综合决策的广告主；二是没有 DSP，但是希望将内部数据用起来的广告主。目前主要适用的行业是电商、金融、游戏或者其他大的 App，已上线了 RTA 的 App 媒体有腾讯、字节跳动、快手等。

通过 RTA 建立 pre-bid，则是没有 TD，直接用 pre-bid 配合媒体直投平台的情况，代理商在这种情况下的服务模式和直通模式依然是一致的，只不过中间多了个广告主的 pre-bid，通过 RTA 对接媒体直投平台。媒体直播平台会将每次竞价的设备号发送给广告主 pre-bid，广告主根据自有 DMP 判断是否出价，并返回结果给媒体。

还有媒体营销 API + RTA 建立 TD + pre-bid 的情况。这种情况结合了 TD 和 pre-bid 各自的优势。广告主一方面可以通过 TD 进行直投投放操作和 pre-bid 的预竞价操作，另一方面也能查看直投广告的投放数据和接收媒体发送的用户设备号信息，并结合内部数据进行出价判断。

前面提到，当 TD + pre-bid 结合使用的时候，功能其实类似于简单版的 DSP，所以如果有盘活内部数据需求的客户，可以选择两种方式，一种是私有 TD + pre-bid，另一种是私有 DSP。但当 TD + pre-bid 换成私有 DSP，就不是直接对接媒体直投平台 DSP，而是媒体 ADX。广告主可以直接在私有 DSP 上投放，也可以交由代理商在私有 DSP 上代投放运营，同样由代理商负责创意设计和投放执行，并通过代理商帮忙在中间垫款，这等于授权代理商以广告主名义去跟媒体 ADX 申请对接，而且流量只能给这个广告主的私有 DSP 使用。

四、实时竞价接口、营销系统接口、实时预竞价接口的关系与区别

在程序化广告购买过程中，相关技术平台及接口之间的关系如下。

（一）TD 与 DSP

TD 与 DSP 之间是营销 API 与 DSP 提供接口，TD 按接口规范对接，TD 通过 DSP，比如今日头条 DSP 的营销 API 接口协议，可以实现两大价值。第一个价值是可以映射 DSP 系统功能，形成 DSP 系统的镜像系统——可以同时镜像一家媒体，例如今日头条 DSP 的多个账户，或者多家媒体，如今日头条 DSP、腾讯 DSP 等。多个账户实现整合管理，提升工作效率。需要注意的是，竞价决定权依然在 DSP 手中，TD 只是通过 API 指令从 DSP 拉取数据并同步下

发投放策略的设置到DSP，本质上还是走DSP内部的竞价决策流程，由DSP根据这些设置以及DSP自身的DMP数据和算法做出是否出价的决策。因此可以理解为TD是策略下发者，DSP才是真正的竞拍决策者和出价者。第二个价值是实现更多DSP镜像功能的拓展，比如DSP系统有添加广告活动的功能，镜像拓展后有批量添加广告活动的功能，这个批量添加不仅是单一账户之间的，还可以是跨账户、跨DSP的添加。

（二）DSP与ADX/SSP

DSP与ADX/SSP之间走的是RTB API接口协议，由ADX/SSP发起实时竞价请求，DSP根据系统设置条件，匹配自己的DMP数据和算法做出是否出价的决策，并做出竞价应答。DSP对接ADX/SSP后，收到的竞价请求信息包括广告位ID、用户ID、IP地址、设备品牌及型号等。

RTB竞价流程是DSP根据广告主设置的投放策略，匹配自己的DMP数据和算法做出是否出价的决策，并在80～100ms内，向ADX做出竞价应答。广告主可能是在DSP本身的投放界面上设置，也可能在已对接在DSP的TD上去设置。

（三）pre-bid与DSP

pre-bid与DSP之间是RTA API，即RTA DSP提供接口，pre-bid按接口规范对接。在RTA模式下，直投广告创建流程不变，广告主仍可以通过媒体DSP投放端或者媒体营销API同步。前者是单独使用pre-bid，后者是TD和pre-bid整合使用。pre-bid通过DSP的API接口获取DSP下发的广告请求，请求信息里面有请求ID和用户设备号。pre-bid根据用户设备号判断每次请求是否参与竞价，并回复决策结果给DSP。DSP则将该回复结果作为参考，再统一决策是否出价，最终返回到ADX。所以pre-bid是辅助决策者，DSP才是竞拍的决策者和出价者。

（四）RTA和RTB的区别

RTA是实时接口，RTB是实时竞价接口，它们的区别就在于有没有最终的竞拍决策权。虽然二者都涉及竞价判断，但是判断的依据和判断后的响应是不同的，RTA仅仅是涉及竞价判断，由DSP发送用户ID给广告主，再由广告主利用自己的DMP数据和算法决定要不要出价，但是最终出价权并不在广告主身上，而是将决策结果同步给DSP。DSP根据自己的DMP数据和算法综合判断是否出价，并向ADX/SSP做出响应。

值得一提的是，RTA对时效性要求也很高，甚至会比RTB还高，因为RTB竞价需要在80～100ms内完成，也有些ADX要求在120ms内完成。如果RTB竞价前需要有RTA先进行预竞价的话，那么RTA+RTB的竞价响应时长总和得控制在80～120ms，所以DSP会根据自身响应所需时长来决定预留多少响应时长给RTA接口。目前关于RTA的请求响应时间要求，腾讯和快手都是60ms内，今日头条是120ms内。如果请求超时或者出现其他错误，则可能是过滤不投放或者按非RTB广告处理，具体因DSP而异。

第六节 动态创意优化平台

一、程序化创意

（一）智能广告创意的发展

在大数据和智能算法技术的支持下，广告行业的运作流程持续重塑，广告创意经历了从经验创意到程序化创意再到动态程序化创意的发展。段淳林等将其转变划分为三个阶段[17]。

1. 经验创意：以人工生产为核心的创意 1.0 时代

在创意 1.0 时代，创意严格按照广告主需求进行人工生产为主的制作，呈现出“广告主设计创意方案—广告公司制作创意—通过媒介投放”的单向线性路径，各个环节相对独立，沟通效率低。经验创意的劣势在于人工生产为主，创意制作效率低；创意未能基于用户需求制作，且定制化程度低，无数据支持优化，无法保证质量和效果。

2. 程序化创意：以用户为核心的创意 2.0 时代

智能技术发展下，广告创意逐渐实现程序化、自动化，在人群洞察、创意生产和投放优化等环节打破了创意 1.0 时代的禁锢，用户这一重要因素加入创意的生产制作过程中来，这就发展成为以用户为核心的程序化创意时代。程序化创意（programmatic creative）是依托算法技术，通过将创意与用户需求和场景相匹配，实现创意从制作到投放优化的程序化机制。在这一阶段，广告创意基本实现了数据驱动的场景智能推荐，能够通过程序化技术和一定的动态优化技术，将广告分解为不同的模块，实现大规模、定制化，大大提升了广告创意的投放效果。

3. 动态程序化创意：以情感洞察为核心的创意 3.0 时代

动态程序化创意在程序化创意的基础上进行了智能化升级，通过动态创意优化平台（dynamic creative optimization platform，DCOP）或程序化创意平台（programmatic creative platform，PCP）生成和投放。通过广告展示的实时结果来优化创意投放策略以提升广告效果的动态展示技术被称为动态创意优化（dynamic creative optimization，DCO）。因此和 PCP 相比，DCOP 的结果导向更明显。DCOP 和 PCP 平台中往往支持大量产品素材模板，能够依托算法和数据，在创意投放过程中针对不同用户行为进行智能决策、优化创意，实现创意个性化推荐、实时组合优化、编辑和管理，提升广告精准度和转化效果。

（二）动态程序化创意的特征

1. 用户、场景智能匹配

基于数据和算法技术的动态程序化创意定制化程度更高，并且能够根据具体、精准的用户需求和偏好以及动态抓取的消费场景，将标签化后的素材自动整合生成海量创意，实现创意与用户、场景的智能匹配。

2. 去中心化 / 组件化

去中心化主要是原来固定、静态的广告创意元素被打散降维。通过将创意元素拆分为标题、图片、背景、文案、颜色等不同的组件和设置，即使是针对同一个产品的商品图，也可以随机排列组合成不同的创意，经过 DCOP 平台的元素重组，最终得以做出最贴合浏览用户需求的选择，达到千人千面的效果，显著提升创意成效。

3. 实时优化

动态创意的另一个特征在于其实时性。传统的、静态的广告创建方式需要大量的时间和资源，而动态程序化创意能够在受众访问页面时就开始解决他们的需求。当一位用户出现在广告位前时，即使是第一次访问页面，系统也能够调出这名用户的相关信息，包括在当前页面的停留时间、停留位置、加购的商品以及人口统计信息，并推断出其偏好的产品、喜好乃至于生活方式，对其主动搜索的、浏览时间长的、根据人口统计信息推断出可能会购买的同类产品信息进行实时智能推荐。

二、动态创意优化平台的原理

动态程序化创意可以通过 DCOP 进行生成和投放，依托平台的 DCO 技术，创意能够精准匹配对应的用户标签，根据用户行为实时优化投放策略以选择最优创意投放组合。接下来将介绍 DCOP 中的创意整体优化流程（见图 7-18）以及创意制作和平台对接原理。

（一）DCOP 的整体优化流程

1. 对接商品信息

DCOP 通过商品对接服务来对接广告主的商品信息，包括商品的名称、价格、页面、库存等。需要注意的是，商品库存和价格信息对实时性有要求，否则可能出现用户点击某广告进入想购买，结果收到库存不足或价格变化的提醒。其他数据对实时性的要求则没有那么高。

2. 商品信息入库，设置创意规则

DCOP 调用商品库的商品信息和 DMP 的用户信息设置动态创意规则，设置好需要推荐的商品、展示方式、创意样式等。例如：当库存量低于某个值时，不推荐该商品；一次推荐 5 个商品，按销量降序排列等。

3. 发送创意代码

DCOP 将设置好的动态创意规则生成创意代码（ad tag）发送给 DSP，当 DSP 竞价成功后，会发送创意代码至浏览器，浏览器向 DCOP 创意渲染服务发起创意请求，携带当前用户的唯一标识 ID。

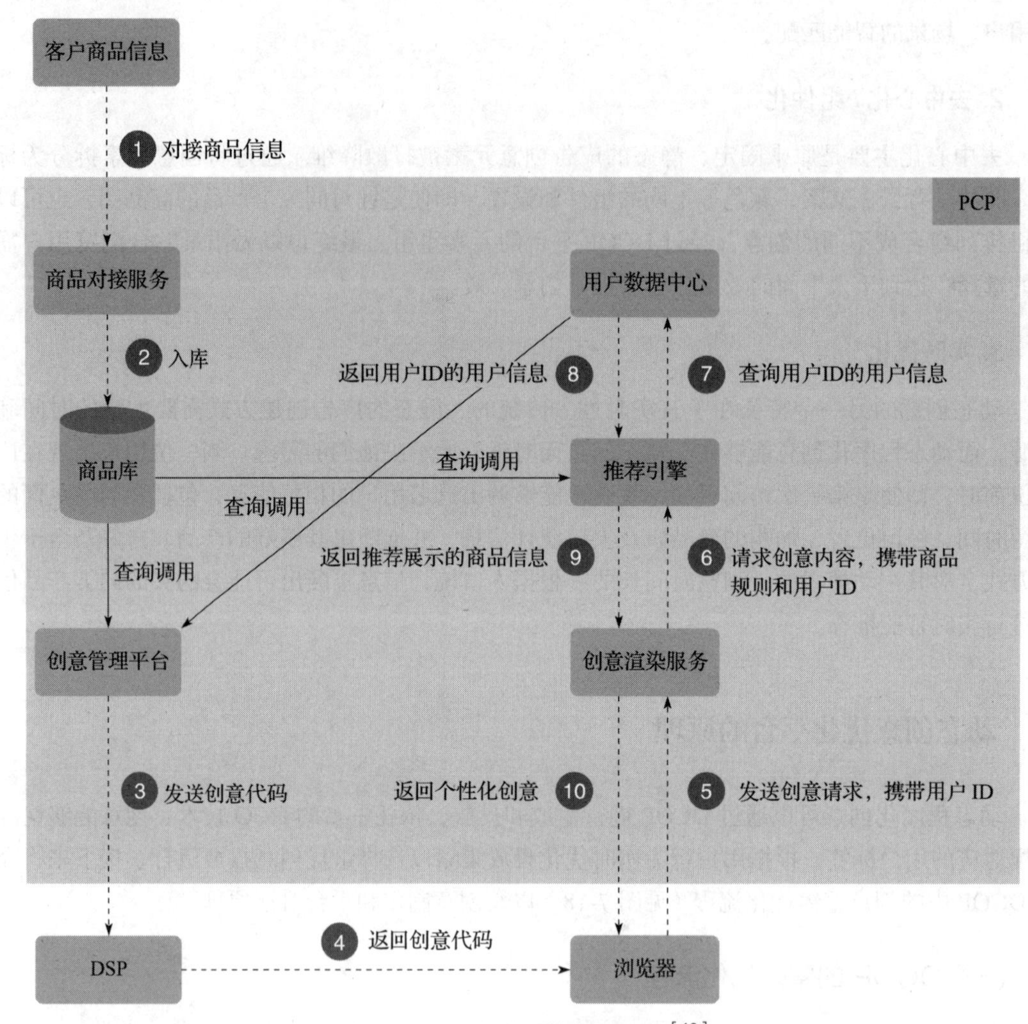

图 7-18 DCOP 的整体优化流程[18]

4. 返回用户信息

DCOP 推荐引擎向用户数据中心查询用户数据，根据用户信息以及商品规则得出要推荐展示的商品，从商品库查询、调用商品信息，并推送给创意渲染服务。

5. 创意生成和展示

创意渲染服务根据创意引擎返回的商品信息和创意代码对应的创意样式等生成个性化创意，展示到浏览器中。

（二）创意制作流程

1. 动态创意制作框架

动态创意制作的基础是先定义好创意基本框架，也称为创意制作通用模板（见图 7-19）。模板中的通用内容基本分成五部分，也可以称为五个元素。

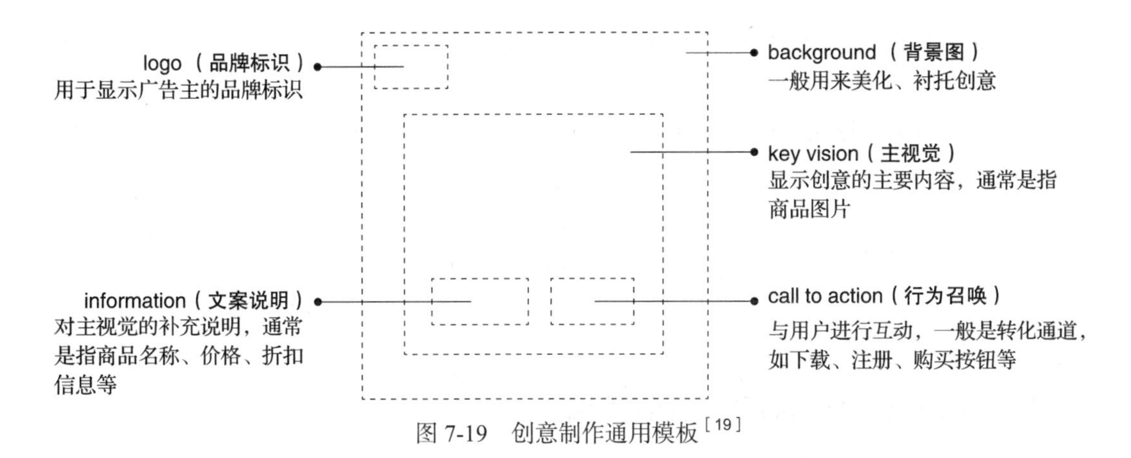

图 7-19 创意制作通用模板[19]

（1）主视觉（key vision）：显示创意的主要内容，通常是指商品图片。

（2）品牌标识（logo）：用于显示广告主的品牌标识。

（3）文案说明（information）：对主视觉的补充说明，通常是指商品名称、价格、折扣信息等。

（4）行为召唤（call to action）：与用户进行互动，一般是转化通道，如下载、注册、购买按钮等。

（5）背景图（background）：一般用来美化、衬托创意。

以上列举的是创意制作通用模板，当然，这五个元素不需要同时存在，也不局限于这五个特定元素，但制作思路基本一致。下文以淘宝某商品页为例讲解创意模板（见图 7-20）。

从该商品初始页面看：（1）主视觉商品图占据了页面一半的篇幅，且 4 张轮播商品图的右下方标有页码，方便用户切换查看。（2）品牌标识并未显示在初页面，用户需要下拉才能看到店铺品牌标识和信息。（3）文案说明主要体现在商品信息（名称、价格、内容详情、发货信息等）和活动信息（活动名称、折扣优惠等）上。（4）行为召唤可以说无处不在，从初始页面右上角的“分享”“加购”“更多”到商品名称下方的“推荐”“帮我选”“分享”，再到跟随页面一直停留在页面尾部的“购买”“加购”“收藏”等按钮，淘宝商品页面提供了多处转化通道，便于用户缩短转化链路，利于实现广告效果。（5）背景图为页面底部设置的浅灰色，起到衬托作用。

图 7-20 淘宝某商品页示例

2. 动态创意制作流程

（1）上传元素内容，形成物料库。物料包括品牌标识、商品信息（如图片、名称、价格、折扣等）、按钮等。一般电商店铺的商品比较多，如果一一上传则耗费人力。通常可以通过 JS 代码、Feed 接口、FTP 方式、Excel/CSV 导入等方式获取广告主商品库信息，批量导入需要的商品资料。

（2）制作模板。按照上面介绍的模板框架思路去制作模板，定义好尺寸比例、各个元素的位置以及内容来源（比如主视觉引用商品库的商品图片，文案说明引用商品库对应商品的名称和价格）等。

（3）设置创意规则。比如对女性用户展示模板 A，商品内容为该用户加入购物车的信息，每个动态创意自动轮播展示 5 个商品，商品展现顺序按热销度降序排列等。

（4）投放广告。将模板和规则应用到广告投放，程序化自动生成创意展现给用户。

三、动态创意优化平台的开发及运营门槛

与 PCP 相比，DCOP 的开发更有难度，因为它不仅要求程序化呈现创意，通过算法技术自动生成创意，还需要通过动态监测实时改变广告展示结果，根据数据对不同受众动态地展示广告，专注于广告创意的投放优化。

四、动态创意优化平台的应用场景

DCOP 的应用在电商行业尤其突出。一方面商品较多，每个商品的文案、图片、价格、库存量都是实时改变的，这时 DCOP 的需求更大。另一方面是对精准化投放和个性化广告有要求的场景，创意算法能够精准定位自己的投放用户，针对每位用户打造不同的广告使广告创意更加定制化。

本章小结

本章在第六章对程序化广告整体投放系统的介绍基础上，详细介绍了需求方平台（DSP)、程序化广告采购交易平台（TD)、广告交易平台（ADX）/ 供应方管理平台（SSP)、数据管理平台（DMP)、动态创意优化平台（DCOP）以及程序化广告相关应用程序接口（API）的运作原理。

本章第一节总结了 DSP 的行业进入者、决策流程和优化原理、开发及运营门槛、团队的组成和职能以及应用场景，并通过腾讯广点通系统的操作示例演示了如何一步步实现广告投放。

第二节对 TD 进行了介绍。首先从 TD 的出现背景、发展演进过程和分类出发，深化了读者对 TD 概念的理解；然后介绍了 TD 的平台基础和对接场景，以阐释 TD 运作原理；最后，对 TD 的开发及运营门槛、应用场景和局限性进行了说明。

在对 ADX/SSP 进行介绍时，本章对 ADX 和 SSP 的区别与联系进行了说明。和前几节一样，第三节也从分类、交易流程、功能、行业进入者、开发及运营门槛、应用场景等方面介绍 ADX/SSP。

第四节则由程序化广告发展的背景引入 DMP 的发展和重要性，阐释其进行数据管理、生成用户标签等流程，最后介绍了 DMP 的开发及应用门槛和应用场景。

第五节介绍了三种 API 接口：实时竞价接口（RTB)、营销系统接口（marketing API）和实时预竞价接口（RTA)，包括其运作原理、功能和不足等，在 marketing API 的介绍中，引入了腾

讯和字节跳动的程序化广告接口案例以加深读者理解。最后，梳理了三种接口的关系和区别。

第六节从智能广告创意的三个发展阶段即经验创意、程序化创意和动态程序化创意，引出了 DCOP 的概念和动态程序化创意的特征。而后通过 DCOP 的动态优化流程和创意制作流程介绍了 DCOP 的运作原理。最后，对 DCOP 的应用场景和开发运营门槛进行了简要介绍。

通过六个小节的内容，本章对程序化广告系统原理进行了详细梳理，并辅以投放示例，以期加深读者对投放系统的理解和掌握。

思考题

1. DSP 平台的优化过程是怎么样的?
2. TD 的三个发展阶段有什么特点?
3. DMP 的数据管理流程有哪些环节?
4. RTA、RTB、营销 API 的关系与区别是什么?
5. 广告创意的发展经历了哪些阶段? 各自有什么特点?
6. 简述 DCOP 的整体优化流程。

章后案例

全量增长超级平台：巨量引擎[20, 21, 22]

近些年来，越来越多的企业主意识到内容平台的重要性，然而内容带来增长机遇的同时，也为企业带来新的挑战：用户触点碎片化、媒介投放分散、营销和交易链路割裂等。在复杂的营销环境中，如何应对不断演化的用户需求，抢占流量高地，实现品牌稳健增长，成为营销人在移动互联网时代的一大难题。面对有创意没经验、有经验没精力、有精力效果却不好的尴尬境地，广告主迫切地需要专业的平台帮助其实现品牌的移动流量变现。巨量引擎为商业化而生，恰逢其时。

在 2019 年引擎大会上，字节跳动正式发布商业化营销服务品牌——巨量引擎。巨量引擎整合了今日头条、抖音短视频、火山小视频、西瓜视频、懂车帝、Faceu 激萌、轻颜相机、穿山甲等产品的营销能力，同时联合众多流量、数据和内容方面的合作伙伴，主打为全球广告主提供综合的数字营销服务，致力于让不分体量、地域的企业及个体，都能通过数字化技术激发创造、驱动生意，实现商业的可持续增长。

2022 年 1 月 6 日，引擎大会 2022 · ONE 在三亚召开。巨量引擎现场发布“巨量引擎全量增长方案”，希望在打造“全内容、全场景、全链路、全数据”的基础上，进一步整合平台“全能力”：促进自然流量与商业流量的协同，实现跨端跨场景流量打通，让整合营销投放更便捷；深入商品交易、线索、下载、到店履约四大核心经营场景，完善深度转化、交易、私域经营能力建设，让品牌数据和资产可度量可沉淀，积累品牌资产；最终将品牌建设、心智种草、销售转化融为一体，促进营销和经营一体化，助力企业实现长期价值。

目前，字节跳动旗下产品全球月活跃用户量达到 19 亿人，作为一个内容驱动的超级流量生态，信息的交互、创作的交流、供需的交换都空前繁荣，给了营销更大的想象空间。只有跳出传统的流量供给、广告导流的视角，才能更好地理解巨量引擎的流量生态价值。立足全局视角下，巨量引擎从行为协同、创作力协同、触点协同和投放协同四方面入手，以协同思维构建营销产品全景，实现跨端、跨场景的投放，让广告、内容与私域经营相互配合，让整合式营销投放更便捷。而多层产品体系支撑，是巨量引擎实现营销经营一体化的基础。巨量引擎经营体系矩阵如图 7-21 所示。

一、触达与转化

（一）巨量引擎广告投放平台

巨量引擎广告投放平台和腾讯广点通类似，本质是媒体私有 DSP 平台，聚合了抖音、今日头条、西瓜视频等产品流量，具有投放、创意、工具、数据等多种能力来实现客户的专业广告营销诉求。

在投放能力上，内外部用户可以在广告组层级对营销链路进行设置，确定营销目标和推广目的；在广告计划层级对广告的预算、定向、投放位置、出价和优化目标进行设置；在广告创意层级则设置创意相关内容。在创意能力上，提供多元丰富的样式组件和完整的组件管理分析能力，提升用户互动率，优化广告投放效果。在工具能力上，包括丰富的账户工具、优化工具、设计工具、线索管理工具和平台工具等，助力实现效果效率的双升（见图 7-22）。

在数据能力方面，除了基础广告数据能力（如账户报表、广告组报表、广告计划报表、广告创意报表、广告关键词报表等），用户还能够通过投放平台提供的受众分析报表、视频分析报表、落地页分析报表、直播分析报表、企业号分析报表等进行投放后人群研究、场景化数据分析和经营分析与研究。

（二）巨量千川

对商家、品牌、达人来说，抖音电商意味着新生态机会，但也面临着更为复杂的营销环境和经营链路。如何耦合内容平台和电商平台的产品属性，如何应对用户从内容获取到生活获得的需求变化，如何从流量场的营销目标向生意场的经营目标递进，如何解决品牌客户和中小商家不同的营销问题，如何通过广告与经营的一体化帮助企业全局提效，这些都是抖音电商生态参与方在兴趣电商新模式下面临的新营销难题。巨量千川作为巨量引擎旗下的电商一体化智能营销平台，整合了 DOU+、鲁班、feed 等多种电商营销能力，为商家和创作者提供抖音电商一体化营销解决方案。平台致力于成为领先的电商智能营销平台，构建繁荣共赢的电商营销生态，让电商营销更省心高效，助力商家和创作者实现生意可持续增长。

巨量千川在流量、投放和分析上充分体现其核心产品功能（见图 7-23）。

1. 流量更多元，触达并转达电商新流量

在流量场景上，巨量千川集合字节跳动自有产品和穿山甲流量，渗透达人搜索、商品搜索和内容搜索等场景，让品牌、用户和商家紧密连接。商品信息以直播和短视频形式融入真实生动的内容场景中，以商品的内容最大可能地激发用户的消费兴趣。

在广告矩阵方面，巨量千川以效果广告、搜索广告、品牌广告形成多元产品矩阵持续助力商家获得生意增量，在不断升级效果广告与搜索广告产品能力的同时，即将上线品牌广告，聚焦为抖音商家 / 达人提供保量可预占的一站式品牌营销解决方案。

在序列化投放方面，巨量千川解决电商营销场景从种草到转化的过程中用户触点分散的问题，通过对不同触点的序列化转化，一方面满足商家对短视频与直播用户的高效转化，另一方面帮助商家提升转化效率。

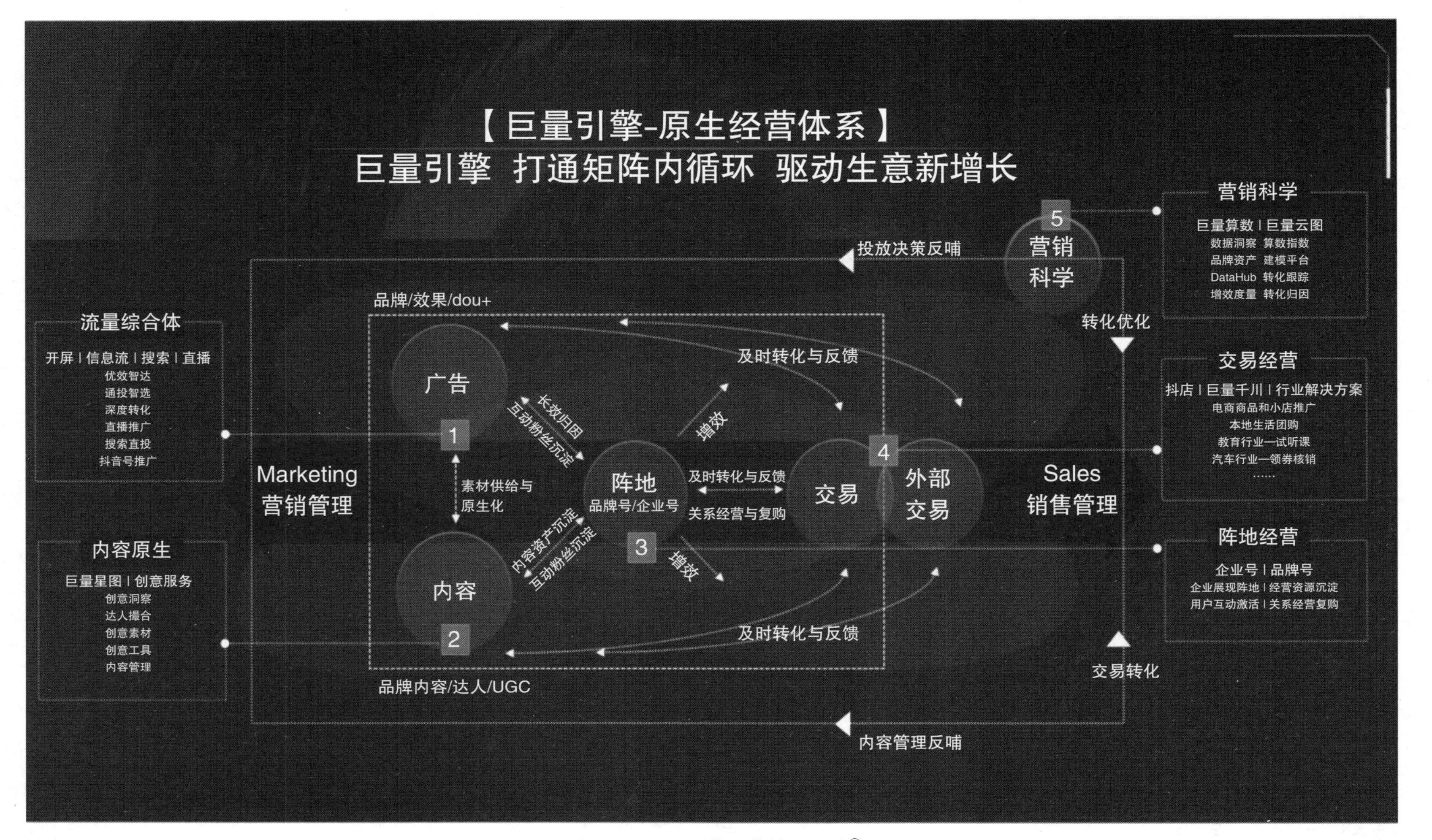

图 7-21 巨量引擎经营体系矩阵[1]

[1] 图源：2021 巨量引擎平台价值篇通案。

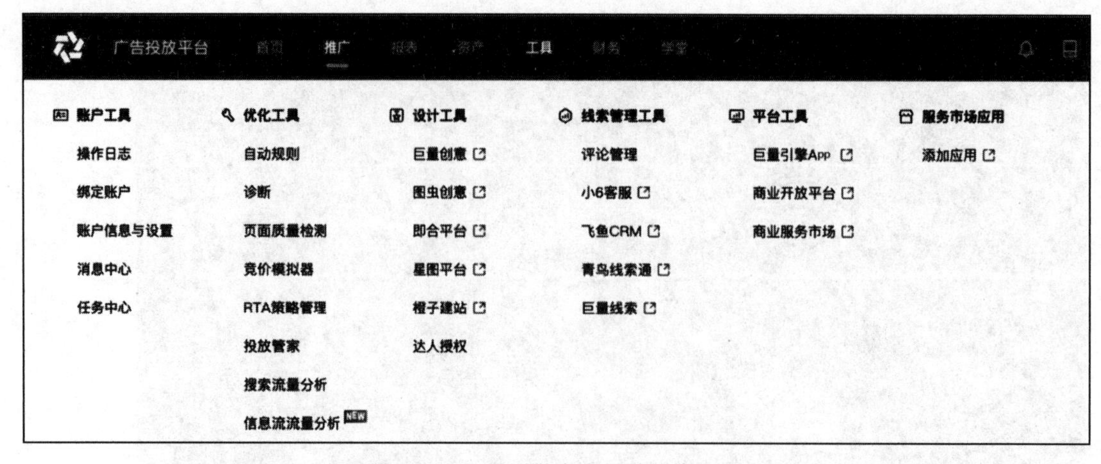

图 7-22 巨量引擎广告投放平台工具

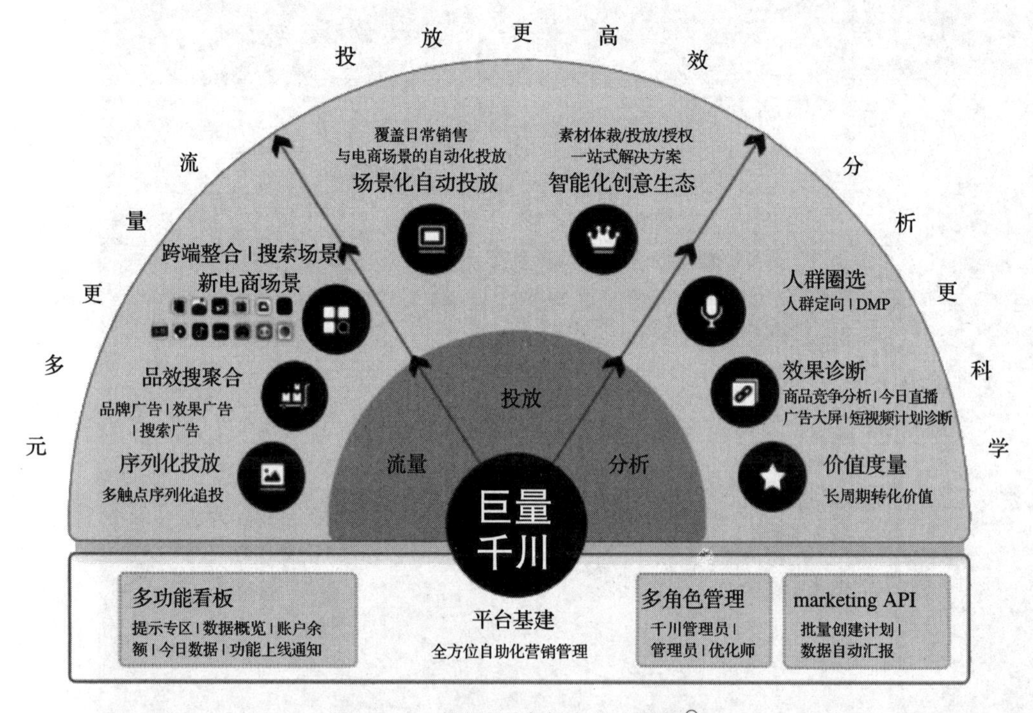

图 7-23 巨量千川全新产品全景图[⊖]

2. 投放更高效，场景化投放和智能化创意助力投放

巨量千川可以针对日常投放场景，深度贴合抖音电商营销场景，通过组合选品、预算、出价、定向的建议和优化能力，搭建自动化投放产品，满足商家多场景的营销诉求，并联合商家自主创意生产、平台自动化创意生产和三方素材撮合，帮助商家提升创意产能。

3. 分析更科学，为商家提供投放决策有效参考

巨量千川“千川千策”数据产品可以帮助电商广告主进行精准投放、追踪投放价值、辅助商家经营决策和提供竞品分析，这是商家们最关切的数据层面的问题。在圈人、选品、策

⊖ 图源：《巨量千川 2022 发展白皮书》。

略上进行行业投放洞察，通过实时监控、投放效果诊断优化等手段进行营销诊断，进行转化归因和长效价值度量，同时提供人群分层 / 洞察、人群管理（DMP）、人群定向投放和关系运营进行人群管理。

4. 基建完善，一站式完成投放

巨量千川打通了抖音账号、抖音小店、巨量千川的账户、资质、资金，提供一键开户和便捷管理等功能。同时巨量千川用户可管理多个账户。为了让具备不同经营能力的商家都能轻松上手，巨量千川深度耦合商家使用场景，商家均可通过抖音、抖音小店、巨量百应及巨量千川官方网站进入投放后台。通过一键开户和便捷管理，实现“商品管理—流量获取—交易达成”的一体化营销闭环，能够有效提升电商营销效率，实现深度转化目标，让营销效果可衡量可优化。

（三）穿山甲

在数字生态中，流量是基础，贯穿数字生意全链条。有流量，才有品牌与用户的触达、连接与交互，才有实现生意的可能性。巨量引擎提出“流量综合体”解决方案，在流量来源上持续丰富流量结构，如增加用户主动表达意图的搜索流量。而贯通生态外的穿山甲流量，也还在高速增长中。

在今日头条、抖音等站内流量的基础上，穿山甲联盟整合了外部开发者的流量，将产品、技术等能力开放到全行业，整合流量构建变现与增长闭环。作为巨量引擎旗下全球开发者成长平台和垂类应用整合投放平台，穿山甲 2021 年覆盖活跃 DAU 超过 8 亿人，日均广告请求量超过 630 亿次，日均广告展示量超过 110 亿次，帮助超过 10 万个 App 在平台内飞速成长，也为超过 10.5 万个广告主提供了用户增长和投放解决方案。穿山甲站内外双源循环模型如图 7-24 所示。

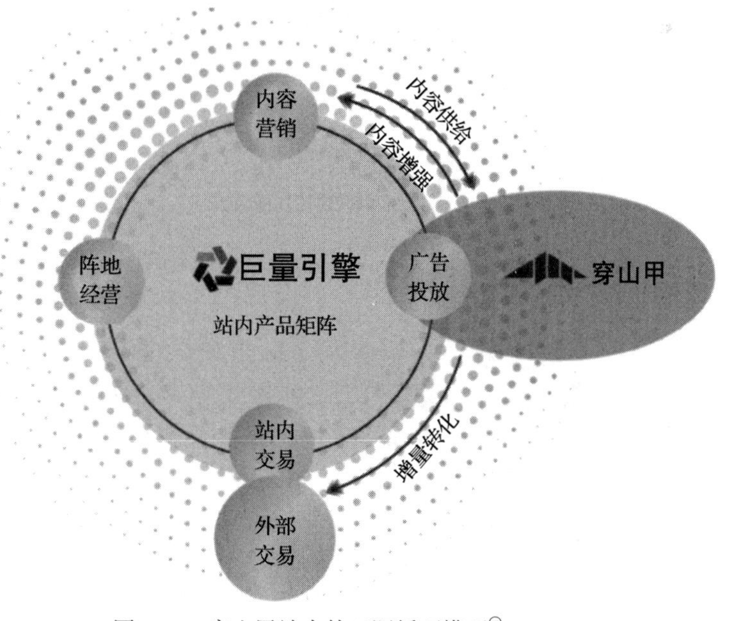

图 7-24 穿山甲站内外双源循环模型[㊀]

㊀ 图源：《巨量引擎穿山甲广告营销通案》。

穿山甲基于优质资源和领先技术，接入海量垂类应用，打通用户行为场景，匹配细分需求，其产品矩阵覆盖营销场景、广告匹配、目标转化和效率提升全流程（见图 7-25）。

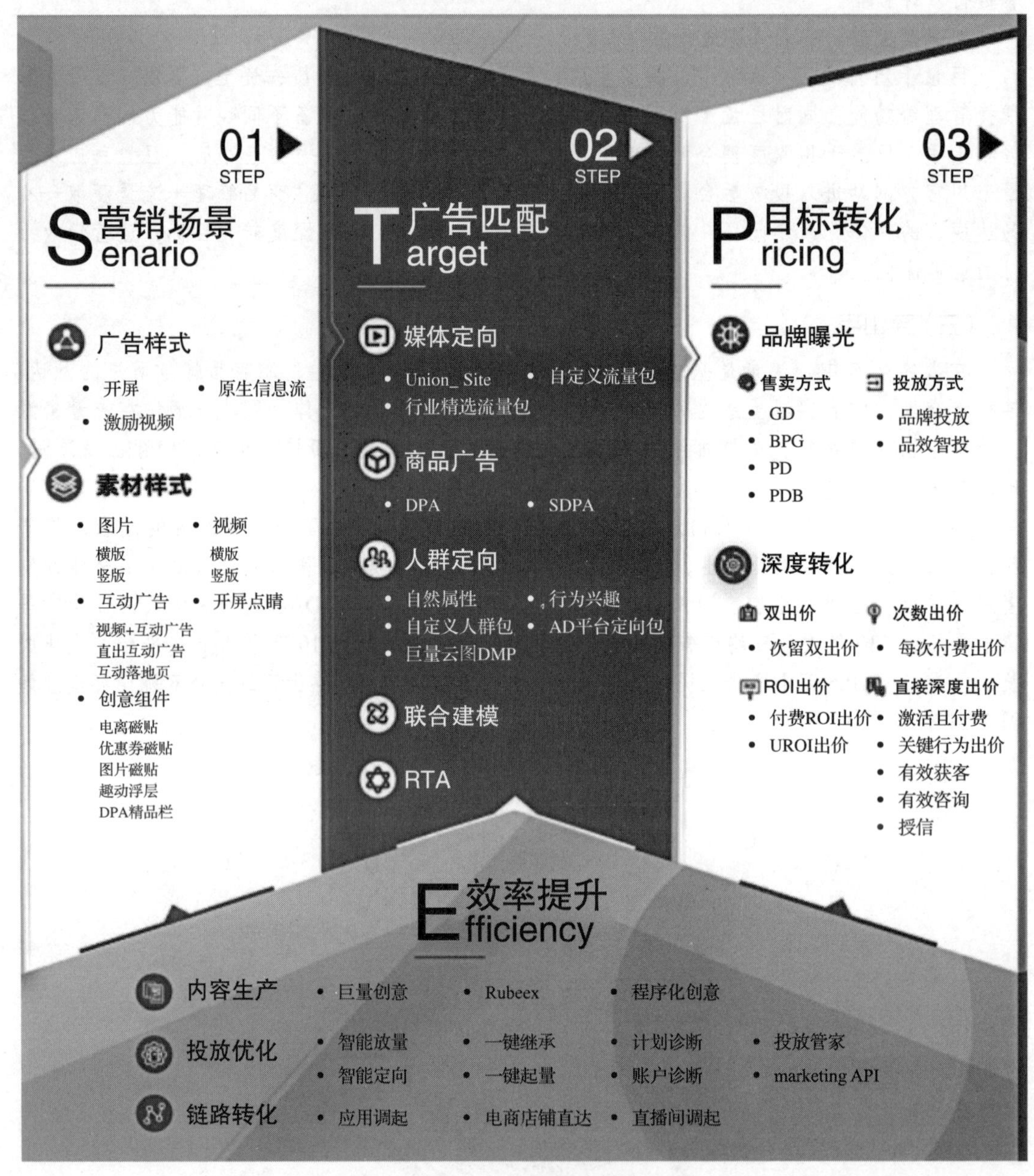

图 7-25 穿山甲广告投放产品图谱[㊀]

在营销场景中，穿山甲提供多元触达的广告样式如开屏广告、原生信息流广告和激励视频，覆盖用户 App 使用全历程；提供丰富的素材样式，图片和视频具备多种版式素材，互动广告可前置体验，具有更强跑量能力，创意组件包括了电商磁贴、优惠券磁贴、DPA 精品栏等，可灵活应用。

㊀ 图源：《穿山甲广告投放产品图谱》。

在广告匹配环节，媒体定向、人群定向、商品广告、RTA和联合建模等产品助力基于海量媒体资源的精细化管理，适配行业精准投放。

1. 媒体定向

媒体定向依赖于Union_Site、自定义流量包和行业精选流量包，其中，Union_Site基于媒体点位对流量位效果进行映射，以此为依据定向投放高质量流量位，屏蔽低质量流量位；自定义流量包则能够根据广告主所处行业和个性化需求，媒体行业及效果特征，广告主自主管理流量位工具，实现精准识别和筛选流量位；行业精选流量包借助穿山甲与行业长期深度合作经验，优先探索适配行业人群特征的流量，在更新沉淀中锁定高转化流量。

2. 人群定向

在人群定向上，通过基本属性、用户环境、兴趣爱好、用户特征和自定义人群维度进行人群定向，以人工筛选加系统推荐方式对接巨量云图DMP和广告平台定向包。

3. 商品广告

商品广告基于素材的“泛商品化”，通过广告主提供的结构化商品信息，基于对用户的深度理解，通过对特定的智能商品推荐系统进行投放，如DPA（多商品广告）实现人找商品，快速拉活，SDPA（单商品广告）则实现商品找人，快速打造爆款。

4. RTA

穿山甲的另一个功能是RTA，基于本地竞价广告进行程序化形式升级，利用API接口帮助广告主投放，根据广告主的数据和技术能力，在保证数据安全的同时支持其深入参与投放决策，优化提升ROI。

5. 联合建模

穿山甲的联合建模同样是投放转化的得力助手，其基于广告主离线样本数据，结合穿山甲侧的数据和算法能力，建立并训练广告主专属私有模型，针对性优化后端转化指标。

在目标转化环节，穿山甲在品牌曝光和深度转化上都提供了丰富的产品。品牌曝光提供品牌投放和品效智投两种方式。品牌投放主要适用于电商导流、新品上线、明星娱乐营销和超级品牌日（big day）等场景，联屏曝光，高效霸屏；品效智投通过精准定向和高效模型优化广告转化效果，主要用于直播引流和电商直达场景。另外，穿山甲提供多种售卖方式，如开屏广告就支持GD（常规保价保量）售卖和BPG、PD及PDB等程序化售卖方式。

穿山甲提供双出价、次数出价、直接深度出价和ROI出价等多维深度出价产品，以匹配多元转化目标。其中，双出价为前端转化目标（激活）出价和后端深度转化（次留/付费/关键行为）出价，实现规模化覆盖和深度转化目标双重保证。次数出价即每次付费出价，用户LTV随付费次数增加呈加速递增趋势，行为粒度优化付费次数，提升后端ROI。直接深度出价提供有效获客、激活+付费、关键行为出价、授信等方式，深度适配不同行业、不同广告主诉求。ROI出价分为付费ROI和UROI出价产品，优化目标分别是首日付费ROI和7日广告变现ROI，适用于以内购或变现为主要业务模式的广告主。

最后在效率提升环节，高效内容生产能够通过巨量创意、Rubeex互动广告一站式平台和程序化创意实现，投放优化则通过投前的流量优化工具、投中的提效工具以及投后诊断工具，结合mkt API打通中台工具提效优化。

（四）巨量星图

“找达人，上星图”，巨量星图是基于创作人生态的营销服务平台，致力于实现达人营销生态繁荣，绽放达人营销价值。55万+入驻创作人，800+入驻MCN和87万+广告主，覆盖26+垂类，触达广泛圈层受众，聚合多元化达人，全面释放达人影响力；丰富的筛选维度，助力品牌高效匹配目标达人；卓越的交易撮合能力，赋能各类型生意机会，通过便捷投放体验、专业知识引导和权威榜单体系，打造搞笑、科学、智能的内容营销交易平台。巨量星图营销价值矩阵如图7-26所示。

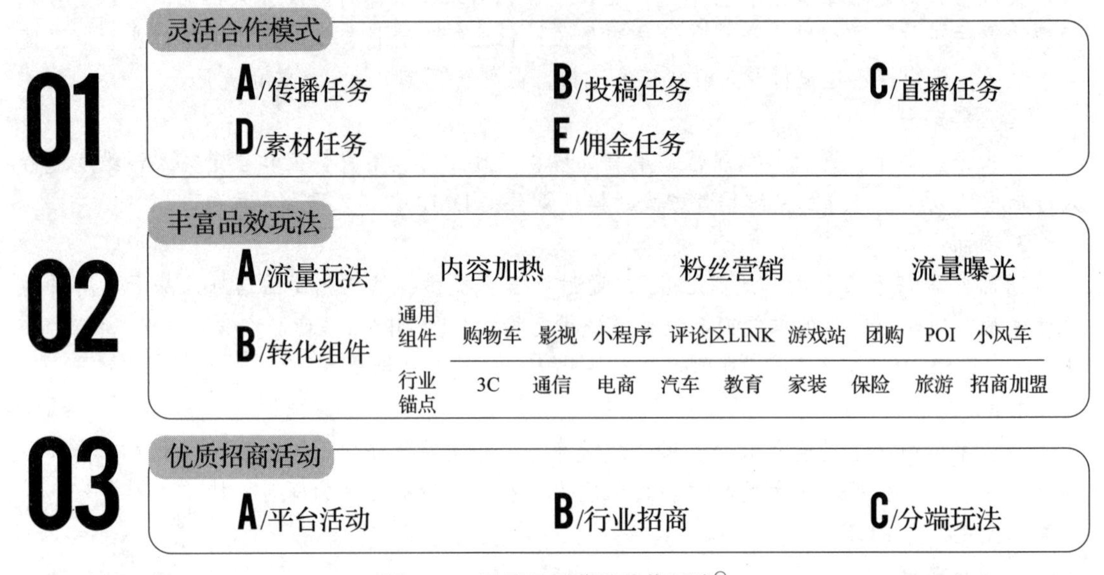

图7-26 巨量星图营销价值矩阵[㊀]

巨量星图具有两大功能即达人营销和创意定制。创意定制服务由星图即合平台提供，在内容创意部分将进行详细介绍。在达人营销中，巨量星图能够提供灵活的合作模式、丰富的品效玩法和优质的招商活动。首先，合作模式丰富灵活，可以通过传播任务（指定达人定向合作）、投稿任务（非指定达人）等多种模式与达人进行合作；其次，品效玩法丰富，通过热推、DOU+、内容服务等内容加热，以及粉丝营销和流量曝光，进一步放大声量，基于行业锚点，配合POI、小风车等通用组件，满足多种转化需求，达到品效协同；最后，联动多元招商项目，通过抖音奇妙夜、抖inCity等平台活动进行行业招商，实现多端整合营销玩法。

二、内容与创意

在用户向短视频迁移的背景下，创意触达路径缩短，衰减速度加快，生产理念、生产方式和匹配策略都随之改变。随着营销环境的改变，创意从形式到内容原生化；随着需求猛增，规模化生产成为必然趋势；海量创意下，更需要将创意与用户做精准匹配。基于此，巨量引擎探索出“寻找技术与创作协同”的解决方案。用技术实现创意的规模化、快速生产，将创意程序化，再按照营销目标个性化投放，组合创意精准匹配给不同用户。其间，即合平台、巨量创意等创意生产工具和平台上线，聚焦各环节帮助广告主提升效率，让创意变得简单，

㊀ 图源：《巨量星图2021年营销通案》。

成为行业增长点。

（一）图虫创意和IC photo

在内容需求视频化趋势和供应侧内容制作周期缩减、素材储备不足、传播效果压力大、素材合规保证难的背景下，巨量引擎推出商业版权产品图虫创意和IC photo，其定位为巨量引擎旗下“下一代视觉创意服务平台”，致力于通过丰富的素材内容形式、领先的产品技术能力和全面的生态体系支持帮助内容生产者丰富创作手段，激发创意灵感，提升制作效率。

图虫创意基于独家内容优势、独家案例资源和领先技术实力支持，可用于以下三大应用场景。

1. 创意内容制作

图虫创意汇集了全行业全场景的视觉创意资源，丰富制作手段，提升制作效率，降低制作成本；联合全球优质内容伙伴（如Adobe Stock、POND5等），资源满足各类创意需求；直接采买创意素材，降低内容制作成本；海量竖版创意视频，支持下一代营销需求。

2. IP联名跨界

图虫创意拥有知名体育和艺术IP资源，帮助品牌定制授权，实现跨界传播；整合、代理海内外知名艺术作品、运动员 / 赛事IP资源，提供全方位的体育、艺术IP授权定制合作。

3. 新闻资讯传播

平台对接国内外资讯机构，汇集全球影像资源（如路透社、今日美国等），传递高时效新闻素材；资讯全场景覆盖，垂类需求一站满足；深耕体育领域，资源行业领先；支持专题报道，满足高质量高强度新闻需求。

（二）巨量创意

巨量创意是巨量引擎官方推出的营销创意交流服务平台，通过搭建案例、学院、工具和活动等模块，打通广告主和创作者两端，实现创意广告的高效产出需求。巨量创意官网架构如图7-27所示。

面向创作者，巨量创意提供广告创意垂直领域的广告创意指导和制作服务，聚集大量业内优质案例、创意教程，拥有丰富的版权素材市场、高效的创意制作工具，洞察业内灵感来源，提供一站式广告拍摄、剪辑功能，全流程服务于广告创意，帮助代理、达人、制作公司等快速提升广告制作技巧，满足创意广告的高效产出需求。

面向广告主，巨量创意致力于打造营销创意领域垂直平台，全链路提供灵感激发、创意指导、便捷工具、一键同步等功能，为广告主的创意素材优化、广告投放、营销活动提供舒适的服务。

面向两端用户，巨量创意作为从业人员交流汇聚平台，同时打通广告主和创作者两端，解决创意生产流程中双向匹配难的痛点。

（三）星图即合

“做素材上即合”，星图即合是巨量引擎旗下的商业内容服务一站式平台，其业务包含素材定制和品牌营销两大部分（见图7-28），提供视频、图文、落地页、账号托管或创意全案等营销服务，高效链接百万创作者和50 000＋广告主，为广告主解决商业服务需求。星图即合官网架构如图7-29所示。

- 巨量创意
  - 工具箱
    - 视频制作
      - 微电影
      - 模板视频
      - 微电影Pro
      - 脚本工具
      - 标题推荐工具
      - Tada视频创作
      - 视频拍摄
      - AI配音
      - 语音转字幕
      - 智能配乐
      - 风险提示语工具
    - 互动创意制作
      - Rubeex互动平台
      - 趣动浮层
      - 互动试玩
      - 互动素材接入
      - 品牌创意平台
    - 落地页制作
      - 橙子建站
      - 落地页模板
      - 程序化落地页
    - 图片制作
      - 批量制图
      - 图片微动
    - 素材商店
      - 视频素材——图虫创意
      - 图片素材——图虫创意
      - 音乐素材——创意服务市场（准备下线）
        创意服务市场为巨量引擎客户提供全品类创意物料生产服务，致力于成为最大的创意生产解决方案平台，与各类创意服务商一起提供优质的素材和服务
    - 创意服务
      - 巨量星图—达人营销
      - 巨量星图—创意定制—星图即合
  - 创意定制——星图即合平台
  - 创意联盟
    - 代理商
    - 高校学院
    - 创意平台
    - 创意工具
    - 创意招聘
  - 创意洞察
    - 创意诊断
      - 数据总览
      - 综合诊断
      - 素材诊断
      - 元素诊断
  - 更多
  - 我的
    - 资产库
      - 视频库
      - 图片库
      - 标题库
      - DPA模板库
  - 首页
    - 今日推荐
    - 创意灵感 ④
    - 高效创意工具 ⑦
    - 跟大咖学习创意方法
    - 创意模板 ②
    - 猜你喜欢
    - 人气创意号
  - 创意灵感
    - 创意工具
      - 前测工具
      - 预审工具
      - 直播诊断
    - 行业洞察
    - 热门广告
      - 视频
      - 图片
      - 落地页
    - 抖音热榜
      - 内容榜
      - 音乐榜
      - 话题榜
      - 达人榜
    - 精选案例
    - 品牌馆
    - 我的收藏
    - 帮助文档
  - 创意充电站
    - 推荐专题
    - 精选视频
    - 精品课程
    - 创意研报

图 7-27 巨量创意官网架构

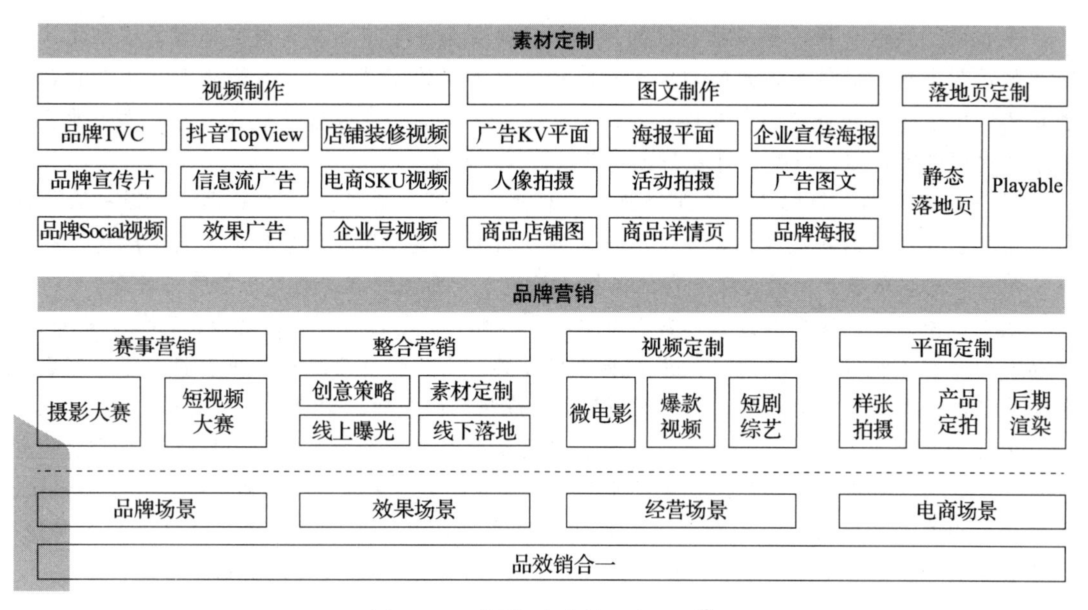

图 7-28　星图即合全域业务地图[⊖]

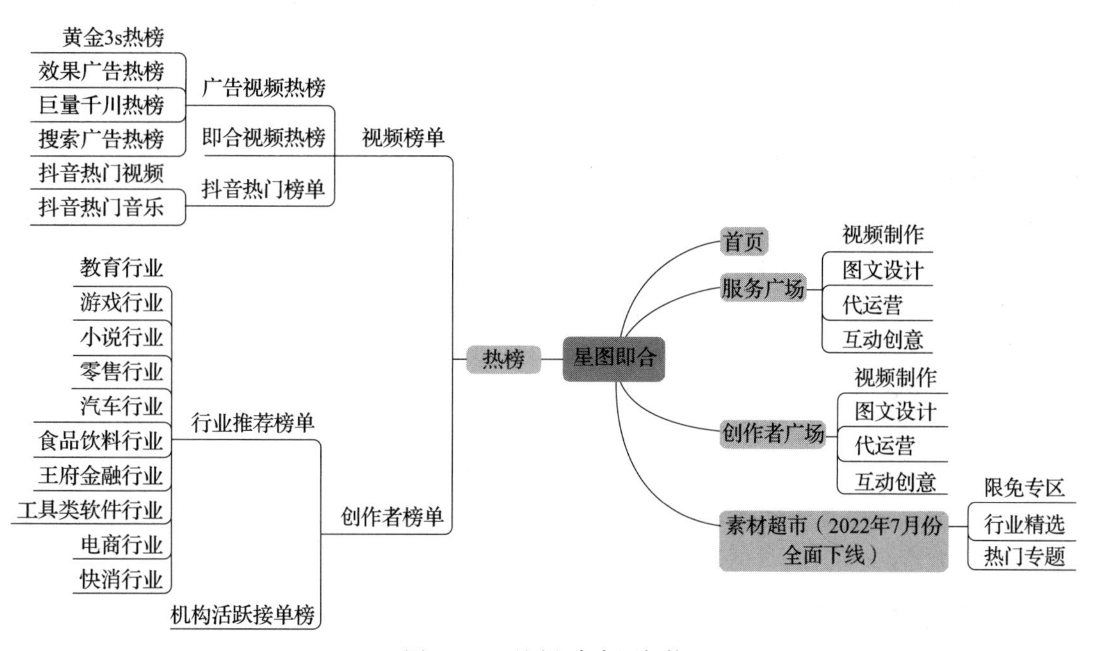

图 7-29　星图即合官网架构

三、阵地经营：抖音企业号

抖音企业号是企业商家在抖音做生意的一站式经营平台。它为企业商家提供蓝V标识、用户洞察、粉丝触达、转化工具、培训指导等，服务企业更好地经营用户，并通过持续地经营深化企业与用户的关系，从而实现品牌、销量等商业价值的持续成长。抖音企业号上线于2018年6月，截至2021年7月，开通抖音企业号的企业数已经突破800万家。

⊖ 图源：《星图即合2021年营销通案》。

在技术、运营、推广等多维升级的作用下，抖音企业号产品最大限度地满足精细化、多样化的运营需求，提供更多元的内容生产路径、更丰富的流量玩法，打造企业号生态营销的新场景。抖音企业号带给客户的权益，并不仅限于简单的企业号管理后台，它还为企业营销全生命周期提供精细化服务。抖音企业号有以下四个功能。

其一是打品牌，帮助各行各业快速建立自己的品牌。通过企业蓝V标识、唯一账号昵称，增强企业品牌的权威性，建立与用户间的可信度；通过昵称搜索置顶，快速触达潜在粉丝，第一时间获取曝光；通过账号粉丝保护，隐藏用户粉丝列表，避免粉丝隐私暴露。

其二是做推广，面向海量客户真实展示产品和服务。通过视频置顶功能，可将企业介绍、产品介绍等重点视频优先展示；利用智能剪辑工具，上传素材后通过简单设置，即可完成视频智能剪辑；提供运营案例精选，推荐相关领域最热门的视频，学习创意找灵感。

其三是找客户，从关注到互动，吸引更多高意向客户。企业服务中心提供专业的运营管理后台，电脑和手机均可登录；企业服务中心实施粉丝标签管理，记录用户详情及互动记录，方便进行用户分组运营；其私信管理功能可设置自动回复、自定义菜单、消息卡片等功能；企业服务中心提供粉丝画像服务，提供粉丝人群兴趣、活跃度等维度的数据分析。

其四是带销量，从种草到拔草，实现在线成交。利用官网链接组件，用户可通过预留网址和电话直接与企业进行沟通；企业号用户可享受专属直播权益，实现直播带货；产品转化页面为商品和服务建立购买链接，提升销售转化；配置卡券活动，用户可在线领取优惠券，帮助商家开展营销活动。

四、全局经营：巨量纵横

随着营销模式的日趋复杂，巨量引擎的产品形态持续多元化，以满足企业主全局经营管理为目标的巨量纵横（business platform）由此诞生。

巨量纵横是巨量引擎营销协作平台，依托巨量引擎商业产品矩阵，打通流量、内容、阵地经营、电商、达人营销等多个营销领域，绑定巨量广告、企业 / 抖音号、巨量星图、巨量千川、飞鱼 CRM 等平台，实现跨平台业务协同、跨平台资产共享、全局数据洞察等功能，通过全面的营销资产管理、科学的营销数据分析及高效的营销决策，帮助客户做好在巨量引擎的营销与经营，适用于拥有多个广告账户或有多项业务合作的客户。

巨量纵横的价值体现在其对营销资产管理的全面性、角色管理的安全性和精细化以及营销决策的高效率。

（一）营销资产管理的全面性

巨量纵横打通流量、阵地、电商、达人等多个营销板块，帮助负责人总揽全局，并通过多账户的协同管理，提升经营效率，增加管理深度。另外，巨量纵横打通流量、阵地、电商、达人等营销账户，实现一站式绑定和账户关联管理，降低多账户管理成本。

在资产管理层面，巨量纵横实现多维度资产聚合，将营销素材、DMP 人群包、应用、商品库等营销资产进行统一管理及多业务共用，实现一站式经营落地。

（二）角色管理的安全性和精细化

在权限管理上，管理者对于不同业务账号、不同身份账号可进行详尽的权限设置，有效规避多账户情况下的信息泄露等风险，保护企业经营资产；在角色管理上，巨量纵横为不同的角色如管理者、优化师、代理商等，设定详细的管理维度、应用方式及协作模式，提升企业管理的整体效率。

（三）营销决策的高效率

巨量纵横能够提供全局数据视角，可浏览流量、阵地、电商、达人等多领域营销数据；巨量纵横还提供各类报表数据，支持多维分析和解读，同时提供自定义分析工具，提升企业主对于广告、内容生产、受众群体的解读能力，协助经营决策。

五、营销科学

（一）巨量云图

在精准营销思路下，除曝光、点击等数据外，品牌还想对消费者演化路径、不同触点的效率、每次营销后品牌与用户关系的变化有更多了解，而市场上缺乏清晰的营销价值度量工具。巨量云图作为巨量引擎品牌资产经营平台，瞄准该痛点，将DMP的内涵全面扩展，在数据储备的基础上，承接平台优势，打通巨量全生态，无缝对接巨量投放矩阵，实现营销的科学洞察、度量和优化，成为复杂业务场景下的决策大脑，助力企业在营销不确定中实现科学增长。巨量云图全生态品牌资产经营平台如图7-30所示。

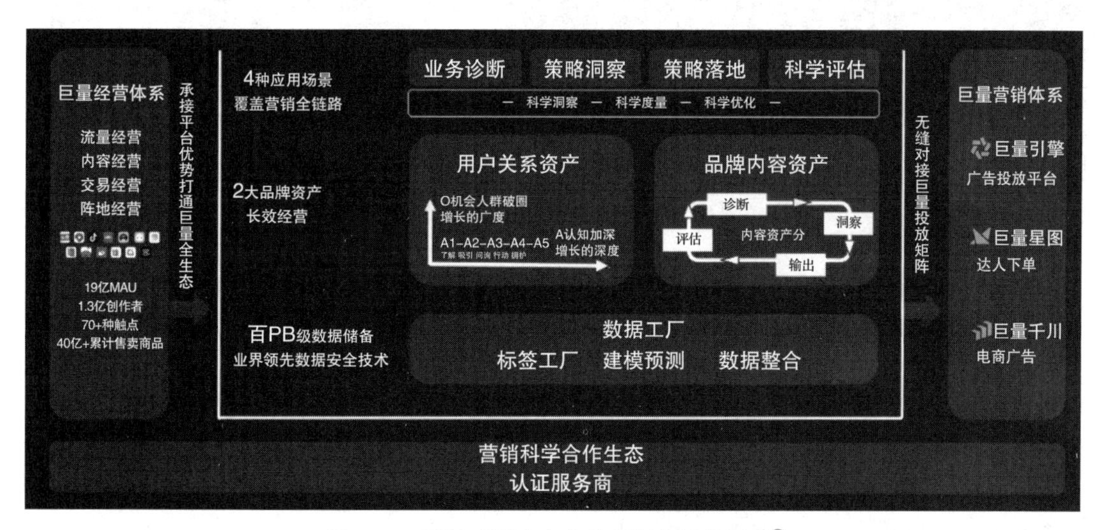

图7-30　巨量云图全生态品牌资产经营平台[1]

巨量云图的核心功能在于用户关系资产和品牌内容资产运营。在用户关系资产运营上，巨量云图构建人群流转效率的运营指标，以及用户关系资产总量、用户关系资产结构健康度等核心指标，在O（机会群体）-5A（了解—吸引—问询—行动—拥护）品牌用户关系模型基础上度量每个环节品牌与机会用户关系的变化。在内容资产方面则通过内容诊断、内容洞察、内容输出和评估对本品和竞品构建内容资产分指标，综合内容量和内容质量进行内容资产运营。

（二）巨量算数

巨量算数是巨量引擎内容消费趋势洞察品牌，以今日头条、抖音、西瓜视频等内容消费

[1] 图源：巨量云图营销通案，2021年11月。

场景为依托并承接巨量引擎的数据与技术优势，输出内容趋势、产业研究、广告策略等洞察与观点。同时，开放算数指数、算数榜单、抖音垂类等数据分析工具，满足品牌主、营销从业者、创作者等数据洞察需求。字节跳动内容生态下趋势洞察平台如图 7-31 所示。

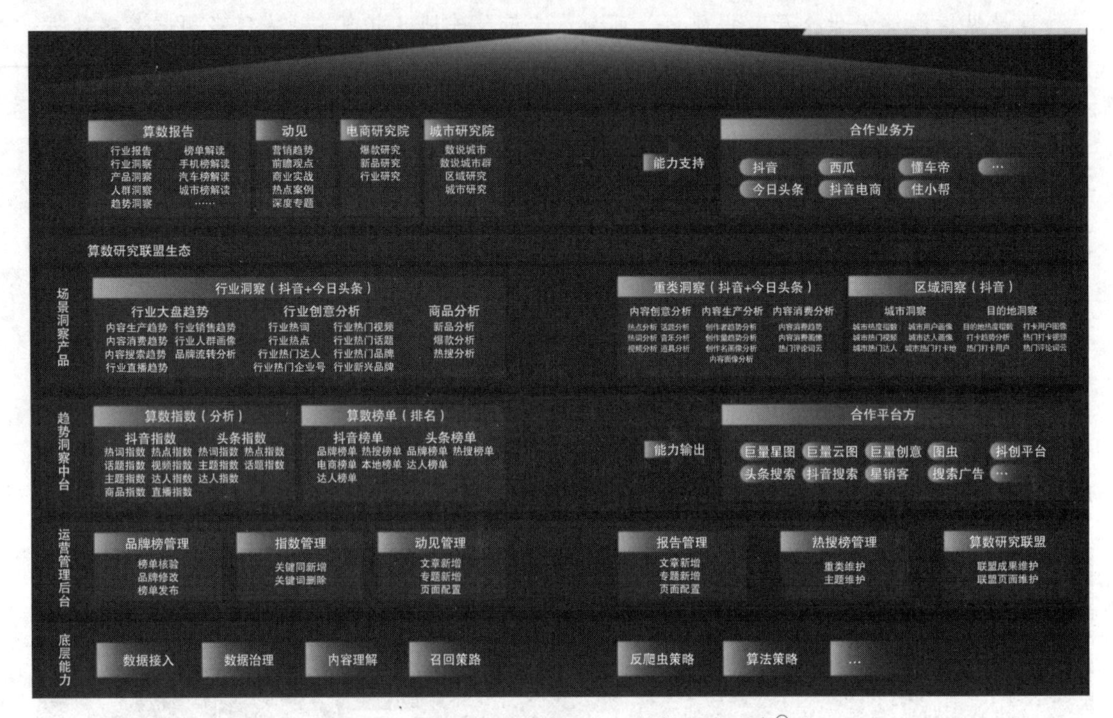

图 7-31　字节跳动内容生态下趋势洞察平台[⊖]

巨量算数平台整合巨量引擎的内容消费场景、数据及技术能力，并从“思考 + 工具”出发，打造动见、算数指数、创作指南、算数榜单、算数报告五大板块，为行业提供立体化纵深分析的参考依据，为垂类内容创作提供科学依据和直观分析。

动见通过内外部专家等多方专业人士持续输出关于消费者、创意、策略等营销领域的实战经验、前瞻见解与独特洞察；算数指数洞察热词、热点内容趋势，支持抖音、今日头条等多端热词的关联分析、用户画像等功能，支持热点事件发现和热点事件分析功能；创作指南深挖各垂类领域数据洞察、最热内容，从内容生产、内容消费、内容创意三大维度，助力广大内容创作者、营销从业者及品牌主洞悉领域机会，并指导其内容创作；算数榜单基于品牌、各内容垂类等在内容平台上的内容声量与用户互动数据，综合衡量品牌及影视综在内容型平台的综合影响力，为业界提供客观公正的排名参考；算数报告引入数据研究机构、咨询公司、高校 / 商学院等外部力量，为业界提供权威、深刻和客观的数据洞察报告。

在“洞察 + 工具”定位基础上，巨量算数将进一步加强研究前瞻性、内容 IP 性、行业深度性等方面的洞察能力，进一步拓展区域洞察和行业洞察等核心功能，打造更为丰富的一站式内容生态平台。

⊖ 图源：《2021 巨量算数年度能力报告》。

六、合作伙伴服务

（一）群峰伙伴平台

群峰伙伴平台是基于巨量引擎及抖音电商的官方营销伙伴聚合平台。该平台通过协同多元的营销伙伴为企业提供全面且高质量的营销服务，同时通过匹配海量的企业营销需求以及提供各项能力支持，为营销服务伙伴提供更多商业机会和成长空间。群峰伙伴平台官网架构如图 7-32 所示。

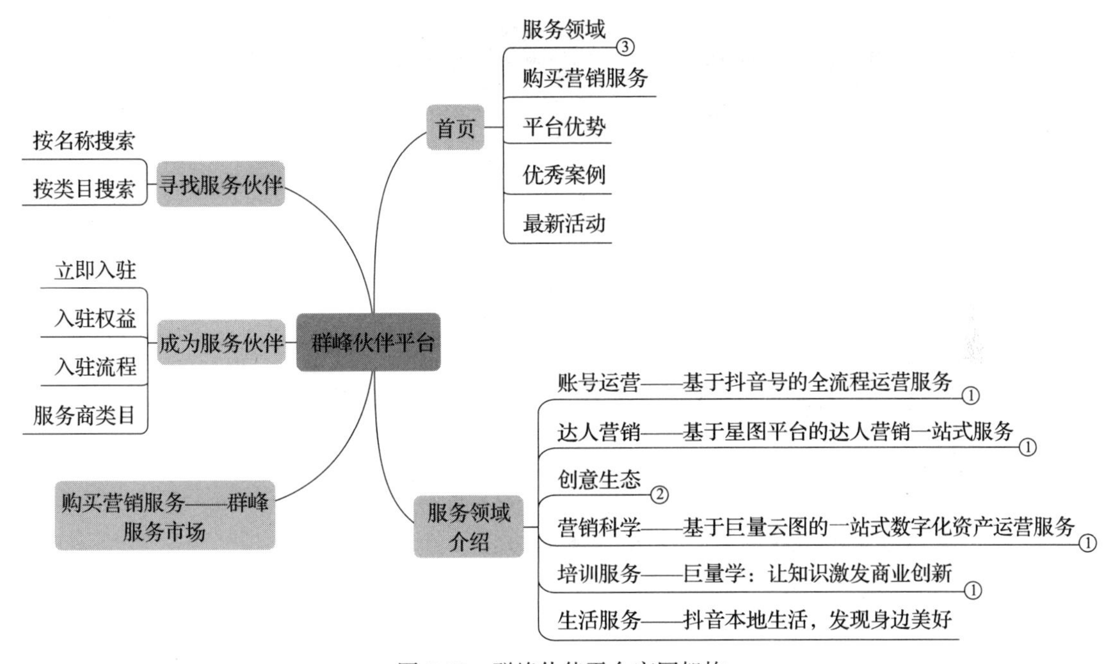

图 7-32　群峰伙伴平台官网架构

（二）群峰服务市场

群峰服务市场是巨量引擎和抖音电商官方企业营销在线交易平台，可以看成营销服务的集合体。通过严选服务商、提供交易保障，为企业提供多元化、一站式、安全的营销服务，助力企业提高营销与经营质量。群峰服务市场提供综合的抖音企业营销服务，如账号运营、内容制作、直播服务、广告技术应用、投放优化，还提供针对性定制服务，满足多样个性化需求，针对不同阶段的客户解决全生命周期的问题。群峰服务市场官网架构如图 7-33 所示。

（三）巨量引擎方舟

巨量引擎方舟是巨量引擎为渠道合作伙伴打造的集公司签约、客户跟进、商务流程、优化投放、智能数据 BI 分析等业务于一体的伙伴合作平台。其特色功能在于电子证书，该证书是根据合作伙伴与巨量引擎相关业务的实际合作情况生成的电子凭证，过程经过平台认证。通过电子证书，合作伙伴的各项信息被即时准确、公开透明地展现出来，广告主可以通过电子证书选择符合业务需求的合作伙伴。广告主在巨量引擎方舟上输入合作伙伴名称，即可一键查看多种资质，了解生意伙伴能力，追踪合作伙伴与巨量引擎的合作期限、合作动态等即时信息。巨量引擎方舟官网架构如图 7-34 所示。

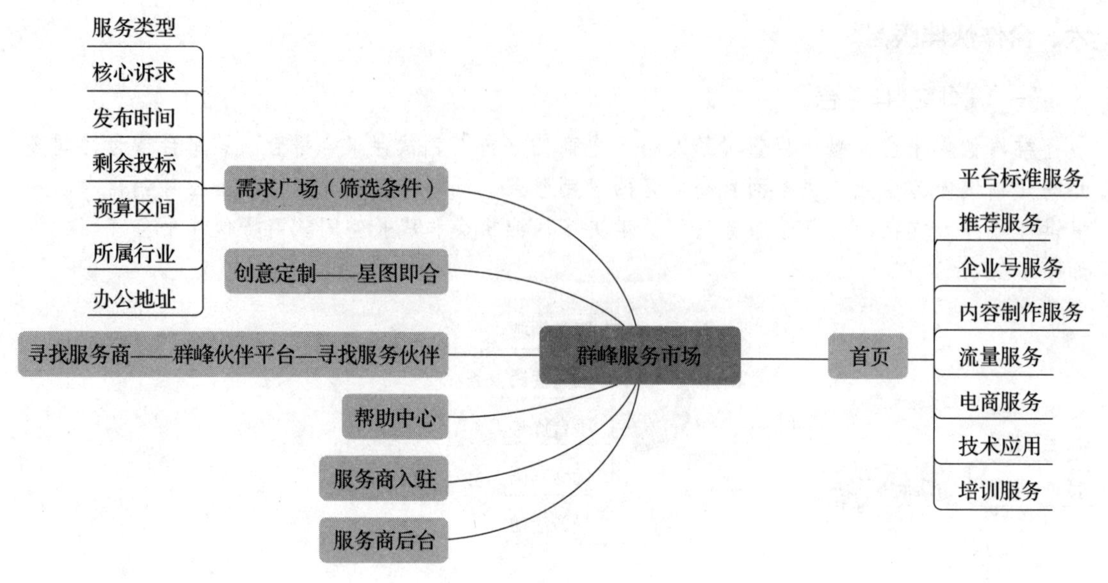

图 7-33　群峰服务市场官网架构

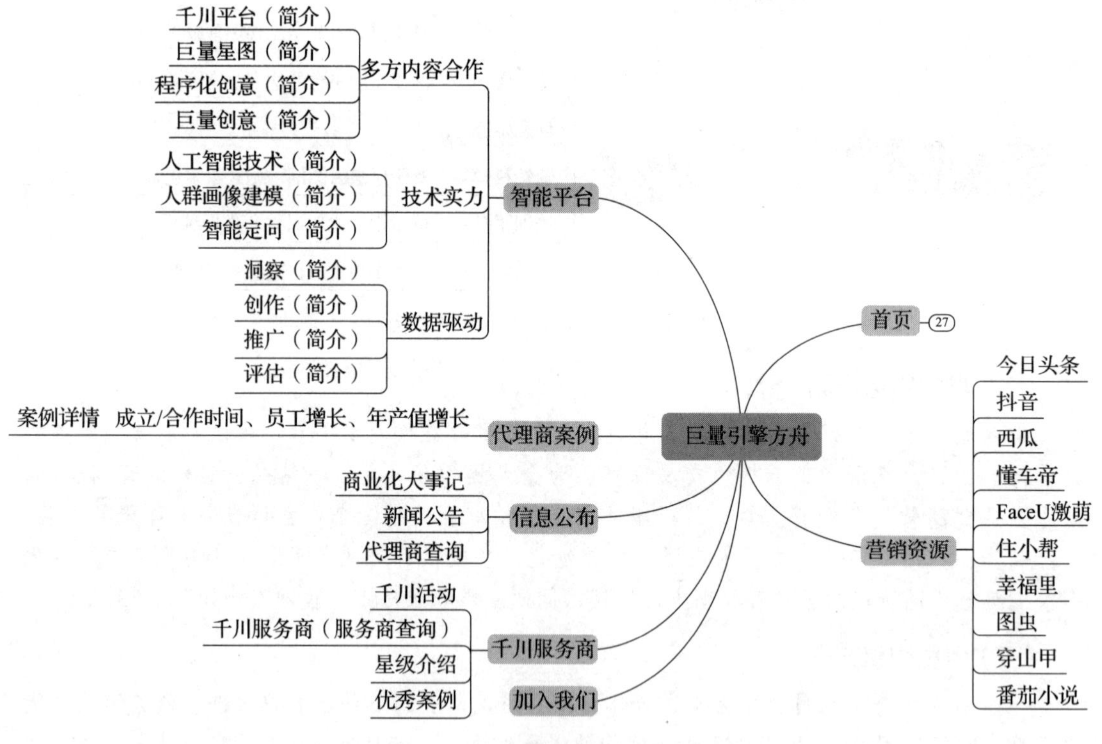

图 7-34　巨量引擎方舟官网架构

七、营销知识体系：巨量学

巨量学（upskilling platform）是巨量引擎旗下核心数字化教育培训平台，通过在线学习和线下课程等方式提供专业化、体系化理论知识和实操培训，以及系统化的个人职业资格技能认证，持续培养、输送优质专业人才。现有认证讲师200多名，课程内容丰富且贴近实战。该平台围绕广告营销、中小企业解决方案、电商带货、内容营销等核心领域，为不同发展阶段的企业、从业者、创业者提供24小时免费学习机会。巨量学生态地图如图7-35所示。

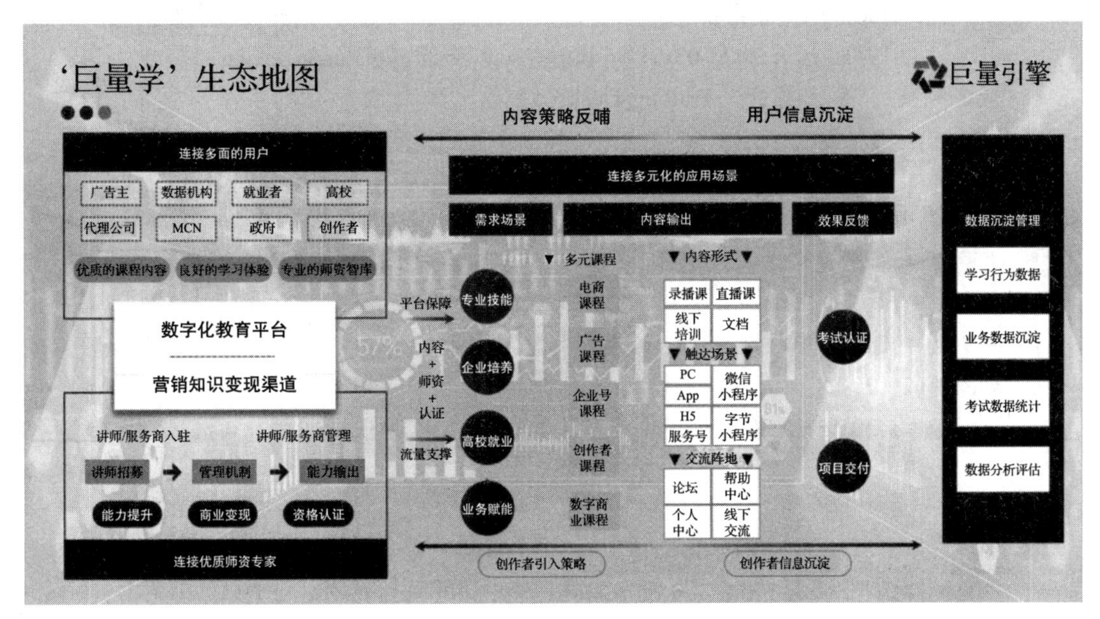

图7-35 巨量学生态地图

巨量引擎旗下还有诸如电子牵（电子签约服务平台，致力于打造高效、精细贴合用户需求的签约解决方案）的效率工具作为企业增长的辅助。在巨量引擎未来的产品矩阵中，将会看到越来越多基于协同思维和新经营形态下的产品，如解决多端流量协同的触点类产品“全域智达”，强化内容价值的“有刷必映”等，提供更易用、更有效、具备众多平衡特征的产品化解决方案。

参考文献

[1] 财经E法. 拆分谷歌？没那么容易[EB/OL].(2022-05-27)[2023-03-01]. https://finance.sina.com.cn/tech/2022-05-27/doc-imizmscu3714940.shtml.

[2] Publié le.L'Autorité la concurrence sanctionne Google à hauteur de 220 millions d'euros pour avoir favorisé ses propres services dans le secteur de la publicité en ligne[EB/OL].(2021-06-07)[2023-03-01]. https://www.autoritedelaconcurrence.fr/fr/print/pdf/node/7876.

[3] ACCC.Digital advertising services inquiry: final report[EB/OL].(2021-08-01)[2023-03-01]. https://www.accc.gov.au/system/files/Digital%20advertising%20services%20inquiry%20-%20final%20report.pdf.

[4] 吴俊. 程序化广告实战[M]. 北京：机械工业出版社，2017：211.

[5] 李健欣. 移动广告TRADING DESK千百家，你该怎么选择它？[EB/OL].(2020-04-07)[2023-03-01]. https://www.nativex.com/cn/blog/2020-04-07.

[6] 王华. Trading Desk 2.0 时代：自动化与智能优化的营销技术，让优化师面临失业? [EB/OL].(2017-04-21)[2023-03-01]. https://www.rtbchina.com/will-trading-desk-2-0-automation-make-ad-optimization-professionals-lose-their-jobs.html.

[7] 梁丽丽. Trading Desk 指南(3)：企业级 trading desk 三种对接场景的优劣对比[EB/OL].(2019-01-16)[2023-03-01]. https://www.energypie.cn/article/2.

[8] 美数科技. “深度解析” Trading Desk：一站式解锁程序化购买生态链[EB/OL].(2016-09-18)[2023-03-01]. https://www.adxdata.com/2016/news_0918/55.html.

[9] 梁丽丽. Trading Desk 指南(1)：Trading Desk 能带来什么价值? [EB/OL].(2018-08-04)[2023-03-01]. https://www.energypie.cn/article/1.

[10] 梁丽丽. 程序化广告：个性化精准投放实用手册[M]. 北京：人民邮电出版社，2017.

[11] 钟夏泉. 大数据与用户画像在计算广告发展中的应用研究[D]. 广州：华南理工大学，2017：27-28.

[12] 纷析智库. 2019—2020 年中国企业私域数据与 CDP/DMP 白皮书[R]. 北京：纷析智库，2019：58.

[13] 同[4]：272.

[14] Microsoft，埃森哲，Oracle，等. 中国 DMP 行业白皮书[R/OL].(2016-01-01)[2023-03-01]. mcc.chinadep.com/static/chinadep/image/China DMP industry White Book-2016.pdf.

[15] Carlos. 4000 字干货带你了解广告投放提效工具：Marketing API[EB/OL].(2021-07-19)[2023-03-01]. https://mp.weixin.qq.com/s/SIA7I_djN3R5orHuczcITg.

[16] 宋星，张依侬. 半小时读懂各媒体广告系统的 API：比你想象的还要野[EB/OL].(2019-08-16)[2023-03-01]. https://mp.weixin.qq.com/s/farZVbvQPWFvwCOUfvxA0A.

[17] 段淳林，任静. 智能广告的程序化创意及其 RECM 模式研究[J]. 新闻大学，2020(2)：24-26.

[18] 梁丽丽. 程序化广告生态实用手册[R]. 广州：舜飞程序化学院，2017：45.

[19] 同[18]：47.

[20] 中国广告杂志. 引擎大会 2022：巨量引擎发布全量增长方案，迈向营销与经营一体化时代[EB/OL].(2022-01-11)[2023-03-01]. https://weibo.com/ttarticle/p/show?id=2309404724472916869523.

[21] Top Marketing.3 个数字 5 大能力，读懂巨量引擎商业产品体系[EB/OL].(2019-12-09)[2023-03-01]. https://mp.weixin.qq.com/s/qQP1yN8uQIxVy3mGllatQA.

[22] 媒介 360 学院. 解码巨量引擎商业产品体系：原生经营如何驱动企业新生意? [EB/OL].(2021-01-05)[2023-03-01]. https://new.qq.com/omn/20210105/20210105A0EM3E00.html.

第八章
CHAPTER 8

智能营销的伦理与法律规制

§ 学习目标

1. 了解智能营销中面临的伦理与法律问题。
2. 掌握智能营销出现伦理失范的动因。
3. 了解针对智能营销伦理失范行为的治理路径。
4. 掌握国内外关于智能营销的法律规制。

§ 导入案例

苹果大战 Facebook

苹果 IDFA 新政落地不可逆转。广告主哀鸿遍野，营销圈也哀号一片。其中 Facebook 等社交平台因为被触及巨大的商业利益，双方之间的矛盾出现越演越烈之势。

作为引领硬件行业风向的巨头，苹果深知手机用户的痛点——在信息时代，手机中最为重要的就是信息。用户固然看重手机和应用软件带来的便利，他们会为了便利让渡一部分隐私权，但是用户的容忍范围是有限度的。而主营社交网络的 Facebook 方便了大众之间的沟通，但与此同时它也掌握着大量的用户隐私数据，这些数据和信息流量就是 Facebook 的财富密码。

根据 Facebook 发布的财报，2020 年 Facebook 总收入同比增长 22%，达到 860 亿美元，广告收入增长 21%，达到 842 亿美元，广告收入占比高达 98%。站在不同的立场上，两家巨头对于用户的信息数据的态度显然会有巨大的差异。苹果极力让用户信任旗下产品的性能和安全性，强调会按照用户的意图阻拦软件对隐私信息的滥用；Facebook 则侧重于强调信息带来的便利，让用户自愿地让渡一部分权利。

为了避免将用户无法更改的 UDID 泄露给广告商，2012 年，苹果推出了广告标识符 IDFA。IDFA 是 iOS 系统自动为每台设备随机生成的一串代码，就像是一台设备的身份证，用户在应用内的一切操作，都可以被应用记录下来，并且与 IDFA 绑定，形成这台设备的行为数据。苹果手机用户的 IDFA 一般处于默认开启状态，应用软件可以利用 IDFA 识别用户定位和跟踪，基于用户兴趣等向其定向推送精准广告。

2020年6月，库克在苹果开发者大会上宣布——为了保护用户隐私，会修改iOS 14系统中广告平台获取IDFA码的规则，会明确要求用户选择是否允许应用程序中的广告跟踪。Facebook随即表示了强烈不满，这些信息的缺失会对衡量广告效果造成严重的冲击。

Facebook的CFO大卫·维纳认为苹果的这一改变可能会对其社交网络投放精准广告的能力构成破坏。他宣称："Facebook和定向广告是小企业的生命线。新冠疫情期间，小企业需要用轻松的方式向数百万人推广自己的产品和服务以求得生存，激进的平台政策会切断这条生命线。"根据Facebook的内部测试，删除个性化设置后广告商的收入会下降50%以上。

此后，两家公司不断就相关话题开起"嘴炮大战"。Facebook还在苹果牵涉的反垄断诉讼中"使绊子"，拒绝为苹果提供其要求数量的有利文件。

两家公司矛盾进一步爆发的导火线是iOS 14.5正式版本的上线。在iOS 14.5之前，应用可以在不通知用户的情况下，（通过其他API）自行获得设备的IDFA。而苹果最新的要求是，应用必须通过"应用追踪透明度"（ATT）框架才能获得IDFA。从实际流程来看，应用软件和运营商如果要访问用户的IDFA，手机就会弹出类似"定位请求"的窗口，用户可以选择是否允许应用获取IDFA。如果用户选择禁止信息跟踪，企业就无法获得手机的IDFA码，取而代之的是一连串无意义的0。苹果向iOS上的开发者发出警告：不要尝试绕过即将推出的应用跟踪透明度隐私功能，否则应用将被下架。

而在Facebook看来，用户隐私只是幌子，苹果谋求的是行业主导地位。2021年1月，Facebook在财报会议上承认，iOS系统升级可能会对公司营收带来负面影响，扎克伯格更直言苹果是重要的竞争对手。扎克伯格认为，苹果利用自身在硬件方面的地位帮助苹果自主的服务软件如iMessage，从而对Facebook旗下的Messenger和WhatsApp形成冲击。

Facebook负责广告和商业产品的副总裁丹·利维在媒体采访中指出，随着广告减少，应用程序必然会从免费使用转向付费，否则难以维系。无论用户选择按月订阅还是选择其他充值付费方式，苹果可以根据自己制定的规则直接从iOS渠道获得收入"抽成"，原先属于广告平台的收入也因此流向了苹果。

所以目前来看，在这场大战中，苹果已占据上风。但从长远来看，两家公司的斗争还在继续，未来如何，一切仍未定论。

【案例小结】

自2018年欧洲联盟出台《通用数据保护条例》与2020年美国的《加州消费者隐私法案》生效以来，用户隐私越来越受到全社会的关注与重视。苹果与Facebook作为全球互联网科技巨头，它们之间的这场大战，侧面反映了当下互联网与广告行业在发展中共同面临的一个棘手难题——到底该如何在用户隐私保护与智能营销精准投放之间找到一个合适的平衡点。

对互联网平台来说，一方面，随着相关个人信息保护法律法规出台，加强隐私保护措施，保障用户信息安全，是当下社会环境与未来社会发展提出的要求，更是互联网平台自身不可推卸的社会责任。但另一方面，在智能营销背景下，广告精准化的趋势已经无法抵挡，精准个性化的广告效果离不开对海量用户数据的利用，广告平台需要通过读取用户信息与跟踪用户行为，去进行用户画像分析、广告内容匹配、广告投放等。而这背后，往往容易涉及用户的隐私保护问题，隐私泄露的风险会引起用户对隐私的担忧。

苹果等平台对推行隐私保护新政的强硬态度，虽然有可能如Facebook所推断的一样，是出于另外的商业利益考虑。但无可非议的是，在智能营销与计算广告时代，互联网平台首先应当积极履行好保护用户隐私数据的义务，从技术与政策等方面，营造一个安全可信的平台环境，保障用户的个人信息数据安全。而智能营销未来的发展，也应当积极寻求隐私保护与精准投放之间的平衡点，探索两者之间的共生之道。

第一节　智能营销面临的问题和挑战

随着程序化购买、精准投放、AI广告等技术的应用日益流行和成熟，智能营销产业与传统的广告行业相比，在广告技术、形态、产业链等方面有了巨大的变化。这也意味着，智能营销活动产生和面临的问题也是全新的，因此需要加强行业伦理道德引导、确立智能营销行业规范、完善现有法律法规、及时修改政策规定，以积极应对这些变革。

智能营销产业的分工模式不断朝精细化、专门化方向演进。广告主、需求方、供应方、交易平台、数据服务商、综合平台、媒体和消费者等多元主体参与到智能营销生态体系中，形成了多层级的复杂网络。在智能营销活动中，不同主体的权利和义务的归属仍有很多模糊之处，成为问题和争议的焦点。

将消费者与广告精准匹配，一直是智能营销活动追求的目标效果。智能营销活动通过采集线上和线下的海量数据，利用分析技术掌握消费者个体的喜好、个性和行为等信息，将消费者与广告主的需求相匹配，将广告精准投放到消费者所浏览的媒体页面。当然，还有实时效果监测和营销活动评估等环节，共同构成智能营销整个的活动流程。

数据、算法和流量成为智能营销活动中的关键性生产要素，在整个产业体系中起着不可或缺的作用。这三者的相互配合，使得营销活动真正变得智能化。但在缺少合理规制的环境下，智能营销活动利用数据、算法和流量获益的同时，也可能会侵犯消费者权益并扰乱社会安宁，并为产业内部带来纷争和隐患。

智能营销在快速发展的同时，也隐含着许多新的伦理和法律风险，其性质和危害程度都与传统营销活动不同。如何应对这些风险，不仅影响智能营销行业的前景，更关系着社会经济活动以及人民的切身利益，甚至国家的公共安全。具体来说，智能营销活动面临着以下几类问题和挑战。

一、个人信息的保护和合理利用

（一）个人信息的定义及特征

1. 个人信息的定义

在智能营销活动中，用户的个人信息是不可或缺的，它是实现精准分析用户、识别场景和匹配广告的前提。因此，营销活动的主体都十分注重对用户信息的采集和利用，这催生了数据提供和服务平台。

个人信息，从字面上看是指与个人有关的信息资料。个人信息涵盖的范围广泛，直接和间接与个体相关的信息都属于个人信息。在现代社会中，几乎所有与个人相关的信息和数据资料都可被视为个人信息，包括经济、社会、文化、心理、人际关系等各方面。

因文化差异、社会背景和学科侧重的不同，不同国家、不同学科对个人信息的定义也各有不同。《中华人民共和国个人信息保护法》将个人信息界定为："以电子或者其他方式记录的与已识别或者可识别的自然人有关的各种信息，不包括匿名化处理后的信息。个人信息的处理包括个人信息的收集、存储、使用、加工、传输、提供、公开、删除等。"

2. 个人信息的特征

在大数据技术与互联网技术并行的背景下，个人信息的定义更为广泛，个人信息表现出以下特征。

（1）个人信息复合呈现出差异性。个人信息基于个体存在，涵盖范围广泛，涉及政治、经济、生活等各个方面。社会中每个个体的独特性表现在生理、心理、行为方式、个人习惯等方面的信息差异性，这些信息的复合使个人具有可识别性，对个人信息的非法利用会对个体产生不良影响。

（2）个人信息亦具有经济价值。在商品的制造、流通、销售环节中，个人信息的收集和利用十分重要，并成为商业活动的重要环节。

（3）个人信息和普通信息一样具有共享性。个人信息的可分享性极大地拓展了个人信息价值的发挥空间，同时相应地增加了个人信息的保护难度。

个人信息数据涉及无数用户的人格尊严、消费自由、财产和人身安全等问题，其安全性要求是不容忽视的。这些数据通常是以海量、高速的形式被产生、收集、存储和使用的，人们将这样的数据形式和技术称为大数据。

（二）大数据给个人信息保护带来的挑战

互联网大数据技术的介入，为智能营销的发展注入新的活力。大数据技术以一种强有力的模式改变了营销的运作策略和方式，引发了前期调研、内容设计、投放渠道和事后评估等各方面的新变动。

大数据一方面是指巨量的单个数据的集合，其中单个数据的价值各有高低，而集合后的利用价值却远远超越了原有数据的相加，由量变引发了质变。另一方面，大数据也指海量数据集合的处理技术，包括采集、整合、挖掘与分析等环节，可利用其发掘和应用数据集合的最大价值。互联网上无所不在的信息采集，形成对个人的密集包围，其中也有许多自动收集程序自动收集信息而用户无从知晓。大数据通过对于个人信息的累积和分析形成用户画像，预测其行为，很可能探知和挖掘出用户潜在的、不愿为他人知晓的信息和隐私，给个人生活带来不安、困扰。一些敏感信息如果被曝光、泄露或非法使用，很容易对用户的财产、人身安全造成损害。除此之外，在智能营销时代，隐私侵犯等行为难以追责。

大数据给个人信息的保护带来了不少问题与挑战，主要表现在个人信息的泄露、个人信息的过度收集、个人信息的二次开发以及个人信息的商业交易四个方面。

1. 个人信息的泄露

当前，我国社会发展中个人信息的泄露问题严重。《中国网民权益保护调查报告（2021）》显示，49.7% 的网民认为个人信息泄露情况严重或非常严重，82.3% 的网民亲身感受到了个人信息泄露对日常生活造成的影响，63.4% 的网民个人网上活动信息被泄露（如通话记录、网购记录、网站浏览痕迹、IP 地址、软件使用痕迹及地理位置等）。[1]

随着移动互联网的发展，网民的网购记录、位置信息、IP 地址、网站注册记录、网站浏览痕迹、软件使用痕迹也是很重要的个人信息，应值得网民重视。“电子轨迹”的暴露使用户在网络面前变得透明化，这不仅是由于数据保护技术不够严谨和发达而造成的伦理困境，还存在着恶意攻击网站获取个人信息的违法行为。

2. 个人信息的过度收集

在个人信息收集方面，网络运营商、服务商以及广告商等对网络用户的个人信息往往会出现过度收集的问题。

多数传送定向广告的追踪技术都采用客户端处理的形式，利用来自用户终端设备和浏览器的文本信息进行用户识别，新推出的网络浏览器也为用户提供了是否保留浏览记录和管理的机制。但一些广告联盟改进了追踪技术，其中使用最多的是本地共享对象，在此技术下，用户无法将 cookies 从浏览器上删除。[2] 众多网站用此技术来收集那些拒绝或删除传统 cookies 的数据对象，而这些技术应用已经超越了服务范围内的个人数据信息收集。用户的私人领域被技术侵蚀，与公共领域之间的界限越发模糊。

移动互联网技术出现后，通过手机客户端，能够将用户的实时地理位置、社交关系等更为隐私的信息悉数记录下来。人类逐渐形成对手机的重度依赖，手机用户任何操作所涉及的信息都会被移动终端设备收集、存储。所以，加强对信息搜集者的伦理引导，建立行业认可的信息搜集原则，且通过法律法规约束信息搜集者的行为是不可规避的问题。

3. 个人信息的二次开发

商家之间会相互交换各自收集的信息，或是与合作伙伴共享信息，使得个人数据有可能被更多商家知晓和利用，这也是对个人隐私的变相侵害。

个人信息的二次开发过程目前来看处于缺乏监管的状态。由于智能营销中定向技术的复杂性，消费者和商家之间信息的不对称，多数情形下网络用户并不知道自己的何种信息会被收集和存储，也不知道会有哪些人会获知这些信息，更不知道这些信息将会如何被用作营销工具来建构消费者的形象。在这种情况下，消费者的个人信息被不合理搜集、存储和传播的风险日益增加，而个人隐私信息所产生的数据在多次被利用的过程中也失去了用户主体的自主控制，使用户同时丧失数据所有权、选择权和隐私权，从而引发侵犯隐私的伦理问题。[3]

4. 个人信息的商业交易

当前市场上，个人信息的商业交易乱象频发。在利益驱使下，有些不法企业恶意开发免费应用软件，盗取用户基本信息，转卖给第三方从中赚取收益。

不仅如此，互联网用户在网络使用过程中，无法控制运营商或其他互联网公司等对个人信息的收集行为，无法控制被收集的个人信息的类型，也无法预知个人信息被收集后的使用范围，所以也无法预知信息泄露可能造成的影响与后果。如果用户个人信息遭到泄露，就有可能带来难以预料的危害性后果。在智能营销中，多种因素可能导致个人信息泄露，如消费者自己的疏忽、商家的越权使用、黑客攻击，由此带来的负面后果有身份盗用被恶意建立消费者数据档案等。商家对数据档案的商业交易往往是各种恶性后果的开端。

（三）第三方数据处理者

在用户个人信息处理和流通过程中，第三方数据处理者的地位和影响力日益凸显，包括数据服务方和数据后续利用方，增加了个人信息泄露和非法利用的风险。用户通常只与媒介服务提供方有所互动，缺乏和其他数据处理者的联系，对自己信息的实质控制能力比较弱。在大多情况下，用户对自身信息被传输、二次利用并不知情，发生侵权事件也难以进行举证[4]。数据处理和使用活动涉及多项流程，对于每一个环节中的数据处理者的责任和义务规定还有待明晰，难以靠行业自律来把握其中的分寸。

一般来说，平台或者其他数据处理者在收集用户的个人信息之前，需要告知用户信息的处理状况，通常以隐私声明的形式表现，用户在阅读声明后做出同意的表示，才意味着平台获得了对用户个人信息收集和使用的合法授权。这便是传统的个人信息保护中的“知情同意”原则，但在智能营销环境下难免左支右绌[5]。信息采集技术具有隐蔽性，常常突破既有技术的监控。并且，平台机构在收集信息之时，也难以精准地预知之后的使用目的和范围。为了遵循法律的要求，平台往往列出冗长、繁复的隐私声明。用户既难以全面细致地理解这些条款的含义，也无实际的反抗或协商的权利，为了能使用平台提供的服务，用户通常除了点击同意外并无其他选择的自由。在信息和服务的交换中，用户实际上是弱势的一方，而“知情同意”的话术却掩盖了这种不平等。除此之外，个人信息流通和多主体参与的复杂性，也加剧了“知情同意”规则合理约束数据处理者的困难。

（四）“知情同意”“合理使用”规则面临的困难

“知情同意”规则面临着挑战，而平台和其他数据处理方声称的“合理使用”原则也更难得到贯彻。商业活动的逐利性质，会驱使数据处理者尽可能从中获利，可能过度采集和非法采集用户信息，或者减少在数据的安全存储和加密处理上的投入，甚至将信息非法售卖以换取更多利润。而漫长、复杂的数据流转过程，也使得监察和弥补数据安全的漏洞变得更为困难，用户的个人信息安全亟须企业和法律层面的系统保护。

二、数据安全

（一）数据安全与数据处理者利益

个人信息安全与数据安全是数据信息在智能营销不同环节所面临的现实问题，涉及的主体从用户转变为数据处理者，危害的对象也主要从人格隐私转向了财产权益。数据的泄露或非法使用会威胁到用户的生命财产安全和个人生活安宁，同样会损害数据处理者的利益和信誉。对于媒介平台来说，数据安全的威胁触及平台的核心利益。平台每时每刻都在生产和贮存无数的用户信息，致力于吸引和维系用户信任和依赖，并凭借流量和数据资源获得广告商的青睐。此外，数据的泄露或遭受攻击也直接地损害了其他数据处理者的正当利益，数据的价值不能正常发挥，智能营销的生态也可能受到破坏。

（二）数据的经济价值

数据具有经济价值，而对于这些价值归属问题或许在法理上仍有争论，但其中有很大一部分价值无疑应归于数据处理者。数据处理者通过汇集海量的单个数据形成了新的数据集，这个数据集就形成了一个新的数据产品。单个数据的价值也许微不足道，数据集的价值却超过了原始数据的价值之和，数据处理者还能凭借大数据分析技术，发现和推测出潜在可用的信息，创造新的价值。并且，在智能营销产业实践中，数据作为商品进行交易，具有交换价值。围绕数据的交易，已经逐渐形成一套成熟的产业链。

数据企业在采集、存储和分析个人数据的同时，还付出了相应的成本。媒介平台看似向数据的被收集者即用户提供了“免费”“低价”的产品和服务，实际却遵循了交换的原则。存储海量的个人数据，需要专业且庞大的硬件设备和软件支持，数据处理者要么自行构建，要么购买存储服务。大数据技术的“神奇”应用背后，也意味着资金、时间和人力的投入。因此，对于数据处理者而言，数据承载了巨大的经济价值和成本投入，这也是智能营销商业模式的基础。

（三）数据安全的内外部威胁

数据安全的威胁来自数据产业的内部和外部。数据企业自身在处理数据的过程中容易出现数据安全的问题，包括数据误用、数据污染、未授权访问或者非法出售等。作为数据产业内部人员，如果没有树立正确的职业道德观念，就更容易受到外界诱惑，从而凭借职权的便利私下对外传递数据，进行未授权访问甚至窃取数据。数据安全的外部威胁，主要是指外部机构或人员针对数据企业或存储平台的系统寻找漏洞发起攻击，从而窃取数据。并且，由于数据存储硬件设备投入巨大，而云计算等技术日益成熟，许多数据处理者选择将数据存储在云上。这节约了数据企业存储和维护的成本，也方便其远程管理、共享和处理数据。而这也意味着云存储平台承担了很大一部分维护数据安全的职责，数据企业让渡了部分对数据的控制权，违背了安全可控等伦理准则。此外，数据交易以及二次利用环节的增加，同样增添了安全隐患。

（四）数据主权

智能营销中的数据安全，关系着普通公民的个人生活安宁，成为影响社会安定的重要因素。数据安全问题甚至上升到国家安全和数据主权的高度。数字时代，全球化趋势以及互联网技术使得国际大规模的信息的联通、交换和共享成为必然。数据传输逐渐突破了传统的国家和地域限制。当数据资源成为国家和区域间经济交往、生活交流的重要条件时，国家开始更为重视对数字资源的控制和管理。数据甚至成为国家主权的一部分，影响到政治、文化、金融等领域发展。近年来国际和国内形势表明，数据主权将成为大国争夺和博弈的重要焦点。而一些大型企业的数据安全问题，可能会严重关系到公民敏感数据、重要商业机密甚至政府信息，涉及国家安全和国家利益。某些跨国企业也可能将经营中获取的公民信息转移到国外，为他国提供情报，这也威胁到我国数据主权。我国互联网普及规模之大，数据体量自不必多言。在巨大的经济发展潜力和错综复杂的信息流通网络背后，我们也应看到保护数据安全的重要性和必要性。

三、算法歧视

(一) 算法歧视现象

在传统的线下市场中，经营者和广告方对于消费者群体基本是一视同仁的。独特的市场定位是一种营销战略选择，但并不涉及“歧视”这样的伦理和法律问题。而在智能营销时代，广告方和平台预先采集了消费能力、个人喜好、消费记录等个人信息来进行分析，进而通过精准的个性化推送进行营销。在这样的营销过程中，广告方和媒体平台牢牢掌握着信息优势，消费者处于相对弱势的地位。借助智能算法支持，营销方可能将这种信息优势转化为具有歧视性的交易，即不平等地对待消费者。算法歧视现象主要表现在个性化推送和差别定价行为中，在无形中阻碍了消费者行使其知情权、选择权、公平交易权等基本权利[6]。

(二) 个性化推送

个性化推送被广泛运用于智能营销活动中，是凭借算法技术和大数据基础才得以实现的传播手段，也是智能营销区别于传统营销的关键。而关于算法推送的争议也从未停止。个性化推送在为用户提供信息便利的同时，也被指责剥夺了消费者信息知情权和自由选择权。这种批评略显苛刻，个性化推送的“歧视”性质和程度还难以判定，但当个性化推送与差别定价配合协同时，原本自称中立、客观的算法，无疑是在主动歧视消费者以牟取利润。

(三) 差别定价

在智能营销活动中，广告方和互联网平台常常利用独特的算法为消费者推送不同的商品、广告内容。在多数情况下，平台不仅会优先选择展示和消费者匹配度高的商品，也会偏向为那些支付更多广告费的商品提供更高级别的展示，而屏蔽掉其他商品选择，诱导用户消费。更进一步的是，平台可能还会根据消费者的差异为同一商品标示不同的价格，比如携程等平台曾被曝出对消费者实施价格歧视。价格歧视的目的常常是吸引新用户，在相同的时间和场景下，相同的商品针对老用户的价格却更高，在无形中损害了老用户的利益。甚至对于不同品牌终端的用户，也存在差别定价的现象。这种算法支持下的歧视行为，也被称为“大数据杀熟”，其核心是个性化定价。差别定价具有极强的隐蔽性，消费者难以发现和举证[7]。以信息不对称为特征的算法歧视破坏了市场交易规则，违背了公平、诚信的交易伦理诉求。

(四) 算法歧视的根源

算法歧视是伴随算法技术应用而产生的。“歧视”的根源大概来自三个方面。首先，算法技术是有选择性的而非全能的，对于消费者的个人信息也是有选择性地进行收集，分析和画像的结果也和算法模型有关，并不是完全如实的。其次，对于算法的设计和调整主要是依据平台的利益和目的。而算法的作用对于消费者来说是不透明的“黑箱”，这种信息的差异助长了算法对消费者的“歧视”。最后，算法背后的主体是以营利为目的的，在缺少监控和管理的情况下，算法背后的设计者或控制人可能滥用算法技术权力，为营利而损害消费者权益和市场秩序。当媒介平台或营销方发布技术中立的免责声明时，背后隐藏的可能是人为的故意或技术的偏见。

四、垄断

（一）垄断风险

我国数字经济的快速发展和市场繁荣离不开数据、算法的应用，凸显了二者作为新型生产要素的重要价值。大数据结合算法技术具有激发市场竞争活力的积极潜能，但也可能诱发垄断风险，从而削弱、限制市场竞争，成为阻滞数字经济发展活力的负面因素。垄断行为破坏市场秩序，凌驾于市场竞争之上，违背了以平等交易为信条的经济伦理，也催生了相关的伦理规范和法律规制。在《中华人民共和国反垄断法》规制的视域下，反垄断问题重点关注市场支配能力的行使与市场结构的变化。就行为类型而言，市场垄断主要是指垄断协议、滥用市场支配地位、经营者集中三种活动。

（二）数据和算法在垄断中的作用

就滥用市场支配地位行为而言，数据既可能是经营者利用市场支配地位所垄断的目标资源，又可以作为维系经营者市场支配地位的工具。而算法也可能成为市场经营者之间实现共谋的新手段。经营者可以利用数据结合算法实时监测竞争对手的行为与反应，并据此调整己方的经营策略与活动，实现操纵市场价格和其他要素的目的，甚至可以仅借助算法而不依赖经营者的沟通交流达成默示共谋[8]。

（三）互联网平台企业的特殊性

在智能营销市场环境下，互联网平台企业是竞争行为的重要主体，也是反垄断规制关注的重点对象。如今，互联网平台企业基于自身庞大的用户体量，在数据资源方面形成竞争优势，从而可能实施排除和限制竞争的行为。并且，互联网平台企业往往具有较高的市场集中度，具有滥用市场支配地位的能力与可能性，同时也是参与企业并购、联合的重要主体。

互联网企业在市场结构中往往还占据着特别的地位。互联网平台企业通常不像传统企业那样直接生产或销售商品，更多是将市场供给和需求有效匹配起来，让经营者和消费者通过平台达成联结。对于用户和商家的掌控成为互联网平台企业的竞争力关键因素，也使得其在纵向上能影响上下游的产业。因此，互联网平台企业在某种程度上发挥着双边市场的资源调配功能，具有一定的市场控制权力。

智能营销市场的竞争行为的后果无疑具有双重性，既可能导致垄断或不正当竞争，也可能激发市场活力，带给消费者优惠等。此外，大数据竞争行为的垄断危害具有不易识别性，十分隐蔽。由于“数据黑箱”“算法黑箱”的存在，垄断过程趋于复杂、自动，形成阻止外界察觉的技术障碍[9]。现阶段法律上对于智能营销产业中的垄断行为判定和监管面临着挑战。

五、流量作弊

智能营销活动从拟定广告策略到执行广告投放，都离不开准确的数据的支持。而虚假的数据污染了决策信息的源头，将阻碍和误导后续行动，对最后的广告效果造成损害。虚假数据问题的形成和影响涉及智能营销活动的多个环节和主体，作为数字营销传播的“行业幽灵”，已经成为困扰全球数字营销产业的顽疾之一。流量作弊行为也往往通过虚假数据的形式，来达到欺骗、获利的目的。使用流量作弊的原因各不相同，有些与利益、广告收入相关（如提高融资、增强广告变现或导流能力），有些是因为需要亮眼的排行榜、行业排名，有的则是出于靠较大的数据吸引投资者的考虑。流量作弊是一种欺骗行为，不仅会误导广告主的实际决策，也会导致用户对市场环境产生认知失调，不仅会导致广告资源的大量浪费，还会引发信任危机，严重破坏市场秩序。

（一）常见的流量作弊类型

1. 机器人无效流量

非人类产生的网络流量统称为“机器流量”，或者称为“自动化程序流量”。从最初流量造假 1.0 时代，在 cookie 和 IP 不变的前提下，反复刷新页面和点击广告，造成广告曝光和点击的增加。到目前 2.0 时代，通过木马或者恶意程序海量人肉刷机，伪造大量 IP 与设备信息进行模拟访问，甚至是将 IP 和 cookie、user agent 一起进行轮替的流量造假方式产生的流量，都属于机器人无效流量。

2. 效果类虚假流量

效果类虚假流量主要包括虚假销售线索、多次激活 / 重复转化和设备刷量等几个方面产生的流量。针对近些年效果类客户的诉求，出现了一些特殊的广告欺诈形式。例如，汽车类等客户注重网站注册留资等信息，并将采集的信息作为后续销售跟进的重要线索。在有限单量和高额利润的驱动下，虚假销售线索也进入了大众视野。而这些虚假销售线索，有时甚至是由真人完成的。此外，现在 App 类客户为了增加 App 日活、月活需要通过购买大量广告驱动 App 新用户下载。需求催生下，很多冲榜工作室开始刷 App 下载。而且这部分虚假流量存在真人刷量现象，甄别难度较高。[10]

3. 广告可见性引发的低质流量

根据 MRC（media rating council，媒体评估委员会）的定义：横幅广告需要至少有 50% 的像素面积并且在屏幕上展示 1s，才能够被视为“可见”的广告展示。对 PC 展示广告来说，可视区域内应展现至少 50% 的像素面积，在屏幕上至少展现 1s；对 PC 视频广告来说，可视区域内应展现至少 50% 的像素面积，在屏幕上至少展现 2s；对较大的 PC 展示广告来说，可视区域内应展现至少 30% 的像素面积，在屏幕上至少展现 1s。广告可见性主要受发布商可见度状况、页面位置、广告尺寸、首页、内容类型或行业等因素的影响。这部分虚假流量产生的常见手段有广告容器设置为 1×1 像素、利用插件植入不可见的广告位置等。《2016 年 Sizmek 中国可见性报告》显示，广告总体可见率仅为 19.04%。其中，新闻及门户类的平均可见性为 51%，财经类平均可见率为 37.62%，时尚类平均可见率为 12.69%。这就意味着其余部分产生的完全是没有什么价值的低质流量，基本上就等于没有投放，给广告主带来巨大的损失。

4. 视频类虚假流量

视频类虚假流量的主要形式为内容投偏（剧目定向异常）、素材未展示、多次曝光、顺位异常等，其中最为严重的是内容投偏和素材未展示，分别占比 13% 和 8%。首先，视频贴片是按 CPM 售卖的，以第三方公司的代码调用次数为依据，但如果代码被调用，展示的是否为预定素材甚至是否为广告主的素材就不得而知，因此从根本上为无效流量的产生提供了条件。此外，目前视频媒体在视频前贴片广告售卖时，均支持内容定向、频次控制、地域定向、顺位定向等定投功能，并以此收取一定的溢价，这也成为视频广告流量欺诈的驱动力。

5. 智能电视无效流量

智能电视作为数字营销的新渠道，近年来发展迅速。奥维互娱发布的《2019 年中国 OTT 发展预测报告》指出，2018 年年底，国内 OTT 终端数量已经达到 2.1 亿台，家庭渗透率超过 52%，用户日均使用市场达 4.9 小时。[11] 但目前智能电视的监测规则尚不完善，个别媒体采集字段不够完整，因此流量作弊成本低，主要作弊手段是服务器刷量。另外，由于行业不规范、技术滞后，其他频发的异常流量主要表现在频次异常、智能电视广告中掺杂 PC 或移动端流量等方面。

（二）流量作弊的危害

虚假的数据和流量，会吸引和误导广告主和广告代理投入大量的广告资源，却无法转化为真实的用户注意、留存和消费等预期效果。而造假一方为了保持盈利，还会在营销效果数据上持续作假，使得这一问题不断延续、扩散。虚假数据问题带来的危害不仅局限于具体的营销活动，还会危及整个产业的信任机制。虚假数据使广告方难以科学、准确地评估广告效果，不仅损害数据方自身的可信度，还降低了广告主、广告代理公司、媒介平台、媒体公司之间的信任度，导致数据信号传递机制的失灵。这甚至会带来“劣币驱逐良币”的恶性循环，使得产业链条上的不同主体主动或被动地卷入数据造假活动的漩涡中，行业整体信誉被不断侵蚀，最终也会影响消费者对营销活动的态度和行为选择[12]。

（三）流量作弊的解决方法

流量质量问题给进行全球推广的公司带来了重创，浪费了数以十亿计的金钱和用户的信任。那么，所谓的“流量作弊”真的无解吗？事实上，在流量作弊的反击战中，充当先锋的

DSP早已见招拆招。以下为针对不同流量作弊类型的几大解决方法。

1. 弄虚作假，以伪乱真

来源于机器刷量的作弊方式大多比较低级，我们可以很容易地从形式、IP、频度、时间段、后续行为将其过滤。不同手段产生的异常流量，因为其技术特点，会有不同的技术性特征。这要求DSP熟悉各种异常流量产生的技术原理并进行有效识别。

2. 偷梁换柱，以次充好

越来越多的品牌广告主选择以PMP、PDB的方式进行私有程序化购买，直接对接媒体，固定位置，固定价格，通过程序化技术优化广告投放效果，整个过程高效透明。

3. 真人刷量，瞒天过海

作弊技术千变万化，而用户行为规律是相对稳定的，产生异常流量的动机，决定了这些流量在数据分布上必定在某个或多个方面产生异常。这需要通过大体量的数据分析，有意识积累各个细致维度下的日常数据分布特征，用以作为识别作弊的依据。

目前，我国智能营销行业缺乏权威的媒介数据监测机构和模式，还未建立起完善的数据监管体系，阻滞了广告业和传媒业的发展。面对虚假数据和虚假流量问题，需要整合政府部门、广告行业组织、媒体机构和互联网企业等多方力量协同应对，并完善相关的法律法规和行业规范。

六、虚假广告与强制广告

（一）虚假广告

广告投放是智能营销活动的执行环节，直接关系到最后的呈现效果。而在这一环节也常常发生伦理失范和违法现象，主要是广告自身内容或投放方式的失范和违法，其中比较典型的是虚假广告和强制广告的问题。

《中华人民共和国广告法》对于虚假广告的界定是："广告以虚假或者引人误解的内容欺骗、误导消费者的，构成虚假广告。"除了在事实上含有虚假内容，也有许多广告内容虽然真实但因为用语不当而被认定为违法，通常是非法使用了绝对化用语等。虚假广告和用语不当问题常常会混合出现。

虚假广告问题并非在互联网普及后才出现的，但互联网传播迅速、传播面广的特点助长了其泛滥。由于网络平台和媒体渠道数量众多，管理者难以全面有效地对其中的广告内容进行审核，使消费者容易受到虚假广告的蒙骗。虚假广告甚至利用搜索引擎竞价排名的机制，伪装成高质量内容大肆传播。非法集资、网络传销、电信诈骗、网络赌博等违法犯罪行为也大多借虚假互联网广告吸引、诱导网民。[13]

虚假广告不仅直接威胁到网民受众的合法权益，还进一步危害了市场的竞争秩序，损害了诚信、公正的商业伦理道德。夸大、扭曲事实的广告的流行，意味着正当的广告内容在传播中反而处于劣势，可能促使更多广告主选择虚假宣传的方式。虚假广告的违法成本低于所带来的收益，使得广告主、广告公司、媒体平台难以拒绝诱惑参与其中。恶性竞争的后果可能是，消费者对于市场的信任基础产生动摇。

（二）强制广告

强制广告一般是指自动出现、强迫用户观看的广告形式。很多弹出式的广告体现了这种传播的强制特点。它妨碍了用户浏览、使用媒体服务的正常行为，并且常常在设计上增加关闭的难度。这种弹出式广告在互联网存在已久。而学界和业界对强制广告的界定仍然是有争议的，一些用户不希望看到的广告，在媒体平台方看来是正当合理的。但有一类强制性广告显然是有害的。在一些互联网平台，不法分子利用恶意软件、木马程序入侵平台或用户中心，锁定页面或不停弹出广告窗口，甚至强制跳转某些网站或软件，下载应用或强制进行操作。通过这种形式劫持用户流量，或者恶意诱导用户接触某些虚假、有害信息。这种违法行为可能与盗取用户个人信息、攻击平台服务、虚假广告或者网络诈骗等不法行为相关，是企业商业道德缺失的表现，具有很强的潜在危害。

第二节　智能营销伦理失范动因

智能营销的伦理问题呈现了包括经济伦理、技术伦理等在内的各种伦理失范相互交错的局面。把握伦理失范现象的动因可以帮助我们理解伦理失范的实质，从而更好地治理失范问题。总体而言，伦理失范可以归结为内部和外部因素共同影响，自律与他律的双双缺乏。具体来看，本节从社会环境、经济、技术、主体客体以及法律监管层面出发，对智能营销伦理失范动因进行解读。

一、社会环境层面

我国自改革开放以来进入社会转型期，经济、政治、社会、文化体制不断变革，社会实践关系的改变使得伦理观念也在不断变化。传统伦理规范在转型社会下受到冲击，市场竞争中各主体在伦理道德观念上的失序，为智能营销伦理失范提供了社会和价值观基础。

（一）社会转型的宏观变化

改革开放以来，我国进入社会转型加速期，社会结构转型和经济体制转轨两者同时并进，相互交叉，形成相互推动的趋势。这意味着不同的社会地位体系从传统走向现代，经济体制从高度集中的计划经济体制向市场经济体制转换。[14] 经济基础决定上层建筑，社会转型中经济体制引发的变革将带动政治文化体制的改革、社会生活方式的改变。作为上层建筑因素的伦理规范毫无疑问受到冲击，原本与计划经济体制相适应的社会伦理道德体系与发展中的社会主义市场经济体制不再相适应，而过渡期短暂的失序状态会让人们的社会意识出现失衡甚至扭曲。

(二) 传统价值观的冲击

一方面，社会转型中的中国社会尚未形成一个完整而标准化的道德伦理体系。以往传统文化所推崇的“重义轻利”“己所不欲，勿施于人”“诚实守信”等观念，以及广告业“真实、公平、公正和关爱”等德性要求[15]散落一地，取而代之的是“利益”“个性”“效率”“技术”等生产高度自由化、商业化时代的关键词。另一方面，在全球化的浪潮和互联网的开放条件下，多元价值观的涌入也让人们在价值选择上更为混乱。智能营销中的KPI造假、无底线营销、隐私侵犯等伦理失范问题，正是伦理道德观念混乱失序、片面遵循利字当头的价值观的表现。

二、经济层面

“人们奋斗所争取的一切，都与他们的利益有关”[16]，利益是社会个体行为背后的根本动因。从本质上说，营销属于商业行为，而商业背后固有的逐利性与伦理道德产生了天然的对立。在智能营销时代，一方面，很多企业企图从技术入手打破同质化桎梏，将大量核心资源倾斜给技术部门，另一方面，从增量时代进入存量时代，用户的增量和维护成本也水涨船高。对于企业来说，如何回收其投入成本、实现利益最大化是重点问题。在智能营销实践中，企业和消费者、媒体 / 平台之间的利益纠葛则充分体现其如何实现资源的最大化利用以达成帕累托最优。

(一) 企业和消费者之间的利益较量

从企业和消费者之间的利益较量来看，二者之间构成最直接的利益关系，因为营销效果的衡量基于消费者的感知、态度和行为。一方面，借助智能算法等技术，企业得以对用户精准投放相应的广告，帮助用户更高效率地找到心仪产品，另一方面，在市场竞争的机制下，企业需要更高效地将自己的产品和服务摆在消费者面前。当企业片面追求经济利益而罔顾伦理原则时，消费者成为最直接的被害者。拿“大数据杀熟”来说，企业通过信息差减少用户选择，迫使用户高消费，以消费者的权益换取平台数据价值的最大化兑现，就是在片面经济考量下对消费者权益的侵害。

(二) 企业和媒体 / 平台之间的利益互惠

在智能营销活动主体中，新闻媒体的首要职能本是向公众及时、真实地传播企业相关重要事件，客观正确地引导舆论，在企业出现问题时让公众知情，起到监管作用。然而，由于媒体自身受市场利益驱动，更多的时候它们与企业或者说广告者进行合作，出售自有平台广告位，与其形成利益往来。当企业营销内容、手段出现问题时，媒体亦未能加以严查，往往对营销内容不加管束，对企业存在的潜在的伦理风险也视而不见，甚至在企业危机爆发时成为资本的帮凶，影响真实、公正等行业伦理原则的实现。除了新闻媒体，在网络电商等领域，从部分平台方对于虚假评论、虚假广告的放纵无视，也可以看出其与企业的合谋。

从企业和消费者、媒体 / 平台之间的利益较量中不难看出资本对市场的操控，这些操控隐蔽于技术背后，使人们往往只看到失范的技术根源，却忽视了技术背后资本的动作。如果不揭开资本和技术的合谋，智能营销伦理无法实现对真实、公正等伦理道德的追求。

三、技术层面

在数字化生存社会，人们越来越依赖于技术。技术推动着社会的智能化发展，在其给营销行业带来巨大变革的同时，也带来了前所未有的挑战。愈发智能的技术是拓展智能营销边界的关键性变量，而技术本身的缺陷、技术的滥用以及技术对人的主体性的遮蔽，都是智能营销伦理失范动因的核心课题。

（一）互联网特性

互联网呈现出开放性与连接性、匿名性与隐蔽性等特点，为智能营销伦理失范提供了平台基础。在开放的网络空间，人人都有权利表达自己，也有权利浏览他人发布的信息，然而，这也意味着人们在网络上处处留痕，成为被监控的对象，而网络的连接性为企业通过数据找到与用户相关的社交关系网络提供了便利。这些用户相关信息在被企业挖掘和分析而用于智能营销的各个环节后，也极有可能出现隐私泄露等伦理问题。

除此之外，面对企业在媒体和平台大量发布的虚假广告、诱导评论等失范营销内容时，互联网的匿名性和隐蔽性又大大增加了平台和监管部门追溯信息发布者的难度。即使能够通过IP 地址追踪到信息发布者的身份，人手的匮乏和技术的低效也使监管部门难以将其一网打尽，这让智能营销中的伦理失范主体得以暂时喘息。

（二）技术的自身缺陷与滥用

从根源来说，智能技术建立在智能算法和大数据的基础之上，如果没有数据，就无法实现以“千人千面”为显著特征的智能营销，意味着智能营销必然对数据产生依赖。一方面，过度的数据采集和分析会产生侵犯用户隐私权的风险，技术将参与智能营销的所有环节，甚至可以利用技术窃取数据而挪作他用；另一方面，如果数据质量不高或数量不足，内容的智能分发单纯迎合个体受众，可能造成媚俗、低俗化等导向的数据集中的恶性循环，最终导致数据的结构性偏见和“信息茧房”。

在用户数据的采集分析过程中，技术的智能化程度还未能有效分析非量化信息。企业算法模型所摹刻的用户画像也只是一个由标签组成的片面的、技术化的人，并不能代表消费者对自我的认知。此外，由于智能技术的发展并不完善，加上企业使用用户数据信息的限制，因此数据挖掘、算法模糊给消费者带来的并非真正精准的个性化营销信息。对于消费者来说，信息的呈现无序和混乱，甚至逆向选择导致信息资源配置失效，而频繁大量的广告推送亦是营销主体在技术的加持下对消费者进行的“时空侵犯”。[17]

（三）技术依赖加速异化

现代技术正在遮蔽人的主体性，将人异化为对象化、工具化的存在，让人丧失自主性、自决性[18]。而人的主体性正是讨论伦理的基础，“只有人意识到自己的主体性并成为主体，才能真正形成人类社会的伦理关系”[19]。在智能营销实践中，消费者以其数字身份出现于网络，参与到智能营销的链条中。当企业尝试去获取用户的所有数字痕迹以构建这一身份的数字人格并利用技术做出营销决策时，营销传播场域中人与技术的权力似乎出现了失衡，作为工具、服务于人的技术与作为主体、被服务的人的关系发生了倒置。如果我们过度依附于技术，把一切都交给算法技术来把关和决策，一方面，人将逐渐丧失主体精神、独立思考能力，身体和经验将成为被剥削的生产工具，人陷入一种新型的“异化”状态；另一方面，当技术被视为智能营销的绝对制胜因素，其将代替人成为目的。营销过程全然依靠工具理性支配，价值理性被忽视和抛弃。人们看似在更开放的空间里获得了信息自由，实质上却受到资本协同技术的驯化而浑然不觉。[20]媒介伦理的本质是维护技术在媒介中的人性化应用[21]，在智能营销实践中，如若忽视人的主体性，则必然导致伦理失范。

四、主体客体层面

智能营销的主要参与者包括企业（广告主）、消费者、平台和媒体，以及其他内容生产、技术服务等第三方企业。智能营销伦理失范不仅因为企业和行业从业人员缺乏责任意识和伦理素养，还因为消费者的辨别能力和权利维护意识不强。

（一）企业责任意识缺失

责任忽视导致了智能营销过程中企业在内部约束上的不完善，很多企业错认为不按既定的市场规则行事可能比守法更能牟利，使得此种行事方式演变为牟利的一种捷径。譬如，一些口碑营销机构在搜索引擎、口碑网站等平台上冒充真实用户提问和回答，用“万词霸屏”技术左右搜索结果，甚至非法篡改、伪造、删除网络信息，丝毫不见其法律和伦理责任意识，严重侵蚀了消费者的知情权和选择权。“为了获得这种令人羡慕的境遇，追求财富的人们时常放弃通往美德的道路。不幸的是，通往美德的道路和通往财富的道路二者的方向有时截然相反。”[22]企业社会责任不仅包括法律责任，还包括道德责任。在缺乏有效法制约束的前提下，若企业自身责任意识缺失，竞相做出此类妨害市场秩序、误导消费者的行为，通通片面追求利益而忽视法律和伦理责任，那么整个行业都将陷入人性之恶的危机之中。

（二）从业人员伦理素养偏低

从业人员的伦理失范同样是主体自律缺乏的表现。只有当伦理原则、道德义务真正内化于个体的本性中时，责任才能产生作用。对于智能营销领域，从业人员是智能营销技术、内容、手段的具体创造者和使用者，其自身伦理素养的高低将本身中立的技术手段带往不同的路径。技术善恶形成的关键取决于运用这一技术的人及其对伦理后果的自觉，也就是作为主体的人的风险防范意识及其对技术后果的体认。[23]而从人才培育角度，国内学科教育以及企业培训中对于营销伦理教育和营销伦理意识培养的重视不足也是导致从业人员伦理素养偏低、行业自律不足的原因之一。如果从业人员不具备传播伦理意识，那么其在参与智能营销的各个环节时，就不能充分考虑企业、行业乃至社会的长远利益，在权力和潜规则的压迫和诱惑下，诸如算法歧视、KPI造假、侵犯用户隐私等伦理失范行为的出现便也不足为奇。

（三）受众素质良莠不齐

作为受众的消费者在智能营销伦理失范现象的产生中同样扮演重要的角色。人的道德自律精神不是与生俱来的，而是在后天的社会化过程中形成的。它不但需要一定的经历、体验、知识做基础，而且需要相当程度的理性思维能力和自我意识为前提。这就意味着，一个社会无论何时也无法使人人都同时具有自律精神。[24]其一，作为数据源头，消费者必将其个人需求卷入存在结构性偏见的数据集之下，个体对偏向性内容甚至极端、低俗、猎奇等导向内容的需求也会强化偏见问题；其二，消费者对于智能营销环节中使用的手段、呈现的内容不加以辨别，对于其背后的技术机制更是不知情或者不在意，又或者因为技术机制复杂难以理解或产生懒怠，更倾向直接使用相关应用，而放弃研究其背后的运行机制。

五、法律监管层面

法律法规和以监管作为智能营销活动主体行为的外部约束，对智能营销伦理失范行为具备强制性规范作用。一方面，现有的法律法规存在滞后性，缺乏细化；另一方面，无论是企业内部审核团队，还是外部监管部门和社会组织，都在监管上存在乏力情况。

（一）法律法规不完善

自律意识的培养是在社会化过程中形成、由环境教育长期影响的结果。在利益驱动下，主体丧失自律意识，对道德谴责也满不在乎，这是行业伦理治理要依靠强制性的法律制度的重要原因。然而，由于智能营销在实践中诸多伦理失范问题的显现有一定的时间跨度，而政策通过正当程序，从概念的厘清到最终制定和实施也需要一定的时间，因此可以说政策方案在落地伊始就存在一定的滞后性的问题。法律法规滞后性将导致现有法律法规约束的针对性不够强，智能营销伦理失范问题种类多，变化快，针对每一细分领域问题的细化需要大量时间和精力。

（二）监督管理不足

智能营销领域出现的诸多问题本应被一定的监督管理有效抑制，然而无论是企业内部还是市场外部，都出现监督管理不足的现象。

一是企业内部审核存在缺位。一方面，智能营销内部环节繁杂，从信息采集到内容分发，人工把关机制中存在分工交叉、责任模糊等问题，效率不高。另一方面，企业内部的审核团队自身可能缺乏过硬媒介素养，无法做到高质量把关。一些企业为了提高审核效率，可能将人工审核工作外包给第三方公司，然而很多外包公司的工作规范性和专业素养同样无法保证。

二是在企业外部，市场监督管理乏力。作为智能营销市场监督主体，市场监督管理部门面临着监管对象广泛，而监督主体人手资金缺乏、管理技术和手段相对落后等问题。而作为第三方的社会监管机构的资源没有得到充分利用，消费者协会等社会组织在消费者中普及度不够高，且维权流程繁杂，给维权者设置了一定门槛，减退其维权的信心和动力。在行业自律方面，中国广告协会虽然在2020年发布了《网络直播营销行为规范》，对直播营销活动提供了规范，然而其发布的自律规则还停留在2008年[25]，并未对行业中出现的新领域和新现象进行针对性规范。

第三节 智能营销伦理失范行为的治理路径

在智能营销时代，消费者不得已“用信息换服务”。广告主要实现利益最大化，就得精准定位用户群体，获取用户的个人信息、行为场景、生活空间等隐私。面对与之相伴的种种营销伦理失范行为，需要行业自律和他律规制双管齐下，多角度出发形成合力共同治理，促进智能营销行业的健康发展。

一、技术促进：建立可信的互联网

建立可信的互联网意味着信息在互联网中传播的真实性、准确性能够得到保障，使用网络应用并不会对用户的身份信息安全或生命财产安全造成威胁，而网络平台也可以把关信息，维护秩序。要建立可信的互联网，具体可以通过引入区块链等技术和完善网络实名制来实现。

（一）分布式技术归还用户隐私所有权

区块链是由多方共同参与维护的一个分布式账本，具有去中心化、不可篡改、安全可靠等特点。它的去中心化数据库可以把隐私的所有权归还至大众手中，有效免除个人数据被中心化平台控制而产生的各种风险；其独特的算法机制能在实现有效数据共享的同时大大提高数据造假的成本，从而保证数据的安全性；其可追溯性则能帮助确定隐私侵犯的主体及具体行为，进一步防止隐私侵害行为的发生[26]。

同样，联邦学习算法作为分布式隐私保护技术可以在仅共享模型参数的前提下协同训练机器学习模型，从而有效避免本地设备向边缘节点直接传输数据造成的隐私泄露问题[27]，将脱离隐私主体视线的隐私信息重新拉回隐私主体，调动用户保护个人隐私的主观能动性。

（二）网络实名制为行为设置“警戒线”

当下，实名制营销是网络营销的大势所趋。网络的匿名性、虚拟性等特点使得很多用户在互联网上肆意发表言论，做出一些违背伦理道德甚至是法律的行为，网络实名制则可以在网民心中设置一道隐秘的“警戒线”。在网络实名制下，机器人无效流量等失范行为可以得到有效遏制。没有实名认证的用户不可以发帖、跟帖评论、点赞等，也就意味着操纵数据的“水军”或将从此下岗。

除此之外，对用户的真实身份进行登记，一方面可以提醒用户克制自己的行为，另一方面可以在发生违反公序良俗的行为时追根溯源，加强对违背道德、违反法规的用户的谴责或惩罚，从而减少道德失范行为的概率，营造清朗的网络空间。

二、行业自律：加强伦理道德引导

源于内心的约束往往比外部强制性的法律更加有力量，这就要求我们在面对智能营销的失范问题时建立营销伦理原则，就关键问题达成共识，与法律法规相互配合，形成合力解决冲突。

（一）建立营销伦理原则

伦理道德原则是道德规范体系的重要组成部分，营销伦理原则的建立，不仅能指导行业规范的制定，也有利于引导广告活动中各要素和谐发展[28]。在智能营销活动中，企业平台应始终坚持人本主义思想，坚持自主性、公正性、透明性和最小化原则。

一是要尊重用户自主选择的权利，不干涉用户的信息选择自由，推送用户需要且喜爱的内容多元化的精准广告。二是要保障用户获取、选择信息的公平性。三是要通过公开与公众利益相关的算法源代码等手段破除“算法黑箱”[29]。四是要明确用户说“不”的权利，让用户可以自主选择服务于数据收集的范围。在保障信息安全的同时，企业也要争取挖掘数据价值，实现社会效用的最大化。

（二）完善行业自律机制

法律是成文的道德，道德是内心的法律。完善行业自律机制，确立行业道德要求，进行伦理道德价值方面的引导，才能规范数据拥有者的权利。

1. 培养企业的道德责任意识

从企业的角度来说，培养企业道德责任意识，加强行业组织的道德引导，意味着企业要努力实现商业利益与社会利益的平衡与统一[30]。平台经营者应当加强行业内部纵向合作和行业间横向合作，在发挥行业自我监管作用的同时减少资源浪费。

首先，企业在制定规章制度时要考虑到社会伦理要求，主动参与数据安全标准的制定，定期向社会公开相关产品的隐私政策以及保护用户数据安全的相关举措，积极宣传数据安全法律法规，利用企业影响力提升公众数据安全意识[31]。在获取用户权限时需尽量向用户简明传达权限的具体范围、数据用途，及时跟进后续的政策更新与生效时间并告知用户。其次，企业平台要帮助落实黑名单制度以约束虚假广告、电信诈骗等行为。

2. 培养从业人员职业道德精神

职业道德是从业人员在开展营销活动时自觉遵循的职业准则和价值标准，培养营销从业人员的职业道德，有利于提高其职业素质，实现伦理先导的技术软控制。企业可以通过定期培训等形式向员工明确营销职业道德的基本要求，并通过监管督导等方式帮助员工进一步树立正确价值观念。例如，腾讯就将保障用户信息安全与隐私保护的目标传达给了每位员工，达成职业道德上的共识，这样才能将责任精神融入之后的产品设计当中，避免伦理失范行为。

除此之外，企业还可以制定奖惩机制来鼓励遵守伦理章程的从业人员，禁止不正当的营销行为。让从业人员具备健康向上的义利观，不仅能保护用户的数据信息安全，还可以将公平公正等道德观念融入广告内容中，向用户传达社会主义核心价值观，弘扬社会风尚。

三、用户教育：提升用户营销素养

除了加强对从业人员的伦理道德价值引导外，用户个人也需要不断提升自己的道德意识和素养。用户既需要主动承担个人的责任义务，也需要明确自我的权利范围，既需要保护自己的合法权益不受侵害，也需要避免个人的伦理失范行为。

（一）增强自我防范意识

面对智能营销中的伦理失范问题，用户首先需要增强自我防范与保护意识，明确自我权利，提高辨别力。例如，大多数用户在同意隐私服务条款时并不了解自己的什么信息会被让渡、会被使用到什么程度。增强防范和保护意识一定程度上能够帮助用户了解自我权益被侵犯的行为，提高用户破除“知情同意”难题的主动性，对一些个人信息的主动保护和隐匿也可以在一定程度上防范隐私的泄露。

此外，在智能营销时代，广告形态不断变化，强制广告、虚假广告等困扰用户已久，提高用户的辨别能力有助于其保持理智，避免超前消费。学校、社区可以开展相关教育实践活动；媒体可以通过多种形式对公众进行相关广告知识的科普；政府可以建立专题教育网站，提升用户的整体营销素养。除此之外，当用户的个人隐私权、自主选择权受到侵犯时，应及时向有关部门反映、举报，合理维护自己的权利。

（二）加强思想道德教育

提升用户的道德修养，能够让用户明辨广告中的是非，提升对智能营销伦理失范行为的敏感度，增强其批判意识，从而更加积极地参与到对营销活动的监督中去。科学消费观的养成也能够促进用户理性购物，自觉抵制广告中的诱导信息，从而削弱不道德的营销行为生长的环境，推动行业健康发展。

要加强对用户的思想道德教育，可以通过学校、家庭、社区、政府、媒体等形成合力。学校除了常规的思想道德教育课程之外，还可以举办相关活动，让学生在实践中体悟勤俭节约等中华民族优秀传统美德。媒体、社区、政府也可以通过多种渠道传播积极健康的消费观、价值观，例如大力推广公益广告等。

四、多方共建：完善营销监管体系

从主体内部来看，行业自律和受众素养的提高对治理智能营销伦理失范具有重大意义，但外部约束仍不可或缺，因此应当发挥社会组织、第三方机构、媒体、公众及政府的监管力量，完善智能营销监管体系，从而减少智能营销伦理失范行为。

（一）社会组织监督

社会监督组织可以连接消费者与政府，在我国，消费者协会是主要的社会监督组织之一。面对虚假广告或带有诱导信息的广告，用户可以通过向消费者协会投诉、举报来维护自己的权益。

首先，政府可以加大对消费者协会等社会监督组织的扶持力度。例如，在政府支持下，每年的“3·15晚会”都会揭露各种营销伦理失范问题，引起人们热议，这实际上也扩大了消费者协会的知名度和影响力，能够让更多人了解到社会监督组织，找到维权的途径。其次，社会监督组织职能的进一步细化和专业化有利于提高处理各类伦理失范行为的效率，例如可以设置专门的机构组织负责虚假广告的处理，使社会组织监督的效能发挥到最大。

（二）第三方机构监督

在数据时代，智能营销的伦理失范问题带有明显的技术色彩。面对流量造假、数据孤岛、数据垄断、算法歧视等难题，借助第三方技术平台和中介进行及时监测可以保证必要程度的透明化。学术性组织、非营利机构或自媒体也可适当介入，以督促算法技术的不断完善，使其保持中立。

例如，目前在德国已经出现了名为“监控算法”的非营利组织，通过对算法决策过程的评估或监控，可以有效打破算法黑箱。其中可以借鉴的监管手段包括审核访问协议的严密性、商定数字管理的道德准则、任命专人监管信息、在线跟踪个人信息再次使用的情况，允许用户不提供个人数据、为数据访问设置时间轴、未经同意不得将数据转卖给第三方等[32]。

（三）媒体舆论监督

媒体作为“社会公器”，必须承担起应有的责任和义务，对营销活动进行监督和把关。一方面，媒体参与智能营销活动时，要对活动内容、产品信息等进行把关，保证广告信息的真实有效，避免诱导用户，并应传达出正确的价值观；另一方面，当出现智能营销伦理失范行为时，媒体应当及时报道并保持后续跟进，披露和曝光不恰当的智能营销活动，促进问题的解决。

除此之外，媒体的舆论监督还能够引起政府和社会的重视，既能提醒政府加强对相关失范行为的打击和处罚，也能让用户更好地了解智能营销中的失范行为，从而提升用户的个人素养。

（四）用户监督

用户面对企业或平台往往是弱势的一方，然而，随着法律法规的不断完善，以及用户个人自我防范意识、监督意识的不断提高，用户监督也能在约束失范行为方面发挥巨大作用。

目前，智能营销已经渗透到用户生活中的方方面面，依靠用户的力量能够更快地发现违背伦理道德的营销行为。例如，单靠市场管理部门难以发现“大数据杀熟”这种行为，然而用户作为购买产品或服务的个体，却能清晰直观地感受到这种由于算法歧视带来的利益侵犯。因此，要积极拓宽用户监督渠道，如建立网络投诉举报平台。同时简化投诉、举报程序并及时对接监管部门，降低用户监督成本，提高用户监督的主动性和积极性。

（五）政府部门监管

作为国家行政机关，政府有着维护社会稳定、保障公民权益、监督社会各个生产环节的职能。此外，政府监管也是智能营销传播外在系统监管的宏观手段[33]。要加强政府部门监管，首先就需要明确智能营销领域的行政监管主体，并准确划分具体权责，各部门之间相互配合，相互协调，高效执法。其次，要健全广告事前审查制度。例如，广告在投放前必须先经过相关职能部门的审查，以避免虚假广告、诱导信息等对用户的“轰炸”。除了事前审查之外，事后的监管也应该及时跟进，不断创新监管模式。例如，2021 年 2 月 26 日，全国首个平台经济数字化监管系统——“浙江公平在线”正式上线，采取不同的数据抓取规则和识别模型，能对“二选一”“大数据杀熟”“低于成本价销售”“纵向垄断协议”“违法实施经营者集中”五种垄断及不正当竞争行为进行靶向监管，有力推动了平台经济健康有序发展。

五、法律规制：健全营销法律法规

法律法规具有强制性，是有效治理智能营销伦理失范行为的坚实后盾，我们要确保相关法律法规的一致性，填补现有法律规约中的漏洞，构建有力的失范行为惩罚机制来为智能营销活动“划底线”。

（一）确保相关法律法规的一致性

法律作为专门化且具有强制性和效力性的工具，是化解和解决智能营销传播伦理困境必不可少的环节，也是维护现实和虚拟社会正常秩序的重要保证[34]。法律法规的一致性是依法执法的基础，目前我国在智能营销方面的法律法规还存在部分条目、定义有出入的情况，这就要求立法机关对现有的法律条款进行梳理，结合实际对条款进行修改、确定。

在智能营销中存在多方利益主体，因此在制定法律条款时需要明确出发点并把握好“度”，与当前行业发展方向保持一致，制定具有前瞻性和可操作性的法律条款，才能更具有普适性。

（二）填补现有法律规约中的漏洞

完善营销法律法规至关重要的一步就是从现有法律规范着手，填补法律规约中的漏洞。对于笼统的法律条款需要进一步细化、明确，提高其可操作性，而法律未覆盖到的智能营销活动需要及时补充，保证执法人员有法可依。

习近平总书记在中央全面依法治国工作会议中指出，要研究丰富立法形式，可以搞一些“大块头”，也要搞一些“小快灵”。立法部门要坚持问题导向，精准立法，例如，针对算法歧视，自 2021 年 11 月 1 日起正式实施的《中华人民共和国个人信息保护法》就明确规定禁止“大数据杀熟”等行为。此外，面对隐私泄露、数据安全难以保障等问题，需要加强保障用户信息安全的法律规制，完善数据获取、存储行为规范，明确知悉权、公平交易权和隐私保护权的范围及其力度。

（三）构建有力的失范行为惩罚机制

在很多情况下，平台或企业经营者违规操作，却没有及时给予处罚，或者处罚力度不够，这都会加大经营者继续智能营销伦理失范行为的可能性。因此，除了填补现有法律规范中的漏洞外，还要建立有力的失范行为惩罚机制，从而加强对经营者的权利监督与约束。

针对互联网经营者的违法行为，应当针对此项行为给经营者带来的累计利润，结合经营者行为所带来的负面影响的规模，综合确定罚款金额[35]。对于性质特别恶劣、造成社会影响大的违法行为，除了对其进行企业内部通报外，还可以将相关经营者或平台列入失信名单并向社会公布，实现全社会对经营者的共同监督和对消费者权益的保护。

第四节　我国关于智能营销的法律规制

一、个人信息保护和合理利用方面的法律规制

（一）早期从隐私权着手的个人信息保护：《中华人民共和国侵权责任法》

在互联网还未广泛普及和应用时，我国对于个人信息的保护分散于不同的法律中，并且大多是通过隐私权等范畴进行间接性的保护，后来逐渐演进为直接的、专门的保护。我国早期的民法中并没有明晰的隐私权概念，而是通过姓名权、肖像权、名誉权等人格权间接地保护隐私权。而这些权利只涉及网络隐私的极小部分，保护对象的范围过于狭小，且生效的条件显得苛刻，不能满足互联网时代的个人隐私和信息保护的需要[36]。2010 年开始施行的《中华人民共和国侵权责任法》㊀明确将隐私权作为一项独立的民事权益加以保护，与肖像权等人格权并列。该法案还规定在网络侵害他人权益同样要承担侵权责任，这成为后来处理网络隐私侵犯事件的法律基础。

（二）隐私权之外的分散保护

2012 年全国人大常务委员会颁布的《关于加强网络信息保护的规定》首次在法律上界定了个人信息的内涵和范围，即能够识别公民个人身份和涉及公民个人隐私的电子信息，并且规定：网络服务提供者和其他企业事业单位在业务活动中收集、使用公民个人电子信息，应当遵循合法、正当、必要的原则，明示收集、使用信息的目的、方式和范围，并经被收集者同意；对在业务活动中收集的公民个人电子信息必须严格保密，不得泄露、篡改、毁损，不得出售或者非法向他人提供。这体现了“知情同意”“安全保密”等原则。

2013 年施行的《电信和互联网用户个人信息保护规定》进一步提出明确的禁止性规定：电信业务经营者、互联网信息服务提供者不得收集其提供服务所必需以外的用户个人信息或

㊀ 2020 年 5 月 28 日，十三届全国人大三次会议表决通过了《中华人民共和国民法典》，自 2021 年 1 月 1 日起施行。《中华人民共和国侵权责任法》同时废止。

者将信息用于提供服务之外的目的。这一规定采取了“限定目的”和“数据最小化”的思路。在2013年修订的《中华人民共和国消费者权益保护法》中也增加了关于个人信息保护的内容，赋予了消费者享有个人信息依法得到保护的权利，而经营者则应遵守相应的保护义务。在2009年和2015年的《中华人民共和国刑法修正案》中，还增设了侵犯公民个人信息的相关罪名，非法出售、提供、获取公民个人信息面临着刑事责任的处罚。此外，在《中华人民共和国电子商务法》《中华人民共和国居民身份证法》《中华人民共和国统计法》和《中华人民共和国未成年人保护法》等法律中也规定了部分个人信息保护的内容。

2017年施行的《中华人民共和国网络安全法》进一步细化了网络运营者在收集、使用和保存用户个人信息时应当遵循的原则和应承担的法律责任，以及违反后应面临的处罚。该法案还提出了数据匿名化的保护方法和相应要求，即“无法识别特定个人”且“不能复原”。此外，该法案将个人信息界定为“以电子或者其他方式记录的能够单独或者与其他信息结合识别自然人个人身份的各种信息”，避免了与隐私权概念的纠缠。

但这种分散的保护隐含着一些问题。各部法律中虽然规定了个人信息保护的内容，但未明确履行监管职责的行政主体和责任边界[37]。各法律部门职能划分不明确，可能造成推诿责任的问题，也难以形成长效的、互相配合的保护机制。

（三）单列的、明确的个人信息保护权益：《中华人民共和国民法总则》《中华人民共和国民法典》

2017年施行的《中华人民共和国民法总则》㊀首次将个人信息保护的内容加入民事权利的内容中来，但未将其定义为权利属性。2020年颁布的《中华人民共和国民法典》承袭了这一规定，并在第四编人格权中将“隐私权和个人信息保护”列为专门一章，也沿用了《中华人民共和国网络安全法》中个人信息保护的主要内容。有所不同的是，《中华人民共和国民法典》以统一的“信息处理者”的概念涵括了收集、存储、使用、加工、传输、提供、公开等参与个人信息处理过程的各方主体。并且，个人信息中的私密信息优先适用于隐私权的规定，这实际是给予隐私权比个人信息更高程度的保护。

（四）专门的《中华人民共和国个人信息保护法》

2021年施行的《中华人民共和国个人信息保护法》是我国迄今为止关于个人信息保护规定最全面、权威的一部法律，借鉴了以往法律实践的优点和经验。《中华人民共和国个人信息保护法》整体上沿袭了《中华人民共和国民法典》关于个人信息保护的基本框架，在立法目标、适用界限、核心原则、监管制度、责任归属等方面做了更清晰的规定。围绕着“知情同意”等核心原则，《中华人民共和国个人信息保护法》构建了我国第一套系统的个人信息保护法律。

该法也采用了“信息主体—信息处理者”的基础结构，将信息处理者保护信息主体个人信息的责任界定为侵权责任而非合同责任，并且按照属地原则，任何主体在我国境内从事个人信息处理活动均应遵循本法。

㊀ 2021年1月1日，《中华人民共和国民法典》实施后，现行的《中华人民共和国民法总则》同时废止。

《中华人民共和国个人信息保护法》规定，个人信息处理者必须取得个人的同意方可处理个人信息，而该同意应由个人充分知情后自愿做出，当信息处理的目的、方式、种类发生变化时，应重新取得个人同意，并且个人有权撤回同意。基于知情同意原则，信息处理者还须遵循公开、透明的原则，在取得个人同意前，将信息处理相关情况真实、准确、完整地向个人告知，不得通过误导、欺诈、胁迫等方式获取个人同意。此外，信息处理者收集个人信息应当限于实现处理目的的最小范围，不得过度收集个人信息。

从信息主体即公民个人的角度来看，个人在其个人信息的处理活动中享有知情权、决定权，以及向信息处理者查阅、复制、转移、更正、补充、删除其个人信息以及请求解释说明的权利。对于个人信息中的敏感信息，《中华人民共和国个人信息保护法》将其界定为"一旦泄露或者非法使用，容易导致自然人的人格尊严受到侵害或者人身、财产安全受到危害的个人信息"，而不再使用"私密信息"的概念，并且规定处理敏感个人信息应取得个人的单独同意。《中华人民共和国个人信息保护法》中还设置了过错推定侵权责任的机制，在个人信息侵权案件中，个人信息处理者不能证明自己没有过错的话，则应承担相应的侵权责任。该法案中还有公益诉讼等救济机制，便于司法实践操作，减轻个人诉讼难度。

总的来说，《中华人民共和国个人信息保护法》相对于《中华人民共和国民法典》有许多细化的、专门的规定。因此，《中华人民共和国民法典》与《中华人民共和国个人信息保护法》在个人信息保护领域形成普通法和特别法的关系，在《中华人民共和国个人信息保护法》有明确规定的情况下应优先适用此法，而在其没有规定的时候则适用《中华人民共和国民法典》的规定。[38]

二、数据安全方面的法律规制

（一）从个人信息保护到数据安全

前文所说的个人信息保护，是指信息处理者和信息主体之间关于个人信息利用和保护的问题。法律法规的整体思路是规制信息处理者行为，保护个人信息主体的权益。而对于数据安全的保护则主要是针对信息处理者之间、信息处理者与政府以及国家层面的数据保护问题。按照数据活动的类型，大致可以分为数据的静态保护和动态交易、转移的安全保护。关于数据本身的保护以及权利的归属是法律实践中面临的主要问题。

（二）针对数据本身安全的法规：《中华人民共和国刑法》《中华人民共和国网络安全法》

《中华人民共和国刑法》中有关于数据犯罪的规定，属于扰乱公共秩序罪，打击的犯罪形式包括"对计算机信息系统中存储、处理或者传输的数据和应用程序进行删除、修改、增加的操作"。这些条款直接保护的对象是计算机信息系统，但对信息数据也起到了间接的保护。在后来的司法解释中，也对原有的保护对象做出了扩张解释。在《中华人民共和国刑法》的其他章节中，也散置着信息数据犯罪的规定内容。例如，第二百一十九条规定了侵犯商业秘密的行为，商业秘密的范围是“采取保密措施的技术信息和经营信息”。这一条款在司法实践中也常常被用于企业数据的保护。

2017年施行的《中华人民共和国网络安全法》从社会整体和国家的层面对数据保护进行了规定：网络运营者应履行安全保护义务，防止网络数据泄露或者被窃取、篡改；禁止非法窃取网络数据活动和提供专门用于窃取网络数据的程序、工具；国家对于关键信息基础设施，在网络安全等级保护制度的基础上，实行重点保护；关键信息基础设施的运营者在我国境内运营中收集和产生的个人信息和重要数据应当在境内存储。

（三）针对数据权利的保护：《中华人民共和国合同法》《中华人民共和国反不正当竞争法》

上述规定大都是针对数据本身的安全进行普遍性的保护，并没有明确数据的权利或权益的归属。《中华人民共和国民法总则》《中华人民共和国民法典》里有共同的关于数据保护的条文：“法律对数据、网络虚拟财产的保护有规定的，依照其规定。”将数据财产的属性纳入民法规范体系，但未明确地对数据财产赋予权利或权益。这些条款内容属于原则性规定，面对数字经济活动中数据的持有、利用、交易、转让等行为带来的法律难题仍然力有未逮。现实中关于数据权利或数据交易问题的纠纷，主要通过《中华人民共和国合同法》㊀和《中华人民共和国反不正当竞争法》的路径解决。

许多数据交易类型可以直接或者类推适用《中华人民共和国合同法》（已废止）中的规定。例如：数据拥有者将数据信息有偿让渡给受让人，并约定出让人不再占有和使用该数据信息，可以参照适用买卖合同的规定；如果数据拥有者允许另一方在一定期限或范围内使用数据信息，则这种交易适用许可使用合同；目前实践中应用最多的数据交易形式是一方委托数据拥有者利用其数据信息提供相关咨询或服务，可以类推适用技术咨询和技术服务合同，或者是承揽合同和委托合同。《中华人民共和国合同法》对数据的保护范围一般仅限于具有合同关系的双方，对于合同之外的行为和主体没有太多约束力。并且，从数据拥有者的角度来看，《中华人民共和国合同法》的保护也是有不足的，存在违约损害难以确定以及不能阻止数据违约后再次流通等问题。

反不正当竞争是另一种常见的企业数据保护方式，主要是通过一般条款保护和商业秘密保护来实现[39]。在目前的司法实践中，在涉及数据的不正当竞争情况下，大多以《中华人民共和国反不正当竞争法》第二条作为判决依据，将“扰乱市场竞争秩序，损害其他经营者或者消费者的合法权益的行为”视为不正当竞争。这一规定属于原则性条款，在实践应用中常常会面临内容宽泛、解释弹性较大等问题。《中华人民共和国反不正当竞争法》第九条规定了经营者“侵犯商业秘密”的行为类型，并将商业秘密的内涵扩大为“技术信息、经营信息等商业信息”。企业商业数据也更容易纳入该法的适用范围。并且，在《中华人民共和国公司法》《中华人民共和国刑法》中也有关于商业秘密保护的规定。但商业秘密的保护路径对于数据安全保护仍然有局限性。法律上对于商业秘密的认定有严格要求。对于企业的那些公开或半公开数据，商业秘密条款并不能提供有效的保护。此外，《中华人民共和国反不正当竞争法》规制的对象

㊀《中华人民共和国民法典》自2021年1月1日起施行，《中华人民共和国合同法》同时废止。

仅限于不正当的竞争行为，侵害者必须为从事经营活动的主体。而在实践案例中，非法获取、使用和出卖数据的主体往往并非竞争性的经营者。

（四）数据安全与数据主权：《中华人民共和国数据安全法》

2021年9月，《中华人民共和国数据安全法》开始正式施行。这是我国关于数据安全的最高法律，也是国家安全法规框架下的一部重要法律。《中华人民共和国数据安全法》首次在法律层面上提出，要保障数据依法有序自由流动，促进以数据为关键要素的数字经济发展。该法案还表明，国家将推进数据安全标准体系建设和健全数据交易管理制度，并且规定了数据处理者和数据交易中介服务机构应遵循相应的数据安全保护义务：任何组织、个人不得窃取或者以其他非法方式获取数据。从事数据交易中介服务的机构提供服务，应当要求数据提供方说明数据来源，审核交易双方的身份。窃取或者以其他非法方式获取数据，开展数据处理活动排除、限制竞争，或者损害个人、组织合法权益的，依照法律法规进行处罚。

《中华人民共和国数据安全法》将数据安全作为维护国家主权、安全和发展利益的一项重要任务。该法适用于我国境内开展的一切数据处理活动，对于境外的数据处理活动，也以实际后果为法律导向，设置了法律管辖触发条件——损害我国国家安全、公共利益或者公民、组织合法权益，这体现了我国维护国家数据安全的力度和决心。《中华人民共和国数据安全法》构建了一套由国家统筹的数据安全保护体系，设置了数据分类分级保护制度、数据安全风险应对机制和数据安全审查制度，加强对重要数据的保护。在对外交流合作方面，我国将积极参与数据安全相关国际规则和标准制定，促进数据跨境安全流通。

三、算法歧视的法律规制

在我国现行的法律体系下，对于“算法歧视”的行为的规制体现在《中华人民共和国价格法》《中华人民共和国消费者权益保护法》《中华人民共和国反垄断法》和《中华人民共和国个人信息保护法》中。

（一）《中华人民共和国价格法》

算法歧视中常见的价格“杀熟”行为，可能构成《中华人民共和国价格法》中的价格欺诈。《中华人民共和国价格法》中规定：经营者定价，应当遵循公平、合法和诚实信用的原则；不得利用虚假的或使人误解的价格手段，诱骗消费者或者其他经营者与其进行交易。

（二）《中华人民共和国消费者权益保护法》

《中华人民共和国消费者权益保护法》规定了消费者享有知情权和公平交易权，这在一定程度上可以保护消费者避免经营者算法歧视的侵害，但这种救济的适用范围是有限的。在法律实践中，算法更多地被认定为经营者商业竞争的工具甚至是商业秘密，而不属于消费者知情范围，很难要求经营者将价格策略公开透明化。而公平交易权中虽然规定了“价格合理”的交易条件，但该条款在实践中解释弹性较大，难以对经营者价格歧视行为进行认定。

（三）《中华人民共和国反垄断法》

《中华人民共和国反垄断法》中禁止具有市场支配地位的经营者没有正当理由对条件相同的交易相对人在交易价格等交易条件上实行差别待遇。而这一条款规制的对象仅限于具有市场支配地位的经营者。并且，相较于实体企业，互联网平台的市场支配地位的认定标准更为复杂、模糊。

2020 年，我国文化和旅游部出台了《在线旅游经营服务管理暂行规定》，明确禁止在线旅游经营者滥用大数据分析等技术手段，基于旅游者消费记录、旅游偏好等设置不公平的交易条件，侵犯旅游者合法权益。虽然其适用范围有限，但其专门指出了互联网企业通过大数据分析等手段进行歧视的问题，针对性较强。

（四）《中华人民共和国个人信息保护法》

基于以上法律、规定在处理算法歧视行为中适用有限的问题，2021 年施行的《中华人民共和国个人信息保护法》首次对算法的自动化决策进行了明确、全面的规定：个人信息处理者利用个人信息进行自动化决策，应当保证决策的透明度和结果公平、公正，不得对个人在交易价格等交易条件上实行不合理的差别待遇。这一条款将算法纳入自动化决策活动中，从决策过程和结果两个方面进行规制，并且涵盖了所有的个人信息处理者，具有较强的适用性和针对性。此外，该法案还赋予了个人要求个人信息处理者对其个人信息处理规则进行解释，以及拒绝仅通过自动化决策的方式做出决定的权利，遵循个人知情权和决定权的原则。

四、垄断的法律规制

（一）《中华人民共和国反垄断法》

目前，我国对于智能营销中的垄断行为，主要是依据《中华人民共和国反垄断法》进行规制，主要针对互联网平台企业滥用市场支配地位的行为。

《中华人民共和国反垄断法》通过禁止经营者达成垄断协议、滥用市场支配地位和经营者集中，来预防和制止市场垄断现象。互联网平台企业由于其独特的市场支配作用和机制，成为智能营销领域内垄断问题的重点关注和争议对象。《中华人民共和国反垄断法》禁止经营者从事滥用市场支配地位的行为。这一条款生效需要满足两个方面的条件，即经营者的市场支配地位认定和滥用行为认定，而经营者的市场份额是认定其市场支配地位的重要依据。

《中华人民共和国反垄断法》于 2008 年开始施行，互联网行业的商业形态尚未成熟和展开。而随着互联网企业双边市场机制和数字技术的要素的作用逐渐显露，《中华人民共和国反垄断法》禁止滥用市场支配地位的条款开始面临以下诸多新挑战[40]。首先，互联网平台企业的市场范围难以界定。互联网平台可以突破地域、品类的限制，实现跨界经营，并且互联网多边市场的结构也使得其在纵向产业链中也拥有相当大的影响力。其次，传统的市场份额指标难以推定互联网企业平台企业的支配地位。互联网平台经济一定程度上属于流量经济，数据、算法等要素在竞争中起着复杂作用，市场波动变化极快。并且，互联网平台经常通过价格补贴甚至免费服务等形式来吸引用户。依靠价格指标来测试市场份额的方法，不能简单地套用到互联网平台的经济模式中。最后，互联网平台企业常常利用数据、算法等数字技术进行排除市场竞争、牟取垄断利益，例如大数据杀熟、限制数据开放、限定交易、算法合谋等。对于互联网平台企业滥用市场支配地位的认定和监管，面临着技术的壁垒和司法解释的困难。

（二）《关于平台经济领域的反垄断指南》

《中华人民共和国反垄断法》出台后，具体的监管工作由国家工商总局、国家发展改革委和商务部共同负责。2018 年，国务院成立了专门的“反垄断委员会”，由国家市场监管总局统一行使反垄断的职能。2021 年，国务院反垄断法委员会制定和发布了《关于平台经济领域的反垄断指南》(以下简称《指南》)。

《指南》在《中华人民共和国反垄断法》的基础上，针对互联网平台垄断行为的特点，补充和明确了很多条款，更符合当下互联网平台反垄断规制的实际需要。对于互联网平台双边市场的特质，《指南》细化了经营者横向、纵向和轴辐垄断协议的形式。并且，《指南》还设置了专门的平台市场支配地位认定程序。例如：将活跃用户数、点击量、使用时长等因素作为衡量互联网平台市场份额的指标；平台影响或决定价格、流量的能力也成为反映其控制市场能力的指标；平台规模效应、资金投入规模、技术壁垒、用户多栖性、用户转换成本、数据获取的难易程度、用户习惯等可以衡量其他经营者进入相关市场的难易程度。此外，对于不公平价格行为、低于成本销售、拒绝交易、限定交易、搭售交易以及差别待遇等行为也给出了更具体的判定条款。互联网平台滥用市场支配地位行为的认定变得更明晰，便于司法实践应用。

五、流量作弊的法律规制

我国法律法规对于智能营销中虚假数据和流量作弊现象的规制，主要体现在《中华人民共和国广告法》《互联网广告管理办法》和《网络信息内容生态治理规定》中。

（一）《中华人民共和国广告法》

《中华人民共和国广告法》第三十六条规定：广告发布者向广告主、广告经营者提供的覆盖率、收视率、点击率、发行量等资料应当真实。而实际上互联网营销应用的数据的范围超出了传统的覆盖率、收视率之流。并且，数据和流量的提供方也不等同于广告的发布者。

（二）《互联网广告管理办法》

2023 年，国家市场监督管理总局颁布了《互联网广告管理办法》。该法在原《互联网广告管理暂行办法》上进行了修改与完善，使互联网广告市场秩序得到更加规范的监管，保护消费者的合法权益，使数字经济得以健康持续发展。

（三）《网络信息内容生态治理规定》

2019 年，国家互联网信息办公室通过了《网络信息内容生态治理规定》，对于虚假数据、流量信息的提供主体和造假类型做出了更明确的界定。其第二十四条规定：网络信息内容服务使用者和网络信息内容生产者、网络信息内容服务平台不得通过人工方式或者技术手段实施流量造假、流量劫持以及虚假注册账号、非法交易账号、操纵用户账号等行为，破坏网络生态秩序。

六、虚假广告与强制广告的法律规制

（一）虚假广告的法律规制

《中华人民共和国广告法》对于虚假广告问题有相对完善、细化的规定。原则上，以虚假或者引人误解的内容欺骗、误导消费者的，便构成虚假广告。这一条款用语比较宽泛，“虚假”和“引人误解”属于并列关系，给予了司法裁量的空间。随后，该法还细化了“虚假广告”的五种类型，以及相应的处罚规定，进一步增强了法律的可操作性。

我国广告监管部门对于广告活动通常采取“事后监管”的模式，在广告发布之前由广告经营者和发布者进行自我审查。而《中华人民共和国广告法》要求医疗、药品、医疗器械、农药、兽药和保健食品广告，以及法律、行政法规规定应当进行审查的其他广告，必须由广告审查机关对广告内容进行审查后方可发布。

《中华人民共和国广告法》中对于虚假广告的处罚是以广告费为衡量标准的，一般是处以广告费用三倍以上五倍以下的罚款。但虚假广告的广告费用并不一定能反映其所得的真实的利润。相对更高的违法收益，《中华人民共和国广告法》的处罚力度可能显得比较轻，难以达到禁止虚假广告活动的目的。

（二）强制广告的法律规制

对于强制广告的问题，《中华人民共和国广告法》规定：以电子信息方式发送广告的，应向接收者提供拒绝继续接收的方式；利用互联网发布、发送广告，不得影响用户正常使用网络；在互联网页面以弹出等形式发布的广告，应当显著标明关闭标志，确保一键关闭。规制的重点主要有两个方面：其一，不影响用户正常使用网络，不过这点很难在司法上形成具体的标准；其二，必须提供拒绝和关闭的选项，而这仍然难以在强制广告出现之前进行阻拦。

除《中华人民共和国广告法》外，《中华人民共和国消费者权益保护法》也规定，经营者未经消费者同意或者请求，或者消费者明确表示拒绝的，不得向其发送商业性信息。不过，由于个人难以对强制广告造成的损害进行确定和举证，所以遭受强制广告的消费者也很难实现维权目标。在《中华人民共和国反不正当竞争法》中，也将“流量劫持”界定为不正当竞争行为，原网络产品、服务的经营者可以通过反不正当竞争的方式维护合法的流量权益。这在一定程度上可以打击来自网络平台之外的强制广告攻击。

第五节　欧美关于智能营销的法律规制

欧盟和美国是当今世界上智能营销产业比较发达的地区和国家。对于个人信息保护、数据流通和安全、算法歧视、互联网企业垄断等问题，欧盟和美国的方法不尽相同，但都是以立法为前提、以完备的管理机构和技术为保障。在此基础上，结合地区和国家实情，有的侧重于统一立法保护，有的侧重于技术革新与行业自律，形成了相对完善的法律规制体系。前者以欧盟为代表，后者以美国为代表。

欧盟更注重进行统一的、集中的立法保护和监管，法律和政府在其中扮演着积极角色。这种统一性和集中性不仅体现在其适用于欧盟内部全境，还表现为政府、企业和个人的一体化规制，将很多法律部门联结起来，呈现出涵盖多层次、多维度、多类型的法律特色[41]。

美国则采取各行业分散立法保护的模式，并充分发挥市场的自我调节、自我治理的功能。其看似宽松自由的监管制度，一方面能有针对性地制定行业法律条款，另一方面也激励着数字活动主体的积极性。整体来看，美国在市场繁荣和个人保护之间取得了较好的平衡效果。

一、欧盟

自德国于 1970 年制定了世界上第一部个人信息保护法以来，全球已有近 90 个国家制定了专门的个人信息保护法。通过统一、集中的立法方式来实现对广告的监管与个人信息保护的典型代表是欧盟。

欧盟于 1995 年颁布了《个人数据保护指令》，为欧盟各国个人数据的流通和监管提供了法律参考。2002 年欧盟委员会的《电子隐私指令》则对互联网定向广告等电子商业领域个人信息予以集中、具体规范，较为详细地规定 cookies 等技术的相关使用问题，对“明示同意”“默认同意”和“选择退出”等“告知—同意”机制予以解释，也被称为欧盟 cookie 法（cookie directive）。欧盟委员会还专门建立互动广告局和数据保护办公室，共同协助指令的实施。

为了确保作为公民基本权利的个人信息保护权能够在数字时代持续有效，欧盟委员会于 2012 年正式开启数据保护法令的改革，发布了《通用数据保护条例》（general data protection regulation，GDPR）草案，采取“条例”的最高立法形式，旨在制定比指令更强效的保护法律。该条例于 2016 年 5 月 25 日正式施行，并于 2018 年 5 月 25 日完全取代欧盟各成员国根据 1995 年指令施行的单独立法，成为欧盟所有国家必须执行的通用条例。该条例作为欧盟的最高立法形式，具有高于指令的法律效力，其不必转化为国内法，即可完整、直接地适用于所有成员国。GDPR 因此取代之前各成员国根据指令所制定的相关立法，成为欧盟成员国唯一、统一的保护个人信息的立法。

（一）《通用数据保护条例》赋予的权利

面对日新月异的数字产业变化，GDPR 在内容上对《个人数据保护指令》有许多继承和发展。GDPR 不仅强化了个人数据主体权利，增强了数据控制者、处理者的责任义务，还制定了新的政府监管规则。具体来说，GDPR 一个极大的变化在于摈弃了传统的单一的“告知同意”

规制模式，而采取了更为灵活、全面的个人信息保护方式。GDPR 规定，采集和处理他人个人信息前需要得到信息主体的明示的、自愿的同意，而非默示同意或者与其他条款捆绑同意，并且信息主体可以随时撤回同意。除了对同意的条件做出严格限定，GDPR 还在信息主体的知情同意权外增设了数据删除权、可携带权等其他权利，进一步强化了个人对自身信息的控制力。整体来看，GDPR 赋予了个人信息主体对数据处理活动的知情权、许可权、访问权、修正权、删除权（被遗忘权）、限制处理权（反对权）、拒绝权和可携带权等多项数据权利。

个人数据权利的极大充实，不仅有助于保障个人信息安全，也帮助信息主体避免和抵制“算法歧视”的问题。GDPR 以数据保护为立法中心，通过对数据的控制来规制算法的应用[42]。知情同意权要求数据控制者在获取个人数据时，应提供自动化处理过程运用的逻辑和可能产生的影响后果。GDPR 还赋予了信息主体免于自动化决策的权利。在数据处理过程中，个人有权不接受完全自动化处理和其影响后果的约束。并且，GDPR 限制了特定类型的个人数据在自动化决策中的应用，以防止基于敏感数据而对信息主体产生的歧视。

数据可携带权是 GDPR 创设的一项新型数据权利，旨在增强个人数据控制权，并促进数据自由流通和企业合理竞争。个人信息主体可以从数据控制者处获取自身数据，并且有权在技术可行的条件下，将其个人数据无障碍地传输给其他的数据控制者。数据可携带权有助于改善个人与企业之间在信息控制能力上的不平等状态，但其实现则要求信息控制者提供相应的信息流通功能，存在技术和成本的难题。GDPR 并未规定数据控制者负有普遍的传输义务。因此，数据可携带权的目标的实现仍然面临现实的阻碍。

（二）责任和义务

与信息主体扩张的主体权利相对应，GDPR 为数据控制者设置了更严格的责任和义务，以实现正当保护、合理利用、权责对等的立法目的。数据控制者在数据处理活动中须遵循合法公平透明原则、目的限定原则、最小必要原则、准确性原则、存储限制原则、完整性和保密性原则、过错推定原则。为了促进数据的合理利用，GDPR 也规定了很多原则适用过程中的例外情形。例如，在目的限定原则下，GDPR 允许数据处理活动中出现与最初告知目的不相同但并不相违背的目的，称为“适当性使用”。GDPR 还为数据控制者增设了任命数据保护专员、进行隐私影响评估、数据泄露告知等义务。数据控制者企业内部须设置数据保护专员一职，查找数据管理漏洞并整改，进行内部监督，并且与信息主体和数据监管机构保持沟通、合作。在数据处理活动之前，数据控制者需要评估预期行为对个人信息保护可能带来的影响。当数据发生泄露时，数据控制者应尽快告知信息主体。

GDPR 基本沿袭了《个人数据保护指令》的“数据控制者—数据处理者”的区分模式，二者对于数据保护所承担的责任和义务存在差别。数据控制者须直接对信息主体负责，而数据处理者基于合同对数据控制者负责，一般仅在合同框架内承担责任。数据控制者不能以数据交给处理者进行处理为由，而免除对后者违法处理行为的责任。

（三）监管机制

为了贯彻对于数据活动主体权利和义务的规定，GDPR 构建起一套更为完善、高效的监管机制。首先，GDPR 设置了一站式的监管模式，由数据控制者和处理者主营机构所在国的数据监管机构承担主要监管责任。在欧盟多个成员国开展数据活动的企业无须分别面向各成员国履行申报等监管服从义务。这减轻了原来欧盟内部对数据跨境流通进行多重监管带来的成本。其次，GDPR 还加大了对数据违法行为的处罚力度。其进一步完善了对各国数据监管机构的执法权、检察权、处罚权和司法诉讼权的规定，包括公益诉讼等司法救济制度。在欧盟境内违反此法的企业最高面临全年营业额 4% 或 2 000 万欧元的罚款。

（四）数据主权

数据主权是欧盟立法变革的重要内容，也是 GDPR 治理数据跨境流通问题的出发点。对于欧盟内部，GDPR 致力于破除各成员国数据自由流通的壁垒，构筑统一的数字市场。而 GDPR 的适用范围不限制于欧盟的地域疆界内。无论数据处理行为是否发生于欧盟，设立在欧盟境内的控制者或处理者均适用 GDPR，设立在欧盟境外的控制者或处理者在提供产品服务过程中处理了欧盟境内数据主体的个人数据，也受 GDPR 管辖。这种扩张式的管辖制度糅合了属地原则、设立地原则和市场地原则，既确立了欧盟对于数据主权的坚定立场，也建构起欧盟在世界范围内数据跨境传输的实质优势。

欧盟全面且严格的立法，促使其他国家和地区的数据企业必须调整自身数据保护水平，以符合进入欧盟数据市场和开展交易合作的条件。GDPR 设置了三类允许数据跨境传输的例外情形：经过欧盟评估认定的数据保护合格的国家或地区；自主采用符合规则的保护行为的企业；信息主体明确同意等其他情形。欧盟掌握着认定这些例外情形的权利，既为国际政策谈判增加筹码，也为“隐私盾”“安全港”等市场协议预留了发挥空间。GDPR 的出台强化了欧盟对数据主权的保护，提升了其在全球数据活动中的地位和话语权，为欧盟本土互联网和信息产业的发展提供了竞争力。

GDPR 是欧盟在数字领域的一部里程碑式的法案，而其影响力更是波及其他国家和地区。随着数据保护和利用等问题逐渐被重视，全球多个国家和地区也以 GDPR 作为立法参考，根据自身实际情况，先后制定和补充了不同的数据保护规则。美国加州制定的《加州消费者隐私法案》于 2020 年生效，印度也制定了与 GDPR 性质类似的本地数据保护法案草案，我国《个人信息保护法》也已经正式施行。可以说，GDPR 推动了世界范围内数据保护的热潮。

二、美国

与欧盟统一式、综合式的立法模式不同，美国对于数字领域的规制表现出分散性、针对性的特点。美国宪法、联邦法律、州法对于个人信息都有相关规定，不同州的立法进度和目的有所不同，并且这些规定散见于不同行业领域的单行法律中。以个人信息保护为例，有《加州消费者隐私法案》《儿童在线隐私保护法》《公平信用报告法》《金融隐私权法案》《健康保险携带和责任法案》等。并且，美国监管在数字活动问题的过程中十分注重行业自律和技术手段的作用，以实务效果为导向。

对于互联网用户个人信息保护，美国采取的是广义的隐私概念，通过各行业具体法律来加以详细规定保护。这些分散的行业法案大多采用“经营者—消费者”的框架。采集和处理用户个人信息的经营者，需要遵循透明、安全、使用限定、数据最小化等原则，互联网经营者需要设置“请勿跟踪”的选项。作为数字化服务消费者的用户个人，对个人数据被采集和处理拥有知情权、拒绝权等权利，可以拒绝 cookie 等技术跟踪、采集自身信息。未成年人信息、个人健康信息等敏感类型数据有着更严格的保护要求。

(一)《加州消费者隐私法案》

加利福尼亚州是美国境内经济最发达的州。2018 年 6 月 28 日，该州颁布了《加州消费者隐私法案》(California consumer privacy act，CCPA)，旨在加强消费者隐私权和数据安全保护。CCPA 被认为是美国国内最严格的隐私立法，已于 2020 年 1 月 1 日生效。这项新隐私保护法制定了一系列强有力的保护措施，以防止消费者在不知情的情况下其个人隐私信息被收集和用于商业行为。

CCPA 大致赋予了消费者知情权、访问权、删除权、拒绝权等个人信息权利，增强消费者对个人信息的控制力。CCPA 的核心内容是尊重消费者的权利，这些权利的实质含义包括：消费者有权了解将收集哪些有关他们的个人信息；消费者有权了解其个人信息是否将被出售或披露，以及向谁出售或披露；消费者有权拒绝出售个人信息；消费者有权访问自己的个人信息；消费者有权享受平等的服务和价格，即使他们行使其隐私权。

企业需要履行以下义务：必须披露手机的信息、商业目的以及共享这些信息的所有第三方；按消费者提出的正式要求披露企业收集的个人信息类别和具体内容；按消费者提出的正式要求删除相关个人信息。

虽然 CCPA 整体的框架结构和逻辑性与 GDPR 存在不同，但其中的很多概念、权利制度等内容深受 GDPR 的影响，并在此基础上发展了很多颇富特色的细节设计。一方面，二者在根本上非常相似，皆旨在赋予消费者权利，让消费者得以控制、了解其个人数据如何被收集，而数据又会与谁分享。另一方面，二者皆就企业或服务提供商对个人数据之处理方式做了规范。如果服务提供商为企业收集数据并将数据出售给其他客户，则此举违反 CCPA。

CCPA 与 GDPR 之间的最大区别在于获得用户的同意，具体来说，是在用户采取任何措施之前关于同意的假设。GDPR 要求所有个人数据处理均为“选择加入”，CCPA 则以场景风险评估为导向，采取“选择退出”的机制。CCPA 将合理的使用场景作为企业取得合法授权的要求。当企业的数据采集、处理行为在相应场景中合理时，无须经过用户同意而自动获得合法性授权。而企业需向消费者披露其信息被采集和处理的情况，并且消费者有权选择拒绝、退出相应的信息处理活动。“选择退出”机制一定程度上减轻了企业和用户的负担，将关注的重心集中到风险较高的个人信息处理活动上。

鉴于加州作为全球第五大经济体对全球经济的影响（仅次于美国整体、中国、日本和德国），大多数跨国公司将不得不继续在加州开展业务，因此，CCPA 对全球企业的数据合规也会产生较大的影响。

(二)《算法责任法案》

对于企业经营活动中算法的使用，美国也有相应的法律规定，主要以算法的实质结果为导向。2019 年的《算法责任法案》规定，算法使用主体应履行披露算法信息和防止危险的义务，要求企业在合理情况下应向消费者解释算法核心机制，并接受监管部门审查。对于敏感数据的算法决策行为，企业应提前进行高风险自动化决策系统影响评估。

（三）算法规制

美国是互联网技术的发源地，也是互联网产业最为发达的国家之一。对于大型互联网平台垄断的风险，美国主要采取审慎监管的策略，平衡市场竞争活力和企业自身的发展[43]。在长期的反垄断司法实践中，美国形成了独特的判例法规则，在互联网垄断行为界定方面有很多新的探索。在司法判决中，美国常常以必要设施准则对互联网企业进行规制。必要设施准则是指，一旦某主体控制某一必要设施，应承担开放设施、允许其他主体以合理条件使用的义务。对于互联网企业市场支配地位的认定，一方面以是否有能力制造市场壁垒为衡量条件，另一方面将互联网企业的用户规模、活跃程度、使用频率等纳入评价指标。

（四）虚假流量和广告规制

对于数据欺诈、虚假流量以及虚假广告等问题，美国主要采取行业自我规制为主的管理模式，积极发挥数字技术的作用。互联网平台、广告公司和联盟、第三方科技公司构成行业自我管理主体，通过组织协会和讨论规则，形成动态的管理方式。相较于政府全面监管，行业自我规制能更好地适应市场变化，减少管理成本。

本章小结

本章通过导入苹果大战 Facebook 的案例，展现了用户隐私保护与智能营销精准投放之间的博弈。第一节对智能营销面临的问题和挑战进行了剖析，主要包括个人信息的保护和合理利用、数据安全、算法歧视、垄断、流量作弊、虚假广告与强制广告等。第二节对智能营销伦理失范动因进行了解读，具体来说：在社会环境层面，传统伦理规范在转型社会下受到冲击，市场竞争中各主体在伦理道德观念失序，为智能营销伦理失范提供了社会和价值观基础；在经济层面，企业和消费者之间、企业和媒体 / 平台之间都存在着利益的较量，其利益纠葛充分体现了它们如何实现资源的最大化利用以达成帕累托最优；在技术层面，愈发智能的技术是拓展智能营销边界的关键性变量，而技术本身的缺陷、技术的滥用以及技术对人的主体性的遮蔽，都是智能营销伦理失范动因的核心课题；在主体客体层面，其原因包括企业责任意识缺失、从业人员伦理素养偏低、受众素质良莠不齐等；在法律监管层面，法律法规和以监管作为智能营销活动主体行为的外部约束，对智能营销伦理失范行为具备强制性规范作用。第三节针对智能营销伦理失范行为提出了治理路径，包括技术促进、行业自律、用户教育、多方（包括社会组织、第三方机构、媒体、公众及政府）共建、法律规制等。第四节和第五节围绕前面提出的智能营销面临的问题和挑战，介绍了我国在个人信息保护和合理利用、数据安全、算法歧视、垄断、流量作弊、虚假广告与强制广告等方面的法律规制，介绍了欧美关于智能营销的法律规制。最后以《通用数据保护条例》史上最大罚单的案例分析再次加强了读者对智能营销中数据安全与个人隐私保护的理解。

思考题

1. 智能营销中存在哪些伦理与法律问题？
2. 个人信息有哪些特征？
3. 大数据给个人信息保护带来的挑战体现在哪些方面？
4. 流量作弊的方法、危害及其解决方法有哪些？
5. 智能营销伦理失范的动因有哪些？
6. 针对智能营销伦理失范行为有哪些治理路径？
7. 在个人信息保护方面，中国、欧盟和美国的法律规制有什么特点和区别？

章后案例

亚马逊支付《通用数据保护条例》史上最大罚单

2021年，因亚马逊“对个人数据的处理不符合欧盟《通用数据保护条例》（GDPR）”，主要监督机构对其违反严厉的数据保护法规进行7.46亿欧元（约57.29亿元人民币，8.88亿美元）的处罚。这是自GDPR生效以来最大的罚单，也是欧盟有史以来最大的数据隐私泄露罚款[44]。

堪称史上最严个人信息保护法的GDPR，可以说让欧洲各大企业“人人自危”。其中有一条规定就足以让企业“闻风丧胆”：如发现严重违规，最高可罚2 000万欧元或企业上一财年全球营业总额的4%，以较高者为准。

自GRPR正式出台以来，还有诸多企业因数据安全和隐私保护不力，遭遇监管机构处罚，表8-1[45]列出了近几年来金额较大的罚单。在亚马逊之前，在欧盟最大的中枪者是谷歌。2019年1月22日，谷歌被法国隐私监管机构国家信息与自由委员会（CNIL）处以5 000万欧元（约合5 700万美元）的巨额罚款。CNIL曾表示，用户在访问谷歌提供的信息时，需要五六个烦琐的步骤，即便完成后，依然不能获取完整的信息。这违反了GDPR有关透明度和信息的规定，并且谷歌也违法向用户推送个性化广告。

表8-1 因数据安全和隐私保护不力而导致的金额较大的罚单

被罚公司	罚单时间	执法机构	罚单金额	约人民币（元）	原因
Facebook	2019.07.13	美国FTC	50亿美元	344亿	在剑桥分析事件中，8 700万名用户数据泄露，被滥用并影响2016年美国大选
	2018.12.08	意大利竞争局	1 000万欧元	7 750万	以商业目的使用数据，包括两笔罚款总额。第一笔：劝用户在其平台上注册过程中并未告知其可能会被收集数据，并用于商业目的。第二笔：将数据提供给第三方
	2017.09.11	西班牙AEPD	120万欧元	930万	收集了西班牙数百万名用户的个人信息，其中包括宗教信仰、性取向等敏感信息，但没有向用户告知用途，也未获取有效同意

（续）

被罚公司	罚单时间	执法机构	罚单金额	约人民币（元）	原因
Facebook	2019.06.28	意大利 Garante	100 万欧元	775 万	21.4 万名意大利人受剑桥分析事件影响
	2018.03.15	西班牙 AEPD	60 万欧元	465 万	Facebook 和 WhatsApp 对个人隐私保护不当（未经用户同意和授权），各罚 30 万欧元
	2018.10.24	英国 ICO	50 万英镑	432 万	收集了 100 万名英国用户的个人信息，并将其置于风险之中
	2019.05.10	土耳其 KVKK	165 万里拉	199 万	一个 API 漏洞泄露了 30 万名土耳其用户的个人照片
英国航空	2019.07.08	英国 ICO	1.833 9 亿英镑	15.8 亿	泄露约 50 万名用户信息
万豪集团	2019.07.09	英国 ICO	0.99 亿英镑	8.5 亿	万豪旗下喜达屋酒店 3.39 亿名客人开房信息泄露，且万豪在收购喜达屋时未能进行充分的调查
Google	2019.01.22	法国 CNIL	5 000 万欧元	3.8 亿	个性化广告推送服务中违反 GDPR 的透明性原则，且没有在处理用户信息前获取有效同意
电信运营商 TIM	2020.01.15	意大利 Garante	2 780 万欧元	2.1 亿	缺乏有效同意的数字营销（电话营销，其中包括陌生电话的大量拨打），主要违反 GDPR 第 6 条（法律基础）。此外，还存在留存期超期、缺乏必要的安全措施等问题
奥地利邮政	2019.10.23	奥地利 DSB	1 800 万欧元	1.4 亿	非法转售 300 万条个人数据
沃恩房地产 Deutsche Wohnen SE	2019.10.30	德国柏林数据保护部门	1 450 万欧元	1.1 亿	在存档系统长期留存个人数据，违反数据处理“数据存储期限最小化”的基本原则（GDPR 第 5 条）以及第 25 条（默认安全的数据保护设计）
意大利 Eni Gas e Luce	2020.01.17	意大利数据保护局	1 150 万欧元	8 814 万	第一笔为 850 万欧元，未经用户同意，拨打用户电话进行营销，且未保障用户的反对权（在用户反对的情况下仍然拨打电话）和删除权（未将用户从营销名单中剔除）。第二笔为 300 万欧元，未经用户同意的服务合约，并伪造了用户的签名
1&1 宽带提供商	2019.12.09	德国 BfDI	955 万欧元	7 449 万	在其提供的服务中没有采取有效的身份认证手段，只需输入客户的姓名和出生日期，用户就可以获取有关该客户的大量个人信息。BfDI 认为，这违反了 DSGVO（即 GDPR 在德国的称呼）第 32 条。GDPR 第 32 条规定，公司必须采取适当的技术和组织措施来保护个人数据的安全

（续）

被罚公司	罚单时间	执法机构	罚单金额	约人民币（元）	原因
Uber	2018.11.27	荷兰数据保护局	60万欧元	465万	因2016年10～11月5 700万名用户和司机的个人数据泄露事件，荷兰17.4万名用户受到影响
		英国ICO	38.5万英镑	331万	因2016年10～11月5 700万名用户和司机的个人数据泄露事件，英国270万名用户受到影响
Bisnode	2019.03.26	波兰UODO	94.3万兹罗提	170万	作为数据控制者，未通知用户其正在进行的数据处理活动（数据分析并用于商业用途），剥夺了用户的权利。在已发送的9万封告知邮件中，有1.2万人反对，被用于证明通知用户的必要性

在过去十几年互联网的快速发展中，个人信息正在大规模地被各类企事业组织所采用，无论是打车、外卖、网购，还是在公共服务领域，都会大规模采集公民个人信息，近年来有关个人信息泄露的案例更是数不胜数，所以个人信息泄露问题是全球各个国家都正在面对的。

而GDPR的颁布，让人惊呼，从未有一部法案对个人信息的保护规定得如此周详。例如，我们身边经常出现过于精准的广告推送，在淘宝上刷到了一款心仪的产品，结果在微博也看到了相关的推送。从广告匹配的实现原理上说，它是在用户访问网站时，在你的浏览器里写入一些cookies，淘宝通过其广告平台来利用这些cookies对应显示更为精准的广告。虽说近年来我们已经对这种精准的广告推送习以为常，但这背后的操作在GDPR中是违规的。

【案例小结】

国内外近些年都纷纷推出关于网络用户隐私保护的法律法规，不断完善对网络用户信息数据安全与个人隐私内容的保护，为网络用户的隐私保护提供坚实的制度保障。从一定程度上说，这样的举措对互联网平台起到严格监管、规范监督的作用，也倒逼互联网行业的众多平台进行自我改革，进一步完善对用户个人隐私的保护工作。只有当法律保障与平台保护双管齐下，才能创造出更安全、更放心的智能营销环境，推动智能营销与计算广告的长远发展。

参考文献

[1] 深圳晚报．你的个人信息是如何泄露的?（2021-10-09）[2023-03-01]．https：//news.cctv.com/2021/10/09/ARTIOY345VliRmMlgxuOSwuN211009.shtml.

[2] 朱松林．论行为定向广告中的网络隐私保护[J]．国际新闻界，2013，(4)：96.

[3] 邓琳琳．大数据营销传播中隐私问题的伦理研究[D]．广州：暨南大学，2016：18.

[4] 陈纯柱，王唐艳．大数据时代精准广告投放的隐私权保护研究[J]．学术探索，2020(4)：107-109.

[5] 范为．大数据时代个人信息保护的路径重构[J]．环球法律评论，2016，38(5)：93.

[6] 李丹．算法歧视消费者：行为机制、损益界定与协同规制[J]．上海财经大学学报，

2021，23（2）：18.

[7] 梁正，曾雄．“大数据杀熟”的政策应对：行为定性、监管困境与治理出路［J］．科技与法律（中英文），2021（2）：11.

[8] 李丰团，贺莹洁，郭东洋．大数据领域垄断的形成机理及反垄断规制［J］．中国注册会计师，2021（8）：47.

[9] 叶明，张洁．大数据竞争行为对我国反垄断执法的挑战与应对［J］．中南大学学报（社会科学版），2021，27（3）：28.

[10] TopMarketing. 行业权威机构数据揭秘：中国数字广告欺诈乱象［EB/OL］.（2016-09-02）［2023-03-01］. http://www.sohu.com/a/113280983_123843.

[11] Adexchanger.2020 年将突破 300 亿，风口下的 OTT 广告如何进阶“高价值”赛道?［EB/OL］.（2019-04-09）［2023-03-01］. https://www.sohu.com/a/306714149_117753.

[12] 张艳．美国互联网广告业自我规制：多元主体与路径选择：以广告数据欺诈防范为切入点［J］．编辑之友，2020（7）：108-109.

[13] 刘俊海．清除虚假互联网广告的法律对策［J］．人民论坛，2018（34）：93.

[14] 郑杭生．改革开放三十年：社会发展理论和社会转型理论［J］．中国社会科学，2009（2）：17.

[15] 王丽．广告的德性：伦理学视阈中的广告传播［J］．新闻界，2011（3）：138-139.

[16] 马克思，恩格斯．马克思恩格斯全集（第 1 卷）［M］．中共中央马克思恩格斯列宁斯大林著作编译局，译．北京：人民出版社，1956：82.

[17] 蔡立媛，周慧．人工智能广告的“时空侵犯”伦理危机［J］．青年记者，2019（15）：91-92.

[18] 李凌．智能时代媒介伦理原则的嬗变与不变［J］．新闻与写作，2019（4）：8.

[19] 宋希仁．论伦理关系［J］．中国人民大学学报，2000（3）：60.

[20] 许鸿艳，金毅．互联网：技术赋权与景观控制［J］．华南师范大学学报（社会科学版），2021（5）：171-172.

[21] 陈昌凤．工具性兼人性：技术化时代的媒介伦理［J］．新闻与写作，2019（4）：1.

[22] 斯密．道德情操论［M］．焦维娅，译．合肥：安徽教育出版社，2008：117.

[23] 潘建红，杨利利．责任伦理与大数据语境下网络舆情治理［J］．自然辩证法研究，2020，36（1）：63.

[24] 陈炳水．道德立法：社会转型期道德建设的法律保障［J］．江西社会科学，2001（1）：136.

[25] 中国广告协会．中国广告协会自律规则［EB/OL］.（2008-01-12）［2023-03-01］. http://www.china-caa.org/cnaa/showinfo/zlgz1.

[26] 王军．从脸书“泄密门”看人工智能时代隐私保护的困局与出路［J］．北方传媒研究，2018（4）：49-50.

[27] 方晨，郭渊博，王一丰，等．基于区块链和联邦学习的边缘计算隐私保护方法［J］．通信学报，2021，42（11）：29.

[28] 张嘉裕．广告伦理失范及治理研究［D］．乌鲁木齐：新疆大学，2020：11-12.

[29] 林爱珺，刘运红．智能新闻信息分发中的算法偏见与伦理规制［J］．新闻大学，2020

(1): 38.
[30] 王景霞. 大数据营销中数字身份的伦理失范问题研究[D]. 广州: 暨南大学, 2019: 49-20.
[31] 王昱兴, 袁博. 从大数据杀熟到隐私泄露: 软硬件视角下隐私问题的伦理分析与思考[J]. 科学·经济·社会, 2021, 39(3): 79.
[32] 张淑玲. 破解黑箱: 智媒时代的算法权力规制与透明实现机制[J]. 中国出版, 2018(7): 53.
[33] 杨先顺, 陈子豪. 大数据营销传播伦理治理体系的构建[J]. 青年记者, 2021(11): 65.
[34] 邓琳琳. 大数据营销传播中隐私问题的伦理研究[D]. 广州: 暨南大学, 2016: 47.
[35] 马爽. 大数据"杀熟"中的消费者权益保护[D]. 石家庄: 河北经贸大学, 2021: 27.
[36] 徐明. 大数据时代的隐私危机及其侵权法应对[J]. 中国法学, 2017(1): 134.
[37] 周汉华. 平行还是交叉? 个人信息保护与隐私权的关系[J]. 中外法学, 2021, 33(5): 1172.
[38] 石佳友. 个人信息保护的私法维度: 兼论《民法典》与《个人信息保护法》的关系[J]. 比较法研究, 2021(5): 32.
[39] 包晓丽. 数据产权保护的法律路径[J]. 中国政法大学学报, 2021(3): 123.
[40] 李涛, 吉木拉衣. 互联网垄断企业的缘起、挑战与治理: 研究进展回顾[J]. 财会通讯, 2021(18): 15.
[41] 金晶. 欧盟《一般数据保护条例》: 演进、要点与疑义[J]. 欧洲研究, 2018, 36(4): 2.
[42] 汪庆华. 人工智能的法律规制路径: 一个框架性讨论[J]. 现代法学, 2019, 41(2): 56-62.
[43] 谭家超, 李芳. 互联网平台经济领域的反垄断: 国际经验与对策建议[J]. 改革, 2021(3): 73.
[44] 代润泽. 当亚马逊遇上了 GDPR[EB/OL]. (2021-08-02)[2023-03-01]. https://www.leiphone.com/category/industrynews/8wxb5vAU30zGfT9O.html.
[45] U2. 数据安全与隐私保护大额罚款清单[EB/OL]. (2020-02-06)[2023-03-01]. https://www.janusec.com/articles/news/1579695075.html.

第九章
CHAPTER 9

计算广告的影响

§ 学习目标

1. 了解计算广告对广告业带来的各个方面的影响。
2. 了解广告学学科在计算广告的影响下发生的变化。

§ 导入案例

IPG 收购 Acxiom

2018 年 10 月 1 日，全球广告传播集团巨头之一埃培智公司（Interpublic Group，IPG）以 23 亿美元的价格完成了对数据库营销公司安客诚（Acxiom）的收购，这是 IPG 公司自 1902 年成立以来最大的一笔收购交易。这次收购的主要对象是 Acxiom 的数据营销部门（Acxiom marketing solutions，AMS），AMS 业务大约占 Acxiom 总收入的 3/4。收购完成后，Acxiom 作为 IPG 旗下的一个独立部门继续运营，成为 IPG 品牌产品组合的一部分。

包括 Acxiom 在内，IPG 2018 年在全球共收购了五家公司，涉及数据、社交媒体、数字代理等业务，展示了品牌在数字时代保持更新竞争力的决心和判断力。据《华尔街日报》报道，另一广告巨头电通公司也曾参与过本次对 Acxiom 的竞购报价。

IPG 收购 Acxiom 看中的主要是它的数据业务的价值。Acxiom 原主要业务部门 AMS 专门为零售类和金融服务类公司提供大批量数据的存储、管理服务，在人才、客户、数据资源、数据技术等方面积累了大量优势。Acxiom 拥有 2 100 名员工，其中约 1 600 位具备数据业务的专业经验，并且 Acxiom 在全球的客户数超过 2 000 户，接入数百个营销数据库，直接和间接覆盖了 22 亿个相关联的消费者的数据。对于营销行业而言，Acxiom 在数据方面的优势能帮助品牌、媒体和广告代理公司更好地连接受众。

该交易将 IPG 的媒体营销服务能力、全球客户规模和消费者洞察力与 Acxiom 在消费者覆盖、数据集成和数据分析方面的专业优势有效地组合在了一起。通过收购 Acxiom，IPG 不仅拓展了数据资源，打造了更坚实的数据基础，还提升了数据分析、受众服务的能力，更新了评估营销 ROI、效果归因、look-alike 模型和定制化人群等多种技术。这些数据层面的进步有助于提升IPG优化整体营销业务的能力和效果。

在交易之前，IPG和Acxiom已经建立起营销与数据业务的良好合作关系，而收购进一步加深了二者的融合。2017年9月，Acxiom便开始为IPG的目标受众管理平台（audience measurement platform，AMP）提供解决方案支持。在2018年9月，IPG旗下盟博集团推出了AMP平台，它整合了线上线下的多方数据集，有助于品牌对目标受众进行挖掘、激活和效果评估，提供基于真人的消费者个人画像和受众定向服务。收购完成后，Acxiom将与IPG盟博协同配合，为全球市场客户提供数据分析产品服务。

IPG主席兼首席执行官迈克尔·罗斯（Michael Roth）对于收购后公司的前景表示期待："在一切都由数据驱动的时代，Acxiom的数据营销部门所具有的一整套深度专业能力将帮助品牌在复杂的媒体环境中针对每一个消费者接触点创造个性化的品牌体验。整合AMS和IPG的一系列资产将帮助我们塑造行业的未来……Acxiom的数据道德规范在业内首屈一指，其业务稳固且在不断增长，在整个营销生态圈中长期发挥着基础性的作用。"

2020年，IPG旗下的媒体营销技术部门Kinesso发布了新的媒介触达方案Matterkind，这是一款配备了人工智能的广告投放优化引擎，可以跨越不同数据库和渠道针对目标受众进行个体化投放，极大地优化品牌客户全渠道营销效果。Matterkind的诞生和运行离不开Acxiom数据资产的支持。它通过一系列工具采集目标用户和潜在用户的数据，并充分利用数据价值驱动营销效果，可以提供更精准的创意传播。

【案例小结】

随着数字营销模式的成型，品牌、广告代理、媒体、网络平台都意识到数据和数据技术在营销过程中的重要性，但对于很多公司尤其是广告代理商来说，数据的价值需要被更有效地发掘和利用。如何将数据和营销传播更好地结合在一起，而不是"两张皮"，这仍然有不少探索空间。IPG收购Acxiom，正是这种数据与营销融合趋势下的成果产物。

很显然，IPG从Acxiom获得了丰富的数据资源和专业的数据技术，这有利于它优化对目标受众的发掘、洞察和连接，为品牌提供更精准、有效的营销方案。而收购的意义更在于，IPG将Acxiom的数据价值以及未来的潜能掌握在自己的手中。广告公司收购或合并数据公司的模式，将助推数字营销产业结构发生变化。

大型网络平台方天然占据着海量用户和第一手数据的优势，如Google、微软等通过cookie等技术掌握数据和渠道等要素。而IPG主席迈克尔·罗斯表示，Acxiom公司的核心业务来自第一方而非第三方数据，对于cookie的依赖较少。这意味着，IPG在数据利用上拥有更多的自主能力，而不必过多受Google这样大型公司的影响。在全球网络信息保护趋于严格的今天，面对苹果、Google对原有的数据收集方式进行限制的局面，IPG无疑可以更从容地应对变化和挑战。

第一节　计算广告对广告业的影响

计算广告作为一种新的广告活动形态，其影响和意义首先体现在它对广告活动本身和广告产业的重构，并且这种重构仍然在进行着。

一、广告技术的变化

（一）新技术的应用

计算广告的演化以及它引起的行业变化的关键节点在于广告技术的变更。互联网技术、程序化交易技术、大数据+算法技术等逐渐被应用于广告活动中，改变了广告活动的流程和效果。

1. 互联网技术

互联网技术为计算广告提供了诞生的土壤。互联网技术具有实时、广泛、可交互的传播特点，并且融合了广告文字、声音、影像、动画等多种形式。更重要的是，互联网数字信息传递的本质，使得构成传统广告活动的消费者调查、广告信息传播、消费者行为等环节可以即时地、连续地在互联网场景中完成。互联网技术为传统广告活动赋予了新的传播方式。

2. 程序化交易技术

程序化交易技术是使计算广告区别于传统广告的核心技术。传统广告进行交易时，一般采取人工的合约方式。相比程序化广告，合约广告交易的可选对象有限，出价、谈判以及投放的周期较长。而程序化交易技术将交易的场所、对象和环节都聚合起来，为广告主、代理公司和媒体方提供了流量交易的平台。通过实时竞价机制，程序化交易可以集中、高效地处理大量出价、交易和投放行为，极大节省了各方时间和成本。程序化交易还包括首选交易、私有竞价、程序化直接购买等交易方式，融合了传统合约广告的形式。

3. 大数据+算法技术

大数据技术使计算广告呈现出智能和精准的优势。用户现实场景、网络使用记录等数据都可以被采集起来，再经过大数据分析，形成对目标群体的画像。广告人员可以更有针对性地设计、投放广告，并且通过广告效果数据的实时反馈，后续的投放可以借助算法程序进行优化和更新，体现出智能化营销的特征。计算广告对大数据技术的运用，还改变了传统广告的数据调查和分析的方式，并逐渐形成新的效果评估形式和标准。

（二）广告技术对广告目标的推动

广告技术的变化有助于实现批量交易、精准投放等效果，为广告活动提供了新的可能，推动广告产业朝着精准化、规模化和自动化的方向演进。

1. 精准化

精准化是广告活动的核心目标在计算广告场景下的新表现。如何向目标消费者传播合适的内容以达到营销效果，这是广告活动一直希望解决的问题，也是推动广告发展的内在动力[1]。在计算广告中，这个问题被表述为“最优匹配”问题，精准化的目标也因此被提出。精准化不仅意味着对人群的精确细分，还有对场景的准确识别，然后将符合二者需求的创意精准地投放到目标面前。精准化为计算广告指出了具体的目标以及实现的路径，引导计算广告产业技术和业务的进步。

2. 规模化

规模化是广告产业提高效率和拓宽市场的新方向。广告产业一向追求扩大市场和减少成本，以获得更多利润。传统广告公司受成本和人力的制约，未能充分整合市场上的中小型广告主和媒体资源，而这一部分的长尾资源的总和其实是很可观的。程序化交易、创意和投放技术逐渐成熟后，建立起一套整合市场各类资源和需求的机制，并形成了由机器运作的标准业务流程，降低了广告活动的成本。对于广告产业内部而言，规模化是提升市场竞争力的重要途径。

3. 自动化

自动化是广告行业数字技术应用和发展的新趋势。随着数字技术在广告行业应用越来越成熟、普遍，很多传统广告中的人工任务由机器程序自动完成，并且具有更高的效率和更好的效果。大数据技术不仅可以对人群进行画像分类，还能推测出很多潜在的信息。在算法技术的支持下，广告程序可以自动监测创意投放的效果反馈，并根据数据进行修正和重新投放。大数据和算法技术正在变得越来越智能，将为广告行业节省更多的人工和时间成本。

二、广告业务流程的变化

(一) 消费者调查

1. 传统广告中的消费者调查

传统广告中的消费者调查由人工的抽样调查和洞察分析完成。在传统广告中，无法对所有目标对象进行调查，通常由广告公司或者第三方专业调查机构对目标群体进行抽样调查，代表该群体的整体数据。随后，广告人员对调查结果进行分析，结合自己的市场观测，洞察出消费者的需求和敏感之处，从而有针对地拟定广告传播的策略，以实现营销目的。在整个消费者调查过程中，运用了较为科学的调查统计方法，对于广告人员自身的理解和洞察能力要求也比较高。这一方法花费的人工和时间成本较多，且抽样获得的数据数量和质量不一定能满足广告分析的需求[2]。

2. 计算广告中的消费者调查

在计算广告中，广告人员使用大数据采集、画像技术辅助消费者调查工作。大数据技术通过定位、cookie 等工具可以获取海量用户的现实场景、网络行为和记录的数据。这些数据的量级和内容都是人工抽样难以获得的。随后，大数据技术对采集而来的数据做进一步分类和贴标签，形成细分的用户画像，推测出用户潜在的需求和行为倾向。这些工作由程序快速自动完成，极大地提高了工作效率，并且很多数据工作由专门的数据服务公司和互联网平台负责。大数据技术采集和分析的结果有助于减少人工调查的成本，使广告人员的任务集中在洞察和策略环节。此外，大数据技术还能实时监测和反馈创意投放的效果，帮助广告人员做进一步的决策。

（二）创意生产

1. 传统广告中的创意生产

创意生产的工作一般被认为需要运用人类的策略、语言和艺术能力才能完成，机器和程序很难胜任这类任务。而在计算广告中，程序化创意的技术和工具应用逐渐成熟，已经参与创意制作的业务实践。

传统广告中的创意生产工作包括创意策略和创意呈现两大环节，十分依赖广告创意人员的能力。广告策略的拟定需要广告人员综合考虑广告主目标、消费者需求和竞争对手的情况，进行团队商议后做出策略提案。通过决策的创意策略将成为之后广告活动周期的主题，一般不轻易变动[3]。广告的创意呈现环节也需要文案、美术人员的多次制作和讨论。在这个过程中，创意人员的市场洞察、创意表现以及沟通协作都是影响最终创意的重要因素。整个创意生产过程都需要大量人员参与，时间周期较长，而创意投放后的效果存在不确定性。

2. 程序化创意生产

计算广告中的程序化创意工具承担了部分创意工作，符合产业规模化和智能化的需求。通过大数据和特定算法，程序化创意工具可以自动选择、推荐相关创意素材，从而批量生成适配不同用户的多版本创意，互联网跨屏传播的要求也能快速实现。更重要的是，创意程序还会根据投放后的效果数据反馈，对创意进行即时调整，在反复试错的过程中实现效果的最优化。程序化创意具有快速化、规模化、动态性的优势，极大地提升了创意生产的效率和效果。

但程序化创意工具并不是完全取代了创意人员的工作，而是与创意人员协作完成广告任务。程序工具背后的算法体现了人的策略和思维。在创意工作过程中，专业的创意人员可以更集中于具有独特性的任务，而不是重复性的劳动。

（三）收费模式

1. 传统广告收费模式

传统广告公司的收入主要来自媒介购买的差价和媒体返点，广告主支付的月费和服务费只占其广告收入的较小的一部分。对媒介资源的整合是广告代理公司的重要价值所在。广告代理公司通过整合大量的媒体资源，获得较低的折扣，再分批次售卖给不同的广告主，从而赚取差价利润。媒体返点则是媒体通过广告代理公司达成广告投放合约后，将部分收益以返点的形式分给广告公司。媒介采购和媒体返点的营利模式的产生和持续，建立在广告公司作为广告主和媒体方的中介的基础上。而随着计算广告的出现，这一基础开始变得不够稳定。

2. 计算广告收费模式

计算广告中交易模式的变化改变了广告公司的收入来源，其新的收费模式正在形成。在程序化交易过程中，广告投放方可以通过出价高低来管理购买流量的多少以及整体广告预算，传统的“以量制价”的收费模式变得不适用[4]。广告公司在媒介购买折扣方面的收益自然变少，而广告主甚至可以直接对接需求方平台与媒体方达成交易，这意味着媒体的返点也不再是广告公司专有的、稳定的收入来源。广告公司的总体收入面临着挑战，必然需要进行调整。广告公司新的收费模式仍然在适配和探索中，这些模式大多要求广告公司开始承担更多的风险和责任。例如，效益分配制和差价收费制主张将广告费用与品牌销量或优化成本挂钩。在大数据监测和程序化创意等技术支持下，这些模式是有可能实现的。

三、广告产业生态链的变化

随着大数据的增长和计算系统的进步，广告及其生态系统发生了根本性的转变。计算广告作为新兴的广告形态逐渐壮大，引发了广告产业新旧主体的变换以及生态格局的重构。广告信息的生产、定位和传播多采取了全新的形式、流程和路线，很多新的参与者现在都加入了广告生态系统中。计算广告在技术和业务流程领域引起的变革有着更深远的连锁式影响，产业生态链中各个主体利益竞争的过程，体现了计算广告的发展逻辑。传统广告代理公司等旧的主体在产业生态变革中面临着转型的挑战。

（一）广告产业参与主体的变化

1. 传统广告产业主体

自现代广告诞生以来，广告就在不断发展以应对变化的媒体和市场环境。传统的广告产业生态链主要包括以下参与者：聘请广告公司并在广告活动上花钱的广告主、广告服务代理商、由广告收入提供资金支持的大众媒体。作为中介的广告代理商联结着广告主和媒体方，将需求和资源进行对接和匹配。而广告公司的整合能力依赖人力的支持，对市场潜能的开发是有限的。这种三足鼎立的产业结构比较简单，难以适应内部和外部环境的巨大转变。互联网技术的深度发展激活了广告主和媒体方的新需求，传统的生态链不再能适应产业的快速发展。

2. 计算广告产业主体

计算广告扩大、重组了产业格局，整条广告产业的生态链参与者包括广告主、需求方平台、交易平台、供给方平台、数据服务方和媒体等。参与广告活动的广告主和媒体数量大大增加，其大部分增量来自互联网广告市场。传统广告公司缺少实现批量实时交易的技术和数据，于是从媒介资源代理向广告需求代理转变[5]。需求方平台、供给方平台、广告交易平台等大型的中端平台承担了主要的中介功能。与传统的生态链相比，计算广告依然遵循着需求和资源匹配的相同逻辑，但技术、业务、市场环境等具体的进步，在效率和效果上有了本质上的变化。

（二）广告主的变化

1. 广告主数量增加，更多中小型广告主进入广告市场

在计算广告产业中，更多的广告主参与到广告市场中来。过去广告活动的主要服务对象是体量较大的品牌公司，中小型广告主的需求未能被充分满足。这种市场不均衡来自广告公司成本和能力的限制。自动化、程序化的广告交易模式以及配套的创意工具重新激活了这部分市

场需求，极大地降低了参与广告市场的门槛。这些中小型公司虽然单笔交易额较少，但其总量超过市场头部的品牌公司，体现出长尾效应的优势。计算广告所吸收的下沉市场份额，是广告市场增长的重要来源。

2. 广告主选择变多，在程序化工具帮助下主动性更强

广告主在计算广告市场中拥有了更多的选择和自主性。互联网广告环境具有多样性、易变化、细分化等特点，因此出现了许多不同的广告赛道和玩法。很多广告公司的业务能力专注于特定场景和个别环节。广告主既可以选择将自己的需求整体交给综合性的代理公司，也可以进行组合搭配，由具备不同特长的代理公司负责不同的广告业务。广告主还能够通过需求方平台等中介平台主动与媒体端对接，而不需要专门的广告代理公司介入。一些大的品牌广告主甚至能建立自己的程序化购买平台，可以更自主、便捷地与媒体方进行广告合作。在程序化广告技术的支持下，广告主在产业链中变得更为主动。

（三）广告代理公司的变化

1. 广告代理活动部分业务、功能被其他平台取代

广告代理公司在产业链中的中介地位正在逐渐被中介平台取代。对广告需求和媒体资源的整合、匹配是广告代理公司功能价值的重要体现。传统广告代理公司无法解决数以千计的广告主和媒体在线实时交易的技术问题，难以满足不断增长的广告投放的效率提升的需求。而计算广告的程序化交易技术为整合问题提供了新的解决方案。相继出现的交易平台、需求方平台和供给方平台等中介平台组成了程序化交易的各个环节，更符合广告主和媒体方的业务要求[6]。

2. 传统广告公司地位下降，面临转型挑战

在外部竞争的压力下，广告代理公司之间也出现地位变动和分化。传统广告公司地位下降，面临转型的挑战，而擅长程序化运作的计算广告服务公司逐渐兴起。传统广告公司的业务模式越来越不适应互联网环境下广告市场的新需要。随着广告主对程序化广告业务的需求增加，传统广告公司只能放弃这类业务，或者委托其他技术公司来进行服务[7]。而熟悉程序化广告技术和模式的广告公司更受市场青睐，具有竞争优势，进一步挤占了传统广告公司的生存空间。传统广告公司向计算广告公司的转型面临着技术、人才和组织结构等方面的困难。

3. 广告公司组织架构和人员需求的变化

广告业务流程的变化推动着广告公司的深度改革，以适应计算广告发展的潮流，广告公司的组织架构和人员需求也因此而发生变化。

（1）广告公司组织架构的变化。广告公司的组织架构正趋于一体化。广告代理公司包括创意公司、活动公司、媒介购买公司等类型，虽然提供的服务日益同质化，但大体上分别对应传统广告业务的各个环节。相应地，传统广告公司通常也分为客户部、创意部、媒介部，分别负责对接客户、创意生产、媒介购买的任务。这样的内外部组织分工是建立在传统的广告投放周期和效率的基础上的，而在计算广告业务流程中，对接、交易和投放等任务紧密联系在一起。多个部门分设以及多个广告公司交接的模式暴露出沟通成本高、效率低的问题，不能满足

快节奏的广告业务需求。整合和打通广告业务的各个环节组织，提供一站式的服务，成为未来广告组织架构改造的大趋势。

（2）广告公司人员需求的变化。计算广告产业增加了对数据和算法等数字技术人才的需求。计算广告从出现到成熟，技术因素一直是重要的驱动力。广告产业的各个环节尤其是中介平台，对于程序化、智能化技术的依赖程度比较高。数据分析师、API程序员和广告投放优化师等技术人才出现，并且供不应求[8]。而面临改革的广告公司也需要吸收了解数字技术的人才，助推公司适应程序化广告的运作流程，构筑自身的价值。传统的广告公司人员对于数字技术的学习存在一定难度，而新的人才大部分来自计算机相关行业。

广告行业对于策略和创意人员的需求并不会消失。策略制定和创意呈现在广告活动中的地位并不会被程序化技术完全代替。无论是效果类广告，还是品牌类广告，创意的内容以及背后的策略始终是重要的。大数据和程序化技术可以辅助分析和创意制作，但仍然需要广告人员的决策。凭借技术支持，广告人员的创意工作可以实现更精准、高效的目标。人机协作将成为广告业务的常态要求，计算广告产业需要更多的兼备数字技术和创意才能的复合型人才。

4. 广告公司的核心价值仍然存在

虽然广告公司面临着来自外部和内部的变化，但其独特的核心价值仍然存在。广告主仍然需要广告公司作为代理，这一基础需求并没有发生变化。计算广告在提供更便捷、准入条件更低的服务时，也提出了更高的广告效果目标。对于广告公司而言，追求的专业价值有了新的变化。广告公司的策略和创意价值在可预见的很长时间内并不会被程序化创意完全替代，反而更可能出现人与机器、艺术与技术、策略与数据进一步融合的趋势。广告公司的服务在程序化等技术的辅助下变得更具有竞争力和独特性，这也正是计算广告追求的广告价值所在。

（四）广告中介平台的出现和成长

1. 中介平台的资源整合优势更强

以程序化技术为基础的交易平台，成为广告产业链中新的中介主体。计算广告产业需求催生出一批运用程序化交易技术搭建起来的中介平台，包括需求方平台、供给方平台和广告交易平台，形成完整的中介系统。这些平台凭借更高效、低成本、服务范围广等优势，一方面开拓新的广告市场，另一方面侵蚀了传统广告代理公司的大量业务领域。它们不仅提供实时竞价的交易服务，也支持首选交易、私有直接购买等交易模式。广告主和媒体更愿意通过程序化购买来实现合作需求。新型中介平台的出现和成长，使广告产业的运作变得更为高效。

2. 数据管理平台的价值日益突出

数据管理平台在计算广告产业链中的价值日益受到重视。数据管理平台为计算广告交易和投放的各个环节提供了重要的辅助支持。从消费者分析、程序化流量购买到投放效果监测，都需要专业的数据工具和大量的数据资源作为基础。而由专业的第三方平台来负责技术投入和数据处理工作，实际减轻了其他主体的成本负担，是产业链分工优化的结果。随着计算广告的发展，数据成为产业发展的关键要素，数据管理平台的重要性也越发凸显。

（五）媒体方的变化

1. 中小型媒体的流量价值被重视

在计算广告产业中，中小型媒体的流量价值得到重视。传统广告活动更关注头部媒体、综合性媒体的传播效果。而随着计算广告对精准化的需求逐渐提升，中小型媒体拥有的细分的长尾流量的价值得到了更充分的发挥。程序化交易平台在降低中小型广告主交易门槛的同时，也整合了中小型媒体资源，帮助双方在成本和效果追求方面实现匹配。中小型媒体流量虽然分散、易变化，但总的体量十分庞大、稳定，成为广告产业中重要的聚合资源。

2. 传统媒体逐步接受程序化广告模式

传统媒体也逐渐加入程序化交易市场中。计算广告的模式最早在网络媒体中实践和流行，并逐步拓展到电视和户外等传统媒体领域。传统媒体可以通过程序化购买平台出售广告位置，但不同媒体的程序化进程并不相同。智能电视、户外电子屏等联网的媒体更能适应程序化购买的模式，交易和投放均可以在线实时完成。而对于报纸等纸质媒体而言，传统的媒介购买业务仍然是必要的。

3. 综合性互联网平台掌握流量、技术和数据等关键要素，形成市场竞争优势

大型的互联网媒体平台掌握流量、技术和数据等关键要素，在产业链中占据优势地位。互联网平台本身聚合了大量的媒体内容和用户流量，并且可以通过内容分发的算法和规则来调配这些资源，实质上成为计算广告产业中最大的媒体方。这些平台还拥有海量用户的数据，是计算广告运作的基础。腾讯、阿里巴巴等企业都开发了专门的程序化交易平台，最大程度掌握和利用自身的用户资源，参与到计算广告产业上下游的各个环节中，形成了独特的、绝对的市场竞争优势。

第二节　计算广告对广告学学科的影响

一、计算广告学的诞生

广告学是一门与实践联系十分紧密的学科。计算广告积极推动广告产业发生变革的同时，也为广告学学科带来很多新的变化。这些变化主要体现在学科的知识体系和人才培养模式上，可以看作学科认识论和方法论的一次革新。

（一）计算广告学的学科定位

1. 广告学新兴的分支学科

计算广告学是广告学新兴的分支学科。广告的历史可以追溯到人类商业活动的早期，而广告学作为一门学科是20世纪才出现的。随着人类商业活动和媒介传播的高速发展，广告学科的内涵得到充实，也演变出不同重心和取向的学科分支。计算广告随着互联网发展而出现，

为广告学带来了很多新的研究内容和问题，逐渐形成了一套新的知识体系。计算广告学是建立在传统广告学科的基础上的，仍需要从中汲取理论和方法的养分。立足于既有学科资源，计算广告学正在建立自己的学研体系和人才培养模式。

2. 广告学与计算机等多学科的交叉学科

计算广告学是广告学与计算机等学科的交叉学科。广告学科自成立以来，就杂糅了市场营销、新闻传播、心理学、艺术等学科的内容，属于众多学科的交叉领域。计算广告学将计算机学科的知识引入广告学科中，增强了广告学技术性和科学性的一面。程序化交易、大数据分析、智能算法等工具都是计算机技术在广告活动中应用的产物。计算机技术的发展与广告产业的需求共同推动着计算广告的演化。语言处理、数学建模、机器学习、推荐系统、博弈和拍卖等技术理论成为计算广告学科教学的重要内容[9]。计算广告学中的技术性取向如何与广告学既有的理论体系相融合，需要学科不断试验和摸索。

（二）计算广告学的学科意义

1. 学理意义

计算广告学科的建设和发展具有学理和实践上的双重意义。计算广告学的目的，一方面在于研究计算广告现象背后的规律，另一方面在于利用学科知识推动计算广告产业的发展。计算广告的兴起，为广告学提供了新的研究对象和场域。计算广告学的研究范围包括计算广告的运作机制、效果归因和技术实现等问题。对于这些问题的探索，有助于回答广告学科的一些经典问题，并揭示目前广告活动中的新疑问，从而丰富广告学科内容。计算广告学将在传统广告学科知识的基础上，建构起新的广告活动认识论和方法论体系[10]。

2. 实践意义

计算广告学的知识成果将体现在广告产业实践中。通过产学交流和人才输送等方式，计算广告学科的知识转化为产业发展的驱动力。计算广告的发展过程伴随着很多问题，涉及技术、传播和营销等多方面。计算广告学将建构起整体的知识体系，直接或间接回应实践中出现的问题。由于计算广告产业发展时间尚短，人才储备和培育体系还不够完善，面对大量的计算机技术和广告才能的复合型人才需求，从计算机专业和广告学专业招聘难以得到满足，因此计算广告学科的教学应该承担起行业人才培养的任务。

二、计算广告学的内涵

（一）计算广告学范式

1. 传统广告学范式、理论对于计算广告活动的解释力有限

目前，整合营销传播范式在学术界和业界仍占据主流地位，但对于计算广告等现象的解释能力显得不足。整合营销传播范式下的广告学主要关注的是广告活动中的品牌，以及围绕品

牌的消费者洞察、品牌策略、媒介活动策划、创意呈现等一系列环节，而有些忽视广告活动中直接效果的研究。这一范式是建立在传统的大规模、同质化生产和消费的经济基础上的。随着经济技术、商品市场和消费方式的变化，新兴的计算广告更关注受众定向、程序化交易、精准投放、效果测量等问题。传统广告学科的认识论和方法论并不能很好地解释新的广告形态，急需新的范式来探索新的问题和路径。

2. 范式转换的趋势

广告学科内部正面临范式转换的趋势，计算广告学便是探索新的学科范式的产物。计算广告学范式将继承传统范式的经验和成果，在广告宏观与微观地连接、复杂变量归因、广告长期与短期效果等问题领域进行深度的探索。新的量化手段比如大数据技术将被应用到范式中，从而形成新的理论体系[11]。新范式的建立和发展将是一个长期的过程。

（二）计算广告学的研究问题

计算广告学科关注的问题与传统广告学科存在异同，一方面有助于探索广告学科长期以来的重点问题，另一方面也发掘出这一领域特有的研究问题。

1. 广告学科长期以来的重点问题

（1）广告、用户、场景匹配的问题。计算广告学科的研究有助于解决广告学科的一些重点问题，如广告匹配的问题。现代广告学科发展至今，一直关注投放的精准度问题，即如何在合适的场景向合适的人投放合适的信息。定位理论、品牌理论都可以看作围绕这一问题的不同成果，计算广告揭示出回答该问题的新的可能。计算广告将广告投放的精准度问题表述为“最优匹配”问题，利用大数据技术了解消费者的行为、倾向以及所处的场景，并投放相应的广告内容。这种广告运作机制还存在很多问题和不足，但确实更好地掌握了消费者和场景的实时信息，并且可以在投放后得到即时的反馈，这是以往研究所未能实现的。在传统研究成果的基础上，计算广告学将可能进一步触及广告匹配问题答案的核心。

（2）广告效果的测量问题。除了传统的互联网广告的测量指标（如点击率、点赞数或转化率）之外，还有哪些长期结果的测量指标？如何测量能够促进消费者长期参与的变量的有效性？广告主如何有效理解并获取相关数据？政府的监管也给效果的测量带来了一定的限制，如欧盟的《通用数据保护条例》或《加州消费者隐私法案》等隐私法限制了消费者个人数据的收集、存储和使用。如果这类监管得到更广泛的实施，会对广告效果的测量带来怎样的影响？从消费者的角度来看，个性化体验的好处和隐私问题之间如何权衡？消费者在多大程度上愿意被监测、被广告主收集数据，或愿意参与品牌基于这些数据发起的互动？从广告主的角度来看，如何通过较少干扰、更道德和负责任的方式提供价值以交换消费者的个人数据？

（3）广告效果归因问题。广告效果归因是广告学科长期研究的另一个问题，即如何衡量不同变量在广告效果中所起的作用。传统广告缺少直接效果的转化和测量工具，因此更偏重于关注品牌广告的效果。对于复杂变量在广告效果中的综合作用机制的研究仍有很多问题和不确定性，计算广告的在线场景则提供了广告效果转化和监测的可能。用户的点击、跳转、浏览、购买、离开等行为构成了一整套广告效果的测量指标。这一套指标侧重于短期的、可衡量的效果反馈，与长期的、品牌的效果之间的关系还有待探究。而在实际投放中，用户可能受到多种广告路径的影响，难以归于单一环节的作用。如何厘清复杂变量在综合效果中的作用，这是计算广告学需要并且有希望进一步回答的研究问题。

2. 计算广告学领域特有的问题

计算广告在实践中表现出很多与传统广告的不同之处，为广告学科带来了很多独特的问题。对于这些问题的研究，具有很强的实践意义，业界和学界都十分关注。

（1）技术问题。数字技术是计算广告学科关心的重要对象。在计算广告中，程序化交易、大数据、算法等技术的作用是显著的。对利益和效率的追求，推动广告技术的不断进步和演化。广告技术要实现自动化、智能化、精准化等目标，需要大量研发投入和实践尝试。计算广告中技术的应用和开发具有一定的专业门槛，而传统广告学科缺少对技术的研发资源，计算广告学将弥补这一方面的短缺。

（2）策略问题。广告策略在计算广告活动中如何发挥作用，也是计算广告学探讨的问题。计算广告活动偏重于直接的、短期的效果指标，广告投放可以依据即时效果反馈来试错和调整。因此，传统的预先制定的、长周期的广告策略流程变得适应性不再那么强。而计算广告仍然需要专业的广告策略，以取得更好的综合效果。如何处理好广告人员和机器的关系，可能是计算广告学探索这一问题的重要方向。

（3）伦理与法律问题。在社会和公众层面，计算广告的伦理和法律问题引起极大的关注。计算广告逐渐走入社会生活的各个角落，其隐蔽的技术和“神奇”的效果使人们产生了一些不安和疑虑。计算广告在伦理和法律上存在一定的风险，如个人信息和隐私权、数据安全等问题，而对于这些风险的预防和规制还未形成完善的制度体系，这在全世界的范围都引起了极大的重视。此外，平台、广告商和消费者之间的权利平衡需要特别关注，在责任归属和平台治理方面尤其如此，需要更广泛地讨论隐私以及法律和监管框架。计算广告学应该努力探索产业权利与责任的平衡之道，推动现实立法和行业自律的进程。

（4）数据的互联互通。计算广告的生态系统需要各渠道之间的互通，才能在整个消费者购买旅程中获得有效的测量方法，拥有更加精确的消费者模型的互联网公司才能赢得更多的商业利益。互联网企业的互联互通，有助于整合数据并加以利用，有助于构建数字生态系统，进而有助于测量整个系统中消费者的参与行为。相互开放和反垄断是大势所趋，也是互联网真正的未来方向。但我们也需要考虑互通之后，会产生哪些错综复杂的问题？我们需要有完善的数据分级管理制度，确保给企业留下充足的自主权，按照数据安全法的要求对各类数据进行分级，确定哪些数据可以开放分享。数据的打通有助于促进消费者参与，提高品牌体验，但打通数据对于企业而言，在管理上、网络上、安全上都需要平衡，挑战很大。目前来看，我们需要更加复杂的论证和监管层面的创新，需要积极探索新的监管和引导模式，制定相关的法律规范。

（三）计算广告学的研究方法

1. 大数据技术有利于推动定量与定性研究

计算广告学在研究方法上也有所创新，主要体现在大数据技术上。大数据改变了传统市场和消费者调查的方式，提升了数据分析和洞察的效率和可靠性。大数据为广告调查提供了海量的数据基础，并且由机器自动采集的数据减少了数据调查中人为主观介入的可能，更接近客观和自然面貌。此外，大数据实时的监测功能有助于实现对广告活动进行动态的、综合的考察，缓解传统研究中的静态性、时效性问题[12]。

2. 大数据技术有利于考察复杂变量的关系结构

传统定量与定性研究一般选取有限的变量和数据进行测量，不足以反映广告活动的复杂性，而大数据挖掘和分析技术则有助于综合分析多种变量以及变量之间的交互关系。大数据在分析规模和时间跨度上具有优势，有助于为广告学的微观和宏观层面的实证研究提供连接的桥梁。

三、计算广告学科的人才培养

计算广告产业对广告学科人才的培养提出了新的要求，学科的培养目标和培养方式也需要与时俱进。

（一）培养目标的变化

1. 重视数字技术的面向

培养掌握计算广告技术的人才，是计算广告学的重要目标。计算广告学具有显著的技术性取向，其涵盖的技术知识领域比较广泛，所教授的专业技能也较为多元。程序化交易、程序化创意生产、大数据分析、智能算法等技术在实践中已经得到较为成熟的应用。广告学科的学生需要对这些技术的应用有基本的学习，对于某门技术的深入掌握将有助于提升学生就业的竞争力。此外，教学还应做好面对行业技术变化的准备，了解新技术应用的动态。

2. 仍然重视广告策略、创意核心能力，培养复合型人才

广告策略和创意的能力仍然是计算广告学重视的核心素质。计算广告学是一门交叉学科，应注重培养复合型人才。广告学科向来强调的广告营销策略和创意的才能，自然是必不可少的。但对策略和创意的教学，也需要做一些改进。策略工作需要创意人员学会使用数据分析的工具，也需要其学习如何利用程序化创意工具更快更好地生产广告信息。如何将广告人员的能动性和独特性与机器协调起来，是教学的重要内容。

（二）培养方式的变化

1. 教学内容的更新

计算广告学科需要更新教学内容，以符合产业的需求。技术思维、数据方法和算法程序等内容应加入教学框架中，形成理论、技术和应用相融合的课程体系。教学内容涵盖的技术类型可能较多，包括语言处理、数据分析、智能推荐等。因此，教学的目的可以偏重于应用和操

作，在技术原理方面可以有选择性和层次性地深入研究。学科教师的知识储备和教学方式也须相应改变。

2. 产学研合作

产学研三方合作有利于人才的快速培养。目前，计算广告学科缺少教育资源的沉淀，还需要充实师资队伍，而业界已经积累了大量的实践经验，可以通过产业、教学和科研三方面的互动，将这些经验及时传递给学生，并转化为可靠的学科知识。企业与学科的合作可以增进教学与实践的互动，既推动了学科的发展，也培养了行业所需的人才[13]。

计算广告学科的兴起是广告学科发展的重要趋势，目前还需要克服一些阻碍。首先，计算广告学科的技术性取向形成了一定的技术门槛，在科研和教学上都有所体现。计算广告学科必须从计算机等学科吸收大量的资源，形成自身的知识积累，学科的交叉和融合将有助于解决这一问题。其次，产业内部的技术、数据限制和垄断，增加了学科研究的可及性问题。出于竞争的考虑，企业通常会限制自身技术、数据的对外开放和分享。即使是在大数据研究中，研究者实际也仍然是以企业的部分数据和零散数据为分析基础，学科和产业之间还未形成稳定的沟通渠道。最后，计算广告学科在很多方面都与传统学科不同，研究者应做好学科思维转变的准备。学科在概念界定、理论范式、实践路径和教学体系等方面的工作都将是一个不断革新和反思的过程。

本章小结

本章从两个角度探讨了计算广告带来的影响。一方面，在广告业层面，由于程序化交易、大数据和算法等技术的应用，使得广告目标朝着更加精准化、规模化和自动化的方向发展，广告业务的流程在消费者调查、创意生产、收费模式等环节都有相应调整。和传统的广告产业链相比，计算广告产业的生态链更加复杂多元化，此外，本章还分析了广告主、广告代理公司、广告媒体以及中介平台的变化。另一方面，计算广告也对广告学科产生了意义深远的影响。计算广告学作为广告学新兴的学科分支以及广告学与计算机等多学科的交叉学科，其理论范式相较于传统广告学有了很重要的转变，除了继续探讨广告学科长期以来关注的重点问题（例如，广告、用户、场景匹配的问题，以及广告效果的测量和归因问题），计算广告学领域也有自己特有的研究问题，包括技术、策略和伦理与法律等层面，都需要结合大数据的研究方法进一步探讨和解答。计算广告产业的快速发展也为计算广告学科的人才培养带来了相应的挑战。培养目标在重视数字技术面向的同时，仍旧强调对广告策略、创意核心能力的提升，从而培养出能适应新的市场挑战的复合型人才。因此在培养方式方面，需要即时对教学内容进行更新，并进一步将产学研合作推向纵深发展。

思考题

1. 计算广告对广告业务流程造成了哪些影响？
2. 传统广告产业的主体和计算广告产业的主体有什么异同？
3. 计算广告学的研究问题有哪些？
4. 谈谈你对计算广告学科人才培养的想法。

章后案例

北京大学、暨南大学广告学学科的教学改革

作为处于十字路口的交叉学科，广告学的强应用性决定其教育教学必须紧跟行业发展，贴近时代脉络。实践出真知，在数字化、智能化来势汹汹的大环境下，广告学教育也必须与时俱进、积极创新，以实战促进知识学习，又以理论理解反哺实践行动，广告学学科教学改革是必然，也是必须。

一、北京大学：锐意引领

自2015年开始，北京大学新闻与传播学院广告学专业每年都会开设一门“数字营销实战教学”课程，2020年更名为“智慧营销实战教学”。课程设计者和负责老师为陈刚教授，课程主要面向大三本科生和一年级研究生。

顾名思义，这门课程的关键在于“实战”，学生们需要组成团队，利用当下时兴的广告行业营销工具，为品牌广告主进行真金白银、真刀真枪的广告投放。这一充满挑战性与前瞻性的举措，打破了产业界、研究界和课堂的边界，可以充分让学生们在实践中学习、运用和检验学科知识。课程紧紧围绕“大数据”“数字化”“智能化”这些新近兴起的、行业关心的主题，以便将行业的最新动态和经验传递给学生们。

自该课程开设以来，先后有很多企业参与到课程中，给予资源和经验上的帮助。例如，腾讯、字节跳动、京东、微博为课程开放数据流量和营销技术工具，全景图片、筷子科技为课程提供广告素材库和程序化技术服务，联想、蒙牛、荣耀等品牌则作为广告主发布实战命题等。

在2020年的实战教学中，学生们利用字节跳动升级的大数据营销工具巨量引擎，为荣耀30系列产品进行品牌传播并在京东平台完成转化。各小组共创建了793个广告计划，花费了48万元广告费，在今日头条、抖音等平台吸引了1.53亿次曝光，共在京东产生16 880个订单，完成订单1 272万元人民币。达成的实效数据体现了实战课程坚持的三项原则：面对真实的客户、设定合理的投放预算、运用前沿的营销技术工具[14]。这也昭示着学科意图培养拥有综合性能力与实战经验的学生的决心。

正如陈刚教授所指出的那样：“在全球广告业的巨变中，中国的广告教育必须适应变化、加速创新，实战教学将成为广告教育的常态。教学不能脱离业界，教育不能脱离独立思考的能力……我们培养的不是单纯的操作人才，而是兼具学术素养和实践能力的综合型人才。”北京大学广告实战课程的特色便在于积极适应实践变化。在2015年，这种教学模式在海内外高校广告专业尚属首创，历年来多次获得教育部、中国高等教育学会等官方和行业机构肯定。而每一年实战课程的设计都会根据上一年学生、合作方的意见进行改进，更重要的是紧跟行业实践变化，在某种程度上，这门课程见证着广告行业在数字时代的变迁。

二、暨南大学：积极探索

与北京大学广告学课程改革相呼应，暨南大学也在积极探索广告学学科教学革新的方式方法，并获得了一定的成果与宝贵的经验。暨南大学新闻与传播学院广告学系采用了工作坊、企业教学等实训教学模式，以充分落实产学联合培养。暨南大学的课程设计分为授课、实战、

比赛三个阶段[15]。

授课为先，营销行业资深专家开展智能营销传播知识课堂讲座。例如，2018年课程邀请舜飞科技公司副总裁梁丽丽开展了“广告兵法训练营”系列课程，讲解大数据技术与应用案例实操知识，帮助同学们理解相关理论知识，打好实践基础。实战为中，由招商银行、万科作为广告主，用腾讯平台工具进行广告投放实践，学生在实习过程中体验创意制作、成品投放、营销结案等智能广告投放全过程。比赛为后，课程充分以赛促学，从行业大观、市场前测到创意产出、投放管理、效果测量，导师全程参与指导和完善，帮助学生深化知识理解。

在教学过程中，暨南大学广告学系不仅强调学习最新营销技术工具的意义，还非常注重广告学学科理论知识的更新和交流，并从“道”与“术”的层面进行梳理和贯通。2020年10月，暨南大学广告学系推出了名为“计算广告学——智能营销与计算广告”的慕课课程，由万木春、梁丽丽、陈韵博三位老师联合教学，这是国内高校首门与计算广告相关的慕课课程。该课程的目的在于培育适应计算广告行业的相关人才，重心在于智能营销与计算广告投放的思路和方法，而非代码和编程的操作细节，这也充分体现了“新文科＋新理工”的内容特色。

【案例小结】

广告学是一门十分注重实际效果的应用型学科，与行业的发展动态密切相关。数字技术在当下的广告营销中的驱动作用愈加显著，广告模式和行业生态也在随之变化，过去的广告学教育渐渐落后于行业发展的形势。而对于大多数高校学子而言，在课堂中鲜有进行广告实践的机会。因此，面对营销行业的变动，在新兴的计算广告学科理论还未完全成熟前，贴合当下广告情境的实战教学就变得更为重要。

北京大学与暨南大学广告学学科课程的革新为广大高校提供了宝贵的经验。实战教学模式有助于推动产学研三界的合作、交流，实现多方共赢。对于学生来说，课程将帮助其掌握行业一线的营销工作流程，检验自身知识的效果。对于教师和研究者来说，课程设计帮助其观察到行业的具体动态，更新教学模式和研究内容。对于行业来说，人才培养方式的革新将帮助其获得符合行业前沿需求的人才。目前来看，为了更进一步实现合作共赢，高校和企业平台还需要增加投入成本，推动“理论—教学—实践”良性循环的有效运转，为广告学科建设交出一份优秀答卷。

参考文献

[1] 刘庆振．“互联网＋”时代的计算广告学：产生过程、概念界定与关键问题［J］．新闻知识，2016（6）：12-15.

[2] 龚恋雯．程序化购买对广告公司的影响研究［J］．广告大观（理论版），2017（3）：68.

[3] 刘庆振．计算广告学：大数据时代的广告传播变革——以“互联网＋”技术经济范式的视角［J］．现代经济探讨，2016（2）：90-91.

[4] 同［2］：69.

[5] 冉华，刘锐．计算技术背景下广告产业形态演进研究：基于“技术－供需”的分析框架［J］．新闻与传播评论，2021，74（5）：45-46.

[6] 马澈．计算广告对数字媒体的影响：基于技术、数据和市场的重构［J］．中国出版，2017（24）：57.

[7] 同［2］：70.
[8] 许正林，马蕊．程序化购买与网络广告生态圈变革［J］．山西大学学报（哲学社会科学版），2016，39（2）：77.
[9] 马澈．关于计算广告的反思：互联网广告产业、学理和公众层面的问题［J］．新闻与写作，2017（5）：20-21.
[10] 钟书平．计算广告时代广告学科知识体系与培养目标重构［J］．现代传播（中国传媒大学学报），2021，43（4）：166.
[11] 同［1］.
[12] 曾琼．突破与重构：大数据时代的计算广告学研究［J］．湖南师范大学社会科学学报，2019，48（5）：153.
[13] 张高，田瑞雄，王虎．校企合作推动计算广告学科建设初探［J］．计算机教育，2013（20）：102.
[14] 陈刚．北大模式：广告教育的新文科建设与数字化创新［EB/OL］.（2021-01-11）［2023-03-01］. https://mp.weixin.qq.com/s/gcyRYZumFIoGigf0XmP9hw.
[15] 暨大广告系．实践教学结硕果，校企共建新平台：暨大·丰申智能营销传播工作坊结课!［EB/OL］.（2021-12-18）［2023-03-01］. https://mp.weixin.qq.com/s/Knffmt09nsY2ZWqUKR4xqQ.

后　记

我在课堂上总和学生开玩笑，广告的教材太难写了，一出版就成广告史了。虽是戏言，但那种“它在前面飞，我在后面追”的紧迫感，时刻伴随着书写的整个过程。作为慕课“智能营销与计算广告”的配套教材，本书在课程已经正式上线3年后才付梓，其间大量的修改、完善，也是因应技术创新与范式革命带来的挑战。而当它出现在读者手中时，新一轮的追赶已然开始。未来已来，唯变不变。

感谢舜飞科技有限公司副总裁、《程序化广告：个性化精准投放实用手册》作者梁丽丽女士对课程建设和教材撰写的大力帮助，您对待工作的严谨、务实、敬业，对市场时刻敏锐的洞察，始终是我努力的方向。

暨南大学新闻与传播学院硕士研究生蔡佩琼、张奕翔、刘宽启、刘喜雯、黄晴、林诗韵、任颖姗、申笑、张雪绫同学参与了教材的案例收集与编校等工作，感谢你们提供的智力支持。

还要感谢机械工业出版社在我提出要写计算广告教材的构思时，第一时间给予支持，给了我莫大的鼓励，希望今后有更多的合作机会。

行而不辍，未来可期。